R. CHASSAING 1972

DON CARLOS D'ARAGON

PRINCE DE VIANE

ÉTUDE SUR L'ESPAGNE DU NORD

AU XVᵉ SIÈCLE

PAR

G. DESDEVISES DU DEZERT

Ancien élève de la Faculté des lettres de Paris,
Élève diplômé de l'école pratique des Hautes Études, Professeur agrégé d'histoire
au lycée de Caen, Docteur ès lettres et en droit.

PARIS

ARMAND COLIN ET Cⁱᵉ, ÉDITEURS

1, 3, 5, RUE DE MÉZIÈRES

1889

Tous droits réservés.

DON CARLOS D'ARAGON

COULOMMIERS. — IMPRIMERIE P. BRODARD ET GALLOIS

DON CARLOS D'ARAGON

PRINCE DE VIANE

ÉTUDE SUR L'ESPAGNE DU NORD

AU XVE SIÈCLE

PAR

G. DESDEVISES DU DEZERT

Ancien élève de la Faculté des lettres de Paris,
Élève diplômé de l'école pratique des Hautes Études, Professeur agrégé d'histoire
au lycée de Caen, Docteur ès lettres et en droit.

PARIS

ARMAND COLIN ET Cie, ÉDITEURS

1, 3, 5, RUE DE MÉZIÈRES

—

1889

Tous droits réservés.

TABLE DES MATIÈRES

Bibliographie... ix
Avant-propos... xv

CHAPITRE PREMIER
LE PAYS, LA NATION, LES INSTITUTIONS, LA DYNASTIE

I. — *Le pays*... 1
    Formation territoriale..................................... 1
    Géographie.. 6
    Population.. 10
    Les villes.. 16
    Agriculture, industrie et commerce........................ 25
II. — *La nation*... 32
    Le clergé... 33
    La noblesse... 39
    Le peuple... 48
III. — *Les institutions*....................................... 57
    Le Roi et les Cortès...................................... 57
    Les agents du pouvoir royal............................... 64
    La justice.. 67
    Les finances.. 75
    L'armée... 83
IV. — *La dynastie*... 87
    La maison royale de Navarre............................... 87
    Mariage de Blanche de Navarre et de Jean d'Aragon......... 92

CHAPITRE II
LE PRINCE DE VIANE HÉRITIER, ET GOUVERNEUR GÉNÉRAL DE NAVARRE

    Naissance de D. Carlos. Érection de la principauté de Viane en sa faveur.. 107
    Jean II, roi de Navarre................................... 110
    Éducation du prince de Viane.............................. 113

Premiers actes de gouvernement du prince; mort de la reine Blanche.................................... 123
Situation faite au prince de Viane par le testament de la reine, et par l'obstination du roi.................... 129
La cour du prince de Viane; ses amis.................. 137
Gouvernement du prince de Viane en Navarre.......... 169
Politique extérieure du prince de Viane; Jean II en Castille.. 169
Rupture entre Jean II et le prince de Viane............ 200

CHAPITRE III

LA GUERRE CIVILE.

Les partis en Navarre................................. 214
La guerre civile...................................... 222
La Navarre après le départ du prince de Viane......... 246
Le prince de Viane à Naples.......................... 251

CHAPITRE IV

LE PRINCE DE VIANE PRIMOGÉNIT D'ARAGON

I. — *Retour du prince en Espagne*..................... 262
    Don Carlos en Sicile............................. 262
    Don Carlos à Majorque........................... 275
    Don Carlos à Barcelone.......................... 284
    Arrestation du prince de Viane.................. 304
II. — *Captivité du prince de Viane*................... 308
    Négociations des Catalans avec Don Juan.......... 308
    Soulèvement de la Catalogne. — L'armée catalane.. 328
    Négociations et opérations militaires du mois de février 1461... 335
    Mise en liberté du prince de Viane............... 345
III. — *Le prince de Viane gouverneur général de Catalogne*...... 352
    Conclusion de la paix entre les Catalans et le roi....... 352
    Politique personnelle du prince. — Son gouvernement en Catalogne.................................... 369
    Maladie et mort du prince de Viane.............. 390

CHAPITRE V

LE PRINCE DE VIANE ÉCRIVAIN

La bibliothèque du prince de Viane.................... 400
La Chronique des rois de Navarre..................... 404
Écrits divers du prince de Viane...................... 415
Popularité du prince de Viane dans l'Espagne contemporaine... 419
CONCLUSION.. 423
APPENDICE... 435

BIBLIOGRAPHIE

1° Manuscrits et collections de documents originaux.

Archives de Navarre (Comptos).

Indice, tomes XXIII à XXVIII (28 vol. in-f°).
Comptos, año de 1455; año de 1494.
Libro de diferentes memorias (n° 498).
Cajon 104, 40; 139, 7; 149, 34; 150, 35; 153, 3 et 13; 154, 5; 155, 32; 156, 10 et 46; 157, 48; 162, 11; 165, 19; 169, 13; 169, 17; 190, 45 et 50.

Archives de Navarre (Cortes).

Recopilacion de actos de Cortes.
Escudos de armas de Navarra.
Nobleza, Legajo I, carpeta 5.
Fueros, Legajo II, carpeta 20.
Legislacion, Legajo I, carpeta 16.
Negocios eclesiasticos, Legajo I, carpeta 21.
Montes, Legajo I, carpeta 3.
Cuarteles, Legajo I, carpeta 8.

Archives de Castille.

Navarrete, coleccion de documentos ineditos, tomes XL et XLI

Archives de la couronne d'Aragon.

Documentos interesantes para la historia del principe de Viana. — 7 registres, papier, in-f°.
Coleccion de documentos ineditos sacados del archivo de la corona

real de Aragon. — Levantamiento de Cataluña, tomes XIV, XV, XVI, XVII et XXVI.

Archives municipales de Barcelone.

Cartas reales (año de 1450-1462).
Coleccion de documentos ineditos, tome XXVI. — Diario de la diputacio; Libre de algunes causes assenyalades succehides en Barcelona.

Bibliothèque nationale de Madrid.

Cartas de D. Fernando de Bollea y Galloz (ms. parchemin, 1480. Reservado 6º-10).
Estampas antiguas. — Une gravure sur plomb représentant le prince de Viane.
La Piscina (Mossen Diego Ramirez Dabalos de). — Cronica de los muy excelentes Reyes de Nabarra.
Mss E.E., 231; E.E., 222; G. 148; G. 149; G. 171; G. 248; G. 250; S. 150; T. 238.

Bibliothèque de l'Académie de l'histoire de Madrid.

Queralt y Nuit, monge benedictino cisterciense del Real Monasterio de Nuestra Señora de Poblet. — Relacion historica del serenissimo señor principe de Viana (1706, ms. 247).
Carta del señor principe de Viana a la ciudad de San Sebastian de Guipuzcoa (set. 1450). — Coleccion de documentos interesantes a diferentes pueblos de España. San-Sebastian (legajo).
La Piscina. — Cronica de los muy excelentes señores Reyes de Navarra. G. 109.

Archives des Basses-Pyrénées.

E. 534, 538, 539, 540, 542, 546.
Viscaye. — Droit de naturalité qu'ont ceux de la Merindad de Saint-Jean-Pied-de-Port en Espagne, trad. manuscrite de M. Octave Sempé.

Bibliothèque nationale de Paris.

Collection Doat, tomes 163, 164, 217 et 226.
Collection Duchesne, tomes 48, 98, 99, 101, 102, 105, 106, 107, 109, 110, 113, 114 et 119.

BIBLIOGRAPHIE XI

Mss. esp. 344. — Notes géographiques sur les villes d'Espagne et sur les évêques de Pampelune.

126. — Cronica de los muy excelentes reyes de Navarra compuesta por el licenciado Mossen Diego Ramirez Dabalos de la Piscina.

225. — Cançoner de Amor (trois pièces de vers catalans relatives à la mort du prince de Viane).

360. — D. Antonio Onoffre de la Baneda. Compendio de la vida de los señores reyes catholicos de Spaña, D. Fernando y Doña Ysabel.

Mss fr. 25, 242. — Histoire de Navarre en quatre livres.

Archives nationales de France.

Comptes de l'hôtel du roy, 1456.

2° Ouvrages imprimés.

ANTONIO (Nicolas). *Bibliotheca hispana vetus et nova.* Madrid, 1788, 4 vol. in-f°.

ASCARGORTA. *Compendio de la historia de España* (coleccion de los mejores autores españoles). Paris, 1738, in-8°.

BASCLE DE LA GRÈZE. *La Navarre française.* Paris, 1882, 2 vol. in-8°.

BURIGNY. *Histoire de Sicile.* La Haye, 1745, 2 vol. in-4°.

Catalogue of the manuscriptes in the spanish lenguage in the Bristish Museum. London, 1873-1878, 3 vol. in-8°.

CHAHO ET BELZUNCE. *Histoire des Basques.* Pau, 1847, 3 vol. in-8°.

CHAPUIS *Histoire du royaume de Navarre.* Paris, 1616, in-8°.

CÉNAC MONCAUT. *Voyage archéologique et historique dans le pays basque, le Labourd et le Guipuzcoa.* Paris, 1857, 1 vol. in-8°.

CLEMENCIN. *Elogio de la reyna Doña Ysabel* (Memorias de la Academia de la historia, t. VI). Madrid, in-4°, 1821.

CODINA. *Guerras de Navarra y Cataluña desde el año 1451 hasta el año 1472.* Barcelona, 1851, in-4°.

COELLO. *Atlas de España.*

COROLEU Y PELLA Y FORGAS. *Los Fueros de Cataluña.* Barcelona, in-f°, 1878.

Diccionario geografico, historico, estadistico de España por la Real Academia de la historia. Seccion 1ª, Navarra y Vascongadas. Madrid, 2 vol. in-4°, 1800.

ENRIQUEZ DEL CASTILLO (Diego). *Cronica del rey D. Enrique IV* (publicada por la Real Academia de la historia).

Favyn. *Histoire de Navarre.* Paris, 1612, in-f°.
Fayos y Antony (En Francesch). *Obras poeticas del poeta valenciano Ausias March.* Barcelona, 1884, in-8°.
Ferreras. *Histoire d'Espagne* (traduction d'Hermilly). Paris, 1751, 10 vol. in-4°.
Fita y Colome (R. P. Fidel). *El Gerundense.* Madrid 1880, in-12.
— *Estudios historicos* (coleccion de articulos publicados en el Boletin de la Real Academia de la historia). Madrid, 1886, in-4°.
Flourac. *Jean Ier, comte de Foix.* Paris, 1884, in-8°.
Fuero general de Navarra. Pamplona, 1869, in-4°.
Fuero Juzgo. Madrid, 1815, in-f°.
Galland. *Mémoires sur la Navarre.* Paris, 1648, in-f°.
Garcia Abadia (D. Anacleto). *Historia y juicio critico de la conquista de Navarra.* Pamplona, 1877, in-4°.
Garibay (Estevan). *Los XL libros del compendio historial.* Barcelona, 1628, 4 vol. in-f°.
Germond de Lavigne. *Itinéraire de l'Espagne et du Portugal.* Paris, 1880, in-12.
Guillemot (Mathieu). *Inventaire général de l'histoire d'Espagne.* Paris, 1628, in-4°.
Hallam. *L'Europe au moyen âge* (traduction Dudouit et Borghers). Paris, 1822, 4 vol. in-8°.
Hidalgo. *Bibliografia española.*
Latassa y Ortin (D. Feliz de). *Bibliotheca antigua de los escritores aragoneses que florecieron desde la venida del Christo, hasta el año de 1500.* Zaragoza, 2 vol. in-8°, 1796.
Latassa y Ortin (D. Feliz de). *Bibliotheca nueva de los escritores aragoneses que florecieron desde el año 1500, hasta 1802.* Zaragoza, 1798-1802, 6 vol. in-8°.
La Fuente (D. Modesto de). *Historia de España.* Madrid, 1850-1862, 26 vol. in-8°.
Leo et Botta. *Histoire d'Italie.* Paris, 1855, 3 vol. in-8°.
Llacayo y Santa-Maria (D. Augusto). *Antiguos manuscritos de ciencia, historia y arte militar existentes en la Bibliotheca del Escorial.* Sevilla, 1878, in-12.
Mariana (le P.). *Histoire générale d'Espagne* (trad. par le P. Charenton). Paris. 1725, 5 vol. en 6 tomes.
Masdeu. *Historia critica de España.* Madrid, 1783-1805, 20 vol. in-8°.
Mayerne-Turquet (de). *Histoire générale d'Espagne.* Paris, 1635, 2 vol. in-f°.

MAZURE. *Histoire du Béarn et du pays basque*. Pau, 1839, in-8°.
MONLEZUN (l'abbé). *Histoire de Gascogne*. Pau, 1849, 6 vol. in-8°.
MOREL-FATIO. *Catalogue des manuscrits espagnols de la Bibliothèque nationale de Paris*.
MORET (R. P. J.). *Investigaciones historicas del reino de Navarra*. Pamplona, 1655, in-f°. — *Anales de Navarra*. Pamplona, 1684-1695, 5 vol. in-f°.
OIHENART. *Notitia utriusque Vasconiæ*. Paris, 1656, in-8°.
OLHAGARAY. *Histoire de Foix*. Paris, 1609, in-4°.
OLORIZ (D. Hermilio DE). *El Romancero de Navarra*. Pamplona, in-8°, 1876. — *Fundamento y defensa de los Fueros*. Pamplona, 1880, in-8°.
PAQUIZ ET DOCHEZ, *Histoire d'Espagne*. Paris, 1855, 2 vol. in-4°.
PRESCOTT. *Histoire du règne de Ferdinand et d'Ysabel*. Bruxelles, 1862-1864, 4 vol. in-8°.
PULGAR. *Los claros varones de España* (à la suite de l'*Opus Epistolarum* de P. Martyr). Paris, 1670, in-f°.
QUINTANA. *Españoles celebres (Vida del principe D. Carlos de Viana)*. Madrid, 1807, 2 vol. in-12.
RAMIREZ ARCAS (D. Antonio). *Itinerario descriptivo, geografico, estadistico, y mapa de Navarra*. Pamplona, in-4°, 1848.
Rerum hispanicarum scriptores aliquot. Franconofurti, 1759, 3 vol. in-f°.
Revista Euskara. Pamplona, 1876-1884.
ROMEY. *Histoire d'Espagne*. Paris, 1839-1849, 9 vol. in-8°.
ROSSEEUW SAINT-HILAIRE. *Histoire d'Espagne*. Paris, 1846-1856, 10 vol. in-8°.
ROZOIR (DU). *Description de l'Espagne*. Paris, 1823, in-8°.
SECOUSSE. *Mémoires pour servir à l'histoire de Charles-le-Mauvais, roi de Navarre*.
YANGUAS Y MIRANDA (D. José). *Cronica de los reyes de Navarra, por el Principe de Viana*, Pamplona, 1843, in-8°. — *Historia compendiada de Navarra*. San Sebastian, 1832, in-8°. — *Diccionario de las antiguedades de Navarra*. Pamplona, 1840, 3 vol. in-8°. — *Adiciones al diccionario de las antiguedades*. Pamplona, 1843, 1 vol. in-8°. — *Diccionario de los fueros y leyes de Navarra*.
ZURITA (D. Jeronimo). *Anales de Aragon*. Zaragoza, 1562-1579, 6 vol. in-f°.

AVANT-PROPOS

L'histoire d'Espagne est peu étudiée en France; elle mériterait l'être davantage; il ne saurait être question en tout cas de frapper d'interdiction un si vaste domaine. Il serait facile de prouver que nous avons, nous autres Français, le plus grand intérêt à connaître à fond les annales des peuples néo-latins, peuples dont tout nous rapproche, et qui forment avec nous une des trois grandes familles européennes. Mieux encore que l'histoire d'Italie, l'histoire d'Espagne se prête aux recherches originales. Les archives d'Aragon et de Navarre sont soigneusement classées, et admirablement entretenues; les archives et les bibliothèques publiques de Castille regorgent de documents inédits; les archives municipales sont encore intactes, et à peine explorées.

Parmi toutes les provinces d'Espagne, la Navarre est celle qui nous touche de plus près : son histoire est pendant trois siècles intimement mêlée à la nôtre. Le prince de Viane se rattache par sa mère à la maison française d'Évreux, et il doit être considéré comme le dernier souverain national de la Navarre; il a été pendant vingt ans le représentant légitime de l'indépendance navarraise; la mort de son oncle Alphonse le

Magnanime l'a fait héritier d'Aragon; les Catalans ont voulu l'avoir pour chef, et, s'il avait survécu à son père D. Juan, l'unité de l'Espagne fuériste se serait faite à son profit. Sans être ni grand guerrier, ni grand diplomate, il a laissé dans toute l'Espagne du Nord un souvenir plus vivant que bien des conquérants et bien des politiques; il a été l'un des princes les plus lettrés de son temps; la Navarre a trouvé en lui son plus ancien historien. C'en est assez pour justifier le sujet de cette étude. D'ailleurs on ne se bornera pas à raconter les événements de la vie de D. Carlos; on groupera autour de lui des renseignements détaillés sur l'état de la Navarre et de la Catalogne au xve siècle, sur les institutions politiques, les lois, les mœurs, les arts de ces petits pays qui ont conservé jusqu'à nos jours une civilisation si originale. On montrera comment se gouvernaient dans la paix et dans la guerre ces vaillants États, si jaloux de leur autonomie et de leurs libertés, et il n'est pas qu'il ne se dégage de cet ensemble quelques faits intéressants pour l'histoire générale.

Cette étude est divisée en cinq chapitres. Le premier est une introduction géographique et historique, destinée à définir le milieu dans lequel va se mouvoir le prince de Viane. Les chapitres II, III et IV le suivent dans sa carrière politique, et répondent aux trois grandes périodes de sa vie : Le prince de Viane gouverne la Navarre au nom de son père (1441-1451); il soutient la guerre contre son père (1451-1458); devenu héritier d'Aragon, il revendique contre son père ses droits sur la Navarre et sur la Catalogne (1458-1461). Le chapitre V traite du prince de Viane considéré comme écrivain.

DON CARLOS D'ARAGON

PRINCE DE VIANE

CHAPITRE PREMIER

LE PAYS — LA NATION — LES INSTITUTIONS
LA DYNASTIE

I. — Le pays.

Formation territoriale. — Géographie. — La population. — Les villes.
L'agriculture, l'industrie et le commerce.

Formation territoriale.

La Navarre moderne n'est qu'un canton de l'Espagne, sans frontières bien déterminées et sans unité. Elle ne doit l'autonomie dont elle jouit encore qu'à la persistance des traditions historiques; mais au cours de la période où ces traditions ont pris naissance, la Navarre a formé un État compact et bien délimité, habité par une race homogène.

Les origines de la Navarre doivent être cherchées dans la longue résistance opposée par les peuplades primitives de l'Espagne aux envahisseurs celtiques et romains. Les Celtes passèrent les Pyrénées occidentales et se répandirent tout le long des côtes. Plus tard, les Romains remontèrent la vallée de l'Ebre et la couvrirent de leurs colonies. Les anciens habitants, réfractaires à la civilisation romaine comme à la conquête celtique, continuèrent de mener dans les montagnes leur existence guerrière. Les *hommes à la main habile* (Euskaldunacs) conservèrent leurs mœurs, leurs lois et leur langue dans les vallées pyrénéennes et asturiennes, depuis les sources du Gallégo jusqu'aux environs des sources de l'Ebre. Les montagnards vascons vécurent avec les Romains d'Espagne comme les Gaëls de l'Armorique avec les chefs franks des Gaules; nominalement alliés, en fait presque étrangers les uns aux autres.

Cette existence à part durait encore au début du v⁰ siècle, et les Vascons tentèrent de se soustraire à l'invasion wisigothique, comme ils l'avaient fait à l'invasion romaine. Jamais les Vascons ne furent les amis des Wisigoths, ni ne reçurent leurs lois [1], et jusqu'à l'année 683 les évêques de Pampelune s'abstinrent généralement d'assister aux conciles tenus à Tolède par les Wisigoths.

La conquête arabe fournit aux Vascons une occasion de reprendre leur vie indépendante. Placés entre le royaume chrétien des Asturies, le pays des Franks et les terres occupées par les Arabes, les Vascons s'allièrent aux uns et aux autres suivant leurs craintes du moment, et ne furent réellement soumis par aucun de ces peuples [2].

Les chroniques navarraises font remonter la série des rois de Navarre aux premières années qui suivirent la conquête musulmane. La Piscina fait de Garcia Jimenez, premier roi de Navarre, un contemporain de D. Pélayo, roi des Asturies [3]. Dom Moret et l'Académie de l'histoire admettent aussi l'existence du royaume de Navarre dès le viii⁰ siècle [4]; mais le seul document sur lequel s'appuie leur théorie est un Catalogue des tombes royales du monastère de San Salvador de

---

[1]. Yanguas, *Compendio de la Historia de Navarra*, p. 11-18. — [2]. Cf. A.-G. Abadia, *Historia y juizio critico de la conquista de Navarra*, p. 9; Romey, *Hist. d'Espagne*, t. III, p. 282; Hallam, *l'Europe au moyen âge*, t. I, p. 387; *Altabiscareo Cantua*. — [3]. *Cron. de los muy excelentes Reyes de Navarra*, por el licenciado Diego Ramirez Dabalos de la Piscina, l. II, ch. 1ᵉʳ. — [4]. Yanguas, *Dicc. de antig.*, t. III, v⁰ Reyes.

Leyre, et le caractère apocryphe de cette pièce ne permet de lui attribuer presque aucune valeur : l'antiquité de la monarchie était une tradition populaire; rien de plus. Puisque la légende doit ici suppléer à l'histoire, voici la légende donnée par le Fuero general : « Alors l'Espagne fut perdue jusqu'aux « ports, excepté la Galice, les Asturies, Alava et Biscaye d'un « côté, et de l'autre Baztan, la Berrueza, Yerri, Anso, le « pays au-dessus de Jaca, Roncal, Salazar, Sobrarbe et « Aynssa. Dans ces montagnes se retirèrent un petit nombre « de gens; ils étaient à pied, mais en faisant des courses (en « territoire ennemi) ils prirent des chevaux et partagèrent le « butin aux plus braves; ils arrivèrent à être plus de 300 « cavaliers dans ces montagnes d'Aynssa et de Sobrarbe, et il « n'y en avait aucun qui décidât pour les autres au sujet du « butin ou des chevauchées. Ils firent de grandes expéditions, « et il y eut de grandes disputes entre eux au sujet de ces « expéditions, et ils résolurent d'envoyer à Rome pour deman- « der conseil à l'Apostoille [1] Aldebano [2], qui régnait alors, « et aussi aux Lombards, qui sont hommes de grande justice, « et aux Franks. Et ceux-ci leur envoyèrent dire de prendre « un roi pour les commander, et de mettre leurs lois par « écrit, et d'en faire jurer l'observation au roi [3]. »

Le royaume de Navarre ne paraît réellement constitué que vers la fin du IXᵉ siècle. Pampelune est définitivement réoccupée par les chrétiens en 860; l'Ultra Puertos est conquis en 905 sur les Vascons de France, par D. Sancho Garcia II, qui étend ses frontières au sud jusqu'à Najera. En 1042, le royaume comprend toute la Navarre actuelle, l'Ultra-Puertos, les trois Vascongades et la Bureba, entre les Montes de Oca et la rivière du même nom, qui passe à Briviesca et à Oña [4].

Le royaume atteint son maximum d'expansion territoriale

---

1. *Apostoligo.* Nous nous sommes servis du mot Apostoille qui est employé dans le même sens par Villehardouin. — 2. Peut-être Adrien 1ᵉʳ, qui régna de 772 à 795. — 3. *Fuero general,* Prologo (copié sur le Fuero de Sobrarbe). — 4. Yang., *Dicc.,* t. III, p. 338; La Piscina, l. IV, ch. 1ᵉʳ.

sous le règne d'Alphonse le Batailleur, au commencement du XIIe siècle. Alphonse enlève Tudela aux Sarrasins (1114) [1], il annexe en 1127 à la Navarre toutes les terres de la Bureba, perdues en 1042, et s'étend jusqu'aux environs de Burgos; il possède la Rioja, avec Najera, Logroño, Calahorra et Alfaro; il prend Bayonne; il arme des vaisseaux dans les ports de Guipuzcoa, et dans la ria de Bidassoa [2]. L'État euskarien est dès lors fondé, et si les rois de Navarre avaient su le maintenir dans ces frontières, il est fort possible que cet État eût conservé son indépendance : le territoire était fertile et favorable à la défense, la race était active et militaire; la Navarre formait assurément un être politique complet et bien constitué.

Les convoitises des États voisins ne permirent pas à la Navarre de garder toutes les acquisitions de ses rois. D. Garcia Ramirez dut abandonner la Rioja à la Castille en 1136, et Tarazona à l'Aragon en 1157. En 1179, la Castille et la Navarre sont limitées à l'ouest par une ligne qui part de Durango et aboutit à l'Ebre en suivant la Zadorra; les Vascongades sont donc partagées par moitié entre la Navarre et la Castille [3].

La folie chevaleresque de Sanche le Fort coûta cher à la Navarre. Appelé en Afrique par le roi de Tlemcen [4], il emmena avec lui une nombreuse armée, vingt mille hommes, dit la Piscina [5], et confia la protection de ses États à son oncle Alphonse VIII, roi de Castille. Pendant son absence, le roi de Castille s'empara des Vascongades, et D. Sancho ne put se les faire restituer (1200). De longues négociations se poursuivirent à ce sujet entre la Navarre et la Castille, jusqu'au commencement du XIVe siècle, sans amener aucun résultat.

L'étendue du royaume se trouva ainsi réduite de près de moitié, et la valeur politique de la Navarre, comme État euskarien, disparut à peu près complètement, puisque la

---

1. Yang., *Dicc.*, t. III, v[o] TUDELA. — 2. Yang., *Compendio*, p. 90; La Piscina, l. IV, ch. VII. — 3. Yang., *Compendio*, p. 110. — 4. Yang., *Cronica del Principe D. Carlos de Viana*. chap. XIII. — 5. La Piscina, l. IV, ch. XI.

majeure partie des hommes de langue euskarienne habitaient désormais hors de son territoire. De ce jour, dit avec raison Yanguas, l'indépendance du pays fut précaire. La Navarre n'échappa à une conquête castillane ou aragonaise que par une union intime avec la France, et cette union ne fut pas sans lui susciter de nouveaux embarras, ni sans l'exposer à de nouveaux périls.

Grands feudataires de la couronne, les rois de Navarre de la maison de Champagne étaient attirés en France par leurs intérêts et leurs devoirs féodaux. Thibaut II, gendre de saint Louis, le suit à la croisade. De 1283 à 1328 la Navarre et la France ont les mêmes souverains, et la Navarre ne peut prétendre jouer le rôle principal dans la politique de nos rois; elle est administrée par un gouverneur français, et durement traitée quand elle se révolte. A partir de 1328 elle recouvre son indépendance avec la maison d'Evreux, mais ses princes ont encore leurs biens les plus importants au nord des Pyrénées. Philippe III est comte d'Evreux, de Longueville, d'Angoulême et de Mortain [1]. En 1349, Jeanne d'Evreux échange sa comté d'Angoulême contre Pontoise, Beaumont-sur-Oise et Asnières [2]. En 1354, Charles le Mauvais obtient le Cotentin tout entier, le comté de Beaumont-le-Roger, la vicomté de Pont-Audemer, les châtellenies de Breteuil et de Conches; le roi de Navarre possède une série de postes fortifiés autour de la Normandie royale, depuis Mantes jusqu'à Cherbourg. Sa grande ambition est d'étendre ses domaines et son autorité en France; il en oublie son royaume, il le ruine à force de lui demander de l'argent et des soldats, et cependant le roi de France confisque ses domaines. Charles le Noble est encore attiré en France par l'espérance d'obtenir une compensation. Le traité qui la lui accorde est de 1404 [3], et tout n'est pas encore terminé : les rois de Navarre ont successivement cédé

---

1. Yang., *Compendio*, p. 168; H. Martin, *Hist. de France*, t. IV, p. 550. Secousse, *Preuves des Mémoires sur Charles le Mauvais*, p. 12 et 13. — 2. H. Martin, t. V, p. 129. — 3. Yang., *Compendio*, p. 242.

la Champagne pour les comtés de Longueville et de Mortain, leurs domaines normands pour la sirerie de Montpellier, Montpellier pour Nemours; avant 1450 ils auront perdu Nemours et reprendront leur rôle de plaideurs éternels en la cour de Parlement de Paris, jusqu'à la veille de la conquête castillane (1512). Enfin, entre Jean II et D. Carlos, se joue la partie définitive, dont l'enjeu est l'existence même du royaume.

Géographie [1].

Malgré la perte des Vascongades, la Navarre était encore au xv⁰ siècle un peu plus étendue qu'aujourd'hui. Elle possédait au delà des Pyrénées la province d'Ultra-Puertos, comprise entre l'Ampourdan français, le Béarn et la terre de Soule. Elle gardait sur la frontière de Castille les villes de San Vicente [2], Bernédo [3], La Guardia et La Poblacion. Les rois de Navarre élevaient aussi des prétentions sur Briones [4]; les gens du pays de Soule leur payaient une redevance de 10 vaches pleines, marquées de blanc, et de 4 saumons tous les deux ans [5]. Mauléon eut une garnison navarraise jusqu'en 1449 [6]. Les Aldudes appartenaient tout entières à la Navarre [7].

La superficie du royaume est aujourd'hui de 10 200 kil. carrés; elle pouvait être alors de 12 000 kil. carrés, soit environ nos deux départements des Hautes et des Basses-Pyrénées.

Le nom de Navarre (*Nava-Erri*) signifie la *Terre des plaines*, et paraît d'abord mal choisi : les deux tiers du sol navarrais sont couverts de montagnes. Mais une *nava* espagnole n'est pas une plaine ordinaire : c'est la cuvette d'un bassin entouré de montagnes [8], et le nom convient admirablement au bassin

---

1. Cf. la carte, Appendice, p. 1. — 2. *Archivo de Navarra* (Indice), cajon 158, 63. — 3. *Id., ibid.*, caj. 140, 13; *Cuentas*, t. XXIII, p. 200. — 4. *Id., ibid.*, caj. 151, 28. — 5. Yang., *Dicc.*, supp., p. 344. — 6. Yang., *Compendio*, p. 273. — 7. Ramirez Arcas, *Itinerario de Navarra*, p. 15. — 8. Ant. Nebriss, Præf. in *Bellum Navariense*.

de Pampelune, c'est-à-dire à la partie principale de la Navarre primitive.

La *Nava* ou *Cuenca* de Pampelune est une grande plaine ondulée, bornée par la sierra de Aralar (1471 m.), les derniers contreforts des Pyrénées, les montagnes d'Erro et d'Esteribar, la peña de Monréal et la sierra de Andia (1493 m.). Elle a 40 kil. du nord au sud, du port d'Aspiroz à Puente la Reyna, et autant de l'ouest à l'est. Elle offre à l'automne l'aspect d'un désert poudreux et brûlé ; cependant la terre y est fertile et bien cultivée, les parties planes sont couvertes de champs de blé, la vigne grimpe le long des collines, l'olivier apparaît à Echauri, à mi-route de Pampelune à Puente-la-Reyna. Les montagnes qui entourent la Cuenca sont de formation calcaire ; la sierra de Andia et la sierra de San Christoval arrêtent la vue sur leurs longues lignes horizontales, droites comme le faîte d'un mur ; d'autres sommets s'arrondissent en dômes, ou montent en cônes réguliers ; la Higa de Monréal domine tout l'ensemble au sud-est, entre l'Arga et l'Aragon. L'aspect général est sévère ; à voir cette plaine ceinte de montagnes, on se croirait dans la cour intérieure de quelque immense citadelle.

Tout autour de la Cuenca rayonnent les vallées de la *Montaña*, autre division naturelle du sol navarrais. Des forêts croissaient jadis sur les pentes ; aujourd'hui elles sont coupées, il en reste à peine quelques débris, taillis de chênes verts et touffes de buis. Au xve siècle les montagnes n'étaient pas encore complètement dépouillées ; on y faisait du charbon, elles fournissaient le bois de chauffage et de construction (*leña y madera*). Les vallées de la Montaña sont habitées par une robuste et rude population de chasseurs et de bergers. En temps de paix, ils mènent paître sur les plateaux leurs troupeaux de bœufs et de moutons ; en temps de guerre, ces bergers deviennent soldats, et sont les gardiens des ports. La Cuenca communique avec le Guipuzcoa par la vallée de Burunda, et le port d'Idiazabal, par la vallée de Larraun et le port d'Aspiroz; le port d'Araiz ouvre un passage entre la Cuenca et la vallée de Baztan; les routes de l'Ultra-Puertos passent par les Aldudes, Roncevaux et Roncal; la gorge de Foz, creusée par l'Irati entre la sierra de Monréal et la sierra de Leyre, est la porte de l'Aragon; c'est une coupure de 10 mètres de largeur à peine, dominée par des rochers à pic de 60 mètres de hauteur [1]; par là passe la route de Pampelune à Jaca. Vers le sud, Tiebas, Puente-la-Reyna, Estella gardent l'entrée de la Ribera. La Cuenca et la Montaña, ces régions si bien délimitées par la nature, forment la vraie Navarre, la Navarre beaumontaise, celle qui restera fidèle au prince de Viane au temps de la guerre civile.

Au nord de la Cuenca de Pampelune s'étendaient, au XV° siècle, deux annexes de la Navarre: l'Ultra-Puertos et la vallée de la Bidassoa. Pays de montagnes moyennes, l'Ultra-Puertos comprenait les hautes vallées de la Nive et de la Bidouze [2]. Les Pyrénées n'ont pas encore une très grande élévation; le pic d'Ausa monte à 1304 mètres, et le pic des Escaliers atteint 1478 mètres aux sources de l'Irati et de la Nive. En avant de la chaîne principale règne une seconde chaîne, moitié moins élevée; la montagne d'Ursonia (678 m.), le mont Lauriburu (783 m.) en sont les points culminants. Au nord de cette seconde ligne de hauteurs, le terrain s'abaisse graduellement jusqu'à l'Adour; Bidache, située sur la frontière de Gascogne, n'est qu'à 150 mètres d'altitude. Les collines de l'Ultra-Puertos étaient couvertes de bois, les vallées renfermaient quelques prairies, mais, pris dans son ensemble, le pays était pauvre; c'était une marche, un poste avancé au delà des Pyrénées, la partie la moins espagnole du royaume; l'Ultra-Puertos préféra D. Carlos à D. Juan, le roi de la Cuenca navarraise au roi d'Aragon.

1. G. de Lavigne, *Guide en Espagne*, p. 494; Coëllo, *Atlas d'Espagne*, Navarre. — 2. Il se divisait en six parties: Auvre, Cize, Baïgorry, Arberoa, Armendaritz et Ostabares. *Dict. Géog. de la France*. Paris, 1765, 4 vol. in-8°. V° NAVARRE. Cf. Carte de l'État-Major français, feuilles 226, 227, 238 et 239.

Moins considérable comme territoire, mais plus fertile que l'Ultra-Puertos, la vallée de la Bidassoa mettait la Cuenca en communication facile avec la mer. La Navarre s'était jadis étendue jusqu'au golfe de Biscaye; après la perte des Vascongades, les rois de Navarre cherchèrent à rester en relations directes avec Irun et Fontarabie. La dernière place navarraise sur la Bidassoa était Andara ; une bonne route la joignait à Fontarabie, et la rivière canalisée laissait remonter jusqu'à la frontière des bateaux de 40 tonneaux et au-dessus [1]. Le prince de Viane comprit l'importance de cette route, et sut conserver ses communications avec Irun et Saint-Sébastien.

Au sud de la Cuenca, règne la grande plaine de l'Ebre, divisée en deux parties par l'Aragon : à l'ouest la Ribera cultivée, à l'est les vastes solitudes de la Bardena.

La Ribera est une terre d'une admirable fertilité qui se prolonge, sous le nom de Rioja, au delà de l'Ebre, jusqu'à la sierra de Camero Viejo ; elle présente l'aspect d'une large plaine, à peine ondulée, sillonnée du nord au sud par les rivières qui se rendent à l'Ebre [2]. En temps de crue, l'Ebre atteint jusqu'à 700 mètres de largeur [3]; en été, il n'occupe plus qu'une partie de son lit, et y roule des eaux rapides, fortement colorées par un limon rougeâtre. Dès le XVe siècle, l'Ebre était navigable à partir de Tudela, et les rois de Navarre faisaient même remonter leurs embarcations de plaisance jusqu'aux environs de Cadreita [4]; mais le fleuve était difficile à contenir ; il se frayait souvent passage à travers le sol sablonneux de ses rives ; en 1420, il menaçait de laisser à sec le pont et les moulins de Tudela [5].

La plaine de la Bardena va de l'Aragon à l'Arba. « Ce n'est « aujourd'hui qu'un désert, tout au plus bon pour le pâturage,

---

1. *Arch. de Nav.* (Indice), caj. 20, 81; Yang., *Dicc.*, t. I, p. 527. — 2. Odron, Ega, Aragon, grossi du Zidacos et de l'Arga. *Ega, Arga y Aragon hacen el Ebro varon,* dit un proverbe de Navarre. — 3. G. de Lavigne, *Guide en Espagne,* p. 171. — 4. *Arch. de Nav.* (Indice), caj. 144, 15, et 150, 20. — 5. *Id., ibid.,* caj. 119, 35.

« et pour fournir quelque menu bois ; ce serait, si l'on en avait
« soin, la meilleure terre de Navarre [1] ». Vingt-deux villages
et communautés ont le droit d'y envoyer leurs troupeaux, et
le règlement de leurs droits réciproques a soulevé, pendant
des siècles, d'interminables contestations.

La Navarre des plaines est tout espagnole et, dans la grande
querelle entre Jean II et Charles de Viane, elle se rattacha au
parti aragonais contre le roi de la Montaña.

La Population.

On a beaucoup discuté sur l'origine des populations euskariennes. Sans que la question soit définitivement tranchée, il
est déjà un certain nombre de points que l'on peut considérer
comme acquis à la science. Les Euskariens sont les descendants des anciens Ibères. Les Ibères sont venus de l'Asie ; ils
sont de race aryenne, et peuvent être identifiés avec les populations primitives de la Géorgie, appelée Ibérie par les anciens.
Le P. Fidel Fita y Colomé indique même les étapes suivies
par les Ibères de l'Asie jusqu'en Europe [2].

L'invasion des Celtes en Europe est très postérieure à l'arrivée des Ibères en Espagne. De longues guerres entre les
Celtes aquitains et les Ibères contribuèrent à mélanger les deux
peuples, qui prirent en Galice, en Lusitanie et sur quelques
points de la Bétique le nom de Celtibériens [3]. Les Ibères gardèrent leur indépendance entre les Pyrénées et l'Ebre [4].

La population de la Navarre appartient incontestablement
tout entière à la race euskarienne, mais l'idiome euskarien a
été, à une époque très ancienne, abandonné par les gens de la
plaine, qui s'est montrée, comme partout, beaucoup moins
rebelle que la montagne à l'influence étrangère. La Navarre

---

1. Ram. Arcas, *Itiner. de Nav.*, p. 36. — 2. R. P. Fidel Fita y Colomé, *Discursos leidos en su recepcion en la Academia de la Historia*,
p. 120. — 3. *Nos Celtis genitos, et ex Hiberis. Nostræ nomina duriora
terræ. Grato non pudeat referre versu.* (Mart., *Epig.*, IV, 55.) —
4. R. P. Fidel Fita y Colomé, *op. cit.*, p. 121. (Rép. de D. Ed. Saavedra.)

est restée divisée en deux zones au point de vue des langues : le nord parle euskarien, le sud castillan [1]. La plupart des villes de la Navarre du Nord ont des noms euskariens, et l'on retrouve la racine euskarienne *ona* jusque dans le nom de Pampelune (*Pamplona*); les quelques noms castillans que l'on remarque dans cette partie du pays ont des synonymes euskariens : les Basques disent Izarra pour Estella, Goyerria pour Roncesvalles; Luzaïde, Amayur, Auriz et Aurizberri pour Val Carlos, Maya, Burguete et Espinal [2]. La domination exclusive de l'euskarien dans le pays est donc un fait indiscutable. Cependant, dès le XIIe siècle, le castillan apparaît dans les actes publics, où il succède au latin; en 1330, le Fuero general est publié en castillan, et au XVe siècle cette langue était certainement parlée par tous les habitants de Pampelune. Les rues de la ville ont des noms castillans (*rua de los Cambios, rua Mayor, calle de la Pellegeria, de Tejeria, de la Navarreria* [3]). Pas un seul des documents conservés à la Chambre des Comptes n'est rédigé en basque, et le prince de Viane, qui a écrit en castillan, en catalan, en italien et en latin, ne savait probablement pas l'euskarien. La raison de cet abandon de la langue nationale est surtout politique. Les rois de Navarre se sont de très bonne heure alliés aux princes espagnols voisins; ils ont été amenés à correspondre avec eux dans la langue alors en usage dans l'Espagne chrétienne; ils se sont servis du latin vulgaire qui allait, au XIIe siècle, devenir le castillan, ou, comme on disait, le *romance*. Le latin populaire devint ainsi très rapidement la langue de la cour, et l'euskarien se trouva rejeté d'autant plus vite au rang de langue rustique qu'il n'avait pas encore donné naissance à une véritable littérature. De 1076 à 1134, la Navarre fut gouvernée par les rois d'Aragon; les souverains résidèrent le plus souvent hors du

---

1. Michelet, *Hist. de France*, t. I. Eclaircissements tirés du livre de Humboldt : « Prüfung der Untersuchungen über die Urbewohner Hispaniens, vermittelst der Waskischen Sprache. » Berlin, 1821. — 2. Yang., *Dicc.*, supp., p. 150, 154, 369. — 3. *Arch. de Nav.* (Indice), caj. 154, 44.

territoire euskarien, et entretinrent avec les rois de Castille des rapports de plus en plus fréquents. Garcia V, le Restaurateur (1134), était petit-fils du Cid; Sancho VII, le Sage, épousa une princesse castillane (1153); Sancho VIII fut en relations suivies avec le roi de Castille, à une époque où le romance se fixait, et devenait une langue écrite par la traduction du *Forum Judicum*, ordonné par le roi saint Ferdinand [1].

Le basque resta donc l'idiome populaire des montagnes; le castillan fut la langue de la plaine et des villes, la langue des lois et de l'administration.

Le castillan navarrais ne put manquer de subir l'influence du français, langue maternelle des rois de Navarre Thibaut Ier, Philippe Ier (le Bel), Louis Ier (le Hutin), Philippe II (le Long), Charles Ier (le Bel ou le Chauve) et Philippe III (d'Évreux). Les mots d'origine française abondent dans les actes du xive et du xve siècle. Charles le Noble a une *opelanda* (houppelande) garnie de *sonetes* (sonnettes) [2]. Rançonner se dit *razonar* [3]; relevailles est traduit par *rellevea* [4]. On trouve les mots *res* ou *ren* employés pour l'espagnol *nada* [5], *resort* pour *jurisdiccion* [6], *sagrament* pour *juramento* (serment) [7], *tablas* pour *aduanas* (douanes) [8], *car* pour *porque*, *ceti* pour *raso* (satin), *beluz* pour *terciopelo* (velours), *moltones* pour *obejas* (moutons). Charles le Mauvais, Charles le Noble et le prince de Viane signent toujours leur nom sous la forme française « Charles ». Les noms des princes de la famille royale sont des noms français : Charles, Louis, Geoffroy, Lancelot. Les institutions, le luxe, les modes de France passent en Navarre avec la dynastie d'Évreux.

Les Navarrais sont un des peuples les plus intéressants de l'Espagne. De taille moyenne, mais lestes et bien pris, ils ont

---

1. *Fuero juzgo*, Introduc., éd. de l'Acad. esp. Madrid, in-f°, 1815. — 2. *Archiv. de Nav.* (Indice), caj. 64, 70 et 71. — 3. *Id., ibid.*, caj. 128, 42. — 4. *Id., ibid.*, caj. 85, 11. — 5. *Id., ibid.*, caj. 91, 47. — 6. Yang., *Dicc.*, t. III, p. 15. — 7. *Id., ibid.*, p. 288. — 8. *Id., ibid.*, p. 350.

le teint plus blanc et la physionomie plus ouverte que leurs voisins de la plaine de l'Ebre; leur regard est moins dur que celui des Aragonais; on n'y voit pas ordinairement ce feu sombre, ou cet éclair de folie qui rendent si étranges la plupart des visages castillans. Le Navarrais est généralement sobre et économe, il a l'esprit de famille développé à un haut degré, comme il est naturel chez un peuple où tout le monde est plus ou moins gentilhomme; il est de mœurs un peu rudes, comme il sied à un montagnard, mais il est humain; les dispositions du Fuero sont presque toujours très douces; le coupable s'en tire quelquefois pour une brimade [1], et le plus souvent pour une amende; il n'y a pas de bourreau en Navarre avant 1388, et la torture y est inconnue jusqu'au XVᵉ siècle. Le Navarrais est courtois; le Fuero punit sévèrement le chevalier qui se laisse emporter par la colère jusqu'à frapper quelqu'un devant une dame [2]; il admet la recherche de la paternité, et ne veut pas que l'on reproche sa faute à la fille séduite, si elle élève courageusement son enfant. Le Navarrais est sincère et fidèle à la parole donnée; toute sa procédure judiciaire repose sur un système ingénieux de garants et de cautions volontaires; la grande preuve admise en justice est le serment. On reproche au Navarrais son idolence et son défaut d'initiative; il compte cependant parmi les peuples les plus laborieux de l'Espagne; mais son activité mesurée n'est qu'une marque de son intelligence : il habite un pays fertile, et jouit d'un excellent climat aussi sain que tempéré; il a restreint ses besoins au strict nécessaire, et s'est arrangé pour vivre en seigneur, si pauvre qu'il soit. S'il travaillait comme un homme du Nord, il pourrait se procurer une foule de choses, dont il n'a d'ailleurs aucun besoin; il préfère vivre plus simplement et garder tous les jours quelques heures pour se promener, pour se distraire, pour rêver à sa fantaisie sous son beau ciel ensoleillé, pour danser ou chanter sur la place

---

[1]. Fuero général, l. V, tit. VII, ch. XVI et XX. — [2]. *Id.*, l. V, tit. I, ch. III.

de son village ; il vit un peu comme vivait l'habitant de la Grèce antique, et, s'il est moins artiste, il n'est pas moins amoureux de son loisir, pas moins fier de sa liberté, pas moins prêt à la défendre.

C'est ce peuple pacifique et chevaleresque que le prince de Viane sut s'attacher par la douceur de son gouvernement, et entraîner sous sa bannière quand ses droits furent contestés. Moins ami de la paix, le Navarrais eût trouvé D. Carlos trop faible et trop mou ; moins loyal et moins fidèle, il n'eût pas soutenu sa cause pendant de si longues années, et souvent contre toute espérance.

Il est malaisé de connaître le chiffre exact de la population navarraise au xve siècle. Le plus ancien recensement date de 1366 ; il estime à 12 263 feux la population du royaume, non compris l'Ultra-Puertos [1]. Si l'on admet, avec Yanguas, qu'il y ait eu de nombreuses omissions, et si l'on se rappelle que l'Ultra-Puertos n'est pas compris dans le total, on pourra compter envion 16 000 feux en Navarre ; soit, à raison de cinq personnes par feu, un chiffre total de 80 000 habitants.

A la fin du règne de Charles le Mauvais, la Navarre fut ravagée par la guerre civile et la guerre étrangère ; elle perdit certainement un grand nombre d'habitants ; mais de 1387 à 1450, sauf une très courte guerre avec la Castille, elle vécut en paix, et n'eut à souffrir que quelques dommages partiels, tels qu'une épidémie, un incendie, une pluie de pierres, une irruption de pillards. Il s'agit de calculer l'accroissement probable de la population pendant cette longue période de paix. Or l'Académie de l'histoire évalue la population de la Navarre en 1802 à 226 467 habitants [2]. En 1823, du Rozoir donne le chiffre de 287 382 [3]. En 1840, Yanguas compte 46 180 feux ou 210 900 habitants [4]. Ramirez Arcas (1848) porte le chiffre des habitants à 272 739 [5]. Tous ces chiffres sont approximatifs,

---

1. Yang., *Dicc.*, t. II, p. 270. — 2. Ram. Arcas, *Itinér. de Nav.*, p. 22. — 3. Du Rozoir, *Descript. de l'Espagne*, p. 87. — 4. Yang., *Dicc.*, v° POBLACION. — 5. Ram. Arcas, *Itinér. de Nav.*, p. 22.

mais ils donnent une moyenne qui doit se rapprocher singulièrement de la vérité. En prenant la moyenne des années et des chiffres indiqués, on trouvera pour l'année 1825 une population de 249 372 habitants; la population de la Navarre en 1880 est de 316 899 habitants [1], ce qui donne pour les 55 années écoulées de 1825 à 1880 une augmentation de 67 527 habitants, ou 1227 habitants par an. Comme le chiffre de 1366 (80 000 habitants) est égal au tiers du chiffre de 1825, il faudra, en supposant toutes les chances d'accroissement égales, entre le xve et le xixe siècle, prendre le tiers du chiffre de l'accroissement annuel de 1227 habitants pour obtenir l'accroissement annuel probable au xve siècle. Le résultat de l'opération donne 407 habitants. On peut donc conclure que la population de la Navarre atteignait vers 1430, 63 ans après le recensement de 1366, 80 000 $+$ 407 $\times$ 63 $=$ 105 641 habitants.

Il n'est pas impossible de contrôler ce chiffre. On a relevé la population de 25 localités navarraises au xve siècle et en 1848. Le total des habitants est de 16 785 pour le xve siècle, et de 45 706 pour 1848. La population du xve siècle est donc égale aux 11/30 de la population de 1848. Si l'on étend ce calcul au pays tout entier, et si l'on admet que notre chiffre de 105 641 habitants représente aussi les 11/30 de la population totale de 1848, on trouvera pour le chiffre de cette dernière 288 120 habitants; le chiffre réel est de 272 739; l'écart n'est donc pas très considérable, et semble même prouver que le chiffre de 105 641 habitants donné à la Navarre du xve siècle doit être regardé comme un maximum [2]. On aura d'autant moins de peine à le croire que le pays paraît avoir été assez misérable à cette époque [3]. A chaque instant, les princes navarrais sont obligés d'accorder de fortes remises d'impôts à des villages dont la population a diminué. Les pièces de la

---

1. G. de Lavigne, *Itinér. d'Espagne*, p. xlv. — 2. Cf. la pièce II à l'Append. — 3. Append., pièce III.

Chambre des Comptes mentionnent une trentaine de *despoblados* pendant le XV° siècle; et si quelques hameaux alors peuplés sont aujourd'hui déserts, on n'en saurait tenir grand compte : l'un d'eux, Murugarren, était réduit en 1460 à quatre maisons seulement, dont deux avaient été incendiées [1]. On peut donc estimer la densité moyenne de la population navarraise à 8 ou 9 habitants par kil. carré, et ce chiffre se rapproche beaucoup de la moyenne actuelle dans la province de Ciudad-Real [2].

Les Villes.

La Navarre était divisée anciennement en cinq provinces, ou *merindades* : Ultra-Puertos, Pampelune, Estella, Tudela et Sanguesa. En 1407, Charles le Noble créa une sixième merindad, et lui donna Olite pour capitale [3].

Ces divisions politiques correspondaient assez exactement aux divisions naturelles. L'Ultra-Puertos comprenait toutes les terres navarraises au nord des Pyrénées; les merindades de Pampelune et de Sanguesa comprenaient la Cuenca et les montagnes; Estella, Olite et Tudela se partageaient la plaine de l'Ebre. Dans chaque province, les vallées formaient autant de petits groupes autonomes; on comptait 63 vallées dans tout le royaume; la merindad de Tudela était la seule à n'en pas avoir [4].

Les villes de Navarre n'étaient pas très nombreuses; la plupart n'étaient que des bourgs fermés; cinq ou six seulement doivent être considérées comme de véritables villes.

Dans l'Ultra-Puertos, Saint-Jean-Pied-de-Port, la Donajouna des Basques, était capitale de la merindad; son importance était exclusivement militaire. La Bastide-Clairence et Armendariz étaient, après Saint-Jean, les deux bourgs les plus impor-

---

1. Append., pièce IV. — 2. 11 habitants au kil. carré. — 3. Yang., *Dicc.*, t. II, p. 322. — 4. Ram. Arcas, *Itinér. de Nav.*, p. 127-144.

tants; leurs habitants jouissaient de privilèges étendus [1]. Les rois de Navarre avaient un château à Garriz [2]; les seigneurs de Grammont avaient leur manoir féodal près de Bidache; il en reste encore aujourd'hui quelques vestiges [3]. C'est dans l'Ultra Puertos qu'avait pris naissance la guerre civile entre les puissantes maisons de Grammont et de Lusa, qui fut pour ainsi dire le prélude de la lutte entre D. Carlos et son père D. Juan.

La merindad de Pampelune n'avait pas d'autre ville importante que sa capitale, mais comme la *Cuenca* était le centre de la vie politique du pays, elle renfermait un grand nombre de lieux célèbres. L'église de San-Miguel-de-Excelsis, sur le mont Aralar [4], était un des sanctuaires les plus vénérés de tout le royaume; le prince de Viane a écrit son histoire, et, tous les ans, une grande fête y rassemble les paysans du voisinage [5]. Elizondo était la capitale de la vallée de Baztan; Jean II anoblit tous ses habitants en 1440 [6]. Huarte-Araquil fut fondée en 1359 par l'enfant D. Luiz d'Evreux, gouverneur de Navarre [7], et exemptée de tout impôt par Charles le Noble [8]. A Villava et Mendilorri, les accusés de meurtre venaient se purger par serment [9]. La aldea de « A Dios! » avait été bâtie sur l'emplacement du camp occupé par les Castillans lorsqu'ils s'enfuirent à l'aspect des Français, dans la campagne de 1277. L'église de « Aqui Tornai » (Tournez ici!) avait été élevée en mémoire des Castillans les plus braves qui s'étaient retournés contre les Français et avaient péri dans le combat [10]. Le Val d'Ilzarbe possédait de curieuses archives, aujourd'hui disparues, et que La Piscina se vante d'avoir consultées [11]. Puente-la-Reyna avait un palais des connétables de Navarre [12], et un

---

[1]. Yang., *Dicc.*, t. II, p. 154, et t. I, p. 40. — [2]. A. Joanne, *Guide des Pyrénées*, p. 81. — [3]. *Id.*, p. 103. — [4]. El. P. Fr. Tomas Burgui, *San Miguel de Excelsis*. Pamplona, 1774, 2 vol. in-f°. — [5]. Yang., *Dicc.*, supp., p. 335. — [6]. *Id., ibid.*, p. 73. — [7]. Yang., *Compendio*, p. 197. — [8]. *Arch. de Nav.* (Indice), caj. 122, 63. — [9]. *Fuero gen.*, l. V, tit. II, chap. VII; l. V, tit. IV, ch. IV. — [10]. La Piscina, l. V, ch. IV. — [11]. *Id.*, l. II, ch. II. — [12]. G. de Lavigne, *Itinér. d'Esp.*, p. 498.

ancien couvent de Templiers où D. Juan de Beaumont, conseiller du prince de Viane, voulut avoir son tombeau; il fonda dans cette ville un hôpital pour les pauvres pèlerins qui se rendaient à Saint-Jacques; le prince de Viane donna à l'hôpital le lieu de Saracoiz, près de Mañeru [1].

Pampelune n'existe véritablement que depuis 1423. Elle se composait auparavant de quatre quartiers isolés, et souvent en guerre les uns avec les autres [2] : la Navarreria, le Burgo de San Cerni, le Burgo de San Miguel et la Poblacion de San Nicolas. A chaque instant éclataient des séditions entre les quartiers; il y eut encore bataille en 1422 entre les gens de la Navarreria et ceux du Burgo, lors de l'entrée du prince de Viane à Pampelune. Le 8 septembre 1433, Charles le Noble, aïeul du prince, prononça la réunion définitive des quatre paroisses en une ville, et leur donna pour armoiries communes un lion d'or sur champ de gueules, avec les chaînes royales posées en orle [3].

Pampelune est bâtie sur un plateau assez élevé, dont les bords coupés à pic de deux côtés dominent l'Arga. Les limites de la ville du XVe siècle sont encore aujourd'hui marquées par la cathédrale, le château et les églises, jadis fortifiées, de Saint-Laurent et de Saint-Nicolas. Les jardins de la Taconera n'ont été compris que plus tard dans l'enceinte, car c'est au milieu d'eux que Jean d'Albret vint établir son camp en 1512. La ville était entourée de murailles, ou du moins les murs extérieurs de ses maisons et de ses édifices formaient autour d'elle une ceinture continue. De deux côtés elle était défendue par l'escarpement du terrain; des deux autres elle était protégée par les masses solides de Saint-Laurent et de Saint-Nicolas, et par la tour de Marie-Delgada, voisine de cette dernière église [4]. On trouve mentionnées au

---

1. *Arch. de Nav.* (Indice), caj. 154, 58; cf. *Bib. Nat.* de Paris. *Mss. esp.*, n° 324, p. 37. — 2. La Piscina, l. IV, ch. XI, et l. V, ch. III, IV, VII et IX; Yang., *Compendio*, p. 110 et 144. — 3. Yang., *Dicc.*, t. II, v° PAMPLONA. — 4. Yang., *Dicc.*, supp., p. 197.

xve siècle les portes de Marie-Delgada, de la Tejeria et de Garcia[1]. Une ordonnance royale du 7 mars 1430 règle ainsi qu'il suit la surveillance des portes : « Chaque matin, au son de la cloche de San Cerni, chaque bourgeois devra se rendre en armes auprès de la porte qu'il a pour mission de garder jusqu'au son de la cloche du soir ; il y aura deux gardes à chaque porte : s'il se présente quelque étranger suspect, il sera accompagné par un de ces gardes jusqu'à sa *posada*, et l'hôte ne devra pas le laisser sortir avant qu'un alcalde ou un jurat de la ville lui ait demandé « avec de bonnes « paroles, et courtoisement » (*generosamente*), qui il est et d'où il vient[2]. »

L'intérieur de la ville a beaucoup changé d'aspect ; la plupart des maisons de Pampelune sont d'époque moderne, mais le plan général n'a pas varié. Les Comptes de 1455 mentionnent les rues encore existantes de *Ajullateria* (*Hojelateria*), de *Pellegeria*, la *rua Mayor de la Navarreria* et la *rua Mayor de los Judios*[3], le carrefour de San Cerni, le pré des FF. Prêcheurs, au-dessous du château royal ; le jardin des chanoines, près de la cathédrale. Il reste, rue de l'Audiencia, une maison de pierre du xve siècle : c'est une construction à deux étages, en pierre grisâtre, surmontée d'un toit en saillie sur la rue ; le rez-de-chaussée n'a qu'une porte assez basse, et voûtée en plein cintre ; le premier étage présente une seule fenêtre étroite et divisée en deux compartiments par un meneau de pierre ; le second étage est percé d'ouvertures nombreuses et régulièrement distribuées. La maison est une sorte de citadelle, les fenêtres sont garnies de fortes grilles et celles de l'étage le plus élevé ressemblent à des créneaux. Une quittance de 8 février 1449 nous donne le prix d'une maison de Pampelune au xve siècle : Miguel de Rosas, auditeur des Comptes, qui devait être bien logé, estime à 925 livres

---

1. *Archivo de Nav.*, comptos, anno 1455. — **2.** Yang., *Dicc.*, supp., p. 250 ; *Arch. de Nav.*, pap. sueltos, leg. II, carp. 10. — **3.** *Arch. de Nav.*, Cuentas, año 1455 ; *Id.*, caj. 154, 44.

la valeur de sa maison [1]. Malgré son titre de capitale, Pampelune n'avait pas encore au xve siècle d'édifices publics proprement dits. Le château royal n'était que la demeure privée du roi; la Chambre des Comptes fut installée d'abord dans une simple maison, et plus tard dans la tour de Marie-Delgada; la maison de ville ne fut commencée que sous le règne de Jean d'Albret [2]. Les seuls édifices publics mentionnés au xve siècle sont le *Chapitel* ou Poids-Royal, et la Boucherie (*Carniceria*). Ils étaient entourés d'échoppes que le roi louait à des boulangers, à des barbiers et autres petits commerçants [3]. Le marché se tenait tous les jeudis, dans le pré des FF. Prêcheurs; toutes les denrées vendues en ville devaient y être apportées; seul le poisson pouvait être vendu en dehors du marché. Charles le Mauvais avait accordé à la ville une foire franche de vingt jours, commençant à la Saint-Jean-Baptiste [4]. La grande fête de Pampelune, la Saint-Firmin, coïncidait avec cette foire, et le développement que le prince de Viane et la Piscina donnent dans leurs Chroniques à la légende de saint Firmin montre quelle était la dévotion des Navarrais à leur apôtre.

Pampelune a conservé trois anciennes églises : la cathédrale, Saint-Cernin et Saint-Nicolas. La cathédrale, dédiée à la Vierge, est un bel édifice d'architecture ogivale, bâti sous le règne de Charles le Noble. Sa longueur est de 65 mètres, sa largeur de 24. La lumière y est sans doute ménagée avec trop de parcimonie, et le chevet à deux pans n'a rien de l'élégance de nos absides à cinq et sept côtés; mais l'ensemble ne manque pas de grandeur. La grille en fer ouvragé qui règne devant le sanctuaire est une merveille de serrurerie d'art; le tombeau de Charles le Noble et de Léonor de Castille remplit presque le chœur; il est orné de deux belles statues d'albâtre représentant le roi et la reine. Une

---

1. *Arch. de Nav.* (Indice), caj. 155, 2. — 2. *Arch. de Nav.*, Cuentas, t. 516. — 3. *Arch. de Nav.*, Cuentas, año 1455. — 4. Yang., *Dicc.*, t. II, v° Pamplona.

admirable porte en pierre sculptée donne accès de la cathédrale dans le cloître, un des plus beaux de l'Espagne : Mossen Leonel de Navarre, bâtard de Charles le Mauvais, et ancêtre des maréchaux de Navarre, y a son tombeau; dans une chapelle, on montre l'armet que portait Sanche le Fort à la bataille de Tolosa. L'évêque Barbazan a fait élever en arrière du cloître une belle chapelle octogone, dont les voûtes entrecroisées produisent le plus heureux effet. La basilique, le cloître et la chapelle forment un ensemble d'une grande valeur artistique, et témoignent du goût et de la richesse des rois de Navarre de la maison d'Évreux. Tous ces ouvrages furent achevés sous le règne de Blanche de Navarre (1425-1441) et le prince de Viane y vit mettre la dernière main.

Saint-Nicolas est de construction massive et surbaissée ; c'était une bastille autant qu'une église.

Saint-Cernin a été bâti, d'après la tradition, à l'endroit même où l'évêque de Toulouse vint prêcher le christianisme [1]. C'est un beau vaisseau de la fin du XIVe siècle. L'église est précédée d'un porche à trois arcades; la tour, très élevée, servit longtemps de beffroi; la cloche de Saint-Cernin sonnait l'alarme ou donnait le signal de la révolte.

Aucune ville de Navarre ne pouvait être comparée à Pampelune comme richesse ou comme importance. Estella, située dans la partie montagneuse de la province du même nom, avait été peuplée en grande partie de Gascons attirés en Navarre par Sancho Ramirez, à la fin du XIIe siècle [2]; elle avait deux châteaux, Belmécher et Zalatambor [3]; deux églises, dédiées à Notre-Dame de Rocamadour et à Notre-Dame du Puy [4]; c'était en même temps une forte position militaire; le roi et le prince se la disputèrent avec acharnement pendant la guerre civile. A une demi-lieue d'Estella s'élevait le grand monastère d'Irache, de l'ordre de Cluny, dont l'église, en

---

1. Moret, *Investigaciones historicas*, p. 24. — 2. Yang., *Dicc.*, t. I, v° Estella; la Piscina, l. IV, ch. v. — 3. *Arch. de Nav.* (Indice), caj. 159, 50. — 4. G. de Lavigne, p. 499.

forme de croix latine, est construite dans le style de transition, et présente quelques débris d'ornementation rappelant l'art arabe. Le cloître était bordé d'arcs en tiers point, et sous chaque arcade se dressait une statue [1]. Les terres du monastère, bien plantées de vignes, s'étendaient à trois kilomètres autour du couvent [2]. La merindad d'Estella contenait encore les villes féodales de Munarriz [3], d'Aizpun [4], de Zuñiga [5] et de Torralba [6], et le comté de Lérin, érigé en 1425 par Charles le Noble en faveur de la maison de Beaumont [7]. Sur la frontière d'Alava, les gros bourgs d'Oteiza, Legaria et San Adrian étaient des postes de surveillance, en arrière des villes de Los Arcos, La Guardia et San Vicente, dont les Castillans devaient s'emparer au cours de la guerre civile engagée entre D. Juan et D. Carlos. Presque sur l'Ebre, en face de Logroño, s'élevait la ville de Viana [8], bâtie en 1219 par Sanche le Fort dans le *campo de la Verdad* [9], où les fidalgos se donnaient jadis rendez-vous pour combattre en champ clos, et se soumettre au jugement de Dieu. Elle avait été peuplée par les habitants de huit villages insignifiants, qui disparurent pour lui faire place [10]. En 1422, Viana fut érigée en principauté par Charles le Noble en faveur de son petit-fils, D. Carlos d'Aragon. Avec ses villes fortes, sa capitale défendue par deux châteaux, son comté de Lérin et sa principauté de Viana, la merindad d'Estella peut être regardée comme la province la plus militaire du royaume.

La merindad de Tudela était la plus petite, mais la plus fertile de la Navarre. Tudela, sa capitale, avait été conquise en 1114 par Rotrou, comte du Perche, chevalier français au service d'Alphonse le Batailleur; le roi avait donné à la ville le Fuero de Sobrarbe [11], Sanche le Fort fonda son église collé-

---

1. *Revista euskara*, 1883, n° 65 (art. de D. Juan Iturralde y Suit). — 2. G. de Lavigne, p. 499. — 3. Yang., *Dicc.*, t. II, p. 435. — 4. *Id., ibid.*, t. I, p. 25. — 5. *Id., ibid.*, t. III, p. 539. — 6. *Id., ibid.*, t. III, p. 379. — 7. *Id., ibid.*, t. II, p. 194. — 8. *Bib. Nat.* de Paris, Mss. esp, n° 324, p. 36. — 9. Yang., *Compendio*, p. 69. — 10. Moret, *Ann. de Nav.*, t. III, p. 125. Les noms de ces villages sont Longar, Tidon, Prezuela, Cuebas, Piedrafita, Soto, Cornava et Goraño. — 11. Yang., *Compendio*, p. 83.

giale [1], et bâtit ou répara le beau pont de dix-sept arches qui réunit les deux rives de l'Ebre [2]. Tudela était dès le x° siècle un centre industriel important; elle faisait un grand commerce de laines, et avait des fabriques de savon. On y voyait encore au xv° siècle des Mores et des Juifs. Les Mores passaient pour médecins habiles, et étaient admis dans l'intimité des rois. Les communautés des Juifs ou des Mores (*aljamas*) étaient riches et puissantes, et rapportaient au trésor royal de gros revenus. Autour de Tudela, et dans la vallée de l'Ebre, les villes étaient assez nombreuses : Corella, Cascante, Cabanillas, Carcastillo et Cortes avaient plus d'importance que la plupart des bourgs de la Cuenca; mais, en revanche, le reste du territoire était à peu près désert, et la population était loin d'être en rapport avec la richesse du sol. Région fertile, terrain favorable à l'élevage des troupeaux, pays bien arrosé et traversé par l'Ebre déjà navigable, la merindad de Tudela souffre encore aujourd'hui du manque d'hommes; on peut juger de l'état où elle se trouvait réduite avec une population trois fois moindre.

Simple démembrement de la province de Tudela, la merindad d'Olite avait l'avantage de posséder sur son territoire les deux résidences royales les plus importantes : Olite et Tafalla. Tafalla vantait son antiquité fabuleuse; on disait qu'elle avait été fondée par Tubal, fils de Noé [3]; elle faisait un grand commerce, et sa foire de Saint-Sébastien était une des fêtes les plus populaires de Navarre; le prince de Viane, enfant, allait s'y divertir. Tafalla a perdu son palais royal, mais on voit encore sur une de ses places le gibet où la justice royale faisait pendre les criminels. Olite était moins ancienne, elle ne remontait qu'au règne de Suintila, roi des Wisigoths [4],

---

1. L'église fut dédiée en 1188; les chapiteaux des 16 piliers portent des écus où sont sculptées les chaînes de Navarre. C'est la plus ancienne représentation que l'on en connaisse. Yanguas fait observer avec raison que les chapiteaux ont très bien pu être sculptés après 1212. — *Dicc.*, supp., p. 353. — 2. G. de Lavigne, p. 172. — 3. La Piscina, l. 1, ch. I. — 4. Yang., *Compend.*, p. 16.

mais c'était *la fleur de Navarre*, et la résidence favorite du roi. Le palais occupait un tiers de la ville, les jardins couvraient un espace plus grand que les habitations, l'église Sainte-Marie-la-Royale n'était qu'une chapelle du palais; les autres églises attestent encore par plus d'un détail de construction l'influence des artistes français attirés à la cour des rois d'Évreux [1]. En face d'Olite et de Tafalla, l'abbaye de San Martin de Unx et l'église de Notre-Dame d'Ujué étaient le but de grands pèlerinages; la reine Blanche avait une dévotion particulière pour la Vierge d'Ujué; et le prince de Viane laissa trente florins à son église par son testament [2]. Charles le Mauvais avait voulu fonder un collège à San Martin, mais la guerre de 1378 contre la Castille avait interrompu les travaux [3]. Les principaux bourgs de la merindad étaient Mendigorria, où D. Luiz de Beaumont détruisit plus de 100 maisons en 1474 [4], Caparroso, Milagro et Funes. Le grand baron de la province était le sire de Peralta, dont on voit encore le château à Marcilla [5]. Avec son riche territoire et son heureux climat, ses palais royaux, ses sanctuaires, ses villes fortes, la merindad d'Olite fut, pendant la première moitié du XVe siècle, le véritable centre de la vie navarraise.

La merindad de Sanguesa comprend la partie la plus montagneuse et la plus froide du territoire navarrais, mais c'était au milieu de ces rochers que s'étaient retirés les derniers champions chrétiens; c'était de là qu'ils étaient partis pour reconquérir le pays. Sanguesa, près de l'Aragon, était une résidence royale, elle avait le droit de battre monnaie [6], et eut, à partir de 1473, une école de grammaire [7]. Lumbier était la seconde ville de la province, et fut vivement disputée par les deux partis pendant la guerre civile. Il en fut de

---

1. L'église San Pedro possède une flèche octogone. Ce genre de tours est fort rare en Espagne. — 2. *Documentos ineditos de Aragon*, t. XXVI, p. 114. — 3. La Piscina, l. V, ch. IX. — 4. Yang., *Dicc.*, t. II, p. 320. — 5. C'est la seule forteresse de Navarre qui ait résisté aux démolisseurs envoyés par Ximenès en 1516. *Cartas del cardenal Cisneros*, t. II. — 6. Yang., *Dicc.*, supp., p. 324. — 7. *Id.*, *Dicc.*, t. I, p. 221.

même de Monreal et d'Aybar. Les habitants de Navascues reçurent en 1417 la qualité de fidalgos [1]. Aoiz, au contraire, qui a fini par remplacer Sanguesa comme capitale de la province, n'était pas encore affranchie en 1477 [2]. Le château de Tiebas passait pour une des places les plus fortes de Navarre, et l'on y avait conservé les archives du royaume jusqu'à la fin du XIVe siècle [3]. Les trois vallées les plus importantes de Navarre, Roncevaux, Salazar et Roncal, faisaient partie de la merindad de Sanguesa. Non loin de la frontière d'Aragon s'élevait le monastère de San Salvador de Leyre, et, sur le territoire aragonais, l'abbaye de San Juan de la Peña avec les tombeaux de Garcia Jimenez, Sancho Garces, Sancho Abarca et Ramiro Sanchez [4]. L'abbaye avait des domaines en Aragon et en Navarre; l'abbé en retirait au commencement du XVIe siècle 2000 ducats de revenu [5].

Tels étaient les principaux centres de population. Deux villes, Pampelune et Tudela, étaient seules de quelque importance, et ne pouvaient cependant prétendre à la domination exclusive du pays; les autres villes n'étaient guère que de gros bourgs. Cependant il y avait peu de hameaux et de maisons isolées; les villes et villages et les associations syndicales des vallées comprenaient la presque totalité des habitants du royaume. Les institutions municipales étaient très fortes et très populaires; mais villes, villages et vallées se jalousaient mutuellement, et l'esprit de parti se développa sans obstacle dans ce pays divisé, entre des hommes ombrageux et ignorants que tout tendait à désunir, et qui ne connaissaient que leur seigneur et leur fuero.

Agriculture, industrie et commerce.

Le climat de la Navarre est sujet dans la montagne à d'assez brusques variations, et, par comparaison avec les autres par-

---

[1]. Yang., *Dicc.*, t. II, p. 471. — [2]. *Id., ibid.*, t. I, p. 42. — [3]. Yang., *Compend.*, p. 234. — [4]. G. de Lavigne, p. 520. — [5]. La Piscina, l. II, ch. I.

ties de l'Espagne, les écrivains espagnols le trouvent froid et humide [1]; il est, en réalité, fort tempéré; la vigne croît partout où l'altitude ne dépasse pas 700 mètres, l'air est sec et sain dans la plaine de l'Èbre, et la température est généralement très douce.

Le sol est plus ou moins fertile suivant les régions. Les rochers et les montagnes occupent près des trois quarts du territoire [2], mais la Ribera donne de magnifiques récoltes qu'une culture plus soignée rendrait plus abondantes encore.

La Navarre était surtout un pays de forêts et de pâturages. Le Fuero général renferme toute une législation forestière [3]; on peut conclure de ses dispositions que le bois était encore très abondant en Navarre au xiv° siècle, et que l'on avait songé à assurer la conservation de ces richesses naturelles. Les montagnes boisées étaient la propriété du roi ou des communautés. Sur les monts du roi, on ne pouvait couper le bois qu'avec son agrément. Sur les montagnes appartenant aux communautés, les habitants avaient droit à trois coupes au moins *aux trois Pâques de l'année* [4]; le noble avait droit à deux parts de vilain [5]. Les gens du pays pouvaient défendre de couper du bois sur une ou plusieurs montagnes; un garde champêtre (*costiero*) était préposé à la garde de la montagne; il avait le droit d'infliger aux contrevenants l'amende appelée en basque *Gauca aari*, consistant en un cahiz de blé, une mesure de vin et un mouton [6]. La Navarre était encore un pays si sauvage au commencement du xv° siècle que Charles le Noble faillit un jour être dévoré par les loups [7]; cependant le bois commençait à se faire rare dans certains cantons [8], le roi et les communautés accordaient à un grand nombre de personnes le droit de couper sur les montagnes du gros et du menu bois; quand la montagne était bien dénudée,

---

1. Ram. Arcas. *Itin. de Nav.*, p. 14. — 2. G. de Lavigne, p. xlvi; du Rozoir, *Descrip. de l'Esp.*, p. 87; Ascargorta, *Compendio de la hist. de Esp.*, p. 231. — 3. *Fuero gen.*, l. VI. — 4. Noël, Pâques et Pentecôte. — 5. *Fuero gen.*, l. VI, tit. II, ch. i et v. — 6. *Fuero gen.*, l. VI, tit. II, ch. vi. — 7. La Piscina, l. V, ch. ix. — 8. *Fuero gen.*, l. III, tit. XIX, ch. vii.

on se bornait à en défendre l'accès aux bûcherons et aux bergers; et on laissait à la nature le soin d'opérer le reboisement. Le pays s'est ainsi peu à peu dépouillé, et a pris l'aspect aride qu'on lui voit aujourd'hui.

Les troupeaux avaient de vastes espaces à parcourir, soit dans la montagne, soit dans les parties incultes de la plaine ou dans la Bardena. Les villages et les vallées de Navarre avaient généralement leurs pâturages particuliers, et il leur était interdit de conduire leurs troupeaux en dehors de leur territoire [1]; cependant les vallées pyrénéennes avaient un droit de pacage dans la Bardena [2]; la Navarre avait donc, comme le reste de l'Espagne, ses troupeaux transhumants. Les agriculteurs avaient cherché à se protéger contre les dégâts des animaux; ils avaient le droit d'enclore les terrains, et les bestiaux qui étaient trouvés sur le fonds d'autrui étaient saisis; leur maître devait payer une amende. Si le troupeau passait à travers un champ labouré, le maître du troupeau devait un nouveau labour [3]. On envoyait au pâturage des bœufs et des chevaux, des moutons, des chèvres et des porcs. La loi déterminait le nombre de têtes de bétail que chaque habitant pouvait envoyer au pâturage commun; le noble avait un droit plus étendu que le vilain. Les troupeaux étaient considérables. Un troupeau complet (*cabaña*) comptait 158 têtes de gros bétail ou 500 de petit [4]. Les bergers habitaient des huttes dans la montagne; ces huttes servaient d'auberge aux voyageurs [5]. La loi permettait aux propriétaires de troupeaux de faire des parcs pour renfermer leur bétail; elle déterminait minutieusement la manière dont le tracé en devait être exécuté [6]; elle n'y admettait que les bœufs qui avaient labouré, et les chevaux de selle dont on avait déjà fait usage [7]; en cas d'épizootie, les bêtes malades étaient soigneusement mises à part [8].

1. *Fuero gen.*, l. VI, tit. I, ch. vii.— 2. Yang., *Dicc.*, t. II, p. 172.— 3. *Fuero gen.*, l. VI, tit. I, ch. vii et viii. — 4. Yang., *Dicc.*, supp., p. 88. — 5. *Fuero gen.*, l. V, tit. XI, ch. v. — 6. *Id.*, l. VI, tit. I, ch. i et xvii. — 7. *Id.*, ibid. — 8. *Id.*, l. VI, tit. I. ch. xiv.

L'agriculture était déjà très développée en Navarre au xv° siècle, car un grand nombre d'impôts et d'amendes judiciaires se payaient en blé, en avoine et en orge; on cultivait aussi le seigle. Une loi très libérale permettait aux habitants d'un village de mettre un terrain cultivable à la disposition de tout nouvel arrivant [1]. Les baux couraient de janvier à janvier, et le propriétaire devait les renouveler tous les ans, sous peine de perdre la propriété de sa terre [2]. Les Navarrais pratiquaient les irrigations, et le règlement d'eaux était une des matières les plus usuelles de leur droit public [3]. La garde des champs était confiée à un *costiero*, nommé pour un an par les gens du pays. Le *costiero* entrait en fonction à la Saint-Michel [4]; il devait chaque jour parcourir son ressort avant le lever du soleil; il prélevait pour s'indemniser un *quoartal* de blé, et un *quoartal* de vin, sur chaque champ et sur chaque vigne possédés par un vilain; il avait pour lui les amendes qu'il prononçait. Chaque village était entouré d'aires à battre le blé, dont une série de dispositions législatives assurait le bon entretien [5].

La vigne donne en Navarre des vins forts et parfumés, qui, mieux faits, seraient excellents. Thibaut Ier « fit connaître à « ses vassaux le mode de culture de la vigne en Champagne, « et c'est à son zèle que les Navarrais doivent leurs bons vins, « qui peuvent rivaliser avec ceux de toutes les autres parties « de l'Espagne [6] ». Les propriétaires de vignes avaient le droit de les clore pour les protéger contre l'invasion des troupeaux [7]; le vol des raisins était puni d'une amende d'un cahiz de blé; celui qui coupait des vignes dans l'enclos d'autrui payait 5 sous d'amende par cep coupé [8]; le propriétaire pouvait tendre des pièges, ou placer des chausses-trappes dans sa vigne [9].

La culture de l'olivier, aujourd'hui si prospère dans la

---

1. *Id.*, l. III, tit. XIX, ch. x. — 2. *Id.*, l. VI, tit. VII, ch. 1er. — 3. *Arch. de Nav.* (Indice), caj. 166, 58; 177, 2; 177, 10. — 4. *Fuero gen.*, l. VI, tit. III. ch. II. — 5. *Id.*, l. VI, tit. VIII, ch. I. — 6. Ascargorta, *Compendio*, p. 235. — 7. *Fuero gen.*, l. VI, tit. I. ch. XI et XII. — 8. *Id.*, l. VI, tit. II, ch. XII. — 9. *Id.*, l. V, tit. VII, ch. VI.

Navarre méridionale, ne prit une véritable importance qu'au commencement du xvi⁰ siècle. Charles Quint obligea en 1520 chaque habitant de la Ribera à en planter dix pieds chaque année pendant dix ans [1]. L'oranger ne vient pas en Navarre; en 1411, les oranges étaient encore un fruit rare, même sur la table royale. Léonor de Castille, femme de Charles le Noble, sema dans une caisse cinq pépins d'orange, de l'espèce appelée *bigarrada;* l'un de ces pépins a produit l'arbre qui existe aujourd'hui à l'orangerie de Versailles sous le nom de Grand Connétable ou de Grand Bourbon [2]. Charles le Noble essaya également d'acclimater en Navarre la culture du safran, et fit venir d'Aragon un jardinier expert, Beltran de Lacambra, pour apprendre aux Navarrais à cultiver cette plante; la culture en resta toujours peu importante [3].

Les Navarrais élevaient beaucoup de volailles, des pigeons et des abeilles; le Fuero réglemente la construction des colombiers, et défend de chasser à l'arbalète autour d'eux [4].

Les richesses minérales du sol paraissent avoir été négligées par les habitants. Il existe en Navarre des gisements de cuivre, de plomb et de zinc [5], et rien n'indique qu'ils aient été connus au xv⁰ siècle. Le fer était exploité avec succès; on comptait en 1455 quarante-quatre forges en activité dans tout le royaume [6], il n'y en avait plus que trente-deux en 1532 [7]. On exploitait le sel gemme à Valtierra [8]. Chaque habitant pouvait ouvrir une carrière pour bâtir sa maison, mais il était défendu de tirer des pierres de la montagne, ou de les transporter le long des routes, « parce que, dit le Fuero, les montagnes sont faites « pour les troupeaux, et les routes pour les hommes [9] ».

---

1. Yang., *Dicc.*, supp., p. 232. — 2. Catherine de Foix, reine de Navarre, en fit présent en 1499 à la reine Anne de Bretagne, qui le donna elle-même à Suzanne de Bourbon. *Revista Euskara*, 1883, n° 66, art. de D. Rafaël Gaztelu. — 3. Yang., *Dicc.*, t. III, p. 143. — 4. *Fuero gen.*, l. I, tit. III. ch. iv, et l. V, tit. XI, ch. xviii. — 5. Ram. Arcas, *Itiner. de Nav.*, p. 46. — 6. *Archiv. de Nav.*, Cuentas, año de 1455. — 7. Yang., *Dicc.*, supp., p. 134. — 8. *Dicc. geog. hist. estadistico de la Real Academia*, v° Navarra. — 9. *Fuero gen.*, l. V, tit. VII, ch. xxiv.

La Navarre n'était pas un pays industriel. Les industries alimentaires se réduisaient à peu près à la fabrication du vin, à la meunerie et à la boulangerie ; le roi et les seigneurs prélevaient sur les moulins et sur les fours des droits importants [1]. Le tissage donnait des toiles communes et des étoffes de laine ; il y avait une teinturerie de laine à Tudela, mais c'était la seule du royaume [2]. Les industries de luxe n'existaient pour ainsi dire pas. Les belles pièces d'orfèvrerie données par Charles le Mauvais à la cathédrale de Pampelune [3] étaient sans doute de fabrication française ; un document de 1411 fait mention d'un tailleur d'images ; son nom est tout français : Jean le Home de Tortay [4]. En 1490, c'est à Vittoria que le chapitre de Bayonne s'adresse pour faire construire les orgues de la cathédrale.

Alimenté par les nombreux produits naturels du pays, et excité par le besoin qu'avaient les habitants de se procurer les objets manufacturés des autres contrées, le commerce de la Navarre était prospère. Les routes étaient passablement entretenues. Le chemin royal devait laisser passage à trois cavaliers marchant de front ; si quelqu'un l'encombrait de matériaux, il payait 60 sous d'amende [5]. Les chemins vicinaux devaient laisser passage à deux bêtes chargées, pour prévenir les accidents, *et les rixes*, en cas de rencontre de deux muletiers [6]. Les sentiers de village devaient avoir quatre pieds de largeur. Les chemins royaux étaient entretenus par l'alcalde-mayor, les routes vicinales par les propriétaires riverains, « chacun au droit de son héritage [7] ». Des ponts étroits, mais solides et hardis, franchissaient les cours d'eau ; on en voit encore plusieurs dans les environs immédiats de Pampelune ; Sanche le Fort construisit le grand pont de Tuleda [8], et celui de San Vicente [9] ; Jeanne de Navarre,

---

1. *Arch. de Nav.* (Indice), caj. 148, 25 ; 151, 33 et 60 ; 153, 32 ; 154, 45. — 2. *Arch. de Nav.*, Cuentas, t. DXXXI. — 3. La Piscina, l. V, ch. ix. — 4. Yang., *Dicc.*, t. III, p. 366. — 5. *Fuero gen.*, l. VI, tit, IV, ch. i. — 6. *Id.*, l. VI, tit. IV, ch. iii. — 7. *Id.*, l. VI, tit. IV, ch. iv. — 8. Yang., *Compend.*, p. 117. — 9. La Piscina, l. III, ch. v.

femme de Philippe le Bel, bâtit celui de Puente-la-Reyna [1]; Charles le Noble fit réparer ceux de Zizur [2].

Les bonnes villes avaient des marchés tous les huit ou quinze jours, ou tous les mois. Pampelune, Sanguesa, Estella, Huarte, Tafalla, d'autres villes encore avaient des foires d'une durée de huit ou vingt jours [3]. Le Fuero réglait le prix dû aux hôteliers sur la vente des marchandises [4]; il soumettait les marchands à la juridiction de l'alcalde ou du bailli du marché, et les garantissait contre toute saisie de leurs marchandises [5]. Les accaparements étaient défendus [6]. Les débitants de vin étaient soumis à une taxe [7], les fraudes étaient punies d'une amende, et la marchandise fraudée était confisquée [8]. Les Mores et les Juifs, les marchands ambulants, allant de royaume en royaume, les pèlerins portant besace et bourdon, étaient admis dans les marchés et protégés par le Fuero [9].

Les poids et mesures du marché de Pampelune étaient seuls admis dans tout le royaume, et les marchands étaient tenus de se conformer strictement sur ce point aux ordonnances royales [10]. Les poids étaient l'*arroba* de 36 livres castillanes (16 kil. 565), la livre ordinaire, de 12 onces; la livre de viande, de 36 onces; la livre de poisson de mer frais, de 18 onces [11]. Les solides se vendaient par *cahices* de 4 *robos* l'un (1 hect. 64), *robos* de 4 *cuarteles* (41 lit. 1) et *cuarteles* de 4 *almudes* (10 lit. 3). La *carga* de blé valait 6 robos; celle d'avoine en valait 8. Le *carapito* était l'unité de mesure pour les liquides; il valait 3 *gailletas* 1/2, ou une *arinzada*, ou une *cuarta*. La *carga* de vin était de 12 *carapitos*. L'unité de longueur était la coudée (*codo*) de 0m,29; elle était égale aux 2/3 de la *vara* d'Ara-

---

[1]. La Piscina, l. V, ch. iv. — [2]. Yang., *Dicc.*, supp., p. 380. — [3]. *Arch. de Nav.*, caj. 139, 7. — [4]. *Fuero gen.*, l. III, tit. XIII, ch. i. *Amejoramiento de Phelipe*, III, ch. xx. — [5]. *Id.*, l. III, tit. XV, ch. xx et xxv. — [6]. *Id.*, l. III, tit. XII, ch. ix. — [7]. *Id.*, l. III, tit. XII, ch. xviii. — [8]. *Id.*, *Amejor. de Phelipe* III, ch. xvi et xix. — [9]. *Arch. de Nav.* (Ind.), caj. 12, 87. *Fuero Gen.*, l. III, tit. XII, ch. ii. — [10]. *Fuero gen.*, l. V, tit. IV, ch. ix. — [11]. Yang., *Dicc.*, t. II, p. 710. Ram. Arc. *Itiner. de Nav.*, p. 62.

gon, égale elle-même aux 15/16 de celle de Castille [1]. Les toiles se mesuraient à la canne (*cana*); chaque canne contenait 8 palmes [2].

Les rois de Navarre juraient à leur sacre de ne pas altérer le titre de leurs monnaies; mais ils n'étaient pas plus fidèles à ce serment que les rois de France. La monnaie d'or la plus usuelle en Navarre au xve siècle est le florin d'Aragon; sa valeur varie de 28 à 36 sous, et est estimée à 32 réaux de monnaie actuelle par l'Académie de l'histoire, et à 34 réaux par Yanguas, soit environ 8 fr. 50 de notre monnaie. On frappait surtout en Navarre de la monnaie d'argent. Les gros carlins, ou blanques, valaient 2 sous ou 47 centimes; ils se divisaient en 12 ou 16 cornados. Le demi-gros valait 1 sou, ou 23 centimes 6 dixièmes; il se divisait en 6 ou 8 cornados; le cornado lui-même valait environ 2 deniers, et le demi-cornado équivalait au denier [3]. Le prêt à intérêts était sévèrement interdit aux chrétiens [4]. Les Juifs ne pouvaient prêter à plus de 20 p. 100 [5], et lorsque les intérêts avaient doublé la dette, le créancier devait attendre cinq ans avant de renouveler son titre [6]. Malgré ces précautions, l'usure était fréquente en Navarre; la reine Leonor de Castille payait, en 1402, 48 florins d'intérêts pour un capital de 70 florins [7]. L'usure et la variation incessante du cours des monnaies causaient au commerce navarrais le plus grand préjudice.

II. — La nation.

Le clergé. — La noblesse. — Le peuple.

Comme toute l'Europe féodale, la Navarre avait ses classes privilégiées, mais la médiocre étendue et l'extrême division du

---

1. Ram. Arcas, *op. cit.*, p. 64. — 2. *Arch. de Nav.* (Indice), caj. 87, 35; 92, 41. — 3. Append., pièce IV. — 4. *Fuero gen. Amejor. de D. Phel.*, ch. x. — 5. *Id.*, *ibid.*, ch. xiii. — 6. *Id.*, *ibid.*, ch. xiv. — 7. La Greze, *la Nav. française*, t. II, tit. II, ch. xi.

territoire avaient empêché la formation de fiefs puissants, et la fierté native des Basques, la prompte rédaction des Coutumes, la forte constitution des communautés paysannes, la participation permanente des Cortès au gouvernement n'avaient pas permis à l'aristocratie de se faire là aussi oppressive qu'ailleurs. Il y avait des classes sociales, des privilèges et des abus, mais on était moins qu'ailleurs emprisonné dans sa caste; les privilèges étaient moins exorbitants, et laissaient aux plus humbles tous les droits essentiels; les abus étaient plus rares, parce que l'insurrection était pour tous un droit légal, et toujours revendiqué.

Le clergé.

Les Navarrais n'avaient pas l'esprit moins religieux que leurs voisins castillans et aragonais; ils marchaient au combat en invoquant saint Georges [1], ils avaient vu saint Milan et saint Cernin se mettre à leur tête dans la bataille [2]. Les rois français avaient apporté en Navarre leurs habitudes dévotes et fanatiques : Philippe d'Évreux condamnait à une amende de 50 sous, ou au fouet, quiconque parlait mal de Dieu, de la Vierge ou des Saints [3]; Charles le Mauvais était frère lai de l'abbaye du Mont-Saint-Michel au diocèse d'Avranches [4]; Charles le Noble lavait les pieds à 13 pauvres le jour du vendredi saint [5]; le prince de Viane mérita par sa dévotion une grande réputation de sainteté. Les lois et les mœurs sont empreintes de superstition : les corps des suicidés sont jetés à la rivière [6]; la loi admet les épreuves judiciaires; la croyance aux revenants est générale. La Piscina raconte sérieusement que Charles le Noble est apparu à sa petite fille Leonor [7].

Cependant l'ancienne liberté des mœurs païennes résista

---

1. La Piscina, l. IV, ch. VI. — 2. Yang., *Compend.*, p. 65. — 3. *Fuero gen. Amejor. de D. Phelipe*, ch. XXIII. — 4. Yang., *Compend.*, p. 198. — 5. Yang., *Dicc.*, t. III, p. 133. — 6. Yang., *Dicc.*, t. III, p. 347. — 7. La Piscina, l. V, ch. X.

longtemps à l'action de l'Église, et les clercs n'occupaient pas encore dans la Navarre du xv° siècle la situation tout à fait prépondérante qu'ils acquirent dans toute l'Espagne au siècle suivant.

L'évêque de Pampelune, suffragant de l'archevêque de Burgos, était le chef de l'Église navarraise et avait le privilège de sacrer le roi. Transféré à San Salvador de Leyre pendant l'invasion sarrasine, l'évêché avait été rétabli à Pampelune par Sancho Ramirez en 1076 [1]. Il était assez riche, et comprenait 10 dignités ; 24 canonicats, et autant de prébendes, avec 1156 églises ou chapelles paroissiales; ses revenus étaient évalués, au xvii° siècle, à 2 800 ducats [2]. Sa juridiction s'étendait sur quelques villages castillans, mais la vallée de Baztan et la plus grande partie de l'Ultra-Puertos étaient soumises à l'évêque de Bayonne; les terres de Mixe et d'Ostabarets ressortissaient de l'évêché de Dax [3]; les droits épiscopaux étaient exercés en Navarre au nom de ces prélats étrangers par des vicaires généraux, qui devaient être Navarrais, ainsi que tous les clercs des paroisses. L'évêque de Calahorra, très proche voisin des frontières navarraises, paraissait souvent à la cour et entretenait avec les rois de Navarre de fréquentes relations.

Immédiatement après l'évêque de Pampelune, venait le doyen de l'église collégiale de Tudela ; les rois de Navarre tenaient beaucoup à ce qu'il fût d'origine navarraise, comme l'évêque, mais ils ne réussissaient pas toujours à se faire obéir. De 1458 à 1462, le cardinal Bessarion, résidant à Rome, fut évêque de Pampelune [4], et, à la fin du xv° siècle, le chapitre de Tudela s'obstinait encore à exécuter les bulles pontificales donnant à un étranger le titre de doyen. Jean d'Albret dut menacer les chanoines de saisir leur temporel [5].

Le plus ancien et le plus célèbre des monastères navarrais,

---

1. La Piscina, l. IV, ch. v. — 2. *Bibl. Nat. de Paris*, Mss Espag., n° 324, p. 36. — 3. La Grèze, *la Nav. française*, t. II, ch. iv. — 4. Gams. *Series Episcoporum*, p. 63. — 5. Yang., *Dicc.*, t. III, v° TUDELA.

San Juan de la Pena, avait été enlevé à la Navarre par l'Aragon dans le courant du xii° siècle, sous le règne de Garcia Ramirez, mais il avait encore dans le royaume des biens considérables que les rois de Navarre séquestraient lorsqu'ils étaient en guerre avec l'Aragon [1]. Le traité signé entre D. Garcia Ramirez et Ramire le Moine, roi d'Aragon, pour le règlement définitif des frontières des deux royaumes, était conservé à San Juan [2]; mais, malgré ses fréquents rapports avec les rois et les prélats de Navarre, l'abbé de San Juan ne comptait pas parmi les membres de l'Église navarraise.

L'abbaye de San Salvador de Leyre, de l'ordre de Citeaux, est mentionnée dès 842 [3], et ne le cédait guère en réputation à San Juan; elle étendait sa suzeraineté sur Santa Engracia del Puerto, qui lui devait chaque année deux bœufs et deux saumons (*duos quam optimos salmones*) [4]. Aucun vilain de San Salvador de Leyre ne pouvait être contraint à payer l'amende de l'homicide [5].

Dans la même région, il faut citer le prieuré d'Aïbar [6] et l'abbaye de femmes de San Christoval de Leyre [7].

La collégiale de Roncevaux relevait directement du pape. D. Garcia avait fondé près de l'église un hôpital pour les pauvres pèlerins [8], et Sanche le Fort avait rebâti la basilique au début du xiii° siècle [9]. Roncevaux était un lieu de pèlerinage renommé, et possédait des biens jusqu'en Béarn [10]; peu de voyageurs passaient devant l'église de Roncevaux sans y apporter leur offrande; le prince de Viane la visita plusieurs fois, et lui légua 500 florins d'or par testament [11].

Le monastère d'Irache remontait au temps des rois goths [12], et possédait San Esteban de Montjardin [13]. Irançu avait été

---

1. Yang., *Dicc.*, t. III, p. 298. — 2. La Piscina, l. IV, ch. viii. — 3. La Grèze, t. II. ch. iv. — 4. Yang., *Dicc.*, t. III, v° SAN SALVADOR. — 5. *Fuerogen.*, l. V, tit. IV, ch. x. — 6. *Arch. de Nav.* (Indice), caj. 166, 69. — 7. Yang., *Dicc.*, supp., p. 334. — 8. La Piscina, l. IV, ch. viii. — 9. Yang., *Compendio*, p. 117. — 10. *Arch. des Basses-Pyr.*, G, 210. — 11. *Colecc. de Doc. ined. de Arag.*, t. XXVI, p. 114. — 12. *Dicc. geog.-historic. estadistico*, t. II, p. 377. — 13. Yang., *Compendio*, p. 40-48.

richement doté au xiii⁰ siècle par D. Arnalte de Agramont, évêque de Pampelune [1]. Fitero, fondé en 1158 par des moines de l'abbaye de l'Escale-Dieu en Bigorre, avait donné naissance à l'ordre castillan de Calatrava [2]. La Oliva avait été bâtie par Sanche le Fort en 1204 [3]; ses troupeaux pouvaient parcourir tout le royaume, comme ceux du roi; le témoignage d'un seul de ses moines décidait en dernier ressort du gain ou de la perte d'un procès. D'autres abbayes moins importantes existaient à Urdax et à Marcilla.

L'ordre militaire de Saint-Jean de Jérusalem avait un grand prieur en Navarre. Il possédait l'ancien couvent des Templiers d'Estella, les églises de Cardobilla, Esquiroz et Espilce [4], le couvent de Bargota [5], les commanderies d'Apathe et d'Irissarri [6]. Le grand prieur de Saint-Jean, D. Juan de Beaumont, oncle du prince de Viane, joue un grand rôle dans l'histoire de la Navarre au xv⁰ siècle.

Les moines mendiants étaient établis à Pampelune au xv⁰ siècle, mais ils ne paraissent pas y avoir été populaires; en 1448, un auditeur de la Chambre des Comptes prêcha publiquement contre eux [7], et le prince de Viane dut prendre leur défense.

Il y avait encore à Pampelune une confrérie de Saint-Cernin dont la reine Blanche fut la bienfaitrice [8], un couvent de la Vierge del Carmen [9], et un couvent de religieuses de Saint-Damien [10]. Tulebras possédait aussi un monastère de femmes [11].

Les mœurs du clergé n'étaient pas à l'abri de toute critique. On reprochait aux clercs leur avidité et leur violence, leur tendance à usurper sur le pouvoir civil et leur vie déréglée. Le Fuero ne veut pas que le prêtre puisse invoquer le bras

---

1. La Piscina, l. V, ch. i. — 2. La Greze, t. II, ch. iv. R. P. Miguel Baptista Ros, *Fundacion del muy insigne e illustre monasterio de Santa Maria la Real de Fitero*, 1634. — 3. Yang., *Compendio*, p. 117; La Piscina, l. IV, ch. xi. — 4. Yang., *Dicc.*, supp., p. 104. — 5. *Id., ibid.*, p. 72. — 6. La Grèze, t. II. ch. iv. — 7. *Arch. de Nav.* (Indice), caj. 154, 67. — 8. *Id., ibid.*, Cuentas, t. 457. — 9. Yang., *Compendio*, p. 229. — 10. *Arch. de Nav.* (Indice), caj. 161, 3. — 11. Yang., *Dicc.*, t. III, p. 466.

séculier, sans mandat de son évêque, pour se mettre en possession d'une église, ou pour obliger quelqu'un à se faire vassal d'église[1]. En 1503, les Cortès de Sanguesa défendent aux laïques de se soumettre dans leurs contrats à la juridiction ecclésiastique, « parce qu'il s'ensuit de grands inconvénients « contre les prérogatives du roi et celles des particuliers, et « parce qu'un grand nombre de personnes meurent ainsi « excommuniées [2] ». En 1478, la princesse Leonor défend aux clercs d'acquérir des biens-fonds, et déclare qu'ils devraient se contenter de leurs dîmes; elle dit « qu'un grand nombre « de clercs se sont adonnés aux choses du monde, poursuivant « les charges et les bénéfices temporels, acquérant des vil- « lages, des juridictions, des rentes, des héritages, des pos- « sessions et des troupeaux. Ce qui est pire encore, convertis « aux appétits mondains, ils se font marchands, amassent des « provisions, achètent du bétail ou d'autres marchandises; « quelques-uns même, oubliant toute urbanité et toute loi « divine et humaine, prêtent publiquement à intérêts [3]. » La moralité du clergé était médiocre. En 1421, François de Villaespesa, chancelier de Navarre, fonde une chapellenie à Tudela; il se borne à demander que le chapelain vive honnêtement, ne soit pas publiquement concubinaire, et ne dise pas la messe sans caleçon [4]. En 1489, le roi prononce la légitimation de Pedro Martinez de Eulate, fils naturel de l'abbé d'Eulate, et de Marie de Aranach, femme libre (*muger suelta*) [5].

Les privilèges du clergé étaient beaucoup moins importants en Navarre qu'en France. A partir de 1450, les clercs sont exempts de toute servitude réelle [6], mais l'évêque de Pampelune n'était pas exempt des charges militaires; en temps de guerre, il devait suivre le roi avec 10 cavaliers [7]. L'Église n'était pas responsable des dettes des clercs [8], mais

---

1. *Fuero gen.*, l. V, tit. V, ch. I et II. — 2. *Arch. de Nav.*, *Recop. de Actos de Cortes.* — 3. Yang., *Dicc.*, t. I, p. 366. — 4. *Arch. de Nav.* (Indice), caj. 119, 17. — 5. *Arch. de Nav.* (Indice), caj. 193, 31. — 6. Yang., *Dicc.*, t. I, p. 370. — 7. *Id., ibid.*, t. II, p. 475. — 8. *Fuero gen.*, l. III, tit. XXII, ch. I.

personne ne devait prêter plus de 5 sous à un clerc ordinaire, ni plus de 100 sous à un clerc pourvu d'une commanderie [1]. Le vilain pouvait être ordonné prêtre, mais il fallait que son seigneur y consentît; si le vilain était fait prêtre sans l'assentiment du seigneur, celui-ci avait une action en garantie contre l'évêque, et si le vilain devenu clerc était frappé ou blessé, le seigneur touchait l'amende de 500 à 900 sous infligée par la loi à l'auteur des voies de fait [2]. Le clerc qui ne portait pas le costume ecclésiastique restait soumis à la loi séculière [3]. La dîme était payée même par les nobles [4]; tout habitant devait faire trois offrandes à l'église : à Noël, à Pâques et à la Pentecôte [5]; mais le prêtre devait des prières au noble qui payait ses dîmes, et lui donnait la communion s'il était malade, alors même que le noble eût refusé de jurer obéissance à toutes les lois de l'Église [6]. Les Cortès décidèrent en 1435 que les dîmes ne pourraient plus être appliquées à des usages profanes [7]. Les églises jouissaient du droit d'asile, mais ce droit ne s'étendait pas au voleur pris en flagrant délit, au traître, ni au malfaiteur évadé de prison [8]. L'excommunication était une arme redoutable entre les mains du clergé; si un excommunié voulait entrer dans une église, le prêtre avait le droit de requérir les assistants pour expulser l'intrus, mais la loi avait prévu le refus des fidèles, et ne donnait dans ce cas d'autre droit au prêtre que celui d'interrompre l'office [9]. On le voit, les privilèges du clergé étaient assez étroitement limités, et emportaient presque tous des obligations légales.

Le clergé jouissait de l'influence morale naturellement attachée à sa profession; onze de ses membres siégeaient aux Cortès du royaume en 1525, sous la présidence de l'évêque de Pampelune [10]. L'évêque était généralement un des conseil-

---

1. *Fuero gen.*, l. III, tit. XXII, ch. II. — 2. *Id.*, l. III, tit. I, ch. III. — 3. *Id.*, l. III, tit. XXII, ch. III. — 4. *Id.*, l. III, tit. II, ch. II. — 5. *Id.*, l. III, tit. II, ch. v. — 6. *Id.*, l. III, tit. II, ch. I. — 7. Yang., *Dicc.*, t. I, p. 353. — 8. *Fuero gen.*, l. III, tit. I, ch. IV. — 9. *Id.*, l. V, tit. XIII, ch. I. — 10. Yang., *Dicc.*, v° Cortes.

lers les plus écoutés du prince: D. Carlos tenait beaucoup à ce que l'évêque appartînt à son parti. Des chapelains, des confesseurs, des aumôniers, des prédicateurs suivaient la cour; le roi confiait souvent à des ecclésiastiques des missions diplomatiques, ou de hautes fonctions dans l'État; mais les clercs choisis par le roi devaient cette faveur à leurs aptitudes personnelles et à leur expérience, bien plus qu'à leur caractère ecclésiastique. L'influence du clergé considéré comme corps politique était à peu près nulle, et son influence morale demeura elle-même pendant longtemps fort peu considérable; la loi reconnaissait formellement le concubinat, interdit par l'Église, la loi organisait la procédure par ordalies, et, comme le prêtre se refusait souvent à bénir l'eau et les cailloux dans l'épreuve de la chaudière, le Fuero de San Juan de la Peña autorisait les assistants *à bénir eux-mêmes* les pierres et l'eau bouillante [1].

La Noblesse.

La classe vraiment dominante en Navarre était la classe noble. Ce n'est pas que les *fidalgos* navarrais fussent riches et puissants par eux-mêmes, mais ils étaient fort nombreux [2], vivaient mêlés à la population, en connaissaient les besoins, en partageaient les idées, et les classes populaires voyaient en eux leurs chefs naturels.

Les nobles navarrais portaient le nom de *fidalgos* ou *fijos d'algo*, qui est synonyme de propriétaires [3]. On les appelait aussi *yfanzones*, ou capitaines d'infants, ou de gens de pied [4]. La noblesse se désignait par le mot de *fidalguia*. Le fidalgo prouvait sa noblesse par titre, ou par le témoignage de deux autres fidalgos. Thibaut Ier voulut rendre la preuve plus dif-

---

1. Paquiz et Dochez, *Hist. d'Esp.*, t. II, p. 311. — 2. 1/6 de la population en 1366; Yang., *Dicc.*, t. II, p. 59. — 3. Fijo d'algo, fils de quelque chose, fils de famille ayant un bien. — 4. Viscaye, *Derecho de naturaleza*, p. 50.

ficile, les fidalgos se refusèrent à toute modification du Fuero, sous prétexte que ce serait une violation de la loi [1]. Les rois augmentaient sans cesse le nombre des nobles par d'imprudentes concessions de privilèges. Philippe d'Evreux est le premier roi de Navarre qui se soit arrogé le droit de créer un noble [2]; ses successeurs en abusèrent, et ajoutèrent bientôt aux faveurs individuelles des grâces plus larges, qui s'appliquaient à toute une ville ou à tout un canton. En 1424, Charles III anoblit tous les habitants de Genevilla [3]; en 1429, Jean II anoblit ceux d'Aoiz [4]; en 1435, il concède la fidalguia et l'exemption d'impôts à cent dix maisons roturières de la terre d'Arberoa [5]. En 1440, tous les habitants de la vallée de Baztan sont déclarés fijos d'algo, à la suite d'un débat contradictoire avec le Procureur patrimonial; l'acte royal qui leur reconnaît ce titre est un des premiers qu'ait signés le prince de Viane [6]. En 1462, Jean II donne à tous les habitants d'Aezcoa la qualité de « francs, ingénus, yfanzons et fijos d'algo [7] ». Après les guerres civiles, les princes navarrais eurent à récompenser le dévouement de leurs partisans, et les concessions se multiplièrent. Peu populaires en Navarre, et toujours menacés au dehors, Jean d'Albret et Catherine de Foix se montrèrent très prodigues de cette faveur [8]. Si grand que fût le nombre des nobles, et si facile que fût l'obtention de cette qualité, il y avait encore de faux nobles, dont les prétentions excitaient la raillerie des fidalgos. Les gens du pays basque se disaient nobles, et étaient cependant soumis à des taxes roturières appelées *escurayna* et *crisuelo* ; ils ne consentaient à les payer que de nuit, et le Fuero général ajoute malignement : « ils se croient yfanzons, mais ils sont vilains [9] ».

1. Yang., *Compendio*, p. 126; *Fuero gen.*, l. III, tit. III, ch. IV. — 2. Yang., *Dicc.*, t. II, p. 54. — 3. *Arch. de Nav.* (Indice), Cuentas, t. 392. — 4. *Id., ibid.*, caj. 128, 37. — 5. *Id., ibid.*, caj. 104, 42. — 6. Yang., *Dicc.*, supp., p. 74. — 7. *Arch. de Nav.* (Indice), caj. 161, 9. — 8. *Arch. de Nav.* (Indice), caj. 117, 8; 22, 10; 168, 45; 177, 28. — 9. *Fuero gen.*, l. III, tit. VII, ch. VII.

Suivant leur origine, ou d'après leurs occupations, les yfanzons portaient des noms différents : les gentilshommes campagnards, et c'était le plus grand nombre, s'appelaient *yfanzones de abarca;* l'abarca est la chaussure de cordes du paysan navarrais. Les anoblis étaient dits *yfanzones de carta.* Certaines familles appelées maisons rédimées (*casas remissionadas*) avaient obtenu l'exemption d'impôt sans concession précise de noblesse.

Tous les nobles ne vivaient pas militairement. Parmi ceux qui embrassaient la carrière des armes, quelques-unes s'attachaient à un fidalgo plus riche, et devenaient écuyers; ce titre répondait à une fonction, et ne constituait pas un degré de noblesse. Les fidalgos les plus riches portaient le titre de chevaliers, et la différence qui existait entre un chevalier et un yfanzon ordinaire était assez difficile à déterminer. L'Académie espagnole définit le chevalier : « Hidalgo d'ancienne « et notoire noblesse, qui a quelque lustre de plus que les « autres, soit par sa naissance, soit par ses services, ou ceux « de ses aïeux [1] ». La reine Ysabel disait que « l'hidalgo et « le chevalier se distinguent entre eux comme les chevaux « et les roussins; les chevaux ont meilleure conformation, la « crinière mieux fournie, la queue plus développée; de même « les chevaliers ont plus de bien que les hidalgos pour main- « tenir leur noblesse et leur splendeur [2]. » Le titre de chevalier finit par devenir héréditaire dans certaines maisons nobles; le manoir du chevalier s'appelait alors *palacio cabo de armeria*. On comptait encore 154 de ces *palacios* en Navarre en 1723 [3].

Pendant longtemps le seul titre connu en Navarre avait été celui de riche homme ou *richombre*. Le richombre était un fidalgo puissant, qui avait autour de lui une véritable truste : « ses fils, des chevaliers, des vassaux, des écuyers à sa solde, « des gardiens de ses maisons, des laboureurs, des bouviers,

---

1. *Dicc. de la Acad. esp.*, v° Caballero. — 2. Viscaye, *Derecho de naturaleza*. — 3. Yang., *Dicc.*, supp., p. 239.

« des pâtres, des porchers, bien d'autres gens à sa solde, à sa
« table, des vassaux qui lui devaient des moutons, de l'orge,
« de l'argent pour la protection qu'il leur donnait au marché
« ou ailleurs [1]. » Le richombre était aussi appelé « enseigne [2] »,
parce que le roi lui concédait, sous le nom d'*honneur*, une
juridiction étendue sur une circonscription déterminée, et
qu'en temps de guerre les hommes du canton marchaient
sous sa bannière [3]. Le roi ne pouvait pas, sans jugement de
sa cour, retirer son honneur au richombre [4], qui rappelait
ainsi par plus d'un trait le comte carolingien, mais jamais la
dignité de richombre ne fut héréditaire. Limités d'abord à 12
(*los doce sabios de la tierra*), les richombres formaient le conseil royal ; mais à partir de l'avènement de la maison d'Évreux,
leur nombre augmenta ; les rois créèrent des richombres
sans leur attribuer de fonctions déterminées ; les fonctions
administratives, judiciaires et militaires du richombre passèrent à des officiers royaux plus dépendants, et des titres nouveaux remplacèrent pour les grandes familles le titre de
richombre, devenu purement honorifique et démodé [5].

La Piscina fait remonter au milieu du XIIe siècle la création
du premier titre de comte en Navarre. D'après lui, D. Ladron
fut fait à cette époque comte d'Oñate [6] ; mais, si le fait est
exact, il resta isolé, et, en réalité, les titres de noblesse datent
du règne de Charles le Noble. Il créa son petit-fils, D. Carlos
d'Aragon, prince de Viane [7] (1422) ; son neveu, D. Felipe de
Navarra, vicomte de Muruzabal et du val d'Ilzarbe (1424) [8] ; son
cousin et gendre, D. Luiz de Beaumont, comte de Lerin (1425) [9].
Bertrand d'Ezpeleta descendait de Jeanne de Beaumont, nièce
de Charles le Mauvais ; Charles le Noble le fit vicomte de Val
d'Erro (1408) [10]. Jean de Béarn, capitaine de Lourdes, mari,

---

1. *Fuero gen.*, l. V, tit. II, ch. v. — 2. Seynal. — 3. Yang., *Compendio*.
p. 118. — 4. *Fuero gen.*, l. I, tit. II, ch. vi. — 5. Yang., *Dicc.*, t. III,
p. 273 ; supp., p. 59. — 6. La Piscina, l. IV, ch. viii. — 7. Yang., *Dicc.*,
t. I, p. 181. — 8. *Id., ibid.*, t. I, p. 497. — 9. *Id., ibid.*, t. I, p. 119. —
10. *Id., ibid.*, t. I, p. 473.

ou beau-père d'une fille naturelle de Charles le Mauvais, fut fait baron de Béorlégui (1391) [1]. Les rois de Navarre s'entourèrent ainsi, à l'exemple des rois de France, d'une haute noblesse apanagée, rattachée par les liens du sang à la famille royale ; les deux grandes charges militaires, la connétablie et le maréchalat, furent instituées par le même roi, et données aux chefs des deux maisons de Beaumont et de Navarre.

Les plus anciennes familles furent gagnées par d'autres faveurs. Dès le XIII° siècle, les Aznar de Oteiza, les Zuñiga, les Hualcho, les Atondo et les Garro [2] reçurent le droit de joindre les chaînes royales à leurs armoiries. Les Péralta prétendaient au même honneur, mais le prince de Viane refusa de le leur reconnaître, et fit effacer les chaînes sur la cotte d'un de leurs hérauts d'armes. Les rois de Navarre avaient une maison nombreuse ; ils retinrent à leur service un grand nombre de fidalgos qui touchaient un traitement en argent [3], et recevaient des prestations en nature et des cadeaux : on regardait comme une faveur insigne d'être écuyer tranchant (*trinchante*) [4], ou échanson du roi (*copero*) ; on le servait comme homme d'armes à la solde de 45 florins par an. Le roi possédait en Navarre un grand nombre de châteaux, dont la garde ne pouvait être confiée qu'à des fidalgos navarrais ; ces brevets de commandement étaient autant de grâces nouvelles à la disposition du roi. Quand des officiers, ou de simples fournisseurs de la cour se mariaient, le roi leur faisait quelque beau présent ou prenait à sa charge les frais de la noce [5]. Les serviteurs du roi recevaient encore des gratifications plus ou moins considérables, soit à l'occasion de quelque heureux événement, soit en récompense de quelque service extraordinaire ; les rois de Navarre faisaient ainsi chaque année un grand nombre de donations, et appauvris-

---

1. Yang., *Dicc.*, t. I, p. 126. — 2. La Piscina, l. IV, ch. XI. — 3. Le maréchal de Navarre touchait 1300 ll. par an. *Arch. de Nav.* (Indice), caj. 150, 53. — 4. *Arch. de Nav.* Nobleza. Leg. 1, carp. V. — 5. *Arch. de Nav.* (Indice), caj. 110, 12 ; 127, 4 ; 143, 48. Cuentas, t. 457.

saient inconsidérément leur domaine. En 1432, Jean II donna à Jean de Uriz, son écuyer, seigneur du palais de Sarasa, le lieu d'Ollaze « avec tout son territoire, ses pâturages, ses « montagnes, les amendes à percevoir pour l'homicide et le « demi-homicide, les amendes de soixante sous et les autres, « la justice basse et moyenne [1] ».

Avec une haute noblesse alliée à la maison royale, une noblesse de cour nombreuse, une noblesse soldée plus nombreuse encore, les rois de la maison d'Évreux purent exercer un pouvoir presque absolu, sans avoir à réprimer de révoltes chez leurs vassaux. Ces révoltes ne furent à craindre que du jour où l'imprudente politique de Charles le Noble et de Jean II eut créé de grands fiefs, et mis hors de pair les maisons rivales de Beaumont, de Navarre et de Péralta.

Les obligations des fidalgos envers le roi se ramenaient toutes au devoir de fidélité. Ils ne devaient pas conspirer contre lui [2] ; en cas d'invasion du royaume, ils devaient servir le roi, à leurs frais, pendant trois jours, et, ce terme passé, le roi leur devait une solde [3] ; dans la bataille, le fidalgo donnait son cheval et son épée au roi désarçonné et désarmé [4].

Les fidalgos navarrais possédaient leurs biens patrimoniaux en franc-alleu [5], et, dans les villages appartenant à des fidalgos, le roi ne pouvait rien demander à personne comme à son vilain [6] ; mais les fidalgos prêtaient l'hommage au roi pour les biens qu'ils en avaient reçus, pour les droits de juridiction qu'ils exerçaient sur leurs terres, et pour les châteaux dont le roi leur confiait le commandement. La formule de l'hommage était très simple et très digne. En 1434, François d'Agramont prête en ces termes hommage à la reine Blanche : « Moi François, seigneur d'Agramont et de Bidache, je vous « fais hommage lige, de main et de bouche, comme j'y suis

---

1. *Arch. de Nav.* (Indice), caj. 110, 12 ; 127, 4 ; 143, 48 ; Cuentas, t. 416. — 2. *Fuero gen.*, l. V, tit. II, ch. I. — 3. Yaug., *Dicc.*, t. II, p. 54-55. — 4. *Fuero gen.*, l. V, tit. II, ch. I. — 5. La Grèze, t. II, ch. II, d'après Polverel ; Mém. à consulter, p. 258. — 6. *Fuero gen.*, l. III, tit. V, ch. VII.

« tenu, à vous, ma redoutable dame et reine Doña Blanca,
« reine de Navarre, pour les châteaux d'Agramont et de
« Bidache [1]. » L'hommage extorqué par la violence, ou exigé
par un seigneur irrité était légalement nul [2].

Les privilèges de la noblesse étaient nombreux et considérables, quoique l'esprit aristocratique fût loin d'avoir pris en Navarre le même développement que dans les pays du Nord. Le mariage était permis entre vilains et yfanzons, mais les enfants de l'yfanzon et de la *villana* n'étaient réputés nobles qu'à la condition de renoncer aux biens de leur mère [3], excellente loi qui empêchait les unions déshonorantes; les yfanzons navarrais ne pouvaient *fumer leurs terres*. La femme noble qui épousait un vilain suivait la condition de son mari [4]. La conservation des biens nobles dans les familles était assurée par un droit de préemption accordé aux plus proches parents du vendeur, et par l'interdiction faite au mari de vendre les propres de sa femme sans son consentement [5]. La légitimité de la filiation était surveillée avec un soin jaloux, et cette surveillance dégénérait souvent pour la femme en insupportable tyrannie. Les nobles avaient la libre disposition de leurs acquêts, la loi du partage égal entre les enfants ne s'appliquait qu'aux biens patrimoniaux (*avolorios*) [6]. Le conjoint noble avait l'usufruit des biens de son conjoint prédécédé [7].

En droit pénal, le noble accusé de vol est renvoyé une première fois sur son simple serment [8]. Le vassal qui frappe son seigneur devant témoins a la main coupée [9]. Celui qui dépouille un yfanzon de ses habits paye 120 sous d'amende [10]. L'enfant noble, qui est trouvé faisant le dégât sur la terre d'autrui, ne peut être dépouillé de ses vêtements, on doit au moins lui laisser sa chemise.

---

1. *Arch. de Nav.*, caj. 104, 40. — **2.** *Fuero gen.*, l. V, tit. V, ch. vi. — **3.** *Fuero gen.* — **4.** *Fuero gen.*, l. III, tit. VII, ch. iii. — **5.** *Fuero gen.*, l. III, tit. XII, ch. xiv. — **6.** *Id.*, l. II, tit. IV, ch. iv, *Amejoram. de D. Phelipe*, ch. ii. — **7.** *Id.*, l. IV, tit. II, ch. iii. — **8.** *Id.*, l. V, tit. VII, ch. ii. — **9.** *Id.*, l. V, tit. I, ch. vi. — **10.** *Id.*, l. V, tit. XI, ch. ix.

Le fidalgo est dispensé de contribuer à l'entretien des murailles des villes où il fait résidence [1]; il n'est pas obligé de travailler aux réparations de l'église, mais, s'il commence à y travailler, il doit continuer jusqu'à l'entier achèvement de l'œuvre [2]. Il est bourgeois de tout lieu où il possède un vilain, et il a double part dans les pâturages et les coupes de bois [3]. Il ne paye aucun droit de douanes sur les marchandises qu'il achète ou vend dans le royaume [4]. Il est propriétaire des mines qui se trouvent sur son héritage [5]. Il n'est pas tenu de fournir sans payement, au roi ou à ses officiers, des bêtes de somme, du fourrage ou des vivres. Il est exempt de toute servitude personnelle, il est libre de toute imposition, mais, à moins de grâce spéciale, il paye sa part des aides votées par les Cortès [6], et contribue ainsi aux charges publiques; les remises qu'on lui accorde sont motivées par ce fait que le fidalgo se tient prêt à servir le roi avec son cheval et sa lance, *mantiene caballo y armas para su servicio.*

Le fidalgo n'est justiciable que de la Cour du roi, et des juges de marché; sa maison est lieu d'asile, excepté pour les voleurs et les traîtres [7]. Son portier (*clavero*) est exempt de toutes charges [8]. Si le fidalgo est surpris la nuit loin de son domicile, il peut entrer dans la première maison qu'il rencontre, et y manger « avec les hommes [9] ». Il porte un vêtement particulier, qui fait reconnaître à première vue sa qualité; le chevalier porte un manteau rouge.

Aucun de ces privilèges ne peut être regardé comme exorbitant; l'orgueil aristocratique s'accuse davantage dans le droit reconnu au fidalgo de suivre son seigneur à la guerre, même contre le roi [10], et dans la permission qui lui est accordée par le Fuero de ne pas tenir toutes ses promesses. Le véritable

---

1. *Fuero gen.*, l. I, tit. V, ch. vi. — 2. *Id.*, l. III, tit. I, ch. ii. — 3. *Id.*, l. III, tit. VII, ch. viii. — 4. *Id.*, l. I, tit. V, ch. iv. — 5. *Id.*, l. I, tit. V, ch. v. — 6. Yang., *Dicc.*, t. II, p. 59. — 7. Yang., *Dicc.*, t. II, p. 131. — 8. *Fuero gen.*, l. III, tit. VIII, ch. ii. — 9. Yang., *Dicc.* — 10. *Fuero gen.*, l. I, tit. V, ch. ii.

esprit de la constitution navarraise apparaît dans cette disposition : « Si le seigneur de la villa dit à l'un des habitants : « Tu as commis tel délit », l'accusé n'a pas le droit de lui « répondre, *car le seigneur est le seigneur, et il peut dire ce qu'il « veut* [1]. » Mais, d'autre part, le seigneur ne peut mettre l'action en mouvement; ce droit appartient exclusivement à l'offensé ; le seigneur jouit donc dans l'espèce d'une prérogative d'honneur considérable, mais le droit du vilain reste entier, il échappe à l'arbitraire seigneurial.

La noblesse navarraise s'était signalée jusqu'au XV° siècle par ses mœurs belliqueuses et son goût pour les aventures. Après la bataille de Poitiers, Charles le Mauvais fut délivré de prison par cinq chevaliers, parmi lesquels se trouvait « le « bon Garro, chevalier errant, qui s'était signalé en divers « pays chrétiens par tant d'exploits qu'on n'en connaît pas de « pareils d'aucun chevalier si voisin de notre époque [2] ». En 1451, Diégo Martinez de la Piscina commandait le château de San Vicente pour le roi D. Juan; le roi de Castille le menaça de l'enterrer sous ses remparts en ruines, s'il ne se rendait pas; il répondit héroïquement que « Son Altesse ne pouvait « lui faire de plus grande grâce que de l'enterrer de ses propres mains dans la forteresse de son seigneur [3] ». Mossen Pierres de Peralta soutint fort dignement à la même époque la vieille réputation des barons navarrais.

Cependant les nobles de Navarre paraissent avoir mené sous Charles le Noble et Jean II, avant les guerres civiles, la vie assez paisible de gentilshommes campagnards. Ils faisaient travailler leurs paysans, chassaient à l'autour et à l'épervier [4]; entretenaient des meutes nombreuses [5], et offraient aux voyageurs une large hospitalité. Fiers et faciles à irriter, ils étaient souvent en lutte avec leurs voisins, et le Fuero avait dû

---

[1]. *Car senyor es e dizir puede lo que querra. Fuero gen.*, l. II, tit. I, ch. X. — 2. La Piscina, l. V, ch. IX. — 3. La Piscina, l. VI, ch. I. — [4]. *Fuero gen.*, l. V, tit. VII, ch. XXI et XXII. — 5. *Fuero gen.*, l. V, tit. VII, ch. XVIII.

reconnaître la légitimité des guerres privées : ils se battaient solennellement en duel en présence du roi [1]; mais la guerre entre fidalgos n'était légitime que si elle était précédée d'un défi porté en présence du roi et de cinq chevaliers, ou en présence du juge du marché et de six chevaliers [2]. Il était permis de tuer son ennemi, mais on n'avait pas le droit de le dépouiller, car le mobile du meurtre eût alors été le vol, et non le point d'honneur [3]. On pouvait brûler la maison de son ennemi, mais il était interdit de détruire ses récoltes, d'arracher ses vignes et de couper ses arbres [4]; la loi avait dû tenir compte des habitudes barbares de l'époque, elle avait au moins sauvegardé, autant qu'elle l'avait pu, l'intérêt général, compromis par les guerres privées. Le roi restait maître de suspendre le droit de représailles : en 1401, Charles le Noble le suspendit pour trois ans [5].

Le Peuple.

Était du peuple quiconque était soumis à une taxe autre que les aides (*cuarteles*). Le peuple navarrais se divisait en trois classes : *francos*, *ruanos* et *labradores pecheros*. En dehors de ces hommes, qui vivaient sous l'empire du droit commun, il faut citer les Mores, les Juifs, les lépreux (*gafos*) et les esclaves.

Un Navarrais ne jouissait pleinement de ses droits civils qu'à la condition d'avoir droit de bourgeoisie dans une ville ou un village.

La bourgeoisie (*vecindad*) s'obtenait d'ailleurs facilement : il suffisait de venir habiter une ville, un bourg ou un village, pendant un an et un jour, d'y avoir une maison de dimen-

---

1. La Piscina, l. V, ch. ix; *British museum. Span. Mss. Add.* 25, 443. *Duelo y campo de batalla que tuvieron D. Pedro Maça y el conde de Almenara, en la Corte, y a presencia del Rey de Navarra* (1487). — 2. *Fuero gen.*, l. V, tit. II, ch. iv. — 3. *Id.*, l. V, tit. II, ch. ii. — 4. *Id.*, l. V, tit. XI, ch. viii. — 5. La Grèze, t. II, ch. ix.

sions déterminées, une aire à battre le blé, un jardin suffisant pour y planter treize pieds de choux, et un champ où l'on pût semer *six robos* de blé. L'habitant qui refusait de se soumettre aux lois locales pouvait être expulsé, mais on était tenu de lui promettre la paix de l'Église, de lui donner un crible pour passer sa farine, et du feu sur un peu de cendre dans la paume de sa main [1].

Les Navarrais, qui sont devenus de si farouches autonomistes, ont jadis accueilli l'étranger à bras ouverts, et lui ont accordé les plus grands privilèges. L'étranger qui s'établissait dans un bourg navarrais, et qui possédait des armes et un cheval, était réputé noble [2]. Alphonse le Batailleur repeupla le bourg de Saint-Cernin de Pampelune en y appelant des Français [3]. Sanche le Sage donna aux gens d'Iriverri le for dont jouissaient déjà les habitants du bourg de Saint-Cernin [4]. Le roi Thibaut Ier, trouvant la Navarre fort dépeuplée, y fit venir un grand nombre de laboureurs de Champagne et de Brie [5]. Estella, avec ses deux églises de Notre-Dame du Puy et de Notre-Dame de Rocamadour, était peuplée de Français, comme le prouve très bien Yanguas [6]. La longue domination des dynasties françaises de Champagne et d'Évreux dut accroître encore le nombre des Français établis en Navarre, et l'on donna le nom général de *Francos* à tous les gens d'origine étrangère, comme nous avons, dans la France du nord, donné le nom d'*Aubains* aux étrangers, parce que la plupart venaient d'Angleterre (Albin). Les Francos de Navarre étaient exempts de presque toutes les taxes payées par les nationaux [7],

---

1. *Fuero gen.*, l. V, tit. XII, ch. II. — 2. Yang., *Dicc.*, t. I, p. 467. — 3. Id., *Cron. del principe*, p. 89. — 4. *Et habeatis tales foros in omnibus vestris negotiis et judiciis quales habent mei Franqui de Pampilona, qui in illo burgo vetulo Sancti Saturnini sunt populati.* Cité par Moret, *Investig. histor.*, p. 23. — 5. Yang., *Compendio*, p. 125. — 6. Une charte du roi Thibaut donne les noms d'un certain nombre de bourgeois d'Estella d'origine française: Arnalton, Béarn, Bigot, Bonamig, Bonet, Bordel, Capat, Doat, Gaission, Mainart, Nogarol, Paris, Pavillan, Pont, Ricart, Rosel, Senat, Sendol, Seguin, etc. Yang., *Dicc.*, t. I, p. 525. — 7. Cf. Ordonnance du prince de Viane, 16 mars 1446; *Arch. de Nav.*, caj. 154, 5.

notamment des droits sur le vin [1]. Ils nommaient leurs magistrats particuliers, et payaient au roi un léger tribut, sans lequel leur condition eût été celle des fidalgos [2].

Les *ruanos* étaient les vilains établis dans les villes et les bourgs où les maisons formaient une rue (rua). Ils étaient généralement commerçants, et tenaient boutique [3].

On appelait *labradores pecheros*, ou laboureurs soumis à l'impôt, les vilains qui s'adonnaient à la culture des champs; ils portaient aussi le nom de *coyllazos*, et étaient, à l'origine, de véritables serfs. On retrouve dans la loi navarraise toute la rigueur du droit romain primitif : le vilain est la propriété du roi pour le côté droit, et celle de son seigneur pour le côté gauche, mais le Fuero se hâte d'ajouter que celui qui prendrait le texte au pied de la lettre payerait la peine de l'homicide [4]. Les vilains étaient dits *realencos* quand ils vivaient sur des terres royales, *abadengos* quand ils dépendaient d'un monastère, et *solariegos* quand ils relevaient d'un seigneur séculier [5]. Une disposition légale, à la fois très humaine et très favorable à l'extension de la puissance royale, permettait au vilain d'échapper à la juridiction de son seigneur en se faisant vilain du roi.

Les vilains étaient soumis à un grand nombre de taxes; les plus communément exigées étaient : la redevance foncière (*fonsadera*), la corvée (*lavor*), une tourte de pain (*torta*) et une mesure de vin (*arinzada de vino*) [6]. Le grand moyen employé pour obliger le vilain à payer ses taxes ou ses dettes était de saisir ses bestiaux. On les conduisait à la fourrière royale (*posada del rey*). Les habitants devaient à tour de rôle prêter leur maison au roi pour cet usage, pendant un an; ils étaient pendant ce temps exempts de la contribution foncière [7].

---

[1]. *Arch. de Nav.*, caj. 162, 11. — [2]. *Id., Sec. de Fueros*, leg. II, carp. 20. — [3]. La Grèze, t. II, ch. VI. — [4]. *Fuero gen.*, l. II, tit. IV, ch. XVII. — [5]. Le manoir du fidalgo s'appelle *solar*. — [6]. *Fuero gen.*, l. III, tit. V, ch. XII. — [7]. *Fuero gen.*, l. III, tit. IV, ch. VI.

Le vilain devait cinq jours de corvée par an au roi, et à son seigneur; s'il travaillait une année trois jours pour le roi, et deux pour le seigneur, il travaillait l'année suivante trois jours pour le seigneur, et deux pour le roi. Certains vilains devaient la corvée appelée *semana peon*, c'est-à-dire un jour de travail par semaine sur les terres du roi. Les malades, les gardes des champs (*costieros*), les vachers et les pâtres des villages étaient exempts de la corvée; le remplacement était admis, mais le seigneur pouvait refuser d'admettre le remplaçant s'il était mal choisi. La journée de travail était comptée du lever au coucher du soleil. L'officier royal (*sayon*) convoquait les paysans, et les conduisait au travail; il ne devait ni traîner le pied, ni courir, mais marcher *le bon pas commun*. Arrivés sur le lieu des travaux, les paysans étaient répartis sur la terre; les plus riches étaient venus avec leurs bœufs, les plus pauvres avec leur pioche (*azada*); on employait les femmes aux menues besognes qu'elles pouvaient exécuter; les vieillards et les faibles travaillaient à part, le sayon ne travaillait pas, mais conduisait les bœufs avec l'aiguillon. Le seigneur qui employait les paysans devait les nourrir. Le repas du matin avait lieu à l'heure d'usage et sans retard; le souper était servi au coucher du soleil. Les paysans pouvaient demander du pain à discrétion; dans ce cas, il était moitié orge et moitié froment. S'ils voulaient du pain de froment pur, on devait tirer 16 pains d'un *robo* de blé; on en donnait un au *sayon* et un au boulanger; chaque homme avait droit à un pain. Le seigneur pouvait mouiller son vin, mais il fallait qu'il eût encore « couleur de vin ». Les paysans ne pouvaient exiger ni viande, ni poisson, mais, au repas du soir, on servait la *condidura*, soupe au pain, à l'eau, au sel et au fromage râpé; les jours maigres, on ajoutait une tête d'oignon dans chaque écuelle, et l'on passait trois fois à la ronde la bouteille à l'huile; chacun se servait en tenant le pouce sur le goulot, et laissait tomber quelques gouttes d'huile dans son écuelle. Une écuelle suffi-

sait pour trois ou pour quatre hommes [1]. Cet ordinaire était assurément fort simple, mais l'Espagnol est si sobre que les paysans devaient se trouver aussi bien traités les jours de corvée que les jours où ils restaient dans leur maison; les détails si minutieux dans lesquels entre la loi montrent qu'elle a cherché à éviter en tout l'arbitraire; les précautions prises par elle sont inspirées par un sentiment sérieux d'humanité, et la condition des serfs navarrais devait être meilleure que celle des paysans russes, qui ont regretté la servitude quand on leur a donné la liberté. D'ailleurs « les progrès de la civi-
« lisation firent peu à peu disparaître le servage; les rois don-
« nèrent des privilèges, les seigneurs firent des concessions,
« sentant la nécessité d'attirer à eux les vassaux étrangers,
« et d'empêcher la désertion des leurs [2] ». Si le servage n'avait pas encore complètement disparu en Navarre au XVe siècle, il y était du moins fort atténué.

A côté de la population chrétienne vivaient quelques centaines de Mores et de Juifs, haïs par les chrétiens, mais encore protégés par les lois. Les Mores habitaient Tudela [3], Cortes [4], Valtierra [5] et Murchante [6]. Alphonse le Batailleur, conquérant de Tudela, avait accordé aux Mores de grands privilèges, et les avaient seulement astreints à résider en dehors de l'enceinte fortifiée des villes [7]. On appelait leur quartier la Morérie, et leur communauté portait le nom d'*Aljama;* elle était gouvernée par un *alkhadi* et des jurats musulmans. En 1433, les jurats mores de Tudela étaient Yahia-el-Korthobi, Farach-el-Cadreitano et Zaléma Roldan [8]. Ces noms hybrides montrent que la fusion des langues s'opérait peu à peu, et la fusion des races se serait opérée de même sans l'incompatibilité des deux religions. Le Fuero se montre très dur pour les Mores; il prend des mesures sévères contre les Mores mar-

---

1. *Fuero gen.*, l. III, tit. IV, ch. VI; tit. VI, ch. XVIII. — 2. Yang., *Compendio*, p. 107. — 3. *Arch. de Nav.* (Indice), caj. 144, 16. — 4. *Id., ibid.*, caj. 163, 4. — 5. *Id., ibid.*, caj. 137, 14. — 6. *Id., ibid.*, caj. 152, 23. — 7. Yang., *Dicc.*, t. I, p. 434. — 8. *Arch. de Nav.* (Indice), caj. 133, 24.

rons; il prononce l'esclavage et la confiscation contre ceux qui guideraient des Mores fugitifs jusqu'en terre moresque [1]; mais ces Mores, dont parle le Fuero, sont des esclaves. Les Mores libres, appelés *Alfaeres* [2], exerçaient le négoce, étaient propriétaires, et n'étaient même tenus de payer la dîme aux églises que sur les terres qui leur venaient d'un chrétien, soit par achat, soit par héritage [3]. Quelques-uns étaient fort instruits : l'un d'eux, maître Muza-el-Korthobi, était médecin de la reine Blanche de Navarre, et recevait en cette qualité une pension de 300 livres sur l'aljama de Tudela. Ils payaient de lourds impôts : les Mores de Cortes, qui ne formaient assurément pas la majorité de la population, payaient en 1476 les deux tiers des impôts [4]. Ainsi écrasés de taxes, leur nombre diminua peu à peu; cependant leur expulsion laissa encore, en 1516, 200 maisons sans habitants à Tudela [5].

Plus nombreux que les Mores, les Juifs étaient plus méprisés et plus haïs. Ils étaient parqués dans des juiveries (*juderias*), d'où ils ne pouvaient sortir les jours de fête, pendant la durée des offices chrétiens [6]. Il y avait des Juifs à Pampelune [7], à Tudela [8], à Corella [9], à Cascante [10]. Ils tenaient boutique dans des sortes de bazars que leur louait le roi [11]; ils prêtaient à intérêts, ce qui était défendu aux chrétiens; ils étudiaient la médecine comme les Mores [12]; les rois les choisissaient comme collecteurs d'impôts [13], étant bien aises de confier ces fonctions odieuses à des gens riches, peu scrupuleux et peu estimés, qu'ils pouvaient à leur gré dépouiller, lancer en avant, ou abandonner au ressentiment populaire. Le Fuero veillait à la sûreté du Juif avec plus de sollicitude qu'on ne s'y attendrait : les coups donnés au Juif sont punis d'une amende de soixante

---

1. *Fuero gen.*, l. III, tit. VIII, ch. vi; l. V, tit. XII, ch. vii. — 2. Yang., *Dicc.*, supp., p. 14. — 3. *Fuero gen.*, l. III, tit. II, ch. iv. — 4. *Arch. de Nav.* (Indice), caj. 163, 4. — 5. Yang., *Dicc.*, t. II, p. 434. — 6. *Arch. de Nav.* (Indice), caj. 164, 28 (arrêt des Cortes de Tafallaen 1482). — 7. *Id., ibid.*, caj. 137, 27. — 8. *Id., ibid.*, caj. 137, 3. — 9. *Id., ibid.*, caj. 156, 16. — 10. *Id., ibid.*, caj. 159, 61. — 11. *Id., ibid.*, caj. 160, 58. — 12. *Id., ibid.*, caj. 144, 14; caj. 149, 36. — 13. *Id., ibid.*, caj. 137, 11; caj. 144, 18; caj. 151, 1.

à deux cents sous; le meurtre, d'une amende de cinq cents sous [1]; mais si le Juif est si bien protégé, c'est qu'il est très menacé, et qu'il rapporte gros au roi. La haine dont il est l'objet apparaît dans la longue formule de serment qu'on le force à réciter en justice : « Jure, toi Juif, par tous les prophètes qui « ont annoncé l'avènement du Messie, qui est le Seigneur « Dieu Sauveur..... Et si tu mens et te parjures, que tes pa- « rents t'appellent renégat, et que tu crèves par le milieu du « ventre, et que tu perdes dès aujourd'hui la lumière de tes « yeux, et que tu tombes à terre; que Dieu te coupe (en mor- « ceaux) et qu'il te remplisse d'épouvante ce Seigneur qui a « dit : « Le Ciel est mon trône, et la terre l'escabeau de mes « pieds. » Et qu'il te frappe dès maintenant l'Ange qui brisa « la jambe de Jacob dans la lutte, et lui dit : « Tu ne seras « plus appelé Jacob, mais Israël. » Et que le Seigneur Adonaï « Sabbaoth te fasse tomber dans la perdition où sont tombés « tes parents des douze tribus, que Titus et Vespasien, deux « rois Mores, embarquèrent sur la mer dans des navires sans « rames, où la faim les obligea à se nourrir de leur fiente, et « (ainsi) vous êtes nés de femmes étrangères, de femmes « moresques, et non de Juives! Juif! dis *amen* [2]! » Le préjugé qui les frappait était si fort qu'au moment de l'expulsion des Juifs de Castille (1492) les gens de Tafalla écrivirent à ceux de Tudela pour leur recommander de ne pas recevoir les fugitifs [3]. En 1498, les Juifs furent définitivement chassés de Navarre [4], et l'horreur qu'ils inspiraient n'a pas encore complètement disparu aujourd'hui.

Les lépreux (*agotes* ou *gafos*) étaient soumis en Navarre aux mêmes lois d'exception qu'en France [5]. La maison du lépreux était établie en dehors des villages, au delà des aires à battre le blé; il avait une crécelle pour avertir les gens de sa pré-

---

1. *Fuero gen.*, l. V, tit. IV, ch. xii, et tit. I, ch. xi. — 2. *Fuero gen.*, l. II, tit. VII, ch. iii. — 3. *Arch. de Nav. Negoc. eccles.*, leg. I, carp. 13. — 4. *Arch. de Nav. Negoc. eccles.*, leg. I, carp. 21. — 5. H. Martin, *Hist. de France*, t. IV, p. 346.

sence; quand il demandait l'aumône, il devait rester en dehors de la porte; il lui était interdit de se divertir avec des enfants et des jeunes gens [1]. Le lépreux avait une place à part à l'église, un bénitier particulier et un cimetière séparé; la réprobation dont il était l'objet s'étendait à ses descendants, même après guérison, et le souvenir de ces races maudites est encore vivant en Navarre comme en Béarn [2]. Une loi des Cortès navarraises, en date de 1818, interdit l'usage du mot de lépreux comme injure [3].

L'esclavage avait à peu près disparu en Navarre, au xv° siècle; on ne pouvait avoir pour esclave qu'un infidèle; l'esclave more qui se faisait chrétien acquérait le droit de se racheter [4]. Il n'en était pas ainsi dans toutes les Espagnes : le poète valencien Ausias March, ami du prince de Viane, avait une esclave appelée Marie, qui lui donna un fils bâtard, auquel on donna le nom de Philippe; une chrétienne pouvait donc être esclave en Valence [5].

Les mœurs des Navarrais étaient simples, mais rudes [6]. C'étaient de braves gens, respectueux de la parole donnée, peu généreux envers les femmes, mais humains et hospitaliers; faciles à irriter, mais, à l'ordinaire, allègres et de joyeuse humeur.

Le mariage n'avait été pendant longtemps qu'un contrat purement civil, susceptible, comme tous les autres, d'être rompu au gré des contractants. A partir de Sanche le Sage, le mariage fut solennisé par l'Église et devint indissoluble, mais le concubinat resta toléré en l'absence de l'épouse légitime, et le Fuero du xiv° siècle autorise dans certains cas une procédure fort bizarre pour la preuve de la virginité. La dame est traitée avec un grand respect, mais surveillée avec une

---

1. *Fuero gen.*, l. V, tit. XII, ch. v. — **2.** On prétend en Béarn que les cagots se reconnaissent encore aujourd'hui à la couleur jaunâtre de la cornée. — **3.** Yang., *Compendio*, p. 162. — **4.** La Grèze, t. II, ch. vi. — **5.** Obras de Ausias March. Barcel., 1884, in-8°, p. 20. — **6.** « *Hombres muy buenos, pero un poco brutitos,* » nous disait un Navarrais.

excessive jalousie. Le Navarrais élevait durement ses enfants; le maître d'école frappait ses élèves, et n'était pas puni s'il les tuait, dès l'instant où il n'y avait pas de préméditation [1].

Les fêtes étaient nombreuses. Les funérailles étaient une occasion de réjouissances aussi bien que les noces; la loi avait dû limiter la dépense que l'on faisait dans les festins [2]. En dehors des grandes fêtes ecclésiastiques et des fêtes patronales, Jean II avait déclaré jours fériés les anniversaires de quinze saints et saintes [3]. On les célébrait par des repas, des danses et des jeux. Le mets national se nommait *alcara;* il était composé de pain, vin, chair de porc et de poulet en abondance, et on le servait en signe de la passation de tout contrat important [4].

Les Navarrais étaient passionnés pour le jeu; en 1411, Charles III prohiba les dés [5]; d'autres jeux restèrent permis. Le prince de Viane parle, en 1448, des droits perçus dans la *tafureria* d'Olite, sur les croupiers (tableros) et sur les jeux [6]. Dans les grandes fêtes, le roi ou les villes donnaient des joutes, et des courses de taureaux; les Mores paraissent avoir été les maîtres des Espagnols dans ce dernier exercice [7].

L'humeur joyeuse des Navarrais paraît jusque dans la loi. Le Fuero général se termine par une série de contes amusants. Certaines épreuves judiciaires étaient de vrais spectacles : en cas de vol d'un chat domestique, on attachait l'animal par le cou avec une corde d'une palme de long, et le voleur était condamné à couvrir le chat de millet jusqu'à ce que l'animal disparût complètement [8]. Quand un débiteur se disait malade pour ne pas acquitter sa dette au jour fixé, trois ou cinq hommes robustes (*membrados*) se rendaient chez le malade, et le couchaient sur une litière de paille. On mettait

---

[1]. *Fuero gen.*, l. V, tit. IV, ch. vi. — [2]. *Id.*, l. II, tit. IV, ch. xix. *Amejoram de D. Phelipe*, ch. xxi. — [3]. L. Marini Siculi, *De Rebus hispanicis*, l. XII. — [4]. Yang., *Dicc.*, t. I, p. 30. — [5]. Yang., *Dicc.*, t. II, p. 124. — [6]. *Id., ibid.*, t. III, p. 365. — [7]. *Id., ibid.*, t. III, p. 375-376. — [8]. *Fuero gen.*, l. V, tit. VII, ch. xx.

le feu à la litière : si le débiteur se levait et se sauvait, il était réputé bien portant; s'il ne pouvait s'échapper, et risquait d'être brûlé, il était déclaré dûment malade, et sa caution (*fiador*) obtenait un délai [1].

III. — Les Institutions.

Le roi et les Cortès. — Les agents du pouvoir royal.
La justice. — Les finances. — L'armée.

Telles qu'elles nous apparaissent au XVe siècle, les institutions navarraises rappellent par leurs traits essentiels les institutions castillanes et aragonaises; elles ont été modifiées sur quelques points par les réformes des rois français.

La royauté est fortement constituée; la participation de la nation au gouvernement est régulièrement établie; le service des finances est organisé d'après les idées françaises; la justice et l'armée sont encore presque entièrement féodales. L'action du pouvoir central ne se fait sentir que faiblement dans les provinces, mais les villes et les vallées se gouvernent par elles-mêmes, et le peu d'étendue du royaume permet au roi d'exercer sur elles une surveillance suffisante sans le concours d'intermédiaires trop puissants. Les lois navarraises méritent le nom de lois nationales, car elles ont été réellement faites pour la Navarre, et seraient inapplicables ailleurs.

Le Roi et les Cortès.

La couronne de Navarre avait été d'abord élective, et dans les premiers temps de leur histoire, les Navarrais avaient souvent préféré le frère du roi défunt à son fils en bas âge, pour éviter les périls d'une longue minorité. A partir de 905, la succession royale présente la plus grande régularité [2]. Le

---

1. *Id.*, l. III, tit. XV, ch. XXIII. — 2. Morel, *Investig. histor.*, l. II, ch. VII, § 87; Yang., *Dicc.*, t. III, p. 337.

droit d'élection reparaissait lorsque le roi mourait sans laisser ni fils, ni filles, ni frères, ni sœurs. Les Cortès s'assemblaient alors, et désignaient son successeur [1]. Des élections de ce genre eurent lieu en 1134, à la mort d'Alphonse le Batailleur; en 1234, à la mort de Sanche le Fort; et en 1328, à la mort de Charles le Bel [2].

Une fois élu, le roi était sacré à Sainte-Marie de Pampelune [3], mais cette cérémonie n'était point nécessaire pour que le roi exerçât le pouvoir dans toute sa plénitude. L'usage de faire au roi des onctions avec les saintes huiles ne date en Navarre que du sacre de Thibaut Ier [4].

Le sacre se faisait avec une grande magnificence. Nous possédons les procès-verbaux du sacre de Charles le Noble (13 février 1390) et du sacre de Jean d'Albret (12 janvier 1494). Le programme de la cérémonie est identique dans les deux documents. Charles le Noble invita les prélats, barons, chevaliers et députés des bonnes villes du royaume à se trouver au jour convenu en l'église de Sainte-Marie de Pampelune. Lorsque l'assistance fut réunie, l'évêque de Pampelune s'avança vers le roi et lui dit : « Roi notre sire, avant d'en « venir au sacrement de l'onction, il convient que vous prê- « tiez à votre peuple de Navarre le serment que les rois vos « prédécesseurs ont accoutumé faire en ce royaume de « Navarre, et ledit peuple vous prêtera ensuite le serment « qu'il a prêté à vosdits prédécesseurs. » Le roi jura de maintenir les privilèges et les droits de tous, et de redresser les griefs; les députés de la noblesse et des bonnes villes jurèrent à leur tour de servir fidèlement le roi, et de l'aider de tout leur pouvoir à défendre le royaume et ses libertés. Après l'échange des serments, le roi se rendit à la chapelle Saint-Etienne, où il revêtit des habits de soie blanche. Il revint ensuite vers le maître autel, accompagné par les évêques de Dax et de

---

1. *Fuero gen.*, l. II, tit. IV, ch. II. — 2. *Cron. del Principe*, p. 92, 123 et 163. — 3. *Fuero gen.*, l. I, tit. I, ch. II. — 4. Yang., *Compendio*, p. 125.

Tarazona, et reçut l'onction des mains de l'évêque de Pampelune. Il quitta alors ses vêtements blancs pour en prendre de plus riches; il s'approcha de l'autel, où étaient déposés les ornements royaux, se ceignit lui-même de l'épée royale qu'il tira du fourreau, brandit, et replaça dans la gaine. L'évêque de Pampelune lui présenta la couronne qu'il mit lui-même sur sa tête, et, ayant pris le sceptre, il se tint debout sur un large bouclier, muni de douze anneaux, que les barons et les députés des villes élevèrent par trois fois en l'air en criant : « Réal! real! real! » Le roi jeta autour de lui des pièces de monnaie toutes neuves, fut conduit jusqu'à son trône; et, après le chant du *Te Deum*, l'évêque de Pampelune célébra la grand'messe. A l'offrande, le roi présenta des draps d'or et des pièces de monnaie, comme le voulait le Fuero, et reçut la communion des mains de l'évêque [1].

Le Fuero définit très bien les obligations réciproques du roi et de ses sujets : « Les fueros que le roi de Navarre a avec ses « Navarrais sont que les Navarrais soient fidèles au roi comme « des vassaux à leur seigneur, et que le roi leur fasse du bien « comme un bon seigneur doit faire à de bons vassaux [2]. » Le contrat qui liait le roi et ses sujets était véritablement synallagmatique, et les sujets ne se croyaient tenus d'être fidèles au prince que s'il se montrait lui-même fidèle à son serment [3].

Comme chef de l'État, le roi était tenu d'avoir une bannière royale et un sceau royal. Il ne lui était pas permis d'altérer sa monnaie. Il devait à son avènement faire frapper de nouvelles pièces d'or et d'argent, et ouvrir pendant quarante jours un bureau où l'on pourrait échanger l'ancienne monnaie contre la nouvelle [4].

Le roi commandait l'armée en temps de guerre, et faisait les traités avec les États voisins. Il nommait les grands offi-

---

1. *Cron. del principe*, p. 192-199; La Piscina, l. V, ch. xi. — 2. *Fuero gen.*, l. I, tit. I, ch. iii. — 3. *Dicc. geog. de la Academia*, t. II, p. 142; Ram. Arcas, *Itiner. de Nav.*, p. 89. — 4. *Fuero gen.*, l. I, tit. I, ch. ii.

ciers de la couronne, les juges, les gouverneurs des châteaux et des provinces, mais il ne pouvait confier les charges du royaume qu'à des Navarrais de naissance, et la loi lui faisait presque une obligation de ne nommer que des fidalgos; si le fonctionnaire roturier, nommé par le roi, venait à manquer à ses devoirs, le roi en était regardé comme responsable [1]. Le roi avait le droit de grâce. Il était appelé Altesse ou Majesté; Sérénissime, Excellentissime, Illustrissime Prince et Seigneur [2]. La reine était traitée avec le même respect; en l'absence du roi elle gouvernait le royaume [3], elle présidait les Cortès et les tribunaux; dans le diplôme par lequel Sanche le Grand rétablit l'évêché de Pampelune, il déclare avoir agi avec l'assistance et du consentement de la reine [4]. Le fils aîné du roi était souvent associé à la puissance royale : dès l'âge de dix-sept ans, le prince de Viane eut part au gouvernement.

Le roi ne pouvait concéder aucun privilège important, promulguer aucune loi, lever aucun impôt, ni faire aucune guerre sans avoir consulté les Cortès ou États du royaume [5]. Il avait un certain nombre de conseillers pour l'assister dans le gouvernement, dans l'intervalle des sessions des Cortès; mais le Conseil royal, en tant que corps permanent et tribunal d'appel de la Grande Cour et de la Chambre des comptes, date seulement du règne de Jean d'Albret [6].

Les Cortès de Navarre avaient une origine aussi ancienne que la monarchie elle-même. Dès le principe, les rois ne pouvaient rien décider sans l'assentiment des douze richombres de Navarre (*los doce sabios de la tierra*) [7]. Les clercs ne tardèrent pas à entrer à leur tour dans le conseil royal, et les députés des villes y furent admis à l'époque où se constitua

---

1. La Piscina, l. II, ch. VIII. — 2. Yang., *Dicc.*, t. III, p. 390. — 3. Ex. sous Philippe d'Evreux, Charles le Mauvais, Charles le Noble et Jean d'Aragon. — 4. Paquiz et Dochez, *Hist. d'Esp.*, t. II, p. 290. — 5. Ram. Arcas, *Itiner. de Nav.*, p. 89. — 6. *Arch. de Nav.* (Indice), caj. 193, 44; 167, 34; 177, 26. — 7. L. Piscina, l. II, ch. VIII.

la représentation nationale en Léon et en Castille, c'est-à-dire vers le milieu du xii⁰ siècle. En 1134, on trouve réunis, dans les Cortès assemblées à la mort d'Alphonse le Batailleur, les prélats, les richombres et les députés des villes [1]. En 1330, Philippe d'Évreux convoqua à Pampelune la Cour générale du royaume : le clergé élut quatre représentants, les richombres quatre autres, les chevaliers quatre, et les villes eurent aussi leurs députés [2]. Au xv⁰ siècle, l'institution des Cortès fonctionnait avec une grande régularité.

Les Cortès de Navarre comprenaient des députés du clergé, de la noblesse et des bonnes villes ; chaque ordre portait le nom d'état (*estado*) ou de bras (*brazo*).

L'ordre ecclésiastique était présidé par l'évêque de Pampelune, et était composé des prélats navarrais, tels que le doyen de Tudela, l'abbé de Leyre, l'abbé d'Irache, etc. Le clergé siégeait à droite du trône [3].

Les nobles siégeaient à gauche du roi. Ils avaient d'abord reçu du roi un mandat viager, puis les grandes maisons avaient fini par obtenir le droit de représentation héréditaire ; on en comptait une soixantaine à l'époque de la conquête castillane. Le roi avait d'ailleurs le droit d'appeler aux Cortès tout Navarrais dont la présence lui semblait nécessaire. La présidence de l'ordre de la noblesse appartenait au connétable ; à son défaut, elle revenait au fidalgo qui était arrivé le premier.

L'ordre des communes (*brazo de las universidades*) était formé par les députés des villes auxquelles un privilège royal avait reconnu le droit de siéger aux Cortès. Le nombre des bonnes villes était de 27 en 1525 [4] et de 18 en 1390. A cette époque Pampelune, Estella, Tudela, Sanguesa, Olite, Puente-la-Reyna, Los Arcos, Viana, La Guardia, San Vicente, Saint-Jean-Pied-de-Port, Monreal, Roncesvalles, Lumbier, Villa-

---

[1]. Paquiz et Dochez, *Hist. d'Espagne*, t. II, p. 336 ; Yang., *Compendio*, p. 23. — [2]. *Amejoram, de D. Phelipe*. Préambule. — [3]. Yang., *Dicc.*, t. I, v⁰ Cortes. — [4]. Yang., *Dicc.*, t. I, v⁰ Cortes.

franca, Aguilar, Bernedo et Lanz se firent représenter au sacre de Charles III [1]. Les députés des villes siégeaient en face du roi, entre le clergé et la noblesse. Une ville pouvait nommer plusieurs députés, mais ils n'avaient qu'une voix; le plus petit bourg comptait autant que la meilleure ville. Les députés recevaient des instructions écrites dont ils ne pouvaient s'écarter; ils devaient être originaires de la ville qu'ils représentaient; ils étaient entretenus aux frais de leur ville, qui les défrayait plus ou moins généreusement, suivant ses ressources [2]. Les Cortès réservaient sur la somme qu'elles accordaient au roi 1500 livres pour les frais généraux de la tenue des États. Cette somme s'appelait *vinculo*.

Les Cortès devaient être convoquées tous les deux ans, ou au moins tous les trois ans, mais les rois se départaient souvent de cette obligation. Vers le milieu du XVe siècle, pendant le gouvernement du prince de Viane, les Cortès furent réunies tous les ans.

Elles s'assemblaient dans une des bonnes villes du royaume : à Pampelune, à Estella, à Olite, Tafalla ou Lumbier. Il n'y avait à cet égard d'autre règle que la convenance du roi.

Elles étaient présidées par le roi, ou, en son absence, par le lieutenant général du royaume, muni de pleins pouvoirs du roi. Ouvrir les Cortès se disait ouvrir le trône (*abrir el solio*). Le roi prononçait un discours sur la situation générale du royaume, exposait ses besoins, et demandait des subsides; les trois ordres délibéraient séparément au sujet de la réponse qu'il convenait de lui faire, et votaient en commun sur le fonds de la demande [3]. Une loi ne passait que si elle obtenait l'unanimité des trois ordres; en cas de désaccord entre les ordres, on procédait à une seconde, et même à une troisième épreuve, ou bien l'on avait recours à un vote négatif : après avoir mis au scrutin l'adoption de la loi, on votait sur son

---

1. La Piscina, l. V, ch. x; Yang., *Dicc.*, t. III, p. 59 et 81; *Compendio*, p. 230; de Mayerne-Turquet, *Hist. d'Esp.*, t. I, p. 864. — 2. Yang., *Dicc.*, t. I, p. 330. — 3. *Arch. de Nav.*, caj. 149, 34.

rejet. L'assemblée nommait ensuite un rapporteur qui exposait au roi la décision des États, et demandait en leur nom le redressement des griefs. Jamais les Navarrais ne purent obtenir qu'il fût fait droit à leurs réclamations avant le vote des subsides [1].

Les attributions des Cortès sont extrêmement nombreuses; elles touchent à la politique générale et à l'administration du royaume. Les Cortès reconnaissent le droit héréditaire des héritiers du trône, et leur prêtent serment de fidélité, après qu'ils ont eux-mêmes juré de respecter les fueros [2]. Elles peuvent modifier la formule du serment royal [3]. Elles confirment la nomination du lieutenant général choisi par le roi pour gouverner en son absence; elles le désignent elles-mêmes s'il y a lieu [4]. Elles donnent leur avis sur le mariage des princes [5], sur la concession de privilèges importants aux princes ou aux nobles [6], sur les questions domaniales [7], sur les réformes à accomplir dans la justice et dans l'administration [8]. Elles prennent, d'accord avec le roi, les mesures nécessaires pour assurer la défense du pays [9]. Elles jurent l'observation des traités conclus par le roi avec les puissances étrangères [10]. Enfin, elles présentent au roi les griefs de la nation, et votent les aides (*cuarteles*), que le roi ne peut ni lever, ni augmenter sans leur assentiment [11]. Munies de toutes ces prérogatives, les Cortès exercent un contrôle vraiment sérieux sur le gouvernement, et constituent pour les Navarrais une précieuse garantie de liberté.

---

[1]. La Grèze, t. II, ch. VII; *Arch. de Nav. Recop. de actos de Cortes año de 1510*. — [2]. Yang., *Compendio*, p. 167; Moret, *Anales de Nav.*, t. IV, p. 428 et 432. — [3]. Yang., *Compendio*, p. 169. — [4]. Yang., *Compendio*, p. 142, 167 et 248. — [5]. *Id., ibid.*, p. 144. — [6]. *Arch. de Nav.* (Indice), Cuentas, t. 478. — [7]. *Id., ibid.*, caj. 155, 18. — [8]. *Amejoram. de D. Phelipe*. — [9]. *Arch. de Nav., Recop. de actos de Cortes año de 1510*. — [10]. Yang., *Dicc.*, t. III, p. 121. — [11]. *Arch. de Nav.* (Indice), caj. 149, 34.

Les Agents du pouvoir royal.

Le principal agent du pouvoir royal était le gouverneur de merindad, ou *merino*. En 1426, les merinos d'Estella, Tudela et Sanguesa touchaient 100 livres en argent, et recevaient 100 cahices de blé et 200 d'avoine par an, tant pour l'exercice de leur charge que pour la garde des châteaux qui leur étaient confiés.

Le merino des Montagnes touchait 50 livres, le châtelain de Saint-Jean-Pied-de-Port 80 livres en deniers, 110 florins à 28 sous l'un, et 50 cahices de blé à 32 sous le cahiz : en tout 238 livres [1]. Ces traitements considérables attestent l'importance de leurs fonctions.

Les merinos constituaient une branche particulière et distincte de l'administration judiciaire; ils connaissaient des délits qui troublaient la paix publique, comme le rapt, le brigandage, l'insurrection, la violence notoire, la haute trahison [2]. Ils percevaient les revenus royaux et étaient ainsi agents du fisc. Ils pouvaient dans certains cas être appelés à défendre la merindad contre un envahisseur; ils avaient donc parfois le caractère de lieutenants militaires du roi [3].

Cependant l'autorité des merinos avait été fort ébranlée par les réformes administratives des rois de la maison d'Évreux. Leurs prérogatives judiciaires avaient passé en grande partie aux conseillers et notaires enquêteurs de la Cour du roi. Leurs attributions financières étaient à peu près sans objet depuis la création des receveurs (*rescibidores*). En cas de guerre, le roi, le connétable, le maréchal, et les capitaines généraux nommés par le roi veillaient à la défense de la frontière, sans que le merino eût à s'en occuper. Seul, le châtelain de Saint-Jean-Pied-de-Port avait gardé le caractère militaire des anciens gouverneurs de province.

---

1. Yang., *Dicc.*, supp., p. 205. — 2. Paquiz et Dochez, *Hist. d'Esp.*, t. II, p. 302. — 3. Yang., *Dicc.*, t. II, p. 322.

Les merinos s'étaient rendus odieux par leur tyrannie et leurs concussions. Ils avaient le droit d'exiger 6 sous des prévenus qu'ils décrétaient d'accusation, et ils leur prenaient jusqu'à 7 cahices de blé; ils laissaient en liberté, avec ou sans caution, les inculpés les plus riches; quand ils visitaient leur merindad, ou allaient faire la police dans quelque foire, ils prétendaient acheter leur viande au-dessous du cours; ils prenaient leurs repas sans payer leur écot; ils se faisaient faire des cadeaux par les conseils des villages. Charles le Noble leur défendit d'en user ainsi à l'avenir, il leur défendit d'arrêter dans les cas ordinaires les prévenus qui offriraient de fournir caution, et de remettre en liberté, même sous caution, les accusés de délits emportant peine corporelle ou capitale; il leur ordonna de faire bonne et sommaire justice des voleurs pris en flagrant délit [1], et de déférer les autres accusés au juge compétent, dans les trois jours de l'arrestation, avec résumé écrit de la cause. Le merino qui manquerait à l'une des prescriptions royales devait être destitué et mis, lui et ses biens, à la merci du roi [2]. Malgré cette ordonnance, les merinos n'inspirèrent jamais confiance aux justiciables, et les bonnes villes du royaume obtinrent d'être exemptées de leur juridiction; le merino ne pouvait y instrumenter que sur l'ordre exprès du roi ou de son conseil [3]. Enfin, une disposition législative très remarquable permettait de tuer le merino qui outrepassait ses pouvoirs, et violait le domicile d'un particulier [4].

Les lieutenants du gouverneur portaient parfois le titre de *soz-merinos*. On en trouve au XVe siècle dans le val d'Araquil [5], à Sant Esteban de Juslapeña, dans le val de Bulina [6], à Araiz [7], à Echauri [8]. Ils se rendaient coupables des mêmes excès que leurs chefs [9], mais ils étaient beaucoup moins puissants, et

---

1. *Arch. de Nav.* (Indice), caj. 155, 36. — 2. Yang., *Dicc.*, supp., p. 206-208. — 3. *Arch. de Nav.*, caj. 165, 19. — 4. La Grèze, t. II, ch. VIII. — 5. *Arch. de Nav.* (Indice), caj. 154, 2. — 6. *Id., ibid.*, caj. 154, 45. — 7. *Id., ibid.*, caj. 154, 52. — 8. *Id., ibid.*, caj. 155, 1. — 9. *Id., ibid.*, caj. 143, 54.

beaucoup moins riches; les soz-merindades de Sant Esteban et de Bulina sont estimées en 1447 à 12 livres de revenu seulement.

Dans d'autres merindades, les lieutenants du merino étaient appelés baillis (bailes); la merindad d'Estella était divisée en douze bailliages [1]. Les baillis remplissaient le rôle de juges de paix [2]; ils faisaient arrêter les criminels et exécutaient en matière civile les décisions de l'alcalde [3]. Leurs fonctions étaient encore moins rétribuées que celles des soz-merinos; le bailliage de Caseda était estimé à 30 sous en 1476 [4].

Les officiers inférieurs de police et de justice étaient le *sayon*, l'*amiral*, l'*alguazil*, l'*huissier* et le *prévôt*. Chaque année, à la Sainte-Croix de mai, les vilains royaux ou seigneuriaux tiraient au sort pour savoir qui d'entre eux serait sayon [5]. Le sayon faisait les enquêtes sur les délits commis sur le territoire de son village, il menait les paysans à la corvée [6], assistait le juge du marché dans ses plaids, et recouvrait les taxes féodales [7]. Un officier appelé *buruzaqui* ou *buruzaïs* remplissait des fonctions analogues dans les villages du pays basque [8]. L'amiral, dont le nom évoque l'idée d'une grande charge militaire, était en Navarre un simple officier de police municipale; il ne différait du sayon que sur un seul point : il était nommé par le roi, au lieu d'être élu par les paysans, il jurait à son entrée en charge « de faire des en- « quêtes véridiques, d'opérer les saisies, de veiller à l'exécu- « tion des ordres de justice, et au maintien des droits royaux, « et de garder fidèlement le secret [9] ». L'alguazil avait pour principale mission d'arrêter les criminels; l'alguazil du roi entretenait un certain nombre d'hommes à pied et à cheval, mais cette sorte de maréchaussée était loin d'être suffisante; le soin de poursuivre les malfaiteurs était volontiers remis

---

1. Yang., *Dicc.*, t. I, v° Baillios. — 2. *Fuero gen.*, l. III, tit. XVIII, ch. 1ᵉʳ. — 3. La Grèze, t. II, ch. viii. — 4. *Arch. de Nav.* (Indice), caj. 160, 42. — 5. *Fuero gen.*, l. III, tit. IV, ch. vi. — 6. *Id.*, l. III, tit. VII, ch. ix. — 7. Yang., *Dicc.*, t. III, p. 236. — 8. *Id.*, *Dicc.*, supp., p. 86. — 9. *Arch. de Nav.* (Indice), caj. 154, 6.

par le roi à des partisans déterminés, qui se faisaient par leurs exploits un grand renom dans le pays, et que l'on récompensait par quelques distinctions et exemptions honorables [1]. En 1450, Jean II autorisa la création d'une hermandad, mais la guerre civile empêcha cette mesure de porter ses fruits. Les huissiers et les prévôts remplissaient des fonctions semblables à celles des alguazils [2], mais l'office de prévôt, au moins dans certaines villes, était perpétuel [3].

Les villes et villages étaient administrés par un conseil de jurats (*jurados*), élus tous les ans; ils jouissaient d'un droit de juridiction très étendu; ils partageaient avec le roi l'élection du juge municipal (*alcalde de villa*), qui tenait audience trois jours la semaine [4]. Dans les cas douteux où le fuero ne se prononçait pas, l'alcalde s'adjoignait les jurats, ou 7 prud'hommes de la ville [5].

Les vallées formaient des communautés autonomes, souvent munies de grands privilèges; l'action du pouvoir royal ne s'y faisait sentir que très faiblement.

Le roi tenait le pays par ses châteaux, et ses gouverneurs militaires, beaucoup plus que par ses officiers civils.

La Justice.

Plus d'un siècle avant que Charles VII ordonnât en France la rédaction des coutumes, le texte des lois de Navarre était définitivement établi. Le Fuero général de Navarre forme à lui seul une législation complète. C'est un code de droit politique et constitutionnel, de droit civil et criminel; la procédure à suivre en justice y est déterminée; il renferme un grand nombre de règlements relatifs au commerce et aux industries du pays, à l'entretien des routes, à la conservation

---

1. Yang., *Dicc.*, supp., p. 14; Paquiz et Dochez, t. III, p. 302. — 2. Yang., *Dicc. de Fueros y leyes*, p. 370, note 163. — 3. La Grèze, t. II, ch. IX. — 4. Yang., *Dicc. de Fueros y leyes*, p. 12. — 5. Yang., *Dicc.*, t. I, p. 27.

des forêts. Il abonde en renseignements curieux sur la société navarraise. Sa langue contient un millier de mots [1] vieillis, où empruntés au basque ou au français. Nous savons par lui ce qu'était le dialecte navarrais au xive siècle. Des contes, des légendes populaires, des généalogies ajoutent encore à l'intérêt de ce document qui mériterait une étude spéciale. Un grand nombre de ses dispositions sont encore en vigueur; il sert de loi générale, en l'absence de textes contraires dans les lois nouvelles ou dans les Fueros particuliers.

L'organisation judiciaire de la Navarre était fort simple, et ne comprenait pas plus de deux degrés de juridiction.

Les autorités municipales (*jurados y consejos*) avaient un droit de police assez étendu sur le territoire des villes et des bourgs. Elles faisaient des ordonnances sur le prix du pain, du poisson et de la viande, elles infligeaient des amendes aux contrevenants [2].

Les juges de marché (*alcaldes de mercado*) étaient chargés de maintenir le bon ordre, et de veiller à l'exécution loyale des conventions; les fidalgos étaient soumis comme les vilains à leur juridiction.

Les seigneurs avaient en général le droit de justice basse et moyenne, leurs alcaldes jugeaient tous les vilains de leurs domaines; mais les fidalgos n'étaient justiciables que de la Cour du roi [3].

Le roi avait la justice basse et moyenne dans son domaine, et s'était réservé partout la haute justice, les cas royaux et l'appel (*ressort*) [4]. Les cas royaux comprenaient le viol, le vol sur les grands chemins, et généralement tout délit entraînant condamnation à une peine corporelle ou à une amende de 60 sous [5]; comme cette amende est extrêmement fréquente dans le droit navarrais, la compétence des juges royaux en matière criminelle s'étendait pour ainsi dire à tous les délits.

---

1. 1011 mots, d'après le vocabulaire de D. Pablo Ilarrégui et de D. Segundo La Puerta. — 2. *Fuero gen.*, l. II, tit. I, ch. ix. — 3. *Id.*, l. II, tit. I, ch. 1er. — 4. Yang., *Dicc.*, t. III, p. 15. — 5. Yang., *Dicc.*, t. I, p. 33.

Une amende de 1000 sous frappait le seigneur qui se hasardait à faire justice d'un homme du roi [1]. En 1355, Charles le Mauvais réforma la procédure criminelle : il déclara qu'aucun homme ne serait jugé dorénavant en dehors des formes de la justice, ni sur information secrète; il se hâte, il est vrai, d'ajouter « qu'il en ordonnait ainsi pour la plus grande satis-« faction de la justice, et sans y être tenu en rien [2] ». En matière civile, Philippe d'Evreux avait restreint l'appel aux affaires d'un intérêt supérieur à 50 sous [3].

La Cour du roi (*Corte Mayor*) était le tribunal ordinaire des nobles, et le tribunal d'appel pour toutes les causes criminelles, et pour les causes civiles les plus importantes. Elle répond ainsi à notre Parlement, mais elle garda pendant très longtemps le caractère de cour féodale. Le Fuero général porte que le roi ne pourra juger qu'assisté de trois richombres et d'un juge royal [4]. A la fin du xive siècle, le conseil du roi n'était pas encore distinct de la Cour : l'évêque de Bayonne et quelques chevaliers aidaient le roi à rendre la justice. La première tentative sérieuse d'organisation de la Cour date de 1387. Charles le Noble institua à cette époque quatre juges permanents représentant respectivement le roi, l'église, la noblesse et les bonnes villes; ils étaient tous à la nomination du roi, et touchaient un traitement de 300 florins par an.

Le parquet de la Cour se composait d'un procureur fiscal à 300 florins et d'un avocat du roi à 100 florins; le procureur du consistoire, dont les fonctions ne nous sont pas connues, recevait 20 florins par an [5]. Chaque fois qu'un juge de la Cour allait au dehors instruire une affaire, il était indemnisé de ses dépenses et recevait une gratification de 20 florins [6].

---

[1]. *Fuero gen.*, l. II, tit. I, ch. III. — [2]. Yang., *Compendio*, p. 182. — [3]. *Amejoram. de D. Phelipe*, ch. VIII. — [4]. *Fuero gen.*, l. II, tit. 1, ch. 1er. — [5]. En 1456, les juges de la Corte Mayor recevaient 400 livres par an, l'avocat du roi 150 livres, le 1er secrétaire 90, le 2e secrétaire et les notaires chacun 50 livres. *Arch. de Nav.*, Cuentas, año de 1456. — [6]. Yang., *Dicc.*, t. III, p. 134.

En 1413, le roi régla les sessions de la Cour [1]. Le chancelier ou le vice-chancelier devaient présider les séances; les avocats, notaires et procureurs devaient y assister; chaque juge s'asseyait à une place déterminée; on leur devait révérence et honneur dans le tribunal et hors du tribunal, ceux qui leur manquaient de respect ou leur disaient des injures étaient saisis et emprisonnés [2]. Dès ce moment la Cour du roi était constituée; elle se compléta dans le courant du xve siècle par l'adjonction de dix notaires, dont la moitié recevait un traitement régulier. Ces notaires remplissaient le rôle de commissaires enquêteurs pour laisser aux juges le temps d'examiner les procès [3]. En 1450, le Conseil royal commença à se séparer nettement de la Cour; les juges de la Cour perdirent le droit d'assister aux séances du Conseil [4].

Les jugements en Cour du roi coûtaient fort cher, et le préjugé contre la justice royale était si fort qu'en 1414 les habitants de Villatuerta convinrent entre eux de ne jamais déposer de plaintes devant les juges royaux, tant que leurs procès ne dépasseraient pas 20 livres d'intérêt; la Cour s'en émut et les condamna à 100 florins d'amende envers le fisc [5]. Avec une meilleure organisation, la Cour du roi finit par inspirer plus de confiance aux justiciables; cependant elle ne fut jamais considérée comme la plus haute juridiction du royaume, et les appels de la Chambre des Comptes se jugèrent, à partir de la fin du xve siècle, au Conseil du roi, et non à la Cour.

Toute la procédure navarraise est fondée sur un système très compliqué de garanties, obtenues par l'emploi de cautions multiples. Quiconque réclame un droit en justice doit dire à

---

1. Les juges devaient siéger depuis le jour de la Saint-Luc (18 octobre) jusqu'au 20 décembre, et depuis le troisième jour après l'Épiphanie jusqu'au mardi d'avant le dimanche gras; puis, du premier mardi de Carême jusqu'à la Passion, depuis le troisième jour après la Quasimodo jusqu'au jeudi qui précède la Pentecôte, depuis le troisième jour après la Trinité jusqu'au 20 juin, et du troisième jour après la Saint-Gilles jusqu'au 25 septembre. — **2.** Yang., *Dicc.*, t. I, p. 272. — **3.** *Arch. de Nav.* (Indice), caj. 140, 29. — **4.** Yang., *Dicc.*, t. I, p. 273. — **5.** Yang., *Dicc.*, t. III, p. 517.

quel titre il propose sa réclamation, et fournir un garant à l'appui de son dire [1]. Dans tout procès entre le roi et un fidalgo, celui-ci peut, s'il fournit caution, éviter la saisie de son bien, en cas de non-comparution [2]. Entre deux plaideurs, c'est celui qui a le premier porté plainte qui est jugé le premier, mais, si le défendeur a lui-même des sujets de plainte contre le demandeur, et s'il peut fournir caution, sa cause est jugée la première [3]. La caution s'applique encore à la conservation des biens en litige [4], à l'obligation de comparaître en justice, etc. ; les parties se garantissent réciproquement qu'elles se soumettront à une sentence définitive [5].

Le procès débute par un ajournement devant le juge compétent (*adiamiento*). Le défendeur peut laisser passer trois mardis sans se présenter devant le juge ; ce délai expiré, le jugement peut être rendu par défaut. En matière immobilière, les biens du défendeur défaillant peuvent être séquestrés à deux reprises, pendant trente jours chaque fois ; en matière de meubles, la loi accorde au défaillant un délai de soixante jours pour se présenter. Aucun délai n'est accordé lorsqu'il s'agit de l'exécution d'un contrat authentique, passé sous le sceau du roi ; dans ce cas, le défaut est considéré comme un aveu, et le plaignant gagne sa cause contre le défendeur défaillant [6]. Les procès ne se jugent qu'en vertu de la loi en vigueur au moment où ils sont intentés [7]. Les plaideurs peuvent confier leurs intérêts à des procureurs ou à des avocats (*voceros*), mais ils doivent devant le juge, devant la partie et de bons témoins, déclarer à l'avance ce que fera le procureur, et ce que dira l'avocat [8]. Les deux parties peuvent donner toutes les raisons qu'elles jugent convenables, mais il leur est interdit de rien ajouter à leurs arguments après qu'elles ont pris leurs conclu-

---

1. *Fuero gen.*, l. II, tit. II, ch. vi. — 2. *Id.*, l. II, tit. III, ch. 1er. — 3. *Id.*, l. II, tit. I, ch. vi. — 4. *Id.*, l. II, tit. II, ch. ii. — 5. *Id.*, l. II, tit. II, ch. vii. — 6. *Amejoram. de D. Phelipe*, ch. v, vi et vii. — 7. *Id., Memoria de los pleytos comenzados que fincan en la ordenanza del Seynnor Rey.* — 8. *Fuero gen.*, l. I, tit. VI, ch. unique.

sions[1]. La loi va jusqu'à donner des conseils aux plaideurs ; elle recommande au demandeur d'être bref, s'il veut être plus vite jugé, et au défendeur d'être long, pour rester plus longtemps en possession de l'objet en litige[2].

Les preuves admises en justice sont le témoignage, le serment et l'ordalie.

Le témoignage doit toujours être librement prêté. Le témoin doit être aussi riche en bétail que celui pour lequel il témoigne[3] ; cependant on admet en équité le témoignage de tout honnête homme. Les homicides, les malfaiteurs, les voleurs, les usuriers, les empoisonneurs, les faux témoins ne sont pas entendus. Le témoignage d'une personne considérable a plus de poids que celui d'une personne vile[4], mais, s'il n'y a qu'un seul témoin, il est écarté, pour riche et pour noble qu'il soit[5]. Les faux témoins avaient jadis les cheveux coupés en croix, et étaient marqués au front avec le battant de la cloche du village[6]. En matière criminelle, Philippe d'Évreux punit de mort les faux témoins, et, en matière civile, il leur fit couper la langue[7]. Dans les procès entre juifs et chrétiens, un témoin devait être juif et l'autre chrétien ; la même règle était observée dans les procès entre Mores et chrétiens[8]. Le témoignage des femmes n'était reçu que dans certains procès déterminés.

Le serment était fort usité en droit navarrais ; l'emprunteur se libérait en jurant sur sa foi, sur la tête de son parrain, de son confesseur, ou de son compère. Celui qui prêtait le serment se tenait l'épaule appuyée contre le mur de l'église paroissiale[9]. On pouvait déférer le serment à son beau-père, on ne pouvait le déférer à ses père et mère : c'eût été une cause d'exhérédation[10]. Le serment était interdit dans les causes

---

1. *Fuero gen.*, l. II, tit. I, ch. xi. — 2. *Id.*, l. II, tit. I, ch. xii. — 3. *Id.*, l. II, tit. VI, ch. vi. — 4. *Id.*, l. II, tit. VI, ch. x. — 5. *Por riqueza, nin por nobleza que haya.* — *Fuero gen.*, l. II, tit. VI, ch. iii. — 6. *Fuero gen.*, l. II, tit. VI, ch. xi. — 7. *Amejoram*, ch. iv. — 8. *Fuero gen.*, l. II, tit. VI, ch. vii. — 9. *Id.*, l. III, tit. X, ch. v. — 10. *Id.*, l. II, tit. VI, ch. 1er.

civiles pendant l'Avent, depuis la Septuagésime jusqu'au 10ᵉ jour après Pâques, et depuis la Sainte-Croix de mai jusqu'au 3ᵉ jour après la Saint-Michel [1]. La femme enceinte n'était pas admise à prêter serment; si elle donnait le jour à un fils, elle pouvait prêter serment dès l'instant de sa délivrance; si elle n'avait qu'une fille, elle devait attendre 30 jours [2]. Dans les procès entre villages et vallées pour règlement d'eaux et droits de pacage, le serment pouvait être porté au nom du village par des hommes sûrs, élus par les habitants [3]. Il était interdit de prêter serment dans les procès où il s'agissait d'un âne, à moins que ce ne fût un étalon; dans ce dernier cas, on admettait même la preuve par gage de bataille [4].

Les épreuves judiciaires tenaient encore une grande place dans le droit navarrais. Lorsqu'il y avait contestation entre l'église et un laïque pour la propriété d'un immeuble, le détenteur laïque apportait sur l'autel de l'église paroissiale une mesure pleine de terre; il devait l'enlever de sur l'autel, et la porter au dehors en traversant l'église : s'il ne laissait pas tomber une seule parcelle de terre, il était réputé légitime propriétaire [5]. On usait encore de l'épreuve des cierges : deux cierges d'égale dimension étaient allumés sur l'autel; le sort désignait le cierge qui brûlerait pour le plaignant, et celui qui brûlerait pour le défendeur ; le plaideur dont le cierge s'éteignait le premier perdait sa cause [6]. Dans l'épreuve de la chaudière (*sacar gleras de caldera*), il s'agissait de retirer d'une chaudière remplie d'eau bouillante jusqu'à la hauteur du coude neuf petites pierres nouées dans un morceau de linge [7]. L'épreuve du fer chaud (*fierro calient*) consistait à prendre avec la main nue un fer chauffé presque au rouge et placé sur l'autel; le défendeur faisait deux pas en avant, le fer à la main, et le jetait au troisième pas [8]. Dans ces deux dernières

---

1. *Fuero gen.*, l. II, tit. VII, ch. II. — 2. *Id.*, l. II, tit. VII, ch. Iʳʳ. — 3. *Id.*, l. II, tit. II, ch. IV. — 4. *Id.*, l. II, tit. VI, ch. VIII. — 5. *Id.* — 6. *Fuero gen.*, l. V, tit. III, ch. XI et XII. — 7. *Id.*, l. V, tit. III, ch. XVIII. — 8. *Id.*, l. V, tit. III, ch. XIII.

épreuves, on enveloppait la main du patient dans un linge de lin, que l'on cachetait à la cire, et l'on regardait au bout de trois ou de neuf jours si la main portait encore des traces appréciables de brûlure [1].

Ces épreuves barbares finirent par tomber en désuétude. Dès le xiv° siècle les clercs refusaient souvent de bénir l'eau bouillante et les cailloux dans l'épreuve de la chaudière. On doit malheureusement ajouter que la torture commença à être employée au moment même où les ordalies disparaissaient [2].

Le duel judiciaire resta beaucoup plus longtemps en usage, parce qu'il était conforme aux mœurs chevaleresques de la nation. Il est encore conservé dans le Fuero revisé de 1531 [3]. Les fidalgos combattaient à cheval [4]; les vilains combattaient à pied, nus jusqu'à la ceinture, armés de l'écu et du bâton [5]. La preuve une fois faite, le juge prononçait sa sentence, les cautions fournies par les parties, au début de l'instance, répondaient de l'exécution du jugement, et, si ces garanties n'étaient point estimées suffisantes, la partie gagnante ou ses cautions faisaient saisir des gages sur les biens du perdant et de ses fidéjusseurs.

En matière criminelle, aucun procès ne pouvait être engagé si une plainte n'avait été déposée; seul l'homicide était poursuivi d'office. A partir de 1355, l'information secrète ne fut plus employée; le jugement était rendu publiquement, et, en cas de flagrant délit, il était exécuté sans retard [6]. Les peines étaient la décollation, la hart, la mutilation, le fouet, l'exil, la confiscation et l'amende. Le chevalier qui avait forfait à l'honneur était dégradé, le clerc convaincu de crime était privé de son caractère sacré (*desordenado*), et livré au bras séculier.

---

1. *Fuero gen.*, l. V, tit. III, ch. xiv. — 2. Les Cortès de 1450 disent que l'on suivra le droit commun pour l'application de la torture. Elle existait donc à cette date. Yang., *Dicc.*, t. III, p. 375. — 3. La Grèze, l. II, tit. II. — 4. *Fuero gen.*, l. V, tit. III, ch. ii. — 5. *Id.*, l. V, tit. III, ch. viii. — 6. Yang., *Dicc.*, t. II, p. 143.

La justice était restée féodale en Navarre, et était loin de présenter la complication savante qu'elle avait déjà en France à la fin du xv° siècle. Charles le Noble et Jean II avaient bien dans leur conseil quelques bacheliers en décret [1], qui avaient été étudier aux universités, mais le droit romain paraît avoir eu très peu d'influence sur la législation navarraise, et les lumières des légistes romains devaient être d'un faible secours pour l'interprétation des lois nationales.

Les Finances.

Les revenus des rois de Navarre dérivaient de quatre sources : droits royaux perçus dans tout le royaume, droits féodaux perçus par le roi dans ses domaines, *alcabalas* ou droits sur les ventes, et *cuarteles*, aides extraordinaires votées par les Cortès. Les droits royaux étaient extrêmement nombreux et parfois fort importants : le roi déterminait la valeur de la monnaie (*monetage*), percevait un droit de sceau sur les contrats authentiques (*sello*), obligeait les paysans à engranger dans sa grange, à mesurer avec ses mesures (*almudi*, ou *chapitel*), à moudre dans son moulin (*ruedas*) [2]. Il percevait un sou par arrobe sur la vente du sel (*sal*) [3]. Il faisait payer les gages des juges municipaux par les habitants (*novena*). Il payait les sergents sur les amendes (*sayonia*). Il vendait aux bourgs la dispense de recevoir la visite du collecteur d'impôts (*merinia*). Il taxait les marchandises à l'entrée et à la sortie du royaume (*saca y peage, tablas*) [4]. Il levait des contributions sur les foires et marchés (*lezta, telonio*) [5]. Les amendes (*calonias*) revenaient au roi dans ses domaines ; il les partageait par moitié avec le seigneur dans les villages de fidalgos [6].

---

[1]. Yang., *Dicc.*, t. 1, p. 271 ; *Arch. de Nav.* (Indice), caj. 141, 1. — [2]. Yang., *Dicc.*, v° Pechas. — [3]. L'impôt sur la mouture et sur le sel montait en 1443 à 44 500 livres. *Archiv. de Nav.* (Indice), caj. 134, 16 ; 190, 30 et 31. — [4]. *Arch. de Nav.* (Indice), caj. 146, 9. — [5]. La Grèze, t. II, tit. II. — [6]. *Fuero gen.*, l. III, tit. IV, ch. II.

Toutes les amendes supérieures à 60 sous (*sisantenas*) étaient prononcées par les juges royaux, et revenaient au roi, à moins de stipulations contraires; elles sont toujours soigneusement distinguées des amendes ordinaires. En temps de guerre, le roi avait le cinquième du butin : la rançon du ricbombre prisonnier était fixée à 1000 maravédis; le roi en avait dans ce cas 900 pour lui. Enfin, si l'on prenait quelque roi ennemi, le roi de Navarre avait le droit de le réclamer comme son prisonnier [1]. Les rois de Navarre paraissent aussi avoir voulu s'attribuer les trésors découverts dans leur royaume [2].

Les droits féodaux du roi dans ses domaines avaient formé pendant longtemps le plus clair de son revenu. Le domaine royal comprenait une grande étendue de terres vaines et vagues, des montagnes, des bois, des pâturages; le roi avait des mines, possédait tous les villages qui ne relevaient ni d'un seigneur, ni de l'église, et était propriétaire d'immeubles plus ou moins importants dans presque toutes les villes de son royaume. Si riche qu'il fût, le domaine royal allait sans cesse s'appauvrissant par le fait des libéralités excessives consenties par les rois à son préjudice. Dès la fin du XIII° siècle, le roi Henri de Champagne avait essayé d'arrêter la ruine du domaine; il avait préparé la réunion à la couronne des puissantes seigneuries de Cascante et de Rada [3]. Au XIV° siècle, Charles le Mauvais avait prononcé beaucoup de confiscations, mais pour soutenir ses guerres il avait dû vendre des exemptions d'impôts à un grand nombre de localités, et Charles le Noble avait fait de nombreuses concessions à la noblesse pour la ramener à lui après le règne tyrannique de son père. Jean II et le prince de Viane multiplièrent outre mesure ces faveurs onéreuses, et songèrent à peine à se réserver la haute justice et le droit d'appel dans les villages dont ils faisaient donation à leurs serviteurs.

---

1. *Fuero gen.*, l. I, tit. 1, ch. XI. — 2. Yang., *Dicc.*, t. III, p. 369. — 3. Yang., *Compendio*, p. 142.

Comme seigneur féodal, le roi percevait dans ses domaines des redevances (*pechas*) et des droits sur les successions, les partages et les contrats. Les principales redevances étaient la *fonsadera*, corvée militaire convertie en argent dans la plaine de Pampelune [1]; la *taille*, payée par les gens de Viane pour exemption du service militaire [2]; l'*azaguerrico* pour la jouissance des hauts pâturages [3]. Les redevances de *basto* et d'*amparo* ne nous sont connues que de nom, mais cette dernière était assez considérable : le seigneur de Carcar payait en 1495 700 maravédis d'amparo [4]. Les vilains de Garbindu et de Leranoz, gardes du roi en temps de guerre, lui payaient chaque année une vache grasse [5]. Les vilains payaient sur l'héritage de leurs parents un droit appelé reconnaissance [6]; le roi ou le seigneur percevaient la *maneria* sur les biens du vilain décédé sans enfants [7], et le *batturratu* sur les hérédités collatérales [8]. En cas de partage d'un fonds de terre, les hommes payaient au roi ou au seigneur le tribut d'une année entière, et les femmes la moitié du tribut [9]. En cas de vente, l'acquéreur payait la *pecha de botejas*, encore en usage dans le Val de Lana en 1511 [10].

A ces impôts, payables en argent, en blé ou en vin, s'ajoutaient les droits perçus sur les troupeaux et sur les animaux domestiques : droit sur les poules (*galliurdea*) [11], droits sur les bêtes à laine (*carnero*), droit sur le croît des troupeaux (*assadura*). Le plus important de ces tributs était la *pecha eyurdea*, ou quint du roi, sur le croît des porcs ; aucun impôt ne se présente sous des aspects plus différents suivant les lieux ; il pourrait être choisi comme exemple de l'extrême diversité

---

1. *Fuero gen.*, l. III, tit. V, ch. x. — **2.** Yang., *Dicc.*, t. II, v° Pechas. La Grèze, t. II, tit. II. — **3.** *Fuero gen.*, l. III, tit. VII, ch. ii. Ce mot veut dire *lieu élevé* : *az*, beaucoup ; *aguerri*, qui domine ; *co*, lieu. (Yang., *Dicc.*, *loc. cit.*) — **4.** *Fuero gen.*, l. III, tit. VII, ch. iii. — **5.** *Id.*, l. III, tit. VII, ch. vi ; *Arch. de Nav.*, Cuentas, t. 499. — **6.** *Fuero gen.*, l. III, t. VII, ch. iii. — **7.** Yang., *Dicc.*, t. II, v° Pechas. — **8.** *Arch. de Nav.* (Indice), caj. 137, 4. — **9.** *Fuero gen.*, l. III, tit. V, ch. xvi. — **10.** Yang., *Dicc.*, t. II, v° Pechas. — **11.** *Arch. de Nav.* (Indice), caj. 166, 49 ; 182, 19.

des coutumes locales. D'après le Fuero, les troupeaux de 60 porcs et au-dessus y sont seuls soumis [1], et cependant, à Larraun, toute maison où il y avait plus d'un porc en payait un pour l'*eyurdea* chaque année [2]. Dans les prairies de la Bidassoa, les propriétaires payaient l'eyurdea en argent, à raison de 3 sous par porc [3]. Au XV° siècle, les rois accordèrent de fortes remises sur cet impôt, ou consentirent à le convertir en argent; cependant il pesait encore très lourdement sur les paysans : comme cette redevance devait être payée par chaque maison de vilain tant qu'elle restait debout, des malheureux imaginèrent, pour se libérer, de brûler leur maison, et de reconstruire la maison neuve à quelque distance de l'ancien emplacement; Jean II les condamna à payer l'eyurdea pour l'ancienne maison et pour la nouvelle [4] (1463).

Les corvées et les prestations augmentaient encore les charges féodales du vilain; il entretenait et cultivait les domaines royaux ou seigneuriaux (*fazendera* et *fonsadera*) [5]; il transmettait les ordres royaux de village à village (*vereda*), il donnait à manger au roi, ou au richombre en voyage (*zena de salvedat, ombazenduavaria*) [6], il les éclairait (*crisuelu* ou *crisillu*), il nourrissait leurs chevaux (*peticion de la zevada*) [7]. Certains vilains, plaisamment nommés *échansons*, devaient servir à boire au roi et à ses gens, lorsqu'il allait en campagne [8]; le prince de Viane fit remise de cet impôt onéreux (*escanciania*) aux gens d'Urroz en 1454. D'autres vilains payaient des redevances particulières (*ostadias*) en objets mobiliers et en vêtements.

Les Juifs payaient un tribut, et une redevance appelée le

---

1. *Fuero gen.*, l. VI, tit. I, ch. XXI. — 2. *Arch. de Nav.* (Indice), caj. 159, 4. — 3. Yang., *Dicc.*, t. II, v° Pechas. — 4. Yang., *loc. cit.; Arch. de Nav.* (Indice), caj. 161, 11. — 5. *Fuero gen.*, l. III, tit. VII, ch. IV. La fonsadera s'appelait encore *otzerate, lavor de castillos, zermenage* (Yang., *loc. cit.*). La fazendera s'appelait également *lavor* et *semana peon*. La corvée appliquée à l'entretien d'un chemin public s'appelait *erriet-vide*. — 6. *Fuero gen.*, l. III, tit. IV, ch. II et VI. — 7. *Id.*, l. III, tit. IV, ch. III. 8. *Fuero gen.*, l. III, tit. VII, ch. V. Ces vilains habitaient Urroz, Badoztayn et autres lieux. Yang., *Dicc.*, t. II, v° Pechas.

poivre (*pimienta*). Les Mores, dispensés, et pour cause, de contribuer à la défense des châteaux, payaient en récompense deux deniers par feu (*vela del castillo*); ils devaient aussi l'épaule de chaque mouton tué par eux (*aldaca*), et, pour les blesser jusque dans leurs répugnances religieuses, on leur faisait couper les vignes du roi ou du seigneur, et porter le raisin à la cuve; cette corvée s'appelait *azofra* [1].

Quand la condition des serfs commença à s'améliorer, on eut tendance à unifier les taxes. Philippe d'Evreux autorisa ses agents à débattre avec les paysans le chiffre de l'impôt [2]. Au XV° siècle, un grand nombre de localités s'étaient rachetées de toute redevance, en s'abonnant au tribut perpétuel (*tributo perpetuo*), à la capitation (*pecha capital*) et à la taxe (*pecha tasada*) [3]. La capitation peut être évaluée en moyenne à 10 ou 15 sous par feu [4].

Les revenus ordinaires du roi étaient à peine suffisants pour couvrir les frais d'administration du royaume. Il fallut de bonne heure avoir recours à des impôts extraordinaires. En 1341, les rois de Castille avaient établi sous le nom d'*alcabala* un droit de 5 p. 100 sur toutes les ventes [5]. Vingt ans plus tard, Charles le Mauvais réussit à l'introduire en Navarre sous le nom de vingtième (*veintena*); elle ne fut établie d'abord que pour cinq ans, et les ventes de chevaux et d'armes n'y furent pas soumises [6]; le droit de percevoir le vingtième fut ensuite prorogé à plusieurs reprises, et l'alcabala finit par devenir en Navarre un impôt absolument régulier; on évaluait son rendement à 30 000 ll. en 1482; les versements au trésor du roi avaient lieu tous les trois mois; on appelait un trimestre une *tanda* [7].

Enfin, comme les dépenses royales allaient sans cesse en

---

1. Yang., *loc. cit.* — 2. *Amejoram. de D. Phelipe*, ch. xxxiii. — 3. Yang., *Dicc.*, t. II, v° Pechas, t. III, p. 393. — 4. *Arch. de Nav.* (Indice), Cuentas, t. 505, 508, 517 et 541, caj. 176, 25. — 5. D. Bernardo de Ulloa, *Rétab. des manuf. d'Espagne*. Paris, 1753, in-12, p. 29. — 6. Yang., *Compendio*, p. 202. — 7. Yang., *Dicc.*, t. III, p. 368.

augmentant, les rois prirent l'habitude de réclamer des Cortès des aides de plus en plus élevées, qui augmentèrent leurs revenus dans de grandes proportions. Au début, ces aides se perçurent par quart tous les trois mois; on leur donna le nom de quartiers (*quoarteres* ou *cuarteles*) et elles le gardèrent bien après que la perception eut cessé de s'opérer de cette manière. Les cuarteles pesaient sur tous les sujets du roi. En 1440, chaque maison payait 1 fl. par cuartuel [1]; mais les nobles, les clercs et les villes avaient obtenu des remises (*gracias*) qui avaient fini par réduire de moitié la valeur du cuartel. Les rois imaginèrent alors de créer deux espèces de cuarteles; le *cuartel moderado* ou *con gracias*, qui comportait toutes les remises d'usage, et le *cuartel sin gracias*, qui devait être intégralement payé par tous. Un grand nombre d'individus trouvèrent encore moyen de se faire dispenser de payer, même dans ce dernier cas, et les rois accordèrent des remises sur les *cuarteles sin gracias* qui n'en devaient pas comporter [2]. Bien plus, on accorda des remises anticipées pour les cuarteles qui pourraient être votés plus tard [3]. Le cuartel, qui valait 10 000 florins en 1424, ne valait plus en 1513 que 4062 livres 14 sous 2 deniers [4].

La perception des impôts avait été pendant longtemps abandonnée aux gouverneurs de merindad et aux baillis royaux [5]. Quand l'institution des cuarteles fut définitivement acceptée, la perception fut confiée à des fonctionnaires spéciaux appelés receveurs (*rescibidores*) [6]. Ils étaient nommés par le roi, révocables « ad nutum », et ils rendaient leurs comptes en la Chambre du roi.

La Chambre des Comptes de Navarre était chargée de l'administration générale et du contrôle des finances. Érigée par Charles le Mauvais le 18 février 1364, elle avait été formée à

---

1. *Arch. de Nav.* (Indice), caj. 144, 5. — 2. *Arch. de Nav.* (Indice), caj. 151, 36, 37, 38, 39, 40, 41, 43, 44 (anno 1445). — 3. *Id., ibid.*, caj. 154, 37 et 41. — 4. *Id., ibid.*, caj. 123, 18. — 5. *Fuero gen.*, l. VI, tit. I, ch. XXII. — 6. *Arch., de Nav.* (Indice), caj. 126, 32 et 34.

l'origine de quatre auditeurs et de deux clercs; elle avait mission « d'ouïr tous les comptes du temps passé, présent et à « venir, de les voir, examiner, corriger, accepter, définir et « déterminer ». Elle pouvait citer devant elle le trésorier et les receveurs, et tous ceux qui avaient, à un titre quelconque, le maniement des deniers royaux. Elle donnait son avis sur les nouveaux impôts à établir. Elle requérait les officiers publics pour l'assister dans l'exécution de ses arrêts « en toutes matières touchant le fait des comptes [1] ».

La Chambre des Comptes s'installa d'abord dans une maison de la rue de la Navarreria; la salle des séances était ornée d'une peinture (?) représentant l'arbre de la renommée (*arbol de la fama*); Charles le Mauvais y fit mettre les noms des cinq chevaliers qui l'avaient délivré de la prison où le tenait le roi de France [2]. En 1400, Charles le Noble institua auprès de la Chambre des Comptes un procureur fiscal, ou patrimonial, chargé de soutenir les intérêts du roi, et de faire des enquêtes sur les plaintes qui pourraient être déposées contre les officiers publics [3]. En 1437, Jean II donna à la Chambre des Comptes le droit exclusif de juger les contestations qui s'élèveraient entre les propriétaires de forges, et leurs serviteurs, ou leurs clients; les affaires devaient être instruites sommairement, et la sentence était immédiatement exécutoire, comme si elle eût été prononcée par le roi ou par sa Cour [4]. Le 2 mai 1446, le prince de Viane accorda aux auditeurs des Comptes un assez singulier privilège, il ordonna au juge de Pampelune de mettre à part, sitôt qu'il arriverait sur le marché, le poisson frais nécessaire aux gens des Comptes, « parce que, disait-il, ils sont continuellement enfermés en « notre Chambre des Comptes pour ouïr les comptes que ren- « dent devant eux nos officiers, et quand arrive le poisson

---

[1]. Yang., *Compend.*, p. 208. *Id.*, *Dicc.*, t. 1, v° CAMARA DE COMPTOS. *Arch. de Nav.* (Indice), caj. 18, 12 et 13. — [2]. La Piscina, l. v, ch. ix. — [3]. *Arch. de Nav.* (Indice), caj. 85, 29. — [4]. *Id.*, *ibid.*, caj. 140, 5.

« frais, il est vendu avant qu'ils le sachent, et ils n'en trou-
« vent plus [1] ».

La Chambre des Comptes était l'institution la plus complète de la Navarre ; elle avait une telle importance que Jean II et le prince de Viane, une fois en guerre l'un contre l'autre, voulurent avoir chacun la leur. La Chambre des Comptes du roi siégeait à Sanguesa, et celle du prince à Pampelune. Il porta le nombre des auditeurs à six [2], mais le roi Jean le réduisit à quatre en 1477 [3].

La Chambre des Comptes s'occupait d'établir le budget, et de contrôler les comptes des receveurs royaux ; le maniement des deniers royaux appartenait au trésorier de Navarre, qui payait sur l'ordre du roi ou du gouverneur général du royaume.

Malgré la vigilance des auditeurs des comptes et du trésorier, l'administration financière de la Navarre présentait un grand désordre ; on mettait quelquefois douze à treize ans à apurer les comptes [4]. Le budget s'équilibrait difficilement. Charles le Noble laissa un trésor ruiné [5]. En 1450, Jean II avouait que ses revenus ne suffisaient pas à payer les fonctionnaires [6]. En 1462 le déficit était de 22 500 livres [7]. Jamais les rois de Navarre ne surent distinguer leurs revenus personnels des revenus du royaume, et leurs finances furent gouvernées avec l'incurie et la légèreté que les grands seigneurs apportaient alors à ces sortes de questions. Les institutions financières étaient suffisamment fortes, mais le caprice royal les empêchait de fonctionner normalement.

---

1. *Arch. de Nav.* (Indice), caj. 154, 10. — 2. *Arch. de Nav.* (Ind.), Cuentas, año de 1455. — 3. *Id., ibid.*, caj. 161, 16. — 4. *Id., ibid.*, caj. 137, 11. — 5. « *Estaba el reyno muy gastado de las grandes despensas que habian hecho en los edificios de Olite, y Tafalla, y de Puente-la-Reyna* » (La Piscina, 1. VI. ch. 1er). — 6. *Arch., de Nav.* (Indice), caj. 156, 12. — 7. Yang., *Dicc.*, t. II, p. 601.

L'armée.

L'organisation militaire de la Navarre était exclusivement défensive. L'appel des hommes soumis à la réquisition militaire ne pouvait avoir lieu qu'en cas d'invasion étrangère [1]; et le roi ne pouvait déclarer la guerre sans le consentement des richombres ou des anciens de la terre.

En cas de danger pressant, on appelait un homme par maison; si une armée ennemie passait l'Èbre ou l'Aragon, le roi ordonnait la levée en masse de tous les hommes valides. Les fidalgos devaient servir trois jours à leurs frais; passé ce délai, ils pouvaient demander à être payés, et le roi avait le droit de les garder neuf jours en les payant; au bout de ces neuf jours, payés ou non, les fidalgos avaient le droit de retourner chez eux, à moins qu'une ville ou un château de Navarre fussent assiégés par l'ennemi; dans ce cas, les fidalgos devaient rester auprès du roi [2]. Les vilains pouvaient être requis de suivre le roi à leurs frais pendant « sept ou quinze « jours, un mois même, tantôt plus, tantôt moins », à la volonté du roi [3]. Étaient exempts du service militaire : les gardiens des maisons nobles [4], et les malades, ou ceux « qui « avaient leur femme malade, ou leur père, ou leur mère, ou « leur frère, ou leur sœur, ou un proche parent vivant à leur « foyer [5] ». Pendant qu'un homme était à l'armée, on ne pouvait opérer aucune saisie sur ses biens; l'immunité dont il jouissait était prolongée jusqu'au dixième jour après son retour.

L'histoire de la Navarre au XVᵉ siècle ne fournit pas d'exemple d'un appel général de la nation. Il n'en fut question qu'en 1512, lorsque les armées de Ferdinand le Catholique

---

[1]. H. de Oloriz, *Fundamento y defensa de las fueros*, p. 76. — [2]. *Fuero gen.*, l. I, tit. I, ch. III. — [3]. *Id.*, l. I, tit. I, ch. V. — [4]. *Id.*, l. I, tit. V, ch. 1ᵉʳ. — [5]. *Id., ibid.*, ch. VI.

se rassemblèrent sur les frontières [1]; mais la brusque attaque du duc d'Albe déconcerta le plan de résistance des Navarrais, et il n'y eut pas de levée générale.

La véritable armée était formée par les fidalgos qui possédaient un cheval et des armes, et se tenaient toujours prêts à servir le roi; ils fournissaient une cavalerie passable; on les récompensait de leurs peines en les exemptant des cuarteles. Le roi en prenait un certain nombre à sa solde en temps de paix; ils portaient alors le nom de *mesnaderos*, et composaient la garde royale, noyau de l'armée en temps de guerre. En 1411, on ne comptait encore en Navarre que 500 mesnaderos ou cavaliers entretenus. L'effectif de l'armée navarraise ne fut jamais considérable. En 1357, un corps navarrais envoyé en France comptait 292 hommes d'armes, 1116 fantassins, 6 charpentiers, 2 trompettes, 2 moines, 2 selliers, 1 chirurgien et 4 mores [2]. En 1408, Charles le Noble vint en France avec 608 cavaliers, pour essayer de rétablir la paix entre les Armagnacs et les Bourguignons [3]. En 1415, Mossen Godofre de Navarre, fils naturel de Charles le Noble, passa en Béarn avec 1600 lances pour aider le comte de Foix dans sa guerre contre son cousin Bernard VII d'Armagnac, et peu de temps après le roi lui-même vint le rejoindre avec 200 lances [4]. En 1445, au temps de ses grandes guerres avec la Castille, Jean II réunit 600 chevaux et 600 hommes de pied [5]. En 1451, à la bataille d'Aybar, le prince de Viane, qui possédait plus de la moitié du royaume, avait avec lui 1400 hommes d'armes, et 1600 génétaires ou chevau-légers [6]. Le chiffre de soldats le plus élevé que mentionnent les annales navarraises, est donné par La Piscina; il affirme que Sanche le Fort partit

---

1. « *Estara todo el reyno apercibido e puesto en armas para se levantar, si el caso le requiere, al llamamiento y mandado de sus Altezas, y de sus capitaness y merinos.* »(*Arch. de Nav. Rec. de actos de Cortes*, t. I, p. 82.) — 2. *Revista Euskara*, año de 1883, n° 63. — 3. Yang., *Compendio*, p. 243. — 4. Flourac, *Jean I*er*, comte de Foix*, p. 60. — 5. De Mayerne-Turquet, *Hist. d'Esp.*, t. I, p. 825. — 6. Zurita, *Anales de Aragon*, t. III, f° 326.

pour l'Afrique au commencement du xiiie siècle avec 20 000 hommes [1], mais La Piscina fait dans sa chronique une part trop grande à la légende pour que l'on puisse accepter sans discussion son témoignage.

L'armée comprenait trois sortes de troupes : la grosse cavalerie des hommes d'armes (*hombres de armas*, *lanzas*), la cavalerie légère des génetaires (*ginetes*), et l'infanterie (*peones*) ; l'artillerie était à peine employée ; elle avait fait son apparition en Espagne en 1343, au siège d'Algésiras [2]. En 1430, Antoine-Alphonse était fabricant de poudre à canon pour le roi [3], et, à la fin de son règne, Jean II avait quelques bombardiers français à son service [4].

L'armée était en principe commandée par le roi, ou, en son absence, par le porte-étendard (*alferez*) de Navarre. Cette dignité existait dès le ixe siècle [5]. L'alferez avait sous ses ordres 100 cavaliers bien payés ; il avait sa table particulière au palais ; le roi lui donnait chaque année la coupe où il avait bu, les vêtements qu'il avait portés, et le lit où il avait couché le jour de Pâques ; de plus, il lui faisait présent d'un cheval d'une valeur de 100 maravédis [6]. Vers 1430, l'alferez commença à s'intituler connétable (*condestable*) [7], et cette dignité fut héréditaire pendant tout le xve siècle dans la maison de Beaumont. Elle survécut à l'indépendance du royaume, mais perdit tout objet après la conquête castillane ; on finit par ne plus connaître le sens de ce titre : les Cortès navarraises de 1797 furent consultées par le Conseil de Castille pour savoir en quoi consistait la connétablie ; elles répondirent que c'était un titre purement imaginaire [8] (*aereo*). La dignité de maréchal est plus ancienne en Navarre que celle de connétable ; La Piscina cite un maréchal de Navarre à la

---

1. La Piscina, l. IV, ch. xi. — **2.** « Con eilla (la polbora) lanzaban los moros recios truenos, y tiraban muchas pelotas de hierro con los truenos. » (*Cron. del rey Alf. XI.*) Yang., *Compendio*, p. 175. — **3.** *Arch. de Nav.* (Indice), caj. 130, 27 et 33. — **4.** *Id., ibid.*, caj. 159, 2. — **5.** La Piscina, l. II, ch. v et viii. — **6.** La Grèze, t. II, ch. viii. — **7.** *Arch., de Nav.* (Indice), caj. 131, 51 ; 132, 33 ; 133, 1 et 3. — **8.** Yang., *Dicc.*, supp., p. 103.

date de 1385 [1]. En 1428, on en compte trois : D. Phelipe de Navarre, D. Godofre de Navarre, comte de Cortès, et D. Beltran de Lacarra. Le maréchalat devint héréditaire dans la maison bâtarde de Navarre, comme la connétablie dans celle de Beaumont, et il n'y eut plus qu'un maréchal comme il n'y avait qu'un connétable. La confusion de leurs attributions fit naître entre eux une dangereuse rivalité; les guerres civiles de la fin du XVe siècle durent leur acharnement à l'antagonisme furieux des deux maisons.

La véritable force défensive de la Navarre consistait plutôt dans ses châteaux que dans son armée. Le roi possédait 109 châteaux dans l'étendue de son royaume [2]. Quelques-uns étaient bâtis dans des lieux inaccessibles, et des retraites creusées dans le rocher servaient d'asile en temps de guerre aux habitants du plat pays. Les plus importants étaient garnis d'artillerie, les plus petits n'avaient guère que les murs et la porte. En 1428, D. Carlos de Beaumont trouva dans le château de Garayno : « deux vieux hoquetons, sept petits bassinets, « sans camail pour hommes de pied, une vieille arbalète, des « fers pour des prisonniers, cinq lits sans garniture et un « vieux coffre sans couvercle [3] ». Les commandants de ces forteresses s'appelaient *alcaydes;* ils devaient être fidalgos, nés en Navarre, et habitants du royaume [4]. Ils juraient au roi de défendre contre tout ennemi la place qui leur était confiée [5]; ils touchaient chaque année 7 livres en argent et recevaient 35 à 40 cahices de blé. Comme les forteresses pouvaient servir d'asile aux fauteurs de discordes, les rois se réservaient d'en autoriser ou d'en interdire la construction. Le Fuero défend aux particuliers d'élever sans permission une tour dont un homme d'armes à cheval ne pourrait pas atteindre le sommet avec sa lance [6]; on ne pouvait élever les colom-

---

1. La Piscina, l. V, ch. IX. — 2. *Revista Euskara*, año de *1883*, n° 63. Yang., *Dicc.*, t. I, p. 211-213. Ram. Arcas, *Itin. de Nav.*, p. 42. — 3. *Arch.*, *de Nav.* (Indice), caj. 126, 75. — 4. La Piscina, l. V, ch. VIII (*juramento del rey D. Phelipe de Ebreus*). — 5. *Arch. des Basses-Pyr.*, E, 547. — 6. *Fuero gen.*, l. I, tit. III, ch. III.

biers au-dessus de 30 *codos* de hauteur [1]. Lorsque la citadelle qu'il s'agissait de construire pouvait renforcer la défense du pays, le roi encourageait le constructeur par la concession de quelque privilège [2]. Les résistances locales trouvaient un tel appui dans ces innombrables forteresses que Ximenez les fit détruire toutes en 1516 à l'exception de Marcilla, que Doña Anna de Velasco refusa de rendre, et des châteaux de Lumbier et de Puente-la-Reyna, qui se rachetèrent [3].

IV. — La dynastie.

La maison royale de Navarre. — Le mariage de Blanche de Navarre et de Jean d'Aragon.

La maison royale de Navarre.

Un changement de dynastie était, au moyen âge, presque l'équivalent d'une conquête, et la Navarre eut le malheur de changer trois fois de maîtres en moins d'un siècle.

La ligne masculine du premier roi de Navarre s'éteignit en 1234 en la personne de Sanche le Fort [4], et la couronne revint au comte de Champagne, Thibaut IV, qui avait épousé la sœur du dernier roi. La maison de Champagne [5] donna trois rois à la Navarre : Thibaut IV, qui devint en Navarre Thibaut Ier; Thibaut II, et Henri Ier. Ces trois princes étaient restés Français, et furent peu populaires en Navarre. Leurs manières hautaines, leurs penchants despotiques, leur esprit d'aventure, blessèrent leurs nouveaux sujets. A la mort de Henri Ier, un parti puissant réclama l'annexion de la Navarre à la Castille, au mépris des droits de l'infante Jeanne, fille de Henri et de Blanche d'Artois. La reine douairière emmena sa fille en France. Jeanne épousa en 1284 le prince Philippe,

---

1. *Fuero gen.*, l. I, tit. III, ch. IIII. — 2. *Arch. de Nav.* (Indice), caj. 149, 6. — 3. H. de Oloriz, *Fundamento y def. de los fueros*, p. 49. — 4. Yang., *Compendio*, p. 124. — 5. (1234-1274).

fils du roi de France, Philippe le Hardi. La Navarre ne se résigna pas facilement à devenir une simple province française : elle opposa une vigoureuse résistance à l'armée française commandée par le comte d'Artois, Robert II [1]; elle voulut qu'après la mort de la reine Jeanne, son fils Louis vînt se faire couronner à Pampelune [2]; elle protesta en 1316 et en 1322 contre les usurpations de Philippe le Long et de Charles le Bel [3]. En 1328, elle refusa expressément de reconnaître Philippe de Valois; les Cortès réunies à cette occasion, à Pampelune, furent si nombreuses que l'assemblée se tint en plein air dans le champ des Frères prêcheurs de Saint-Dominique [4]. Philippe VI céda la couronne de Navarre à Jeanne de France, fille de Louis le Hutin, et le 5 mars 1329, Jeanne de France et son époux Philippe d'Évreux furent couronnés solennellement à Pampelune [5]. Philippe d'Évreux et son fils Charles le Mauvais furent deux princes habiles et ambitieux, mais restèrent presque étrangers à la Navarre. Philippe fit de longs séjours en France (1336-1343), et mourut à Xerez dans une expédition contre les Mores. Charles, sans cesse attiré en France par le soin d'agrandir ou de défendre ses domaines, et mêlé, malgré lui, à la grande guerre de Castille, se rendit fameux par ses intrigues dans les deux royaumes, et mérita par sa tyrannie la haine de ses sujets; le surnom de *Mauvais* que l'histoire lui a gardé rappelle les sanglantes exécutions qui signalèrent son entrée à Pampelune en 1350 [6]; ce sont les Navarrais qui le lui ont donné. Il laissa son royaume ruiné, et perdit ses domaines de France, confisqués par Charles V.

La maison d'Évreux ne devint véritablement navarraise qu'avec Charles III *le Noble*, fils de Charles le Mauvais, et ce roi fut le dernier de sa dynastie. Charles le Noble, aïeul du prince de Viane, avait vingt-cinq ans lorsqu'il succéda à son

---

1. La Piscina, l. V, ch. IV. — 2. *Id.*, l. V, ch. V. — 3. *Id.*, l. V, ch. VI et VII. Yang., *Compendio*, p. 161 et 164. — 4. Yang., *Compendio*, p. 167. — 5. *Id.*, p. 169. — 6. *Id.*, p. 178.

père (1ᵉʳ janvier 1387) ; il était en Castille, à l'armée de son beau-frère Jean Iᵉʳ, qui venait d'être battu par les Portugais à Aljubarrota. Les Castillans occupaient en Navarre les châteaux de Tudela, San Vicente, La Guardia, Estella, Miranda et Larraga, et il leur était dû 40 000 doubles d'or. Jean Iᵉʳ abandonna généreusement les places fortes, et fit remise de sa dette au jeune roi [1]. La paix une fois obtenue avec la Castille, Charles songea à réconcilier la noblesse navarraise avec la royauté. Son père avait été si dur qu'un grand nombre de fidalgos étaient passés au service de la Castille avec leurs clients ; le roi défunt avait récompensé ses fidèles sur les biens des bannis, l'avidité des usurpateurs allait croissant, et les guerres privées se multipliaient entre eux et les derniers partisans des nobles émigrés. Charles rouvrit la Navarre aux moins compromis, gagna les uns en les armant chevaliers de sa main, les autres en les prenant à sa solde [2], et fonda, pour ses meilleurs serviteurs, l'ordre de *Bonnefoy*. Il réussit en 1404 à obtenir du roi de France une indemnité pour la perte du comté d'Évreux et des domaines navarrais en Normandie. Il eut le duché de Nemours, et de grosses sommes d'argent (3 juin 1404) [3].

Le règne de Charles le Noble fut très pacifique : « Il était, « dit la Piscina [4], très allègre, très affable, et grandissime sei- « gneur ; il prisa tant la pompe et l'éclat de sa cour qu'il fut « vraiment un second roi Salomon. Il eut du penchant pour « les femmes, et désira fort leur plaire, surtout aux nobles et « aux belles. — Il aimait naturellement la musique, et avait « une chapelle exceptionnellement brillante entre celles des « princes. Il était libéral à l'excès, et releva si bien la noblesse « de Navarre qu'en peu d'années il ne parut plus rien des « maux qu'elle avait soufferts. Il était si généreux et si grand « seigneur que de toutes les parties de la chrétienté, de grands

---

1. Guillemot, *Inv. général de l'Hist. d'Esp.*, 1658, in-f°, Paris, p. 754. — 2. Yang., *Compendio*, p. 239. — 3. Yang., *Cron. del principe*, p. 190. Épitaphe du roi à la cath. de Pampelune. — 4. La Piscina, l. V, ch. x.

« chevaliers venaient à sa cour; pas un ne le quitta mécon-
« tent..... Ce bienheureux roi renonça à tous les impôts que
« l'on avait accoutumé de lever sur les bonnes villes, et leur
« donna de nouvelles libertés; il remit aux pauvres plus de
« 60 000 ducats qu'ils payaient à ses prédécesseurs, *il affranchit*
« *la plupart des paysans de Navarre*, et il en fut loué par tous;
« quand il passait par les villages, tout était en joie autour de
« lui, les petits enfants pleuraient d'attendrissement, et levaient
« leurs mains au ciel en priant Dieu pour la vie de leur Sei-
« gneur. » Il avait les mœurs simples et douces d'un gentilhomme campagnard; il choisit comme résidences les petites
villes de Tafalla et d'Olite; il avait de grands jardins autour
de ses palais [1], et faisait venir d'Aragon d'habiles jardiniers [2]
pour les entretenir; il aimait la chasse et la pêche [3]; il avait
une garenne à Puente-la-Reyna [4]. C'eût été un roi parfait s'il
eût su ménager les ressources de son trésor, mais il fut grand
bâtisseur d'églises et de châteaux.

Charles le Noble épousa en 1375 Leonor de Castille, fille
de Henri II le Magnifique. En 1389, Leonor tomba dans une
mélancolie profonde, qu'expliquaient sans doute les nombreuses infidélités de son mari. Charles l'emmena en Castille
pour la distraire, et Leonor refusa obstinément de revenir en
Navarre avec lui. En 1393 [5], elle se mêla imprudemment au
complot formé par le duc de Benavente contre le roi de Castille, Henri III. Le roi fit arrêter le duc, et signifia à la reine de
Navarre d'avoir à retourner dans ses États [6]. Charles le Noble
lui rendit cette détermination moins pénible; il pria lui-même
le roi de Castille de plaider sa cause auprès de la reine, et
s'engagea avec une singulière solennité « à ne pas la tuer, ni
« la blesser, ni l'emprisonner, à ne jamais consentir qu'elle
« fût tuée, blessée ou emprisonnée; à défendre au contraire

---

1. D. Iturralde, *El palacio de Olite*. — 2. Yang., *Dicc.*, t. III, p. 144.
Arch. de Nav. (Indice), caj. 95, 59. — 3. Yang., *Dicc.*, t. III, p. 393. —
4. *Arch. de Nav.* (Indice), Cuentas, t. 345. — 5. Yang., *Compendio*, p. 239.
— 6. Guillemot, *Invent. de l'hist. d'Esp.*, p. 770.

« sa vie et sa santé, et à la traiter en toutes choses comme un
« bon mari doit traiter sa femme ». Il promit de faire ratifier
ce serment par trente chevaliers, des plus nobles du royaume,
au choix du roi de Castille, et par les Conseils des villes de
Pampelune, Tudela, Olite, Sanguesa et Estella [1]. Vers le milieu
de l'année 1395, la reine revint en Navarre. Charles la reçut
en grande pompe à Tudela, et jura que les craintes qu'avait
naguère manifestées la reine ne reposaient sur aucun motif
sérieux [2]. Rien ne paraît avoir troublé, à dater de ce jour, la
bonne intelligence des deux époux; ils eurent plusieurs enfants
après leur réconciliation; le 6 novembre 1395, Leonor abandonna à son mari l'administration de tous les biens qu'elle
avait en Castille [3]; et pendant deux voyages qu'il fit en
France [4], Charles lui confia le gouvernement du royaume [5].
Elle mourut le 5 mars 1416 [6].

Charles le Noble et Leonor eurent huit enfants, deux fils et
six filles [7]? Les deux princes moururent en bas âge, et les droits
à la couronne passèrent à Jeanne, l'aînée des filles. Charles

---

1. Yang., *Dicc.*, t. III, p. 136. *Arch. de Nav.* (Indice), caj. 60, 26. —
2. Yang., *Compendio*, p. 240. — 3. Yang., *Dicc.*, t. III, p. 139. — 4. 1398
et 1403-1406. — 5. Yang., *Compendio*, p. 241. — 6. Epitaphe de la reine
Leonor dans la cathédrale de Pampelune.

7.   CHARLES LE NOBLE, né 1361, + 8 sept. 1425
    ép. le 27 mai 1375 LEONOR DE CASTILLE, + 5 mars 1415.

CHARLES	LOUIS	JEANNE	MARIE	MARGUERITE	BLANCHE	BEATRIX	ISABELLE
Né 3 juin 1397, + 12 août 1402.	Né et mort 1402.	+ 1409 sans postérité. Epouse Jean Ier, comte de Foix.	+jeune.	+jeune.	Reine de Navarre, 8 sept. 1425, + 3 avril 1441. I. Ep. Martin d'Aragon, roi de Sicile, + 25 juillet 1409. II. Ep.(5 nov. 1419) Jean d'Aragon, duc de Peñafiel.	+ 1415. Epouse (14 sept. 1406) Jacques II de Bourbon, comte de la Marche.	Epouse vers 1418 Jacq. IV, comte d'Armagnac.

avait songé à marier sa fille à un prince d'Aragon (1387), mais il se décida en 1402 en faveur d'un prince français. Jeanne épousa Jean de Grailly, comte de Foix, et seigneur souverain de Béarn [1]. Le mariage fut célébré à Olite vers le milieu du mois de novembre 1402; le prince Charles, frère de Jeanne, était mort depuis deux mois; un second prince nommé Louis naquit au commencement de 1403, mais ne vécut que six mois; la succession au trône de Navarre sembla assurée à la maison de Foix. La mort de l'infante Jeanne vint tout remettre en question; elle mourut en Béarn en 1413, sans laisser de postérité, et fut enterrée à Olite [2].

Mariage de Blanche de Navarre et de Jean d'Aragon.

La mort de l'infante Jeanne fit passer tous les droits à la couronne de Navarre sur la tête de l'infante Blanche, quatrième fille de Charles le Noble, et mère du prince de Viane.

La date de sa naissance n'est indiquée nulle part, mais on peut la déterminer assez exactement. Marié en juin ou juillet 1375, Charles fut retenu en France depuis la fin de 1377 jusqu'à la fin de l'année 1382. Blanche, quatrième fille du roi, n'était pas née avant 1377; tout au plus peut-on admettre que les infantes Jeanne et Marie soient nées avant le départ de leur père pour la France; si la naissance de l'infante Marguerite eut lieu dans l'année qui suivit le retour du roi (1383), la naissance de Blanche ne peut se placer avant l'année 1384, et, comme les princesses Béatrix et Isabelle étaient déjà nées en 1389 [3], c'est entre 1384 et 1387 qu'il convient de placer la naissance de Blanche. La date de 1385 doit être la plus vraisemblable.

En 1389, la princesse Blanche fut emmenée en Castille par sa mère; elle ne revint en Navarre que le 7 décembre 1394.

---

1. Flourac, *Jean Ier, comte de Foix*, p. 27. — 2. *Arch. de Nav.* (Indice), caj. 103, 66. — 3. Yang., *Dicc.*, t. III, p. 140.

Charles III l'attendait à Olite, et, à l'occasion du retour de sa fille, il remit à la ville toute la part qu'elle devait payer d'un cuartel de 30 000 florins qui lui avait été accordé [1]. Blanche résida en Navarre jusqu'à l'époque de son mariage. Les écrivains contemporains s'accordent à vanter sa beauté et sa douceur; le prince de Viane dit que sa mère méritait son nom par sa beauté et par ses vertus [2]. Elle avait choisi comme emblème une bannière blanche sur champ d'azur, que l'on retrouve sculptée sur les voûtes de la cathédrale de Pampelune.

L'année même où l'infante Jeanne épousa le comte de Foix, Blanche épousa D. Martin d'Aragon, roi de Sicile (20 janvier 1404). En 1407 elle donna le jour à un fils qui mourut peu de temps après sa naissance [3]. D. Martin mourut le 25 juillet 1409, au cours d'une expédition en Sardaigne. Par son testament, il laissait son royaume à son père le roi d'Aragon, et nommait sa femme régente de Sicile jusqu'au jour où le roi en aurait disposé autrement [4]. A peine âgée de vingt-quatre ans, Blanche restait veuve, dans un pays étranger, en butte aux factions des partis, et aux attaques du grand amiral de Sicile, Cabrera, qui caressa quelque temps le projet de l'épouser pour gouverner l'île en son nom [5].

Après la défaite de Cabrera, la reine Blanche exerça le pouvoir royal en Sicile, au nom de D. Fernando de Castille, roi d'Aragon, et les Siciliens conservèrent bon souvenir de son gouvernement. Les Navarrais finirent par se plaindre de son absence; les Cortès de 1414 demandèrent que la princesse revînt en Navarre. En 1415, le roi d'Aragon envoya en Sicile son jeune fils D. Juan [6], et Blanche, qui n'avait plus désormais aucun motif de rester dans l'île, revint en Espagne. Pierre de Peralta et Jean d'Asiain allèrent la chercher en grande

---

1. Yang., *Dicc.*, *ibid.* — 2. *Cron. del principe*, p. 191. — 3. Burigny, *Hist. de Sicile*, t. II, p. 289. — 4. *Id.*, t. II, p. 291. — 5. L. Vallae, *de Ferdinando Aragonensium rege* (*Rerum Hisp. script. aliquot*. Franconfurti, 1579, in-f°, p. 1051. — 6. Burigny, t. III, p. 297.

pompe. Le fret de leur navire coûta 675 florins, et Pierre dépensa dans le voyage 10 475 florins de son argent [1]. Le 28 octobre 1416, les Cortès assemblées à Olite reconnurent solennellement Blanche comme héritière du royaume de Navarre et du duché de Nemours [2].

Le prince Jean d'Aragon, duc de Peñafiel, était parti pour la Sicile dans l'intention d'épouser Jeanne II, reine de Naples; le contrat de mariage avait été signé à Valence le 4 janvier 1415 [3], mais avant que Jean fût arrivé à Palerme, la reine de Naples avait accordé sa main à Jacques de Bourbon, comte de la Marche. Jean arriva en Sicile au mois de janvier 1415; il y trouva la princesse de Navarre, qui ne partit qu'au mois de mai. Il fut dès ce moment frappé par sa beauté, et ne produisit pas sans doute une impression moins favorable sur l'esprit de Blanche. « Il était, dit Garibay, de taille moyenne, « mais bien proportionné dans tous ses membres; il avait le « teint blanc et beau; il était de bon air et d'agréable aspect; « il avait les cheveux plats et de couleur châtain, le front « lisse, les yeux clairs et éveillés, avec des sourcils bien des- « sinés et bien fournis, le nez petit, la bouche gracieuse, les « dents blanches et un peu espacées, la barbe majestueuse. « Le son de sa voix était mâle, quoiqu'il parlât un peu du « nez. Il avait de si belles mains [4]..... que plus d'une dame « les lui eût enviées [5]. » Il excellait dans tous les exercices de chevalerie; il était grand chasseur et danseur infatigable. Il était d'une grande propreté, et d'une sobriété extrême, vivant surtout de fruits et de légumes; il préférait à tout autre mets les figues vertes et fraîches [6]; mais autant il était simple pour sa table, autant sa mise était recherchée et magnifique; il portait des habits de soie, de pourpre et d'or, et avait presque

---

1. Yang., *Dicc.*, t. I, p. 142. *Arch. de Nav.*, Cuentas, t. 516 et 537. —
2. Yang., *Dicc.*, t. I, p. 142. *Arch. de Nav.* (Indice), caj. 116, 15. —
— 3. Ferreras, *Hist. d'Esp.*, t. VI, p. 208. — 4. Garibay, *Compendio histor.*, t. III, p. 376. — 5. L. Marinei Siculi, *de Reb. Hisp.*, lib., XII, *De statura et forma corporis ejus*. — 6. *Id.*, *De valetudine et cultu corporis ejus*.

toujours au cou quelque collier d'or ou de pierreries. C'était un vrai Castillan, dévot à la Vierge, et fidèle aux prescriptions de l'Église [1]; très dur pour lui-même, il avait pris pour devise le mot *souffrir*, il donnait aux autres sans compter, sans jamais avoir pu apprendre « à garder d'un jour pour l'autre [2] ».

Il ne resta pas longtemps en Sicile; sa popularité éveilla la jalousie de son propre père, Ferdinand Ier, qui avait déjà décidé son rappel quand il mourut [3]. Alphonse V, successeur de Ferdinand, ne se montra pas moins soupçonneux; il crut que Jean aspirait au trône de Sicile. Au mois d'avril 1416, D. Antonio de Cardona arriva dans l'île avec le titre de viceroi; Jean se décida noblement à obéir, dans l'intérêt de la paix publique, et sur les conseils de D. Diégo de Sandoval, Adelantado-Mayor de Castille, qui resta dès lors son ami [4].

Ferdinand Ier avait ordonné dans son testament que D. Juan fût marié à la reine de Naples ou à l'infante de Navarre, Isabelle [5]; mais Jeanne de Naples avait déjà épousé le comte de la Marche, et Isabelle n'était pas héritière du royaume; Alphonse V promit à son frère de lui faire obtenir la main de la princesse Blanche.

Le mariage de Jean d'Aragon et de Blanche de Navarre ne se réalisa pas sans de grandes difficultés; la principale vint du comte Jean Ier de Foix, veuf de la princesse Jeanne, héritière de Navarre, et qui sembla vouloir recouvrer par son mariage avec Blanche les droits que la mort de sa première femme lui avait fait perdre.

Jean de Foix était en fort bons termes avec son beau-père, le roi de Navarre. Six mois après la mort de Jeanne, il avait loyalement restitué les joyaux de la princesse, comme le voulait le contrat de mariage [6]; le 22 mai 1414, un traité d'alliance avait été signé à Olite entre Charles le Noble et le comte de

---

1. Garibay, *loc. cit.* — 2. La Piscina, l. VI, ch. Ier. — 3. Ferreras, t. VI, p. 215. — 4. Zurita, *Annales de Aragon.*, t. III, p. 127. — 5. *Id.*, p. 123. — 6. Flourac, *Jean Ier, comte de Foix*, p. 57.

Foix [1]. En 1418, le comte demanda formellement la main de la princesse Blanche ; le roi de Navarre eut encore une fois à choisir entre l'alliance française et l'alliance espagnole. Le comte Jean possédait en France les pays de Foix, de Béarn, de Marsan, Gavardan et Nébouzan, et la châtellenie de Mauvezin en Bigorre [2] ; il avait acquis en Aragon la vicomté de Castelbon, qui ne comprenait pas moins de 82 bourgs ou villages, et de 8 châtellenies ; en 1415, il avait acheté au roi d'Aragon pour 34 000 florins d'or la sirerie de Farjania en Catalogne [3]. Réunis à la Navarre, les domaines de la maison de Foix auraient formé un État assez compact, qui eût commandé les passages des Pyrénées occidentales, et les Navarrais pouvaient considérer l'extension de leur territoire en France comme une compensation à la perte des provinces basques. Les prélats et les barons de Navarre appuyèrent auprès du roi la demande du comte Jean. Les négociations furent poussées si loin que l'on demanda au pape Martin V, élu depuis quelques mois par le concile de Constance, d'accorder aux futurs époux la dispense qui leur était nécessaire pour contracter mariage, car ils étaient beau-frère et belle-sœur. Martin V accueillit avec bienveillance la demande des nobles de Navarre, et chargea trois cardinaux d'étudier l'affaire [4]. A partir de ce moment, on ne trouve plus trace des négociations avec Jean de Foix, il n'est plus question que du mariage de Blanche avec Jean d'Aragon. L'étude attentive des négociations engagées avec la cour d'Aragon permet de trouver à cette énigme une réponse plausible.

L'année même où le comte de Foix faisait sa demande, la reine douairière d'Aragon, mère de D. Juan, informait le roi de Castille et son Conseil qu'elle avait formé le projet de marier son fils à l'héritière de Navarre. Le roi de Castille donna son assentiment à ce dessein, et la reine envoya en

---

1. Flourac, *loc. cit.* et Pièces justif., pièce XIV. — 2. Flourac, p. 183. 3. *Id.*, p. 181. — 4. *Id.*, p. 95, Raynald. *Annales eccles.*, t. XVIII, *ad annum* 1418, n° 34.

Navarre Ferdinand de Vega et Alphonse Fernandez Fuente, pour exposer sa requête au roi [1].

Jean d'Aragon était de famille royale, frère du roi d'Aragon, et cousin germain du roi de Castille. Ses domaines n'étaient pas moins étendus que ceux du comte de Foix : il était seigneur de Lara et de Medina del Campo, duc de Peñafiel et de Montblanch, sire de Chérique et de Garamous en Urgel, comte de Mayorga, seigneur d'Alba de Tormes, de Castrogériz, Olmédo, Haro, Pardes de Nava, Villalon, Vilforado, Briones, Cerezo, Roa, El Colmenar et Balaguer [2]; ses seigneuries de Castille étaient si riches qu'il déclara plus tard les préférer à son royaume de Navarre [3]. Le roi de Navarre dut être fort embarrassé de choisir entre les deux prétendants; les rois de l'Espagne chrétienne entretenaient de fréquents rapports les uns avec les autres; les cours de Castille, d'Aragon et de Navarre parlaient la même langue; il y avait entre les trois royaumes communauté de race; leurs institutions et leur législation présentaient de nombreuses ressemblances; il était à croire que l'avènement d'un prince espagnol serait facilement accepté par la nation navarraise; un prince français était un étranger en Navarre, même après deux siècles de dynasties françaises. L'avantage d'une alliance avec la France devenait en outre de jour en jour plus incertain. La puissance de la France avait été gravement atteinte par le désastre d'Azincourt (1415), le roi d'Angleterre était maître d'une partie du royaume, et le mariage de la princesse de Navarre avec le comte de Foix, lieutenant de Charles VI en Languedoc, pouvait attirer les armées anglaises sur la Navarre. D'autre part, le pape Martin V, élu le 14 novembre 1417, avait fort à ménager le roi d'Aragon, Alphonse V, car si Alphonse l'avait reconnu, il avait aussi donné asile dans son royaume [4]

---

[1]. Ferreras, *Hist. d'Esp.* t. VI, p. 233. — [2]. *Doc. ined. de Aragon*, t. XXVI, p. 283. Romey., *Hist. d'Esp.*, t. IX, p. 451. Belzunce, *Hist. des Basques*, t. III, p. 298, coll. Doat, t. 163, p. 194, 201 et p. 208. — [3]. Zurita, t. III, f° 183. — [4]. A Peniscola en Aragon.

à l'antipape Benoît XIII, et pouvait d'un moment à l'autre ressusciter le schisme. Il est donc probable que Martin V fut heureux d'opposer à Jean de Foix l'obstacle canonique qu'on l'avait prié de lever, et considéra l'empêchement comme dirimant aussitôt qu'il eut connaissance de la candidature du prince d'Aragon. Cette supposition, déjà faite par Monlezun [1], est assurément fort vraisemblable. Enfin à ces considérations d'ordre politique et ecclésiastique, on doit ajouter les raisons tirées de la convenance personnelle des futurs époux. Jean d'Aragon était déjà connu de la reine de Sicile; c'était un séduisant cavalier de vingt et un ans [2]; le comte de Foix avait au contraire trente-six ans [3], et la reine Blanche, qui avait appelé l'amiral Cabrera *vieux galeux*, préféra sans doute un époux presque enfant, sur lequel elle pouvait espérer prendre quelque ascendant, à un époux plus âgé, grand seigneur assurément, mais de rude et farouche abord [4]. Zurita assure que Jean, de son côté, préféra Blanche à sa sœur Isabelle [5].

Le comte de Foix ne paraît avoir conservé aucun ressentiment du refus qu'on lui opposa; il assista au mariage de Blanche avec Jean d'Aragon, et signa le 17 juillet 1420, à Pampelune, un traité d'alliance avec le roi de Navarre [6].

Les pourparlers avaient commencé, entre les cours d'Aragon et de Navarre, dès le 16 juillet 1418 [7]; toutefois, on ne prit aucune mesure importante avant le milieu de l'année suivante. Le 23 mai 1419, Jean d'Aragon donna procuration à D. Diégo Gomez de Sandoval pour aller en Navarre discuter avec le roi Charles les conditions des conventions matrimoniales, et pour contracter mariage en son nom *par paroles de présent* avec l'infante Blanche [8].

---

1. *Hist. de la Gascogne*, t. IV, p. 428. — 2. Il était né le 29 juin 1397. Romey, *Hist. d'Esp.*, t. IX, p. 385. — 3. Flourac, *Jean I*er, p. 8. — 4. « *Avia haut personatge et senhoria, lo visatge et paraula rigorosa, ardit et senhor de granda empreza.* » Miguel de Verns, cité par Flourac, *Jean I*er, p. 174. — 5. Zurita, t. III, f° 135. — 6. Flourac, *Jean I*er, Pièces justif., pièce XXVIII. — 7. Zurita, t. III, f° 135. — 8. *Doc. ined. de Arag.*, t. XXVI, p. 291.

Le contrat de mariage ne fut définitivement arrêté que le 5 novembre 1419 [1]. Diégo de Sandoval l'avait fait rédiger tout à l'avantage de son maître; il avait dû combattre longtemps pour triompher sur certains points des résistances du roi de Navarre.

Ce contrat avait toute l'importance d'un pacte politique; il s'agissait de déterminer les droits de l'héritier du trône [2].

Charles le Noble s'engage à traiter l'infant comme son fils, et à le défendre de tout son pouvoir contre ses ennemis, sous condition expresse de réciprocité. Il fait le vœu de ne jamais se remarier tant que durera l'union de Jean et de Blanche, il promet de ne jamais légitimer, ni laisser légitimer, durant cette même union, aucun bâtard né ou à naître; il s'engage à écrire au pape pour lui demander de confirmer son vœu, et renonce d'avance à s'en faire jamais relever; il annule à l'avance toutes les unions qu'il pourrait contracter contrairement à sa promesse.

L'héritage de Navarre et de Nemours est assuré à Jean et à Blanche dans toute son intégrité, sauf quelques legs aux héritiers de la comtesse de la Marche [3], et à Mossen Godofre de Navarra, fils naturel du roi.

La princesse Blanche recevra en dot « 94 000 florins d'or au « coin d'Aragon, et 6 sous 8 deniers jaquais, payés jadis

---

[1]. *Doc. ined. de Arag.*, t. XXVI, p. 283. — [2]. Le contrat de mariage de Jean et de Blanche a été publié en 1864, au tome XXVI de la collection des *Documentos ineditos de Aragon*. Il est rédigé en castillan, mais porte un titre latin : *Capitula matrimonii Infantis Joannis filii Ferdinandi I, regis Aragonum, cum Infantissa donna Blancha, filia Charoli regis Navarre*. Il débute par une copie de la procuration donnée par Jean d'Aragon à Diégo de Sandoval pour débattre les conditions du contrat. Cette procuration, très détaillée, traçait à D. Diégo une sorte de programme dont il ne devait pas se départir; elle ne compte pas moins de 20 articles. Une seconde procuration, datée comme la précédente de Ségovie, le 23 mars 1419, autorise Diégo de Sandoval à contracter mariage avec la princesse de Navarre. Ces deux pièces sont signées par Johan Delgadillo, le docteur Fortun Velasquez, et Jehan Carillo de Toledo, conseillers castillans de l'infant D. Juan. — [3]. Doña Beatrix de Navarre, fille de Charles le Noble.

« au roi D. Martin d'Aragon, sur les 100 000 florins que le roi
« de Navarre devait payer pour la dot de la dite reine. Item, en
« plus, sur les villes et lieux de Haro, Briones et Vilforado, qui
« sont engagés au dit roi, la somme de 60 000 florins d'or du
« coin d'Aragon, qui furent payés au roi D. Fernando d'Aragon,
« dont Dieu ait l'âme! père dudit seigneur infant D. Johan, et
« à la reine sa mère, et audit seigneur infant pour la dot de
« l'infante Isabelle [1], fille dudit seigneur roi de Navarre,
« laquelle somme de 60 000 florins, lesdits roi D. Fernando,
« la reine sa femme, et ledit infant devaient restituer et payer
« audit seigneur roi de Navarre... Item 30 000 florins dûs par
« le duc de Gandia [2]. » Le roi de Navarre donne et transporte
à la princesse sa fille « les ville, château, hameaux et terres
« de Madriuélo avec leurs moulins, passages et dépendances,
« les 1000 florins d'or et les 400 fanègues de grain de rente
« annuelle, et la juridiction criminelle et civile, haute et
« basse, et le « merum et mixtum imperium » sur toutes ces
« terres, le tout estimé 45 000 florins. » A toutes ces sommes
le roi ajoute quelques créances : le roi d'Aragon lui doit
42 000 florins d'or, légués par le feu roi de Sicile à la reine
Blanche; 6000 florins formant le reliquat de comptes d'une
somme plus considérable jadis prêtée par la reine Blanche au
roi Martin; 47 000 florins d'or pour l'augment de dot de la
reine Blanche, fixé, d'après les coutumes d'Aragon et de Catalogne. Enfin Bernard de Cabrera, en punition de ses insultes,
a été condamné à diverses amendes envers la reine Blanche, et
lui doit encore de ce chef 36 105 florins d'or. Toutes ces
sommes forment un total de 361 112 florins [3] 6 sous 8 deniers, ou environ 2 969 452 francs de notre monnaie; mais le
roi de Navarre ne déboursait rien, et plusieurs des créances

1. Mariée en 1418 au comte Jacques IV, d'Armagnac. Elle avait dû
épouser l'infant D. Juan d'Aragon, mais l'infant avait préféré la reine
de Sicile. — 2. Alphonse d'Aragon, marié en 1396 à Marie de Navarre,
sœur de Charles le Noble. — 3. C'est par erreur que Belzunce porte la
dot à 426 000 fl. 6 sous 8 deniers. *Hist. des Basques*, III, p. 298. Une
pièce du dossier E, 446 (*Arch. des Basses-Pyr.*), donne le chiffre exact.

dont il faisait l'abandon à sa fille étaient difficilement recouvrables. Telle qu'elle était, cette dot formait encore en 1461 le plus clair des biens du prince de Viane [1].

La constitution de dot est complétée par la remise des titres de créances. Le roi de Navarre livre à Diégo de Sandoval dix-neuf pièces et quittances établissant ses droits contre le roi d'Aragon; la reine de Sicile donne copie des sentences de condamnation de Bernard de Cabrera.

En cas de mort de Blanche sans enfants, Jean d'Aragon devra restituer tout ce qu'il aura recouvré sur les créances, les 60 000 florins provenant de la dot d'Isabelle, et les 45 000 florins qui représentent la valeur du domaine de Madriuélo.

L'augment de dot, concédé à la veuve par la coutume d'Aragon, sera de 60 000 florins; Blanche y aura droit même s'il n'y a pas d'enfants issus du mariage; ses enfants le recueilleront en sa place si elle meurt la première, mais si la dot revient à d'autres héritiers, ils n'auront plus droit à l'augment. Blanche conserve le droit de disposer par testament, et sur ses biens dotaux, d'une somme de 30 000 florins. Tous les droits de survie qui peuvent compéter à l'un ou à l'autre des conjoints sont taxativement déterminés.

Blanche recevra chaque année 14 000 florins pour son entretien. Cette somme est garantie à la princesse par une hypothèque générale sur tous les biens de son mari, mais si le roi de Castille accordait quelque don à la princesse pour soutenir son état, ces sommes devaient revenir en entier à D. Juan.

Toutes ces clauses sont de droit privé; les clauses d'intérêt public n'ont pas été rédigées avec moins de soin. Suivant l'usage des royaumes d'Espagne, les devoirs du prince sont énoncés avant ses droits. Jean et Blanche jurent « aux pré-« lats, riches hommes, chevaliers, fidalgos, infanzons, hommes « des bonnes villes, et à tout le peuple de Navarre » de garder les franchises et les libertés, les coutumes et les privilèges

---

[1]. *Test. del principe. Doc. ined. de Arag.*, t. XXVI, p. 115.

du royaume, de les respecter et de les faire respecter ; de maintenir pour douze ans la monnaie à son cours actuel, et de ne nommer au commandement des villes et châteaux que des hommes nés dans le pays. Ce serment, ils le répéteront lors de leur avènement au trône. Avant même que D. Juan soit venu en Navarre, Diégo de Sandoval jure, sur le salut de son âme, que Jean prêtera le serment en question dès qu'il sera arrivé dans le pays. Le roi s'engage de son côté à faire prêter hommage par les États de Navarre à Blanche, sa fille aînée et son héritière, et à son mari. Les États s'engagèrent à reconnaître le prince comme héritier, aussitôt qu'il aurait juré de maintenir les privilèges de la nation.

Dans un délai de six mois, Jean d'Aragon fera ratifier le projet de contrat par le roi de Castille, son suzerain pour le duché de Peñafiel, et, une fois roi de Navarre, il consacrera tous ses efforts à former une alliance et confédération générale entre la Navarre, la Castille et l'Aragon. Ici apparaît clairement la pensée politique qui a présidé à toutes ces négociations : l'organisation d'une fédération des royaumes chrétiens d'Espagne, fédération qui eût été pour la Navarre le gage le plus sûr de son indépendance.

Pour éviter autant que possible que Jean d'Aragon, grand seigneur en Castille, ne remplisse sa cour d'étrangers, et ne la ferme en quelque sorte aux Navarrais, il est stipulé que la princesse conservera tous ses serviteurs, et qu'aucun d'eux ne pourra être renvoyé si la princesse ne le renvoie elle-même.

Si Jean et Blanche ont un fils, ils l'enverront en Navarre pour qu'il y soit élevé suivant les mœurs du pays. Le fils de Jean et de Blanche aura « toutes les terres, rentes, droits « et seigneuries que ledit seigneur infant D. Juan tient et « possède pour majorat, et tiendra et possédera comme « majorat à l'avenir dans les royaumes et seigneuries de Cas- « tille et d'Aragon ».

En cas de mort de Blanche sans enfants, la succession au

trône est réservée à l'héritier légitime en termes tels que Jean d'Aragon ne peut réclamer aucun droit : « Et parce que nous, « ledit Infant D. Johan, nous espérons venir, s'il plaît à « Dieu, à la succession et héritage dudit royaume de Navarre, « et dudit duché de Nemours, *comme étranger, à cause, et à* « *raison du droit de la reine doña Blanca notre femme*, nous « jurons, comme il a été dit, que si ladite reine D. Blanca, « notre femme, vient à mourir, sans laisser de nous fils ou « fille descendant d'elle en mariage légitime; en pareil cas, « nous laisserons et désemparerons, réellement et de fait, « ledit royaume de Navarre, et ledit duché de Nemours, et « toutes les villes, châteaux, forteresses et droits d'iceux, à « celui ou à celle que ledit seigneur roi de Navarre aura « déclaré héritier du royaume dans son testament. » Les gouverneurs militaires des villes et châteaux de Navarre jureront en présence des États que, dans le cas où la reine viendrait à mourir sans enfants, ils ne remettront leurs villes et leurs châteaux qu'à l'héritier institué par le roi.

Il ne restait plus qu'un cas à prévoir, celui où Blanche viendrait à mourir avant son mari, en laissant des héritiers. Cette dernière hypothèse ne fut pas examinée avec le même soin que la précédente, et l'article du contrat qui semble s'en occuper est rédigé en termes vagues qui ne tranchent pas la question. Cette grave lacune devait être plus tard la cause première de tous les malheurs du prince de Viane.

Voici le texte de cet article : « Durant ledit mariage dudit « seigneur Infant, avec ladite dame reine, ou *après sa disso-* « *lution, s'il demeure fils ou filles dudit mariage*, ledit seigneur « roi (Charles le Noble) ne pourra instituer héritier dudit « royaume, auquel lesdits trois États soient tenus d'obéir, sinon « *ladite reine ou ledit seigneur Infant pendant ledit mariage, ou* « *après sa dissolution leurs descendants*, comme il a été dit. » Il résulte de ce passage que le seul roi légitime de Navarre est Charles le Noble; après sa mort, Jean et Blanche sont ses successeurs légitimes, et à la dissolution de leur mariage, les enfants qui en sont issus sont les véritables héritiers du royaume, les seuls auxquels les trois États soient tenus d'obéir. Or, la dissolution du mariage n'a lieu que par la mort de l'un des conjoints, et il ne peut s'agir ici que de la mort de Blanche, car s'il s'agissait de la mort de Jean, Blanche, *reine propriétaire de Navarre*, conserverait son droit entier, après comme avant la mort de son mari. Donc, après la mort de Blanche, les seuls héritiers légitimes du royaume sont ses descendants. Il restait à déterminer si dans ce cas l'héritier du trône serait investi du gouvernement du royaume par le fait même de la mort de la reine ; ce point important n'est pas tranché par le contrat; mais il y a des précédents historiques : lors du mariage de Jeanne de France et de Philippe d'Evreux, les Navarrais avaient stipulé qu'aussitôt que le prince royal, élevé en Navarre, aurait atteint sa vingt et unième année, son père et sa mère seraient obligés de lui remettre le gouvernement [1]. Charles le Noble fut moins exigeant envers Jean d'Aragon, et, par le fait de cet oubli, il condamna la Navarre à quarante ans de guerre civile.

A la suite de ces clauses importantes vient la dispense de mariage octroyée par Martin V à Mantoue, le 3 des kalendes de janvier de la seconde année de son pontificat (30 décembre 1418). Après avoir donné lecture des lettres apostoliques, Diégo de Sandoval procède à la cérémonie des fiançailles : « Madame la reine D. Blanca [2], dit-il, vous êtes fille et héri« tière du seigneur roi de Navarre, duc de Nemours; mon « seigneur l'Infant D. Johan d'Aragon et de Sicile, seigneur « de Lara, duc de Peñafiel et de Monblanque, comte de « Mayorga, et seigneur de Castro, de Villalon et de Balaguer, « vous envoie bien saluer, et vous fait à savoir que par moi, « Diégo Gomez de Sandoval, Adelantado Mayor de Castille, « son procureur et ambassadeur spécial...., il vous prend de

---

1. *Cron. del principe*, p. 166. — 2. Sandoval appelle Blanche *Madame la reine*, parce qu'elle est encore reine douairière de Sicile.

« bonne foi pour épouse, vous, la reine D. Blanca, fille aînée
« et héritière du seigneur roi de Navarre, et vous accepte
« comme sa femme, comme le veut la loi de Rome, que
« maintient la sainte Église. » La princesse demande l'avis
du roi son père, et répond à Diégo dans des termes analogues
à ceux dont il s'est servi. Le roi de Navarre et la princesse
Blanche jurent tous les deux de remplir fidèlement toutes
les conditions qu'ils ont acceptées, ils placent le contrat tout
entier sous la garantie de la Cour de Rome, des évêques qui
composent la Chambre apostolique, de leurs vicaires et de
leurs officiers, et des syndics et procureurs des quatre Ordres
Mendiants résidant à Rome. Diégo Gomez jure à son tour, sur
l'âme de son maître, que D. Juan accomplira le mariage
projeté, à la première réquisition qui lui sera faite.

Les principaux signataires du contrat sont D. Diégo, évêque de Calahorra et de la Calzada, Frances de Villaespesa, chancelier de Navarre, le docteur Fernan Gonzalez de Avila, grand chancelier du seigneur Infant D. Enrique [1], et auditeur du tribunal du roi de Castille, le doyen de Tudela, l'alcalde-mayor de l'Infant Jean d'Aragon, et Mossen Pierres de Peralta, maître de l'hôtel et conseiller du roi de Navarre.

L'acte a été dressé par Maître Martin Ferrandez de Aguilar, notaire royal pour tout le royame de Navarre, par Simon Nabaz, secrétaire du roi, et Juan Marlata, du diocèse de Pampelune, notaire apostolique. Il est écrit sur cinq peaux de parchemin jointes ensemble, « collées avec de la colle » et signées sur chaque joint par Maître Martin. On a ajouté sur une sixième feuille la procuration donnée par la reine Blanche à Pierre de Peralta pour contracter mariage en son nom avec l'Infant d'Aragon (3 février 1420), et l'échange des ratifications fait entre Jean d'Aragon et Pierre de Peralta à Guadalajara, le 18 février de la même année [2].

1. D. Enrique d'Aragon, frère de D. Juan et grand maître de Santiago.
— 2. *Doc. ined. de Arag.*, t. XXVI, p. 358; Zurita, III, p. 138.

Le mariage fut célébré à Pampelune le 10 juin 1420, près de deux ans après le commencemement des négociations. Charles le Noble s'y montra fort magnifique; on a de lui une reconnaissance d'un emprunt de 4000 florins d'or (34 000 fr.) contracté à cette occasion [1]. L'infante offrit à Notre-Dame d'Ujué une couronne d'or garnie de perles, de saphirs et autres pierres précieuses [2].

1. Yang., *Dicc.*, t. III, p. 158. — 2. *Arch. de Nav.* (Indice), caj. 120, 9.

CHAPITRE II

LE PRINCE DE VIANE HÉRITIER ET GOUVERNEUR GÉNÉRAL DE NAVARRE

Naissance de D. Carlos; érection de la principauté de Viane en sa faveur. — Jean II, roi de Navarre. — Jeunesse et éducation du prince de Viane. — Premiers actes de gouvernement du prince; mort de la reine Blanche. — Situation faite au prince par le testament de la reine. — Sa cour et ses amis. — Son gouvernement en Navarre. — Rupture entre Jean II et le prince de Viane.

Naissance de D. Carlos; érection de la principauté de Viane en sa faveur.

Le 29 mai 1421, au couvent des Frères prêcheurs de Peñafiel, la princesse de Navarre donna le jour à un fils [1]. Jean d'Aragon voulait l'appeler Ferdinand, mais les Navarrais insistèrent pour qu'il fût appelé Charles, comme son grand-père; Charles le Noble leur avait fait oublier Charles le Mauvais, et il leur semblait que la maison d'Évreux se survivrait mieux à elle-même si le nom de l'héritier du trône rappelait celui des anciens princes du pays [2].

La joie fut grande en Navarre quand on apprit la bonne nouvelle. Jean dépêcha à Olite un de ses gardes appelé Ruy Diaz de Mendoza, et le roi Charles fut si aise qu'il gratifia le messager de 4 000 florins [3].

---

1. Yang., *Compendio*, p. 247. — 2. Zurita, III, f° 145. — 3. *Arch. de Nav.* (Indice), caj. 121, 53; 135, 25.

Au mois de septembre, le prince fut baptisé en grande pompe. Il eut pour parrains le roi de Castille et le connétable D. Alvaro de Luna [1].

En 1422, la princesse Blanche revint en Navarre avec son fils, qui devait être élevé dans le royaume. Les Cortès votèrent un demi-cuartel pour l'entretien de Blanche et de son fils, et vinrent au-devant d'eux jusqu'à Corella. Le roi, qui avait déjà accordé à sa fille 7000 livres de rente annuelle, y ajouta 900 livres par mois [2], et dispensa de tout impôt la nourrice du prince et son mari Pedro de Gorria [3].

Les Cortès reçurent le serment de fidélité des tuteurs du prince, et promirent de le reconnaître comme *roi de Navarre*, après la mort du roi son aïeul et de la princesse sa mère [4]. Cet important aveu comblait la lacune que nous avons signalée dans le contrat; plus hardis que Charles le Noble, les Navarrais reconnaissaient l'héritier de Navarre *pour roi*, après la mort de la « reine propriétaire ».

Les principaux souverains de l'Europe avaient pris l'habitude de concéder à leur fils aîné quelque bel apanage qui lui donnât à la fois un titre sonore et de bons revenus. Depuis 1283 l'héritier d'Angleterre s'appelait prince de Galles, depuis 1346 l'héritier de France s'appelait dauphin de Viennois. L'héritier d'Aragon s'intitulait depuis 1350 prince de Girone. En 1388, l'héritier de Castille avait pris le titre de prince des Asturies [5]. Charles le Noble résolut de créer un titre analogue pour le prince de Navarre, et, quoique le royaume ne fût ni très riche, ni très étendu, il réussit à y tailler une principauté pour son petit-fils. Le 20 janvier 1423, à Tudela, « de sa certaine science, « et de son propre mouvement, grâce spéciale et autorité « royale », le roi donna à l'infant D. Carlos, en don et grâce spéciale, les villes et châteaux de Viane, de La Guardia, de San Vicente, de Bernedo, d'Aguilar, d'Uxanavilla, de La

---

1. Yang., *Compendio*, p. 247. — 2. Yang., *Dicc.*, t. III, p. 159; *Arch. de Nav.* (Indice), caj. 121, 27 et 29. — 3. *Id., ibid.*, caj. 137, 14. — 4. *Arch. de Nav. Sec. de Legislacion*, leg. 1, carp. 16. — 5. Yang., *Compendio*, p. 247.

Poblacion, de San Pedro et de Cabredo avec leurs hameaux, toutes les bourgades qu'il possédait dans le val de Campezo, et ses châteaux de Marañon, Toro, Fitero, Ferrera et Buradon [1]. Il établissait « nom et titre de principauté » sur tous ces villages et lieux divers, et les donnait à son petit-fils « avec le titre et les honneurs de prince de Viane ». Comme il lui avait déjà donné les villes de Corella et de Cintruénigo, il y ajoutait Peralta et Cadreita, et voulait qu'il prît le titre de seigneur de toutes ces villes, et qu'il les possédât avec tous leurs vassaux et tous leurs droits. Il lui défendait seulement de les vendre, de les aliéner, de les donner en gage, ou de les partager, parce que, « d'après le Fuero et la coutume du « royaume de Navarre, ce royaume est indivisible et ne se « peut partager ».

Cette donation fut favorablement accueillie en Navarre, parce qu'elle était conforme aux idées du temps, et semblait rehausser l'éclat de la dignité royale. Des politiques plus habiles que les conseillers du roi de Navarre auraient pu faire valoir quelques objections. La principauté comprenait 13 villes et quatre châteaux : c'était un grand fief constitué au sein du royaume. Presque toutes les places de la principauté de Viane étaient places-frontières de l'Alava. Cintruénigo, Corella, Cadreita et Peralta marquaient en Navarre les premières étapes de la grande route de Castille; c'étaient des points stratégiques importants. Dans un siècle où l'Espagne était agitée par des guerres civiles incessantes, il était à craindre que l'héritier de Navarre ne fût un mauvais gardien de la frontière, ou que le désir de protéger ses domaines personnels contre les maux de la guerre ne lui fît accepter de fâcheuses compromissions avec les princes voisins. Ces inconvénients ne furent soupçonnés par personne.

Le prince passa la plus grande partie de ses premières années à Olite [2]. Il eut de bonne heure ses serviteurs particu-

---

1. *Arch. de Nav.* (Indice), caj. 122, 5. Yang., *Dicc.*, t. I, p. 181; cf. la carte à l'appendice, pièce 6. — 2. La Piscina, l. VI, ch. 1er.

liers. On lui voit dès 1423 un écuyer [1], et ses domaines de Viane étaient administrés, en son nom, par des agents que le roi avait choisis lui-même [2].

Jean et Blanche eurent trois autres enfants; ce furent trois filles. Jeanne, née en 1423, et reconnue la même année héritière de Navarre « en son lieu et en son rang [3] », mourut le 22 août 1425, et fut enterrée au couvent de Saint-François de Tudela [4]. La seconde fille, nommée Blanche comme sa mère, naquit à Olite le 7 juin 1424 [5]; la troisième, nommée Léonor, comme sa grand'mère maternelle, naquit le 2 février 1426 [6]. Jean d'Aragon était déjà roi de Navarre.

Jean II roi de Navarre (1425-1441).

Charles le Noble mourut en son palais d'Olite le samedi 7 septembre 1425, la veille de la Nativité de Notre-Dame, et fut enterré auprès de sa femme, Léonor, dans le chœur de l'église cathédrale de Pampelune, « qu'il avait fait rebastir de neuf telle qu'on la void aujourd'hui [7] ».

A Olite, les Navarrais proclamèrent l'infante Blanche reine de Navarre; Jean d'Aragon était à Tarrazona, sur les frontières de Castille, au camp de son frère D. Alphonso [8]. La reine lui envoya par les mains de Nuñez de Baca, Alferez Mayor, l'étendard royal de Navarre [9], « faict de sandal rouge, chargé
« de chaînes d'or. Jean fut, suivant la coustume pour lors
« observée entre les princes, trois jours entiers sans sortir de
« sa tente ou pavillon; lesquels expirez, il fut faict au mitan
« de l'armée un service solennel pour le repos de l'âme du
« défunct roy Charles le Noble. Ce qu'ayant faict, Jean sortit
« en public, monté sur un genêt d'Espagne richement caparas-

---

1. *Arch. de Nav.* (Indice), caj. 122, 26. — 2. *Id., ibid.*, caj. 137, 15. — 3. *Id., ibid.*, caj. 122, 3 et 4. — 4. Yang., *Dicc.*, supp., p. 166. — 5. Codina, *Guerras de Nav. y Catal.*, p. 4. — 6. *Arch. de Nav.* (Indice), caj. 149, 2. — 7. Favyn, *Hist. de Nav.*, p. 507. — 8. Zurita (III, f° 172) le place à Miraglo, à sept lieues d'Olite. — 9. Yang., *Compendio*, p. 251.

« sonné, et luy armé à blanc avecques sa cazaque de velous
« incarnadin aux armes de Navarre, en riche broderie d'or et
« de perles; l'estendart royal porté devant luy par un cheva-
« lier aragonais D. Nuñez Vaca, précédé par le roi d'armes
« de Navarre, fit trois rondes autour du camp, ayant le roy
« d'Aragon à sa main gauche, et suivi de plusieurs grands
« seigneurs et chevaliers d'Aragon et de Castille, les hérauts
« criant par trois fois : Navarre! pour le roi D. Juan [1] ! » Le
sacre de Jean et de Blanche fut célébré à Pampelune, avec
toutes les cérémonies accoutumées, le 15 mai 1429 [2].

« A partir de ce moment, disent les auteurs du *Dictionnaire
géographique de l'Espagne*, on peut regarder le royaume
comme fini [3]. » C'est le faire finir trop tôt, mais il est incontestable que le successeur de Charles le Noble n'eut rien d'un
souverain national, et ne fut jamais populaire dans ses États,
même à l'époque où son titre royal ne soulevait aucune protestation. Un rapide exposé des faits principaux du règne de
Jean II en Navarre montrera jusqu'où le roi porta l'oubli des
intérêts de son royaume, et expliquera l'amour voué au prince
de Viane par la meilleure partie de ses sujets. C'est parce
qu'ils estimaient le royaume perdu entre les mains de Jean
que les Navarrais voulurent mettre son fils à leur tête.

Pour la plupart laboureurs ou propriétaires de troupeaux,
les Navarrais étaient un peuple pacifique; ils ne demandaient
à leurs rois que de leur assurer la paix et de respecter leurs
libertés. Resserrée de toutes parts entre des voisins dix fois
plus puissants qu'elle-même, la Navarre n'avait aucune chance
d'étendre son territoire par des conquêtes, et l'esprit particulariste des petits peuples voisins eût rendu impossible, dans le
cas d'une guerre heureuse, l'assimilation du pays conquis.
Quand même le roi de Navarre eût pu recouvrer les Vascongades perdues en 1200, ou conquérir sur le versant français

---

[1]. De Mayerne Turquet, *Hist. d'Espagne*. — 2. Zurita, III, p. 185; cf.
Cron. del principe, ch. XXIII; *Arch. des Basses-Pyrénées*, E, 546. — 3. *Dicc.
geog.*, t. II, p. 117.

des Pyrénées quelque grand fief comme le Béarn, il n'eût retiré de ses victoires qu'un avantage d'honneur et un accroissement de revenus; ni les Basques, ni les Béarnais n'auraient adopté les lois navarraises, et le vainqueur n'eût jamais été *roi* que dans les six provinces de son ancien royaume. Les rois de Navarre n'avaient donc plus à s'occuper que de l'administration de leurs États, et leur rôle extérieur devait se borner à assurer l'indépendance du pays, par un système d'alliances bien combiné. Cette politique avait été celle de Charles le Noble, et lui avait assuré une popularité telle qu'aucun roi de Navarre n'en avait possédé une semblable dans les deux derniers siècles. Jean d'Aragon eut une conduite tout opposée : il négligea complètement l'administration de son royaume, et compromit gravement les intérêts de la Navarre en la faisant intervenir dans les guerres civiles qui désolèrent la Castille pendant le XVe siècle (1420-1476).

Non seulement Jean d'Aragon possédait de grands domaines en Castille, il y était encore attiré par ses frères, les infants D. Enrique et D. Pedro, dont l'un était grand maître de Saint-Jacques, et dont l'autre possédait de nombreux fiefs castillans [1]. Les trois infants d'Aragon étaient extrêmement jaloux de la faveur que le roi de Castille, Jean II, accordait au connétable D. Alvaro de Luna; ils ne songèrent qu'à le renverser « pour gouverner à sa place la personne et les biens du roi de Castille [2] ». De 1420 à 1440, il n'y eut pas à proprement parler une seule année de paix entre les infants et le connétable; le roi de Navarre se jeta dans la guerre avec emportement. Les Navarrais refusèrent énergiquement de le suivre dans ses entreprises. Les Cortès lui conseillèrent de faire la paix, et lui refusèrent tout subside [3]; Jean ne tira pas 2000 doubles de tout son royaume [4]; mais il emprunta 16 000 sous à Barcelone, il engagea ses bijoux et ceux de la reine [5], il vendit à cens

---

1. Moret, *Anales de Navarra*, t. IV, p. 433. — 2. Zurita, III, f° 177. — 3. Yang., *Compendio*, p. 255. — 4. La Piscina, l. VI, ch. 1er. — 5. Yang., *Dicc.*, t. III, p. 160; *Arch. de Nav.* (Indice), caj. 104, 26 et 27; 128, 22 et 24.

perpétuel les biens du domaine royal en Navarre¹, il obtint des Cortès d'Aragon la permission d'aliéner son comté de Ribagorza, et tira 5000 florins des gens du comté, en leur jurant qu'il ne le vendrait jamais².

Cette incroyable obstination et ces mesures ruineuses excitèrent en Navarre un mécontentement général. Mossen Godofre de Navarra, fils naturel de Charles le Noble, et comte de Cortes, passa ouvertement au parti du roi de Castille³. Jean II confisqua ses domaines, mais l'exil et la spoliation d'un membre de la famille royale produisirent le plus fâcheux effet :

Non content de passer presque tout son temps en Castille, Jean II accepta de son frère la lieutenance d'Aragon, lorsque D. Alphonso se rendit à Naples, où l'appelait la reine Jeanne II; il le suivit même dans son expédition, et se fit prendre avec lui par les Génois à la bataille de l'île Ponza. Il ne dut sa liberté qu'à l'intervention du duc de Milan, François Sforza. Revenu en Espagne, il continua à gouverner l'Aragon et Valence au nom de son frère, et à intriguer en Castille contre le connétable de Luna; il ne faisait en Navarre que de courtes apparitions, lorsque quelque revers l'obligeait à y chercher un refuge, ou lorsqu'il avait besoin d'écus pour continuer la guerre.

Éducation du prince de Viane.

Pendant que Jean II promenait en Aragon et en Castille sa capricieuse activité, le prince de Viane grandissait en Navarre sous la tutelle de sa mère.

Mariée tard à Jean II, la reine lui avait donné quatre enfants dans les six premières années de son mariage⁴, et sa santé était dès lors restée chancelante, comme semble le prouver le crédit extraordinaire dont jouissaient auprès d'elle les méde-

---

1. *Arch. de Nav.*, Cuentas, t. 406. — 2. Zurita, III, fᵒˢ 189 et 222. — 3. Yang., *Compendio*, p. 251. — 4. Le mariage est du 18 juin 1420; la naissance de l'infante Leonor est du 13 février 1426.

cins juifs. Elle en convertit un au christianisme, voulut être sa marraine, et lui accorda une pension annuelle de 900 livres[1]. Souvent malade, et délaissée par son mari, Blanche devint d'une dévotion exaltée et mystique, qui lui valut une grande réputation de sainteté, et qui dut vivement frapper l'esprit de son fils. Elle allait souvent en pèlerinage à une église voisine d'Olite, et dédiée à sainte Brigitte; elle attacha à cette chapelle « trois bons personnages contemplatifs, que l'on devait « appeler les frères de Sainte-Brigitte, et qui devaient porter « un certain manteau ou habit orné de l'emblème du Saint-« Esprit [2] ». Elle institua un ordre en l'honneur de Notre-Dame del Pilar, pour laquelle elle avait une dévotion toute particulière. La bannière de l'ordre était bleue; au milieu était brodé un pilier d'or sur lequel on lisait ces mots : *A ti me arrimo* (C'est à toi que je m'attache). Chaque samedi et la veille des fêtes de Notre-Dame, la bannière était promenée en procession par les membres de l'ordre, qui comprenait quinze hommes, en mémoire des quinze degrés du Temple franchis par la Vierge le jour de sa Présentation, et neuf femmes en mémoire des neuf mois pendant lesquels Marie avait porté le Seigneur dans son sein [3]. La reine fonda encore une confrérie à Pampelune, et le prince de Viane en fut membre. Elle faisait des pèlerinages à Ujué, elle recueillait des enfants trouvés.

Le milieu où le prince de Viane passa ses premières années fut donc très dévot, et devait être fort paisible. Jean II seul y apportait parfois le trouble et l'agitation. Dès son enfance le prince put entendre les serviteurs de sa mère se plaindre des longues absences du roi et de ses guerres continuelles. Il y eut sans doute quelques discussions entre le roi et la reine, quand les Cortès de 1429 refusèrent tout subside pour la guerre de Castille, et quand D. Juan mit en gage les bijoux de sa femme. La reine cédait toujours aux volontés de son mari,

---

1. *Arch. de Nav.* (Indice), caj. 141, 22 et 38. — 2. *Ib., ibid.*, caj. 139, 24. — 3. Moret, *Anales de Nav.* t. IV, p. 464.

décrétait des illuminations générales lorsqu'il annonçait (1424) sa prochaine arrivée dans le royaume[1], elle lui envoyait 1 500 florins à son retour d'Italie[2] ; mais le prince de Viane ne pouvait manquer de comparer l'existence calme et régulière de sa mère avec la vie agitée que menait le roi. Que ce fût chez lui affaire de première éducation, ou qu'il y fût porté par tempérament, Don Carlos préféra de bonne heure la paix à la guerre, les loisirs studieux aux intrigues et aux luttes qui remplissaient la vie de Jean II. Le père et le fils vécurent ainsi étrangers l'un à l'autre, déjà profondément dissemblables avant de devenir rivaux.

Les documents conservés à la Chambre des Comptes de Navarre sur les premières années du prince de Viane sont assez abondants pour permettre de se faire une idée de son existence quotidienne. Les incidents y sont rares, les plaisirs peu variés, et le plus souvent peu coûteux ; l'éducation morale du prince est aussi soignée que la culture intellectuelle, mais l'instruction politique de l'héritier de la couronne paraît avoir été complètement négligée.

En 1336, le prince de Viane était âgé de quinze ans ; sa maison comptait déjà une quarantaine de personnes pour l'administration de ses revenus, le service de sa chapelle, sa bouche et sa garde-robe, sa garde et son instruction militaire[3]. Ces officiers et serviteurs recevaient un traitement en argent qui variait en raison de l'importance de leurs fonctions, et de la durée de leur service : le harpiste touchait 10 florins par mois, et n'était pas le moins payé ; ils obtenaient aussi des exemptions d'impôts[4] et recevaient souvent des cadeaux. La dépense des maisons de la reine et du prince montait en 1435 à 43 000 livres[5]. En 1436, la maison du prince représentait à elle seule une dépense de 14 000 livres[6].

---

1. Yang., *Dicc.*, t. III, p. 162. — 2. *Arch. de Nav.* (Indice), caj. 137, 30. — 3. *Arch. de Nav.* (Indice), caj. 139, 1. — 4. *Id., ibid.*, caj. 140, 28 ; 143, 24 ; 143, 25 ; 141, 18 ; 141, 19 ; 141, 29. — 5. *Id., ibid.*, caj. 137, 1. — 6. *Id., ibid.*, caj. 139, 1.

En 1437 elle montait à 15 000 livres ; la reine et ses filles dépensaient de leur côté 29 000 livres [1].

L'instruction du prince fut aussi variée et aussi complète qu'on pouvait la concevoir au XVe siècle, en Espagne. Charles de Viane parlait le castillan, mêlé de français et de catalan, que l'on employait en Aragon et en Navarre ; c'est dans cette langue qu'il a composé sa *Chronique*. Il entendait le français, comme le prouve le catalogue de sa bibliothèque, composée en grande partie de livres français. Au temps de son séjour en Sicile et à Majorque [2], il rédige sa correspondance en catalan, et quelques lettres sont écrites en italien. Il a traduit en castillan les *Éthiques* d'Aristote, d'après la version latine de Léonard d'Arrezzo. Son écriture est lâche et peu lisible [3] ; mais il n'avait pas besoin de mieux écrire ; il avait des secrétaires qui besognaient pour lui ; ses lettres les plus importantes sont dictées, il se contentait de les signer ; son nom est toujours écrit sous la forme française : *Charles* [4]. Il aimait la musique et avait appris à dessiner [5]. Il avait encore en 1439 un premier professeur ou maître d'école (*maestrescuela*), D. Fernando de Gualdiano [6].

Son éducation militaire avait été comprise comme celle de tout bon gentilhomme. Il aimait fort les chevaux ; sa mère lui donna en 1436 une belle haquenée blanche du prix de 50 écus d'or [7] ; en 1438, l'écuyer Toriellas acheta pour lui un genêt de 40 florins [8]. En 1439, il avait un cheval blanc [9], et Mossen Jean de Uquerque (?), chevalier français, lui en offrait un autre [10]. Il aimait à jouter, à la mode d'Espagne, avec des lances légères [11]. Il avait une garde d'archers et d'arbalétriers [12].

La reine eut grand soin de faire élever son fils dans la

---

1. *Id., ibid.*, caj. 140, 1 et 2. — 2. *Arch. de Arag., Reg. del principe.* — 3. *Arch. de Nav.*, lettres autog. du prince. — 4. Yang., *Dicc.*, t. I, p. 192, fac-similé de la signature du prince. — 5. Quintana, *Esp. celebres*, t. 1, p. 285. — 6. *Arch. de Nav.* (Indice), caj. 143, 6. — 7. Yang., *Cron. del principe. Not. bib.*, p. XIV. — 8. *Id., ibid.*, caj. 141, 14. — 9. *Id., ibid.*, caj. 143, 32. — 10. *Id., ibid.*, caj. 143, 39. — 11. *Id., ibid.*, caj. 143, 44. — 12. *Id., ibid.*, caj. 139, 1 et 2.

crainte de Dieu et le respect de l'Église. Elle lui donna de bonne heure un garde particulier, D. Martin Fernandez de Sarasa, sorte de gouverneur et de mentor attaché à sa personne. Le 10 avril 1431, au moment où D. Carlos allait accomplir sa dixième année, Blanche mit auprès de lui comme confesseur Fray Daniel de Belprad, religieux franciscain [1]. D. Carlos ne fut pas un saint, comme le voulaient les enthousiastes catalans; mais, si l'on compare sa vie avec celle des princes ses contemporains, on reconnaîtra que sa conduite fut inspirée par une moralité plus sérieuse et plus sincère; il finit par vivre presque en ascète, et les quelques irrégularités où il tomba ne sont pas de nature à diminuer la sympathie qu'il inspire. La religion toute mystique qu'on lui enseigna ne fut sans doute pas une bonne école pour former son jugement, ou pour fortifier sa volonté; elle en fit du moins un bon et généreux seigneur, compatissant et charitable. Sa mère lui allouait chaque année 110 livres pour distribuer dans ses aumônes quotidiennes [2], elle en distribuait elle-même 850 [3]. A la fête de Saint-Georges [4], à l'anniversaire de la naissance de ses sœurs, il faisait, comme sa mère, quelque aumône extraordinaire [5]. Quand l'infante Léonor atteignit sa dixième année (1436), la reine fit acheter deux pièces de *roset*, ou gros drap de Tarbes pour habiller dix enfants pauvres [6]. Il arrivait quelquefois au prince de manquer d'argent pour ses libéralités; il empruntait sans façon à ses officiers la somme dont il avait besoin : au trésorier de Navarre [7], à son orfèvre [8], au contrôleur de son hôtel [9], à son confesseur [10].

Comme son père, don Carlos aimait les vêtements magnifiques, les bijoux, les belles armes, les meubles somptueux; cependant, il fut vêtu simplement et n'eut qu'un luxe médiocre

---

[1]. Yang., *Cron. del principe*, *Not. biog.*, p. XIV. — [2]. *Arch. de Nav.* (Indice), caj. 137, 1. — [3]. *Arch. de Nav.* (Indice), caj. 140, 2. — [4]. *Id.*, *ibid.*, caj. 137, 26. — [5]. *Id.*, *ibid.*, caj. 139, 16. — [6]. *Id.*, *ibid.*, caj. 137, 11. — [7]. *Id.*, *ibid.*, caj. 143, 40. — [8]. *Id.*, *ibid.*, caj. 141, 13. — [9]. *Id.*, *ibid.*, caj. 137, 4. — [10]. *Id.*, *ibid.*, caj. 143, 44.

jusqu'au départ de sa mère pour la Castille en 1440. Il portait des habits de drap d'Ypres de la grande façon, et de drap de Courtray, garnis de fourrures d'agneau mort-né [1]. Les jours de fête seulement il était vêtu de soie; le jour de son mariage il avait des vêtements brodés [2]. En 1439, il se fit faire quatre paires de souliers par un « cordonnier français [3] ». En 1438, l'orfèvre Andres Periz de Boneta fit pour le prince une bague du prix de 38 livres 6 sous [4]. Juanin de Flandres était son fabricant d'éperons et de harnais [5]. Il fit exécuter en 1439 par le More Zaléma quelques menus travaux; il fit dorer le pommeau et la croix de son poignard, il acheta une paire d'éperons dans un écrin doublé de soie couleur de mûre, et fit dorer ses étriers [6].

La table du prince était servie avec une grande simplicité: en 1436, la reine fit faire par le coutelier Champagne quatre couteaux pour l'usage ordinaire de la table; le gainier Esteban exécuta un étui où on les ramassait après chaque repas [7]. On peut en conclure que le nombre ordinaire des convives du prince était de quatre personnes à cette époque.

La vie de don Carlos était de loin en loin traversée par quelques incidents dont la rareté faisait tout le prix. C'était un voyage à quelque ville du royaume, un pèlerinage à Ujué, ou à Notre-Dame de Rocamadour d'Estella; c'était une promenade à la foire de Tafalla; une chasse dans la Bardena, une réception extraordinaire au palais. Le prince s'amusait naïvement de toutes ces choses, et ne varia guère plus ses plaisirs une fois qu'il fut maître de vivre à son gré; il fit seulement les occasions plus fréquentes, et se montra plus libéral que sa mère ne lui avait permis de l'être.

On a conservé toutes les pièces concernant un voyage de 23 jours que firent le prince et sa mère à travers la princi-

---

1. *Id., ibid.*, caj. 137, 4, y seis docenas de abortones primos para el principe. — 2. *Id., ibid.*, caj. 143, 40. — 3. *Id., ibid.*, caj. 143, 52. — 4. *Id., ibid.*, caj. 141, 13. — 5. *Id., ibid.*, caj. 140, 32. — 6. *Id., ibid.*, caj. 143, 44. — 7. *Id., ibid.*, caj. 139, 38.

pauté de Viane, en l'année 1424 [1]. Ils partirent d'Olite le 28 août, en litière; vingt-quatre hommes, payés 3 sous par jour, se relayaient pour porter; la nourriture des porteurs revenait à 19 sous par jour; les bagages faisaient la charge de 9 mules, qui coûtaient 2 sous par jour; huit valets à 2 sous 6 deniers prenaient soin des bêtes de somme. Le premier jour, on alla d'Olite à Berbinzana; on fit environ trois lieues. Le second jour conduisit les voyageurs à Lérin, après une étape un peu plus longue; les hommes réclamèrent une solde plus élevée; on leur donna 5 sous, mais leur nourriture fut à leur charge. Le 30 août, on coucha à Sesma, à deux lieues de Lérin. Le 31, les porteurs se plaignirent de n'être pas assez nombreux; Mossen Pierres de Peralta, qui commandait l'escorte, loua quatre hommes à Elizagorria, à moitié route de Sesma à Viana, où la princesse de Navarre voulait coucher. On s'arrêta à Viane toute la journée du 1er septembre; le 2, on prit le chemin de La Guardia avec 35 porteurs. L'infante et son fils restèrent à La Guardia jusqu'au jeudi 7 septembre, et gagnèrent ce jour-là San Vicente, mais il faisait mauvais temps, et on employa 36 porteurs. Le 8 septembre, on s'avança jusqu'à Haro, où le prince séjourna trois jours. Le 12 septembre, il reprit la route d'Olite par le chemin qu'il avait suivi à l'aller. Il était de retour à Olite le 19 septembre.

Les foires de Navarre ne sont pas seulement de grands marchés; elles servent de prétexte à des danses et à des réjouissances de toute sorte. Le prince de Viane aimait à les fréquenter, et on lui donnait quelque argent pour s'y amuser [2]. Les sommes qu'il recevait ainsi n'étaient pas considérables : le jour de sa fête, en 1437, sa mère lui donna trois écus d'or vieux à 54 sous l'un; et quelques jours plus tard elle lui emprunta 3 florins pour faire largesse à un chevalier français [3]. En cette même année, le prince reçut de l'argent au mois de mai, au mois d'octobre et au mois de décembre [4].

1. *Arch. de Nav.* (Indice), caj. 136, 10. — 2. *Arch. de Nav.* (Indice), caj. 141, 6. — 3. *Id., ibid.*, caj. 140, 13. — 4. *Id., ibid.*, caj. 140, 21; 140, 30.

Don Carlos aimait la chasse, et la reine le voyait avec plaisir se livrer à cet exercice : en 1435, il fait une partie de chasse aux environs de Tafalla [1]. En 1438, la reine remet les cuarteles à Diégo d'Unzué, habitant de Tafalla, en récompense des bons et agréables services qu'il avait rendus au prince de Viane pendant ses chasses sur les montagnes du roi, à Olite et à Tafalla [2]. En 1439, les hommes de Roncal apportent au prince des faucons [3]. Don Carlos avait assez d'oiseaux pour qu'on voie parmi ses officiers un fauconnier; plus tard, il aura même un grand fauconnier [4].

Aux bonnes fêtes de l'année, le prince tenait sa cour; le jour des Rois, il réunissait ses amis, mangeait avec eux un gâteau, et payait les habits du roi de la fève [5]. A la Nativité, il y avait grand festin au palais [6]. Le prince assistait à des repas de noce, et traitait les hôtes de distinction qui venaient à la cour; en 1437, il invita à sa table le seigneur de Guevara, et la dépense monta à 22 livres 11 sous 6 deniers [7]. Après le dîner on organisait des jeux et des danses : au mariage du connétable D. Luiz de Beaumont avec Jeanne de Navarre, sœur naturelle de la reine, le peintre du prince fabriqua, avec de la toile et du parchemin, des jeux et des décors, dont le détail ne nous a malheureusement pas été conservé [8]. En 1440, la reine Blanche ordonna de payer le prix de douze torches avec lesquelles on avait éclairé la grande salle du palais « pour une danse que fit le prince notre très cher fils, avec « certains cavaliers et gentilshommes, en présence de nous, « la reine, et de Juan, mon seigneur [9] ».

A voir ces manières aimables et engageantes, et cette simple gaieté, les Navarrais se dirent plus d'une fois ce que les Parisiens, sujets de Louis XI, disaient du duc de Bourgogne Philippe le Bon : « Eh! velà un humain prince, velà un seigneur

---

1. *Arch. de Nav.* (Indice), caj. 137, 30. — 2. *Id., ibid.*, caj. 141, 12. — 3. *Id., ibid.*, caj. 143, 40. — 4. *Id., ibid.*, caj. 139, 1. — 5. *Id., ibid.*, caj. 139, 1. — 6. *Id., ibid.*, caj. 137, 4; caj. 140, 2. — 7. *Id., ibid.*, caj. 140, 4. — 8. *Id., ibid.*, caj. 137, 20. — 9. *Id., ibid.*, caj. 144, 2.

« dont le monde seroit heureux de l'avoir tel! Et que n'est tel
« nostre roy, et ainsi humain [1]! »

Quand le prince fut en âge de se marier, Jean II était au fort de sa querelle avec la Castille, et il n'y avait ni en Castille, ni en Aragon, ni en Portugal de princesses qui fussent d'âge convenable ; le comte de Foix n'avait pas de filles ; l'aînée des filles de Charles VII, Catherine de France, avait dix ans; Jean songea à contracter une alliance avec la première maison de France après la maison royale, avec la maison de Bourgogne. Il demanda et obtint pour son fils la main d'Agnès de Clèves, nièce du duc Philippe [2]. Les avantages politiques de cette alliance étaient fort contestables, et l'on n'en connaît pas les conditions. Le contrat de mariage du prince n'est cité nulle part. Il est probable que la princesse apporta à son mari une simple dot en argent.

Les négociations durèrent une partie des années 1438 et 1439. Les cortès se montrèrent favorables au mariage, accordèrent au roi 6 cuarteles d'aides extraordinaires, et votèrent en outre 15 000 florins pour payer les frais de la cérémonie [3]. La princesse vint en Navarre par mer, et débarqua à Bilbao, au mois d'août 1439. Elle était accompagnée de son frère, Jean de Clèves. Le roi de Navarre envoya à sa rencontre le prieur de Saint-Jean, D. Juan de Beaumont [4], avec une suite de soixante personnes et de 120 chevaux [5]. Rien ne fut négligé pour donner aux fêtes le plus grand éclat : brodeurs et fourreurs reçurent d'importantes commandes [6] ; l'argentier du roi dora des pommeaux d'épées et des harnais [7] ; la *caballeriza* de la reine eut une selle neuve et des étriers de cuivre doré ; on fabriqua deux grands poêles ou dais de toile d'or, doublés de toile bleue de Hollande, pour l'entrée solennelle du prince

---

[1]. Michelet, *Hist. de France*, t. VI, p. 11. — 2. Yang., *Compendio*, p. 264. Favyn confond cette princesse avec sa sœur, Marie de Clèves, épouse de Charles, duc d'Orléans (*Hist. de Nav.*, p. 577). — 3. *Arch. de Nav.* (Indice), caj. 141, 20 et 27. — 4. *Id., ibid.*, caj. 143, 39. — 5. *Id., ibid.*, caj. 143, 44. — 6. *Id., ibid.*, caj. 143, 40. — 7. *Id., ibid.*, caj. 143, 42.

et de la princesse à Estella [1]. Agnès de Clèves trouva au palais royal de cette ville une chambre nouvellement décorée [2], et ce fut là qu'elle vit Charles pour la première fois. La reine et les infantes Blanche et Leonor s'étaient fait faire de magnifiques costumes avec des manches de soie, et des écharpes de *tercenil* violet foncé [3].

Le mariage fut célébré à Olite le 30 septembre 1439. Le prince et la princesse de Viane se rendirent à l'église sous un dais supporté par douze colonnettes. A l'offrande, le prince donna 2 écus vieux de Toulouse, et fit allumer deux cierges du prix de 30 sous [4]. La table du banquet fut dressée dans la grande salle du palais, et le repas eut lieu en présence de tous les officiers de la cour. Les trompettes avaient des étendards de tercenil vermeil à leurs instruments [5]; ils étaient accompagnés de ménestrels et de sonneurs de harpe. On délivra 600 *pains d'or fin* aux rois d'armes, hérauts et poursuivants d'armes pour les entremets ou intermèdes qui occupaient l'intervalle des services. Des jongleurs maures de Jativa en Valence réjouirent l'assistance par leur dextérité, et les fêtes se terminèrent par des joutes, pour lesquelles on fit venir de Pampelune dix douzaines de lances [6].

La reine initia aussitôt sa belle-fille à la vie dévote que l'on menait à la cour de Navarre. Le 18 novembre 1439, la princesse de Viane fut reçue dans la confrérie de Sainte-Catherine de l'église Saint-Cernin de Pampelune; on lui donna un confesseur, et elle fit avec la reine et ses enfants un pèlerinage à Notre-Dame d'Ujué [7].

---

1. *Arch. de Nav.* (Indice), caj. 143, 40. — 2. *Id., ibid.*, caj. 143, 41. — 3. *Id., ibid.*, caj. 144, 4. Le tercenil était une étoffe laine et soie. — 4. *Id., ibid.*, caj. 143, 44. — 5. *Id., ibid.*, caj. 144, 4. — 6. *Id., ibid.*, caj. 143, 44. — 7. *Id., ibid.*, caj. 143, 48 et 49.

Premiers actes de gouvernement du prince de Viane. Mort de la reine Blanche.

Le premier acte signé par le prince de Viane est du 12 juin 1437 [1]. En 1439, Jean II autorisa son fils à confirmer les ordres de grâces, et autres provisions émanées de l'autorité royale, et à leur assurer leur plein effet [2]. La même année, la reine invita les membres de la Chambre des Comptes à reconnaître le droit concédé au prince par le roi [3]. Charles se trouva ainsi investi d'une certaine part d'autorité, et l'émancipation naturelle qui résulte du mariage devait hâter encore le moment où son père lui remettrait une portion notable du gouvernement. Un important événement de famille mit le roi et la reine dans l'obligation d'accorder à leur fils la lieutenance générale du royaume.

En 1439, le roi de Castille annonça aux Cortès de Valladolid qu'il était dans l'intention de procéder au mariage du prince des Asturies avec l'infante Blanche de Navarre; le mariage était décidé depuis 1436 [4]. Au mois d'août 1440, la reine Blanche quitta la Navarre avec sa fille. Charles accompagna sa mère et sa sœur jusqu'à Logroño, à la frontière de Castille, et revint à Olite. Il prit dès lors le titre de *Prince de Viane, Primogenit, héritier et gouverneur général de Navarre, duc de Gandia* [5].

Encore très jeune, et tout récemment marié, le prince profita de sa nouvelle autorité pour multiplier les fêtes, et faire à ses sœurs, à sa femme, à ses amis des présents de toute sorte. Le 19 juin 1440, le roi lui avait fait donner 200 florins [6], et le 4 août il lui en fit délivrer 1000 autres [7]. La princesse voulait des bracelets, des rosaires, des gants, des

---

1. *Arch. de Nav.* (Indice), caj. 140, 11. — 2. Yang., *Cron. del principe. Not. biog.*, p. xiv. — 3. *Arch. de Nav.* (Ind.), caj. 143, 33. — 4. Mayerne-Turquet, *Hist. d'Esp.*, t. I, p. 870. — 5. *Arch. de Nav.*, caj. 144, 30 (Indice). — 6. *Id., ibid.*, caj. 144, 17. — 7. *Id., ibid.*, caj. 144, 26.

éventails de plumes d'autruche; le harnais de sa haquenée était orné de vingt-sept plaques de vermeil [1]. Le prince faisait broder son chapeau et ses habits [2], et commandait à son orfèvre une cloche et une aiguière en métal ouvragé [3].

Jean de Clèves était resté en Navarre après le mariage de sa sœur; au mois d'avril 1440, le comte Gaston de Foix vint lui-même rendre visite à D. Carlos; le connétable de Beaumont, Mossen Juan de Luxa, Mossen Leonel de Garro, et d'autres gentilshommes formaient autour des trois jeunes princes une cour brillante et joyeuse. Un peu plus jeune que Viane, le comte Gaston passait déjà pour un cavalier accompli : « Il avait le corps fort haut et bien proportionné « par tous ses membres; il était d'honorable forme, de sei- « gneuriale stature, bien mesuré, et avait le visage beau, gra- « cieux, amoureux, plaisant à toutes gens [4]. » Viane était charmé de se voir un pareil compagnon, et les fêtes se succédèrent pendant toute l'année. La reine offrit d'abord un grand festin à tous ses hôtes [5]; le 29 mai, jour anniversaire de sa naissance, le prince traita à son tour le roi, la reine, les princesses, les chevaliers et les dames de la cour; la dépense monta à 172 livres 17 sous [6]. Gaston aimait le jeu, le prince se mit à jouer lui-même; le 26 novembre 1440, il se fit délivrer par le trésorier de Navarre 6 écus d'or à 54 sous pièce, valant ensemble 16 livres 4 sous, pour jouer avec le comte de Foix. Le 24 décembre, il y eut concert au palais; Diégo de Soto, écuyer, et « sonneur de luth », joua devant le prince et ses hôtes [7]. Le 30 décembre, un dernier banquet fut offert, à Tudela, à Jean de Clèves et à ses Flamands. On mangea 4 chapons, 24 poules, 3 chevreaux, 4 perdrix, 8 lapins, 5 moutons, 6 livres de lard, 6 livres d'anguilles, 2 livres de sucre, des

---

1. *Arch. de Nav.* (Indice), caj. 144, 27. — 2. *Id., ibid.,* caj. 144, 2. — 3. *Id., ibid.,* caj. 144, 30. — 4. Coll. Doat., t. 164, p. 74. Repertori e inventari del tresaur e secrets del tres aut, inclit princep et redoptable seignor Mossen Gaston, per la gracie de Diu comte de Foix, de Béarn et de Bigorre. — 5. *Arch. de Nav.* (Indice), caj. 148, 4. — 6. *Id., ibid.,* caj. 144, 15. — 7. *Id., ibid.,* caj. 144, 39.

pommes, des châtaignes, des avelines, du raisin et des oranges [1].

On peut signaler, au cours de cette année consacrée au plaisir, quelques faits qui attestent chez D. Carlos une sérieuse activité.

Le duché de Nemours, que Charles le Noble avait obtenu en échange des anciens domaines de la maison d'Évreux, venait d'être saisi par ordre de Charles VII [2]. Après la paix de Montereau (sept. 1437), le connétable de Richmond et le comte de la Marche s'étaient emparés de Nemours et de Montargis, qui avaient longtemps tenu pour les Anglais, et Charles VII avait prononcé la confiscation du duché [3]. Au mois de juillet 1440, la reine Blanche envoya une ambassade à Charles VII pour essayer d'obtenir la restitution de Nemours [4]. Le prince de Viane voulut suivre l'affaire, et envoya de son côté son héraut, *Viana*, à la cour de Bourgogne [5]. Il ne put rien obtenir ; le duché de Nemours ne fut restitué aux rois de Navarre qu'en 1512, à la veille de la conquête castillane.

A l'intérieur du royaume, le prince avait à hâter le recouvrement des impôts extraordinaires votés par les Cortès pour le mariage de l'infante Blanche ; il présida pour la première fois l'assemblée des États, et obtint que les 2 cuarteles, et le sixième de cuartel promis par eux fussent levés dès le mois de janvier 1441 [6].

La reine de Navarre avait accompagné sa fille à la cour de Castille. Le mariage de la princesse Blanche et de D. Enrique, prince des Asturies, fut célébré à Valladolid le 15 septembre 1440 [7]. Presque aussitôt, D. Enrique et son favori D. Juan Pacheco déclarèrent la guerre au roi de Castille et au connétable D. Alvaro de Luna. Le roi de Navarre ne put voir la guerre se rallumer sans y prendre part ; la reine Blanche

---

[1]. *Arch. de Nav.* (Indice), caj. 148, 4. — [2]. *Arch. des Basses-Pyr.*, E, 554. — [3]. H. Martin, *Hist. de France*, t. VI, p. 368. — [4]. *Arch. de Nav.* (Indice), caj. 144, 21. — [5]. *Id., ibid.*, caj. 144, 36. — [6]. *Id., ibid.*, caj. 144, 38. — [7]. Yang., *Compendio*, p. 267.

traita en son nom avec D. Enrique à Santa Maria de Nievas [1]; mais la pieuse dame était mal faite pour prendre part à de telles intrigues; sa santé, ruinée par de longues souffrances [2], déclinait de jour en jour; elle mourut au retour d'un pèlerinage à Notre-Dame de Guadalupe, au commencement de mai 1441. La nouvelle de la mort arriva à Olite entre le 10 et le 20 de ce même mois; dès le 20 mai, le nom de la reine est suivi dans les documents de la Chambre des Comptes de la phrase traditionnelle : « Que Dieu lui fasse paix [3] ! » Le 10 juin, le prince de Viane exempte des cuarteles maître Simon de Leoz, secrétaire référendaire de la reine, « à qui Dieu donne son saint Paradis [4] ! »

La reine Blanche avait fait un testament d'une haute importance politique. Ce testament interprète en effet le contrat de mariage de 1419, et le prince de Viane le regarda toujours comme le fondement le plus sûr de son droit. La reine avait rédigé son testament à Olite le 17 février 1439 [5].

---

1. Zurita, III, f° 270. — 2. En 1452, le prince de Viane prenait à son service maître Muza Alcorthobi, more de Tudela, en considération des bons services qu'il avait rendus à la reine, *y de los grandes trabajos que por el han seydo passados en curar la persona de la dicta señora, en los accidentes et continuas pasiones de enfermedades de su persona.* (*Arch. de Nav.*, caj. 149, 45.) — 3. *Arch. de Nav.* (Indice), caj. 149, 8. — 4. *Id., ibid.*, caj. 149, 13. Moret place la mort de la reine en 1442. Les deux pièces citées ci-dessus démontrent l'erreur. Ferréras avait d'ailleurs adopté la véritable date d'après Fernan Perez de Guzman et Alphonse de Palence (Ferreras, t. VI, p. 476). La reine Blanche fut enterrée dans l'église de Santa Maria de Nievas; mais, dès le temps de Garibay (xvi° siècle), il n'y avait plus d'autres vestiges de son tombeau qu'un carrelage ancien qui recouvrait la place où la reine avait été inhumée; les moines se rappelaient que le corps avait été transféré ailleurs, mais ils ne savaient plus où. La translation avait été ordonnée par Leonor de Foix, mais au lieu de faire transporter les restes de Doña Blanca à Ujué, comme la reine l'avait demandé, Leonor ordonna de les déposer à Notre-Dame de la Miséricorde de Tafalla. Cet ordre ne fut pas exécuté, et l'on ne sait pas où repose la dernière reine de Navarre de la maison d'Évreux. Les gens de Tudela affirmaient au xvi° siècle que la reine était enterrée dans leur église de Saint-François; Garibay estimait qu'il s'agissait plutôt de Blanche de Bourbon, femme de Pierre le Cruel. (Garibay, t. III, p. 401. Mariana, *Hist. gén. d'Esp.*, t. IV, 1re part., p. 353.) — 5. *Arch. des Basses-Pyr.*, E, 338.

A travers les clauses de style, et la prolixité banale des documents de ce genre, on peut saisir quelques traits curieux du caractère de la reine. Son extrême dévotion n'est pas inconciliable avec l'orgueil de race, et lui fait attacher une grande importance aux plus petits détails de ses funérailles. Sitôt qu'elle sera morte, elle veut qu'on la revête de ses habits royaux, et qu'on lui mette sa couronne sur la tête. On l'enterrera dans l'église de Notre-Dame d'Ujué, devant le chœur. Son tombeau sera fait « en bonne pierre, bien travaillée »; il sera supporté sur six colonnes, et orné de sa statue. On le tendra de lampas vert [1] et de brocart d'or. L'église d'Ujué aura, en outre, trois lampes d'argent, et des ornements d'autel faits avec les robes et les manteaux de la reine. On portera à son enterrement 33 torches de cire de 12 livres chacune. On dira pour le repos de son âme trente messes à Sainte-Claire, trente messes à Saint-Ange, mille messes dans les autres églises du royaume.

Les legs particuliers de la reine seront payés sur sa dot de 361 112 florins d'or, montant, avec l'augment de dot, à 421 112 florins. La reine lègue au roi l'augment de dot de 60 000 florins, et une somme de 136 000 florins 6 sous 8 deniers. Elle prie ses enfants de ne rien réclamer à leur père du chef de son contrat de mariage. Elle laisse à son fils Charles 100 000 florins, et sa couronne d'or, garnie de beaucoup de perles et pierres précieuses, tous ses joyaux et sa vaisselle d'or et d'argent. L'infante Blanche aura 100 000 florins, l'infante Leonor 50 000. D'autres legs sont faits aux concierges de la Tour de Pampelune, et des palais de Pampelune, Olite et Tafalla.

L'institution d'héritier est traitée par la reine avec un grand développement et consacre en termes exprès les droits du prince à la couronne : « Nous déclarons, dit la reine, que

---

[1]. Les tombeaux de la cathédrale de Burgos sont recouverts de grandes housses de velours rouges à crépines d'or.

« notre héritier universel dans lesdits royaume de Navarre et
« duché de Nemours, et dans les autres biens qui nous appar-
« tiendront, que nous possédons et que nous posséderons au
« temps à venir, est notre très cher et bien aimé fils aîné,
« l'illustre et magnifique prince Don Carlos, et ses fils et des-
« cendants en légitime mariage, en préférant les fils aux filles;
« Nous exceptons (de cette institution d'héritier) les biens et
« les droits dont nous avons déjà disposé et ordonné, et dont
« nous entendons disposer et ordonner par notre testament, et
« acte de dernière volonté, au profit d'autres personnes et
« légataires. *Et quoique ledit prince, notre très cher et très*
« *aimé fils, se puisse après notre mort, pour cause d'héritage,*
« *et par droit reconnu, intituler et nommer roi de Navarre, et*
« *duc de Nemours,* cependant, pour garder l'honneur dû au
« seigneur Roi son père, nous le prions, le plus tendrement que
« nous pouvons, de bien vouloir ne prendre ces titres que du
« consentement, et avec la bénédiction dudit seigneur Roi son
« père. Et en cas que ledit prince Don Carlos, notre fils aîné,
« vînt à mourir sans enfant, ou sans enfants ou descendants en
« légitime mariage (ce qu'à Dieu ne plaise); en pareil cas,
« nous établissons et instituons pour héritière desdits royaume
« de Navarre et duché de Nemours, et des autres biens susdits,
« notre très chère et bien aimée fille, l'infante Doña Blanca,
« et ses enfants et descendants en légitime mariage, préférant
« les fils aux filles, selon ce qui a été dit ci-dessus. Et dans le
« cas où ladite infante Doña Blanca, notre très chère fille,
« viendrait à mourir sans enfant ou sans enfants et descen-
« dants en légitime mariage (ce qu'à Dieu ne plaise!); en
« pareil cas, nous établissons et instituons pour héritière des-
« dits royaume de Navarre et duché de Nemours notre très
« chère et aimée fille l'infante Doña Leonor, et ses enfants et
« descendants en légitime mariage, en préférant les fils aux
« filles, comme il a été dit ci-dessus. »

La reine pensait avoir assuré la paix entre son fils et son
mari; elle avait, au contraire, rendu le conflit inévitable

entre eux. Elle n'avait pas vu que Jean II ne se résoudrait jamais à abandonner son titre royal, elle n'avait pas pensé qu'un jour viendrait où les Navarrais eux-mêmes forceraient le prince de Viane à réclamer son droit.

Situation faite au prince de Viane par le testament de la reine, et par l'obstination du roi.

Après la mort de Blanche d'Évreux, reine propriétaire de Navarre, la couronne revenait de droit à son fils Charles. Les traditions historiques, le Fuero, les conventions particulières passées entre les époux, le testament de la reine; tout concourait à rendre le droit de D. Carlos évident.

Il était arrivé deux fois déjà que la légitime héritière de Navarre s'était mariée à un prince étranger; dans ces deux circonstances, les Navarrais avaient maintenu énergiquement les droits du fils de leur reine contre leur roi étranger. En 1305, Jeanne de Champagne, femme de Philippe le Bel et reine de Navarre, mourut, laissant un fils, Louis le Hutin, âgé de seize ans seulement. Les Cortès écrivirent au roi Philippe, en ne lui donnant que le titre de roi de France, et réclamèrent l'envoi du prince Louis en Navarre : « Voilà trente ans
« environ, disaient-elles, que ce royaume de Navarre est privé
« de la présence de son seigneur naturel; des guerres, des
« meurtres, diverses dissensions, troubles, malveillances,
« dommages, et autres maux innombrables se sont produits
« à cette occasion dans ledit royaume... et nous disons que
« vous devez avec une compatissante affection, envoyer per-
« sonnellement dans le royaume de Navarre, le Très Excel-
« lent et Illustre Seigneur D. Luiz, notre seigneur naturel,
« votre fils aîné, héritier de la Très illustre dame Dona Joana,
« votre femme, reine de Navarre... pour que nous le recevions,
« et reconnaissions pour notre seigneur et notre roi, comme
« il convient, et comme nous sommes tenus de le faire. »

(Pampelune, 5 des nones de juillet 1305 [1].) Philippe le Bel envoya son fils Louis en Navarre; le jeune prince fut couronné à Pampelune, visita le royaume, jura de maintenir les privilèges des villes, et gouverna personnellement le royaume pendant deux ans (1307-1308) [2].

En 1328, quand la princesse héritière de Navarre, Jeanne de France, fille de Louis le Hutin, épousa Philippe d'Évreux, les États de Navarre firent jurer à Philippe de reconnaître pour roi de Navarre, en cas de mort de la reine, l'aîné des fils qui naîtraient de leur mariage, aussitôt que ce prince aurait atteint sa vingt et unième année [3]. Philippe protesta, il est vrai, contre cette disposition qui le privait des droits accordés à l'époux survivant, mais les États lui attribuèrent en représentation de ces droits une somme de 100 000 livres, et Philippe prêta le serment qu'on exigeait de lui [4]. Sa mort prématurée (1343) empêcha d'ailleurs le conflit de se produire : il est incontestable que Charles le Mauvais eût été en droit, à sa vingt et unième année, de réclamer la couronne.

Les règles applicables à la succession royale sont ainsi déterminées par le Fuero : « Et il fut établi pour toujours, afin « que le royaume pût durer, que pour tout roi qui aurait fils « ou fille de loyal mariage deux ou trois, ou plus; le fils aîné « hériterait du royaume après la mort du père... et si ce fils « aîné, marié, avait fils de loyal mariage, son fils aîné hérite- « rait... et si, par aventure, celui qui régnait mourait sans « fils de loyal mariage, l'aîné de ses frères, nés de loyal ma- « riage, hériterait du royaume [5] ». Le mot *roi* doit s'entendre dans le sens de propriétaire et seigneur naturel de la terre; le véritable souverain propriétaire était en 1441 la reine Blanche d'Évreux, la couronne revenait donc, à sa mort, au prince de Viane, son fils aîné.

Le contrat de mariage de Jean et de Blanche n'avait pas,

---

1. Yang., *Cron. del principe*, p. 155. — 2. Yang., *Compendio*, p. 157. — 3. Id., *Cron. del principe*, p. 166. — 4. Yang., *Compendio*, p. 170. — 5. *Fuero gen.*, l. II, tit. IV, ch. I.

ainsi qu'on l'a fait observer, prévu les cas où Blanche serait prédécédée, laissant un héritier de la couronne; mais, pour peu que l'on connaisse les règles ordinaires de l'interprétation des contrats, il est aisé de voir que la question avait été implicitement posée et résolue. Si Blanche mourait avant son mari, *sans laisser d'enfants*, Jean d'Aragon s'engageait à remettre tout le royaume et toutes ses places fortes aux mains de l'héritier légitime, et reconnaissait qu'il était venu à la succession de Navarre *comme mari de Blanche, et en vertu du droit à elle appartenant* [1]. Or la naissance du prince de Viane n'avait rien changé à la nature du droit de Jean d'Aragon; il n'était pas devenu, par le seul fait d'avoir un fils, *propriétaire* du royaume et *seigneur naturel* de la terre; il n'avait pas cessé de tenir tous ses droits de la reine; la reine venant à disparaître, la cause de son droit disparaissait avec elle, son droit s'évanouissait en même temps, et il se trouvait obligé, par une application très simple et très logique du contrat, à remettre le royaume aux mains de l'héritier légitime, qui était le prince son fils. Cette interprétation avait été adoptée, dans le corps même du contrat, par les Cortès de Navarre qui avaient juré de n'obéir qu'à la reine et au seigneur « Infant « D. Juan, durant leur mariage, et à leurs descendants après « sa dissolution [2] ». Le mariage avait été dissous par la mort de Blanche, les Cortès ne devaient plus obéissance qu'à son fils.

Le testament de la reine proclamait nettement le droit du prince qui pouvait « à titre d'héritier, et par droit reconnu, « se nommer et s'intituler roi de Navarre et duc de Nemours « après la mort de sa mère [3] ». La reine priait, il est vrai, le prince de Viane de ne prendre le titre de roi qu'avec l'agrément de son père, mais cette prière maternelle n'ôtait rien au droit de D. Carlos. La reine désirait également que ses enfants

---

[1]. Como su marido, por el derecho a eilla pertenesciente. *Doc. ined. de Arag.*, t. XXVI, p. 327. — **2**. *Id.*, p. 330. — **3**. *Arch. des Basses-Pyr.*, E, 538.

ne réclamassent rien à leur père au sujet de la gestion de sa dot, et les enfants avaient si bien conservé le droit d'agir autrement que, dans son testament, le prince de Viane dispose de la dot entière de sa mère, sans tenir compte des legs qu'elle avait illégalement faits au roi et à ses filles.

La coutume, la loi, les actes authentiques auraient dû mettre le droit du prince de Viane à l'abri de toute contestation; cependant, Jean d'Aragon refusa de reconnaître son fils comme roi de Navarre, et resta en possession de la couronne jusqu'à sa mort (1479). Ambitieux et obstiné comme il l'était, il n'entendait à aucun prix renoncer à son titre royal : il avait été seize ans roi de Navarre, il ne voulut jamais comprendre que la mort de sa femme pût le priver de tout droit à la couronne, et crut pouvoir se réclamer auprès de son fils de sa possession, déjà longue, et de l'autorité reconnue au père de famille par la loi navarraise.

D'ailleurs, si indifférent qu'il fût à l'idée de droit, il essaya d'appuyer ses prétentions sur la loi elle-même.

Le Fuero accordait à l'époux survivant un droit d'usufruit sur tous les biens de son conjoint prédécédé : « L'yfanzon « marié, et ayant des enfants de sa femme, a son héritage, « quand elle meurt; il le possède en usufruit avec ses biens « propres; il doit recevoir aussi tous les biens meubles, il est « tenu des dettes, tant que dure l'usufruit, et il doit élever et « conseiller les enfants [1]. ». Jean d'Aragon prétendait étendre cette disposition à tout le royaume, et rester roi par droit de viduité.

L'assimilation du royaume et des droits régaliens au domaine d'un particulier était inadmissible. Le Fuero ne s'applique qu'à la propriété privée; il oblige l'usufruitier à tailler les vignes, cep à cep, à réparer les bâtiments d'exploitation, les murs de clôture et les portes d'entrée; il lui défend de tailler les arbres à fruit [2]. Aucune de ces dispositions n'est

---

1. *Fuero gen.*, l. IV, titre II, ch. II. — 2. *Fuero gen. Ibid.*

applicable au royaume. Le Fuero ne s'applique qu'à des hérédités partageables; il suppose lui-même que tel cas pourra se présenter où le père devra partager l'héritage entre ses enfants; le royaume est, par nature, inaliénable et indivisible [1]. Enfin le Fuero accorde l'usufruit à l'époux survivant, même s'il n'y a pas d'enfants [2], et le contrat de mariage de Jean II l'obligeait, au moins dans ce dernier cas, à rendre le royaume à l'héritier légitime; les droits de survie ne devaient consister pour lui qu'en une somme de 300 000 florins à prendre sur la dot de la reine. Ces objections suffisaient pour rendre vaines les prétentions de Jean d'Aragon.

Cependant, la distinction entre une succession royale et une succession particulière n'était pas encore nettement formulée au XVe siècle; les partisans les plus résolus du prince de Viane se gardent d'appuyer sur un point aussi délicat; ils opposent surtout à Jean II le fait de son second mariage, qui, d'après le Fuero même, lui faisait perdre tous ses droits à l'usufruit [3]. Il y eut ainsi, dès le début, chez les meilleurs serviteurs du prince, une sorte d'hésitation et d'incertitude au sujet de ses droits. Jean II en profita d'autant plus aisément que le prince n'avait pas encore vingt et un ans; pendant l'année qui suivit la mort de la reine Blanche, Jean put paraître n'exercer que ses droits de tutelle légitime [4].

Dans les derniers mois de 1441, Jean envoya à son fils des lettres patentes qui le nommaient lieutenant général en Navarre. Ce titre, mal défini, devait laisser subsister plus d'un malentendu entre le père et le fils. Pour Jean II, le lieutenant général n'avait d'autres attributions que de préparer les affaires et de les recommander au roi, qui se réservait la faculté de révoquer les actes de son lieutenant, ou de les con-

---

1. *Fuero gen.*, l. II, tit. IV, ch. I. — 2. *Id.*, l. IV, tit. II, ch. III. — 3. *Fuero gen.*, l. IV, tit. III, ch. III. — 4. « Filio asserente ex dispositione matris, pactis etiam super ea re initis, proprietatem regni, ejusque administrationem *post pubertatis annos*, ad cum spectare. » Roderici Santii. *Hist. hisp.* pars IV, cap. XXXVII.

firmer suivant son bon plaisir [1]. Pour le prince de Viane, la lieutenance générale n'était rien moins qu'une quasi-royauté. Mais, tout en étendant son pouvoir bien au delà des limites que Jean II avait voulu lui marquer, il se demanda tout d'abord s'il accepterait même l'autorité déléguée qui lui était offerte.

Profondément convaincu de son droit, mais encore très inexpérimenté, il n'osa pas prendre nettement parti. Il eût pu refuser la lieutenance générale, et se tenir à l'écart du gouvernement jusqu'au moment où les Cortès l'auraient légalement mis en possession de sa couronne. Il pouvait encore proclamer son droit, et en appeler immédiatement à la fortune des armes. Il n'eut pas assez de désintéressement et de sagesse pour s'arrêter au premier parti, il ne fut pas assez hardi pour choisir le second; il prit un moyen terme désastreux : il accepta le titre qui lui était déféré et protesta contre son acceptation au moment même où il la donnait. Ces restrictions mentales étaient en quelque sorte autorisées au xve siècle, quelque dangereuses qu'elles fussent.

Le 10 décembre 1441, les États de Navarre requirent le prince de prêter le serment auquel il était tenu; le prince voulut gagner du temps; il répondit que ses tuteurs avaient déjà juré pour lui, et qu'il ne voulait rien faire que du consentement de son père [2].

Les lettres patentes de Jean II, qui nommaient D. Carlos lieutenant général, lui furent apportées le 12 décembre [3], à Los Arcos, par un serviteur du roi, appelé Martin de Muru. Viane était logé dans la maison de Pedro de Chanaïri, notable habitant de la ville; il reçut l'envoyé de son père dans la chambre où il tenait son conseil, et devant ses conseillers; il lui commanda de donner lecture de la lettre royale. La lecture faite, il manifesta aussitôt son mécontentement, disant « que la

---

[1]. Cf. une lettre de Jean II à doña Leonor. Yang., *Dicc.*, t. III, p. 185. — [2]. *Arch. des Basses-Pyr.*, E, 539. — [3]. El anyo del nascimiento de N.-S. mil quatrozientos quaranta uno, a XII dias del mes de deziembre.

« lettre de Sa Seigneurie lui paraissait porter préjudice au
« droit de propriété qu'il avait sur le royaume, comme sei-
« gneur propriétaire, et qu'il n'avait l'intention d'user, ni de
« cette provision, ni d'aucun pouvoir émané du roi, mais
« bien de son propre pouvoir, et de l'autorité que Dieu et la
« nature, sa droite succession et descendance lui donnaient et
« réservaient dans le royaume. » Cependant il entendait vivre
en fils obéissant, « honorer et servir le roi comme un bon fils
« doit servir son père et seigneur ». Il se résignait même à se
laisser appeler dans les actes publics lieutenant général du
royaume, mais à la condition « que toutes les choses qu'il
« ferait ainsi, il serait censé les faire en vue et pour la per-
« sonne du seigneur roi son père, pour l'honorer, et non pour
« lui constituer un droit quelconque sur le royaume ». Le
prince protestait d'avance contre toute autre interprétation
de sa conduite, et fit dresser procès-verbal de sa protestation.
L'acte fut rédigé par Sancho Periz de Aymariz, secrétaire du
prince, et *en vertu de son autorité royale*, notaire en sa Corte-
Mayor et en tout son royaume [1].

D. Carlos pouvait se croire un fils soumis et respectueux,
mais c'était naïveté pure de penser que Jean II se contente-
rait d'une pareille acceptation. Jean fut très blessé de la résistance de son fils ; ses conseillers ne manquèrent pas de l'exciter à défendre ses prérogatives, car ils avaient le plus grand
intérêt à ce que leur maître, déjà privé de ses domaines de
Castille, continuât au moins à recevoir les subsides de la
Navarre. Jean passa les trois quarts de l'année 1442 en Castille, à Medina del Campo [2], à Valladolid [3], à Madrigal [4]. En
octobre, il rentra en Navarre, et reparut inopinément à Sanguesa. Le prince s'inquiéta de ce retour ; on lui disait que le
roi était revenu sans nécessité, à l'instigation de quelques
Navarrais, moins désireux de la paix que de la guerre, et que

---

1. *Coll. Doat*, t. 217, f° 154, *Arch. des Basses-Pyr.*, E, 539. — 2. *Arch. de Nav.* (Indice), caj. 149, 43. — 3. *Id., ibid.,* caj. 150, 3. — 4. *Id., ibid.,* caj. 150, 9.

Jean allait lui causer les plus grands embarras à lui, *le seigneur propriétaire du royaume*. Charles résolut de tenir un conseil extraordinaire : le 14 décembre, après avoir entendu la messe dans la chapelle royale du palais d'Olite, il réunit ses conseillers dans la tour de l'oratoire, et leur fit part des périls qui semblaient le menacer ; il se plaignait surtout de ce que le roi voulait prendre part au gouvernement du royaume, et se mêlait de convoquer les Cortès. Après mûre délibération, les conseillers répondirent « que leur intention était
« de garder, autant que possible, intact et inviolable, le droit
« de Sa Seigneurie au royaume, en le reconnaissant pour
« leur seigneur naturel ; mais puisque des dissentiments
« s'étaient produits entre Sa Seigneurie et son père, qui ne
« devait pas, à se qu'ils pensaient, demeurer longtemps dans
« le royaume, Sa Seigneurie devait dresser un acte de pro-
« testation pour la conservation de son droit. Sa Seigneurie
« déclarerait ne donner son consentement à aucun des actes
« que pourrait faire le seigneur roi, son père, pendant le
« temps qu'il demeurerait dans le royaume, mais, au con-
« traire, y contredirait expressément, en tant qu'ils lui seraient
« préjudiciables. Comme on était sur le point de célébrer les
« Cortès qui devaient s'ouvrir incessamment, pour éviter le
« scandale, et cette protestation une fois faite, il paraissait
« aux conseillers que le prince devait *user de dissimulation*,
« puisqu'il devait tenir et célébrer les Cortès avec le roi. »
Les membres du Conseil du prince appelés à cette importante délibération furent le doyen de Sainte-Marie, les écuyers, le maître d'hôtel et le trésorier (*cambradineros*) du prince et de la princesse de Viane [1].

Quoique le notaire royal Sancho Periz déclare avoir rédigé la protestation du prince en forme d'acte public, il est fort probable qu'elle demeura secrète, et connue seulement du prince et de ses conseillers intimes ; c'était une mesure con-

---

1. *Arch. des Basses-Pyr.*, E, 539 ; Yang., *Dicc.*, t. III, p. 165.

servatoire qui, aux yeux de Charles et de ses partisans, entachait de nullité tous les actes que pourrait passer Jean II comme roi de Navarre. Rassurés désormais contre les conséquences de leur soumission, rassurés surtout par le prompt départ de Jean II [1], et répugnant comme tous les hommes du moyen âge à une solution radicale, Charles et ses amis crurent apaiser la crise en l'éternisant.

La cour du prince de Viane. — Ses amis.

Les documents d'archives qui nous ont été conservés sur le prince de Viane renferment un grand nombre de faits intéressants pour l'histoire de sa vie, mais, comme tous les actes officiels, ils laissent de côté la personne même du prince; nous savons comment il gouvernait; nous ne savons pas aussi bien qui il était. Son portrait physique est difficile à tracer; les contemporains n'ont pas songé à nous renseigner à cet égard, ou leurs œuvres se sont perdues. Le frère Juan Christoval de Gelves, conseiller du prince, avait composé un livre intitulé : *Histoire des troubles de Catalogne au temps du prince D. Carlos de Viane* [2]. D. Pedro de Urrea, archevêque de Tarragone (1445-1489), avait écrit une *Relation des troubles de Catalogne au temps du prince D. Carlos de Viana* [3]; mais ces ouvrages sont restés manuscrits, et sont perdus ou égarés dans quelque bibliothèque d'Espagne. Il nous reste une *Chronique du roi D. Juan* par Gonzalo Garcia de Santa Maria [4], et quelques passages des *Chroniques* de Lucio Marineo Siculo.

Les monuments figurés ne sont pas plus nombreux. Il existe à la Bibliothèque nationale de Madrid deux portraits du prince. Le premier est une gravure sur plomb, conservée dans la *Collection des anciennes estampes espagnoles*. Le second

---

1. Le 10 février 1443, Jean II est à Tolède. *Arch. de Nav.* (Indice), caj. 150, 33. — 2. Dormer, *Progresos de la Hist. de Aragon*, p. 265. — 3. Latassa, *Bib. antig.*, t. II, p. 289; Andres de Ustarroz, *Museo Aragones*. — 4. Latassa, *op. cit.*, t. II, p. 224.

est une miniature sur vélin de la fin du xv° siècle placée en tête d'un manuscrit des *Lettres de D. Ferrando de Bolea y Galloz*, secrétaire du prince de Viane [1]. La gravure et la miniature paraissent avoir été faites d'après le même dessin original. Dans l'une et dans l'autre, le prince est représenté debout, vêtu d'une longue robe à larges manches, serrée à la taille, et offrant les mêmes plis raides et réguliers; il est coiffé d'un bonnet pyramidal, de forme très haute, en étoffe veloutée, découpé sur le front, avec deux pointes retombant sur les oreilles. La tête du prince est entourée d'un nimbe. La gravure donne au prince le titre de *Bienheureux Charles*; c'est une image de piété qui date du temps où le prince recevait en Catalogne un culte public. La miniature est de 1480. Elle est exécutée avec grand soin, avec tout le fini et toute la prétention que les artistes du xv° siècle mettaient dans leurs œuvres : le dessin est maigre et pauvre, les lignes sont raides et sèches, les ornements bizarres; le miniaturiste a multiplié les devises, les emblèmes et les énigmes, et l'effet général est presque grotesque; rien ne fait prévoir la Renaissance dans cette enluminure disgracieuse, sans goût et sans élégance. La figure est accompagnée de banderoles curieusement repliées sur lesquelles se lisent des devises latines : *Pacientia opus perfectum habet — Karolus — Qui se humiliat exaltabitur*. Les angles supérieurs de la feuille sont occupés : à gauche par l'écu des armes de Navarre, d'Évreux et d'Aragon, à droite par une branche de châtaignier garnie de neuf feuilles et de six fruits; une banderole enroulée autour de la branche porte les mots français *Bonne foy*, qui sont répétés au bas de la miniature, dans l'angle de gauche, et qui font allusion à l'ordre de Bonne Foy, fondé par Charles le Noble. A la hauteur des épaules sont disposées symétriquement deux figures géométriques, formées de trois demi-cercles se coupant en un

---

1. *Reservado 6°, 10.* Cette miniature a été reproduite en chromo dans le tome XXVI des Doc. inéd. d'Aragon, et en noir dans la *Revista Euskara*, 1883, n° 64, p. 301.

même point, et accompagnées de deux lettres, *a* et *y* [1]. Le prince a les pieds posés sur un lévrier blanc colleté d'azur, allusion à l'ordre du Lévrier blanc fondé par Charles le Noble. Du terrain de sinople, sur lequel est couché le lévrier, sort à la droite du prince un châtaignier garni de neuf feuilles et de trois fruits [2]. Le prince s'appuie sur une grande épée à deux mains (*mandoble*); une bandelette enroulée autour du fourreau porte les mots : *Justitia Dei ne ca...* Son ample robe de drap noir est bordée de fourrures, dans le bas et aux manches, le cou est entouré d'un collet en drap rouge, très haut et très ouvert, qui devait tenir au vêtement de dessous; les mains du prince sont chargées de bagues, sa ceinture est ornée d'une boucle en or, et d'une pendeloque du même métal avec une grosse émeraude. Il porte au cou le collier d'or et de pierreries, avec griffon d'or en pendant, dont il est fait mention dans l'inventaire de ses joyaux.

Cette image n'est guère qu'une caricature; elle permet cependant d'avancer que le prince avait les yeux gris et les cheveux châtain clair, le nez long et droit, le visage pâle et maigre. Gonzalo Garcia de Santa Maria ajoute qu'il était d'une taille un peu au-dessus de la moyenne, qu'il avait la démarche grave, un air plein de modestie et de sérénité, et quelque chose de mélancolique dans l'expression générale de la physionomie [3]. La plupart des traits de ce portrait se rapporteraient assez bien à notre Charles V, long et pâle, de complexion délicate, ami du repos et de l'étude [4]. Charles le Noble, aïeul de D. Carlos, était un prince français par son père Charles d'Évreux et par sa mère Jeanne de France, il n'est pas étonnant que Viane ait conservé quelques traits de ces princes de France dont il descendait.

---

[1]. Le mot *ay* signifie hélas! Peut-être est-ce là une exclamation douloureuse destinée à rappeler les malheurs du Prince. — [2]. Le casque du prince de Viane était garni d'une branche de châtaignier. *Arch. des Basses-Pyr.*, E, 541. — [3]. *Revista Euskara*, 1883, n° 64, p. 301; Latassa, *Bib. antiq.*, t. II, p. 224. — [4]. Christine de Pisan, l. II, ch. x.

Ses contemporains vantent tous sa douceur et sa bonté, sa libéralité, sa tempérance et sa modération. Un vieil écrivain français du commencement du xvii° siècle les a résumées très heureusement en disant : « On n'eust sceu trouver en cest « aage prince plus généreux, ny mieux appris que D. Charles « de Navarre, car outre les dons naturels de beauté, douceur, « affabilité envers tous, et hauteur de courage au besoing, il « estoit abbruvé de saincte doctrine qui régissait ses gentilles « mœurs, et de plusieurs belles et louables sciences par les- « quelles il estoit admiré en son temps et se rendit fameux « après sa mort. [1] » Marino Siculo va jusqu'à dire qu'il sem- blait ne rien lui manquer pour être un prince parfait [2].

Les neuf années qui suivirent la mort de la reine Blanche furent sans contredit les plus heureuses de l'existence du prince. Ce fut alors que sa cour brilla du plus vif éclat.

Les rois de Navarre n'avaient habité pendant longtemps que de sombres forteresses, ou de modestes maisons dans les principales villes de leur royaume. Au xv° siècle, ils avaient de véritables palais à Tafalla et à Olite, des hôtels et des châteaux à Pampelune, à Estella, Sanguesa, Tudela et Cortes. En voyage, ils recevaient l'hospitalité dans les couvents ou chez les riches particuliers. A Los Arcos, par exemple, le prince de Viane descendait chez maître Pedro Sanz de Cha- naïri [3]; à Viana, chez Juan Periz de Torralba, licencié en décret [4].

A Cortès, le palais royal devait être une construction assez importante. Un compte des réparations exécutées en 1444 mentionne dans cet édifice une cave, une salle verte, la tour de l'hommage et la tour blanche, la chambre de la garde- robe et la chambre peinte. La réparation des toitures avait demandé 1700 tuiles [5]. Le roi possédait en outre à Cortès une maison, appelée *Los Palacios reales*, qui fut donnée à cens

---

1. Mayerne-Turquet, *Hist. d'Espagne*, t. I, p. 290. — **2.** Cité par Pres- cott, *Ferd. el Ysab.*, t. I, p. 129. — **3.** *Arch. des Basses-Pyr.*, E, 539. — **4.** *Arch. de Nav.* (Indice), caj. 149, 49. — **5.** *Id., ibid.*, caj. 153, 16.

perpétuel à Sancho Pelegrin, avocat des pauvres à la Corte Mayor, pour une redevance annuelle de six sous [1].

Les châteaux de Belmecher et de Zalatambor à Estella étaient surtout des forteresses; ils étaient cependant assez considérables pour servir à l'habitation royale. C'est à Estella qu'avait eu lieu la première entrevue de D. Carlos et d'Agnès de Clèves [2].

A Tudela, les rois de Navarre avaient un château royal [3], et une maison avec jardin dans la paroisse de Sainte-Madeleine [4]. On trouve également la mention d'un palais royal à Sanguesa, en 1446 [5]; Jean II accorda à la ville plusieurs privilèges importants, et la princesse Léonor y fit souvent résidence pendant son gouvernement en Navarre.

A Pampelune, les rois paraissent avoir eu longtemps pour principale habitation le palais épiscopal [6]; mais au xve siècle existait un palais royal distinct de la résidence de l'évêque. Il était situé au nord-ouest de la ville, sur l'emplacement de la Capitainerie générale actuelle. Il touchait aux remparts et dominait la rive de l'Arga. Un jardin étroit et en pente avait été ménagé le long de la colline; un pré, où le prince de Viane dressait ses pavillons pendant l'été, attenait à la rivière, et l'on voit encore le moulin dont les barrages empêchaient le prince de naviguer librement sur l'Arga [7]. Un compte de réparations exécutées au palais en 1447 mentionne la *Chambre neuve*, la *Galerie*, et la *Garde-robe du prince*. Il a fallu refaire des planchers, acheter des solives, et des bigues de 12 et de 16 codos de longueur. On a réparé la toiture, et l'on y a employé huit charges de tuiles; enfin, il a fallu un robo de chaux (*calinia*) pour enduire le pourtour de la cheminée [8]. L'aspect extérieur du palais de Pampelune devait être peu monumental. La Capitainerie générale actuelle présente quel-

---

1. *Arch. de Nav.* (Indice), caj. 155, 12. — 2. *Id., ibid.*, caj. 143, 41. — 3. *Id., ibid.*, caj. 139, 17. — 4. *Id., ibid.*, caj. 154, 21. — 5. *Id., ibid.*, caj. 153, 11. — 6. Yang., *Compendio*, pass. — 7. *Arch. de Nav.* (Indice), caj. 151, 26. — 8. *Id., ibid.*, caj. 153, 16.

ques détails de sculpture qui remontent au règne de Charles-Quint[1]. La masse de la construction pourrait bien être plus ancienne encore; elle est de forme régulière et massive; de gros contreforts la consolident du côté de la rivière, et du côté du ravin qui sépare la Navarreria du Burgo de San Cerni. On dirait un couvent, presque une prison, mais l'aspect de l'Aljaféria de Saragosse n'est pas beaucoup plus séduisant.

L'esprit turbulent des habitants de Pampelune avait décidé Charles le Noble à établir sa résidence en dehors de sa capitale. Il avait choisi Tafalla et Olite, situées à onze et douze lieues au sud de Pampelune, dans la fertile vallée du Zidaco, à l'entrée de la grande plaine de l'Ebre. La température y est plus douce que dans la Cuenca; la vue s'étend, au nord, jusqu'à la Sierra del Pueyo; à l'est, elle est bornée par les montagnes d'Ujué et de San Martin de Unx; à l'ouest et au sud, on découvre le pays jusqu'à Lérin et jusqu'à l'Ebre. A une époque où les montagnes n'avaient pas perdu tous leurs bois, elles devaient offrir aux chasses royales d'abondantes ressources, et la Bardena était tout près avec ses immenses solitudes. Les jardins de Tafalla, les vignes de Péralta assuraient aux habitants d'Olite les fruits, les légumes et les graines potagères qui forment en Espagne le fond de tous les repas; l'Ebre et l'Aragon fournissaient du poisson.

Du palais de Tafalla il ne reste que quelques pans de murs; il a disparu pour faire place à un hôtel de ville moderne[2]. Il existait encore au XVIIe siècle[3]. Charles le Noble y résida souvent, et l'avait entouré d'immenses jardins. Une tradition populaire veut même que le roi ait songé à réunir son palais de Tafalla à celui d'Olite par une galerie à deux étages[4]: mais cette conception eût été difficile à réaliser; il n'y a pas moins de cinq kilomètres d'un palais à l'autre, et toutes les res-

---

1. La porte principale est ornée d'un grand écusson aux armes impériales, supporté par l'aigle à deux têtes d'Autriche. — 2. G. de Lavigne, Itinér. d'Esp. et de Portugal. — 3. Bib. Nat., Mss. esp., n° 324, p. 36. — 4. Dicc. geog. de la real Acad. de la historia, t. II, p. 178.

sources de la Navarre n'eussent pas suffi à l'exécution de ce gigantesque et inutile ouvrage. Vivement frappés par la grandeur des constructions d'Olite et de Tafalla, les paysans d'alentour auront encore par cette légende enchéri sur la vérité.

Le palais d'Olite l'emportait en grandeur et en magnificence sur toutes les autres résidences des rois de Navarre. Même avant Charles le Noble, les rois avaient à Olite une maison comme dans beaucoup d'autres villes du pays, mais le palais lui-même ne date que de la seconde moitié du règne de Charles le Noble. Les grosses sommes d'argent que le roi avait obtenues du roi de France, en échange de ses droits sur la Champagne et la Brie, permirent de pousser activement les travaux, et le palais fut terminé dès la première moitié du XVe siècle. La dernière mention de travaux exécutés au palais est de 1438 [1]. Les ouvriers avaient l'habitude à cette époque de graver sur les pierres certaines marques qui permettaient d'évaluer le travail fait par chacun d'eux; ces marques se retrouvent, toujours identiques, dans toutes les parties de la construction; l'édifice a donc été bâti dans un espace de temps relativement fort court.

Le palais d'Olite a été incendié par l'ordre de Mina pendant les guerres de l'indépendance espagnole, mais les ruines qui subsistent sont assez considérables et assez bien conservées pour qu'il soit possible de le reconstituer entièrement. Le plan général manque de régularité; il y a cependant une véritable façade dominant la vallée du Zidaco, et présentant l'aspect le plus monumental. La construction rappelle dans ses grandes lignes le palais des papes à Avignon.

Le château proprement dit (A) [2] s'élève sur une vaste terrasse supportée à 60 pieds de hauteur par d'énormes murs à pic; de belles voûtes ogivales forment des niches profondes dans l'épaisseur des murs, et donnent à tout l'ensemble beau-

---

[1]. *Arch. de Nav.* (Indice), caj. 145, 23. — [2]. Voir le plan à l'Appendice, pièce 7.

coup d'élégance et de légèreté. La masse principale de la construction est bâtie en retrait sur cette première assise. Au temps où le palais était dans toute sa splendeur, la terrasse était couverte d'orangers, de citronniers, de lauriers-roses, et d'arbres rares de toute espèce. Les appartements royaux étaient tous compris dans un donjon quadrangulaire, à trois étages, qui contenait quatre pièces à chaque étage. Ces pièces étaient hautes, assez bien éclairées, et munies de cheminées monumentales d'un beau travail. Il ne reste rien de la décoration intérieure; le feu a tout détruit, mais le *Dictionnaire géographique de l'Académie de l'histoire*, rédigé avant la destruction du palais, nous apprend que les plafonds des salles, salons et cabinets étaient lambrissés et ornés d'arabesques d'une étonnante richesse [1]. A l'extérieur du donjon, sur l'emplacement autrefois occupé par quelques légères constructions, on voit encore les restes d'une décoration en plâtre, conçue dans le style arabe; les rosaces et dessins symétriques obtenus par moulage portent encore des traces de peinture. Le donjon donnait à l'est sur les terrasses du palais et à l'ouest sur deux cours; l'une d'elles renferme les restes d'une galerie en pierre découpée formant véranda le long des appartements royaux.

A droite du donjon, et rattachée par un simple mur à la masse principale du palais, s'élève une seconde terrasse (B), plus vaste que la première. Deux tours à un seul étage, la tour des Quatre-Vents et la tour des Sentinelles (*atalayas*), s'élèvent aux extrémités de cette terrasse; chacune d'elles a sa tourelle d'escalier, très élancée, et plus haute que la plateforme. La tour des Sentinelles est percée d'une fenêtre sur chaque face; chaque fenêtre s'ouvrait sur un balcon en encorbellement, couvert d'un dais de pierre, supporté par de fines colonnettes délicatement sculptées. C'était un véritable kiosque de plaisance, d'où la vue s'étendait sur toute la plaine.

---

1. *Dicc. geog.*, t. II, p. 178.

A gauche du donjon, la chapelle du palais, dédiée à Saint-Georges, et l'église de Sainte-Marie-la-Royale remplissent presque entièrement une cour de forme irrégulière (C), entourée de hautes murailles, et flanquée à l'est par la tour de l'Oratoire, et la tour des Trois Couronnes, à trois rangs de créneaux et de mâchicoulis. La chapelle royale n'a rien gardé de son ornementation intérieure; des stucs coloriés, des boiseries sculptées en devaient faire les frais. Sainte-Marie-la-Royale, dont la construction est sans doute un peu antérieure à celle du palais, possède un admirable portail qui est vraisemblablement l'œuvre d'architectes français. Les voussures sont ornées de six rangs de feuillages découpés, les montants de la porte sont décorés de petits bas-reliefs représentant les signes du zodiaque, la création de la femme, Adam et Ève, des scènes de la vie rustique; plusieurs de ces petits tableaux sont exactement copiés sur des modèles français. Le portail s'ouvre sur un joli cloître entouré d'arcades de trois côtés. Sainte-Marie-la-Royale communiquait avec la chapelle royale par un étroit passage qui permettait au roi et à sa famille d'assister à l'office sans sortir du palais.

Le château se continuait au nord par un grand corps de logis aujourd'hui ruiné (D), qui servait sans doute d'habitation aux seigneurs et dames de la cour. Les salles étaient grandes et hautes, les larges fenêtres décorées de meneaux et de moulures. Enfin, derrière ce bâtiment, s'étendait une grande cour carrée entourée de portiques (E). Autour de ce *patio*, qui devait être la partie la plus régulière du palais, régnaient de grands bâtiments dont il ne reste que de rares vestiges. A l'O., une galerie un peu étroite occupait toute la longueur de la cour; c'était là que se tenaient les Cortès, et que se donnaient les banquets et les fêtes; une niche creusée dans la muraille, et richement ornée, marque encore la place où s'élevait le trône. Le corps de logis qui occupait à l'E. le côté opposé de la cour comprenait des appartements éclairés du côté de la plaine par trois larges croisées.

D'immenses jardins enclos de murs en torchis [1] offraient aux hôtes du palais un lieu de promenade et de récréation. On y avait réuni des échantillons de tous les végétaux du pays, et aussi des plantes rares venues du midi de l'Espagne. Les rois de Navarre partageaient le goût des rois de France [2] pour les collections d'animaux exotiques. Charles le Mauvais avait reçu en cadeau du roi d'Aragon un lion, une lionne et une guenon [3]. Le prince de Viane avait organisé à Olite une véritable ménagerie. En 1435, il avait des perroquets, une girafe, des lions, des cerfs, des ours, des chameaux [4]. En 1438, Jean II lui fait présent d'un cerf [5] et d'un sanglier [6]. En 1439, les animaux sont assez nombreux pour que l'on nomme un gardien de la ménagerie [7]. Le prince a des oiseaux en cage à Olite; des poules, des lapins et un cygne à Tafalla [8]. Son lion le suit quelquefois en voyage; en 1446, Martin de Tolosa le ramène de Sanguesa à Olite, et rapporte en même temps les petits chiens de la princesse de Viane [9]. En 1447, D. Juan de Mur donne au prince quatre buffles pour augmenter sa collection [10].

On n'aurait qu'une idée incomplète de la physionomie du palais si l'on oubliait cette population d'ouvriers et de manœuvres qui vivaient autour de lui. Un vieux serviteur de la reine Blanche, qui l'avait accompagnée en Sicile, était gardien du jardin [11]. Le concierge du palais avait été mis par elle sur son testament. Un maitre charpentier entretenait la toiture et fournissait le palais de bancs et de tables; quand le prince donnait un festin dans la grande salle, c'était le charpentier du palais qui élevait l'estrade royale. Il recevait une pension de 40 livres en argent, et 10 cahices de blé [12]. Au pied des terrasses, et le long de l'enceinte, on laissait construire des

---

1. *Arch. de Nav.* (Indice), caj, 145, 29. — 2. Il y avait une ménagerie à l'hôtel Saint-Pol. — 3. Yang., *Dicc.*, t. III, p. 131. — 4. *Arch. de Nav.* (Indice), caj. 155, 19. — 5. *Id., ibid.*, caj. 141, 32. — 6. *Id., ibid.*, caj. 139, 17. — 7. *Id., ibid.*, caj. 143, 34. — 8. *Id., ibid.*, caj. 143, 50. — 9. *Id., ibid.*, caj. 154, 2. — 10. *Id., ibid.*, caj. 154, 25; Cuentas, t. XXV, p. 96. — 11. *Arch. de Nav.* (Indice), caj. 143, 37. — 12. *Id., ibid.*, caj. 139, 25.

échoppes où travaillaient les fournisseurs de la cour; on y voit en 1448 le tailleur et le cordonnier du prince [1].

Il n'est rien resté de l'ancien mobilier du palais, et les pièces de la Chambre des Comptes ne mentionnent aucun achat de meubles de 1435 à 1461. Il est probable que l'ameublement devait consister presque exclusivement en lits, bahuts et coffres, tables et bancs. Le luxe était plus grand que le confort; la princesse de Viane avait une escabelle dorée [2], mais les fenêtres du palais n'avaient pas toutes des vitres; quelques-unes étaient garnies de toile enduite de cire [3]. Le prince n'avait pas d'armoires; ses habits et ses joyaux étaient renfermés dans des coffres qu'il emportait avec lui en voyage. C'étaient des caisses peintes à ses couleurs, un coffre de cuir noir, une cassette en bois blanc, un coffre ferré à deux serrures, une caisse couverte en cuir de cheval, un coffre noir ferré à une seule serrure, une boîte de noyer marqueté [4]. En 1442, dans un voyage de Tudela à Olite, il ne fallut pas moins de 156 bêtes de somme pour porter les bagages du prince et de la princesse [5].

Un inventaire général des meubles du prince de Viane, dressé à Barcelone en 1461, après sa mort, permet de reconstituer la disposition générale de son mobilier. Les renseignements fournis par cette pièce importante peuvent être sans scrupule reportés ici, parce que le prince avait fait venir de Navarre en Catalogne la plupart de ses meubles et de ses joyaux; on comprend d'ailleurs que la liste des objets précieux qui lui appartenaient n'avait pas dû s'accroître pendant les dix dernières années de sa vie, remplies par la guerre civile, et où le prince avait passé de longs mois en captivité ou en exil; ce qu'il possédait en 1461, il l'avait déjà en 1450 [6].

---

1. *Arch. de Nav.* (Indice), caj. 154, 62. — 2. *Id., ibid.*, caj. 149, 47. — 3. *Id., ibid.*, caj. 143, 40. — 4. *Arch. des Basses-Pyr.*, E, 541. — 5. *Arch. de Nav.* (Indice), caj. 149, 47. — 6. Cet inventaire existe aux *Archives des Basses-Pyrénées* (E, 541) et aux Archives de la couronne d'Aragon à Barcelone. Il a été publié en 1864 au tome XXVI des *Docum. ined. d'Aragon*.

Telle qu'elle nous apparaît à travers la sèche énumération d'un inventaire après décès, la maison du prince de Viane forme un admirable musée où l'on peut, mieux qu'à Cluny et à Kensington, s'initier à la vie intime d'un grand seigneur du xv° siècle; le luxe est plein d'originalité et de bon goût, les pièces rares du cabinet ou de la chapelle feraient encore l'ornement d'une grande collection princière; aucun document de ce genre ne donne une idée d'ensemble aussi exacte et aussi complète, et les moindres détails sont de nature à attirer l'attention de l'artiste ou de l'archéologue.

Les appartements particuliers du prince regorgeaient de richesses. Dans la chambre d'apparat, on trouve une chaire dorée, à quatre têtes de lion, garnie de velours vert, trois bancs, une table légère et un lit neuf avec sa courte-pointe. Dans la chambre à coucher est un lit avec cinq pentes, deux rideaux de pied et une courte-pointe. D'autres lits sont tendus de riches étoffes; il y a un lit complet, ciel, dossier, pentes et couverture, en satin cramoisi brodé de fil d'or, aux armes du patriarche d'Aquilée; un autre lit complet, tissé d'or et de soie, avec six pièces d'étoffe en laine, soie et or pour la garniture d'appartement; un autre lit en tissu de laine, soie et or représentant l'histoire du jeu de cartes. On ne compte pas les morceaux détachés : fond de lit en samit blanc, brodé de fils d'or, à fleurs de lis et de genêt, avec trois figures représentant un cavalier, une dame et une damoiselle; dossiers en brocart impérial à bords de cramoisi, en brocart impérial à raies de vert et cramoisi, en ouvrage de haute lisse, en velours cramoisi, couverture de satin cramoisi brodé de fils d'or à fleurs de lis et de genêt, couverture de satin avec broderie représentant des « hommes sauvages ».

Les lits sont garnis de draps ou « linceuls » en toile de Navarre, de Champagne, de Reims et d'Alméria; les draps sont faits de quatre ou huit lés rapportés, cousus en soie et fil d'or; d'autres draps — ce sont les plus chers — sont d'une seule pièce. On étend sur le lit, par-dessus la couverture, un drap plus fin, brodé de soie et fil d'or, orné de liteaux cramoisi mêlé de fils d'or, de liteaux de couleur bleue et vermeille; il y en a un tout en soie, orné de deux bandes brodées qui se coupent en croix au milieu du drap.

Les lits, les bancs et les chaises sont couverts de coussins, dont les couleurs vives et les broderies éclatantes contrastent heureusement avec la teinte sombre du chêne et de l'ébène. Par la richesse des étoffes, par la perfection des broderies, ces petits meubles arrivent à jouer un rôle important dans la décoration intérieure [1] de la maison. On les fait en velours cramoisi aux armes de Navarre, brodées en perles; il y a des coussins de brocart cramoisi semé de roses, de velours cramoisi broché, de satin vert broché, de velours bleu ou couleur de mûre, de tapisserie de haute lisse. On garnit les bancs de tapisseries historiées représentant l'histoire de Juda ou de Jacob; on emploie aussi des tapisseries communes, simples verdures sans personnages.

Sur les portes retombent des portières en étoffe pareille à la garniture du lit ou en tapisserie. Pour atténuer la fraîcheur des dalles de marbre, ou des carreaux de faïence émaillée, on étend sur le sol des tapis de Chypre et de Turquie; on a aussi des tapis de soie et d'étoffe pelucheuse; on y brode les devises du seigneur roi, les armes de l'infantado de Lara, les armes d'Aragon, les armes de France et de Navarre.

Les murailles sont tendues de tapisseries ou de cuirs ouvragés. Les tapisseries du prince représentent les travaux d'Hercule, la légende d'Adraste, de Tydée et de Polynice, l'histoire de Trajan, la vie du roi Salomon de Bretagne, l'histoire de Chypre, le siège d'Antequera, l'assaut de Calais; d'autres racontent les amours de Florian et de Viviane, ou retracent des scènes empruntées au roman de la Rose.

Le luxe le plus apprécié à cette époque est celui des bijoux

---

[1]. Le lit de parade sur lequel fut exposé de cadavre du prince, était entouré de bancs garnis des plus beaux coussins qu'il possédait.

et des joyaux; le prince de Viane a un écrin magnifique. Citons les pièces principales : un collier d'or, avec un griffon d'or en pendant, les ailes du griffon, d'argent; une chaîne d'or émaillée de toutes couleurs, avec un fermail fait à manière de tronc, où il y a une grosse pierre de diamant carrée, et deux grosses perles rondes; une autre chaîne d'or avec fermail rond orné d'un gros rubis balais, et de six grosses perles en formes de poire; un collier d'or à feuilles de châtaignier d'où pend un lévrier émaillé de blanc [1], orné d'un rubis et d'un diamant; un anneau d'or orné d'une crapaudine [2]; un autre anneau avec un camée; un lapis-lazuli représentant la Vierge; une pierre gravée représentant saint Michel; un diadème d'argent doré, orné de sept saphirs et d'un grand rubis balais; deux broches d'or, une broche d'argent, puis des perles, des saphirs, des rubis, du corail en perles et en branches, des cornalines, des chalcédoines, toute une boutique de lapidaire.

Le fils de Blanche d'Évreux est dévot comme sa mère; il collectionne les reliques et les objets de piété, il possède la coupe de saint Louis, en or émaillé, avec son couvercle orné de 33 rubis, 34 saphirs, 2 émeraudes, 62 petites perles et une grosse [3]; il a le livre d'heures de saint Louis, couvert en brocart d'or, avec fermail d'or. Il conserve un morceau de la vraie croix, cinq épines de la sainte couronne, un morceau du pilier où fut attaché J.-C., un morceau du sépulcre, des reliques de saint Bernard, le voile de Notre-Dame.

Cette dévotion n'empêche pas le prince de Viane de partager les superstitions de son temps; il croit posséder un véritable basilic [4], et une corne de licorne [5]; il a trois grandes

---

1. C'est le collier de l'ordre du *Lebrel blanco*. — 2. Sorte de pierre qu'on croyait autrefois se trouver dans la tête du crapaud. — 3. Peut-être un souvenir donné par saint Louis à son gendre Thibaut, roi de Navarre, qui l'avait suivi à Tunis. — 4. « Hum basilis sech verdader. » La poudre de basilic était un des éléments de la pierre philosophale. — 5. Torquemada en avait toujours une sur sa table quand il prenait son repas. La corne de licorne était un talisman qui révélait les tentatives d'empoisonnement.

langues de serpent, une moyenne et deux petites [1], deux mandragores, et un grand nombre de pierres aux noms bizarres, en forme de pomme ou d'œuf, munies d'un cordon, et qui se portent comme amulettes.

Don Carlos aime aussi les menus objets de pure curiosité; cassettes de nacre, d'ambre, de cuir rouge, de bois vermeil, de bois blanc à feuillages incrustés de rubis et de saphirs; bourses garnies de pierreries, bourses d'or et de soie. Il se sert d'un miroir d'acier poli encadré d'argent doré; deux horloges en laiton doré, en acier et vermeil, lui marquent les heures; il se réchauffe les mains sur un petit réchaud en forme de livre; il joue aux échecs avec un grand jeu autour duquel est représentée l'histoire de San Jordi; il a un autre jeu d'échecs en os dont toutes les pièces tiennent dans une aveline.

Sa lingerie et sa garde-robe sont montées avec un grand luxe.

Le linge de corps commence à peine à être en usage; Don Carlos n'a que 6 chemises en toile fine, ou en étoffe de lin et de soie, mais il a 8 mouchoirs ouvrés de soie et fil d'or, 8 mouchoirs de toile fine, 8 autres cousus de fil d'or avec ornements d'argenterie. Il porte le matin, pour faire sa toilette, des peignoirs (*pentinadors*) de fil de soie, cousus d'or et de soie blanche, ou de toile d'Alméria cousue de fil d'or. Le linge de table comprend des nappes et des serviettes. Les nappes sont grandes, ornées de broderies ou semées de fleurs de lis; une d'elles a 11 cannes et 6 palmes de longueur [2]; d'autres, appelées nappes royales, ont 8 palmes de large et 8 cannes et 6 palmes de longueur, les plus petites ont 4 cannes et 2 palmes de long sur 6 palmes de largeur. On couvre les plats avec de grandes serviettes ouvrées de fil d'or et de soie verte, ornées de franges d'or et de soie; il y en a en toile d'Alméria à liteaux de couleur avec un fil d'or au

---

1. Autres talismans contre les empoisonnements. — 2. 38 m. 90.

milieu, en toile ouvrée à la sicilienne, en lampas brodé de soie blanche ; on en voit une brodée de lettres d'or, une autre est ornée, à la morisque, d'une bordure noire et grise avec franges de soie. Les convives ont des *torche-bouche* (torcaboques) que l'on renferme dans une cassette en argent doré avec trois langues de serpent pour conjurer les maléfices. Garnie de ces nappes brodées, et de ces serviettes de toile blanche relevées de dessins en or et couleurs, la table présente le coup d'œil le plus agréable.

La garde-robe est amplement fournie ; le prince et la princesse suivent les modes ; ils sont vêtus à l'ordinaire de bonnes étoffes, solides et cossues ; ils réservent pour les jours de fête les vêtements de soie et de toile d'or. La princesse de Viane porte des robes de lin [1], de toile fine [2] et de toile de coton [3] ; il faut 12 codos de drap gris de Londres pour lui faire une toilette [4] ; elle s'habille aussi de drap de Bristol couleur de mûre à 27 écus d'or la pièce [5] ; elle a une jaquette à la française et des chaperons doublés de tercenil noir [6] ; ses vêtements sont fourrés d'hermine et d'agneau mort-né [7]. Pour les jours de cérémonie elle a des robes de velours, de brocart, et de drap broché d'or ; une pièce de broché d'or coûte, en 1442, 440 florins, ou 3740 francs de notre monnaie [8] ; la note du tailleur montait cette même année à 300 florins 1/2 (2554 fr. 25) pour la maison du prince et de la princesse [9]. Le prince aime les belles fourrures, il donne jusqu'à 100 écus d'or [10] pour une fourrure de martre [11], il porte comme la princesse des robes de drap fourrées d'agneau, et des chaperons de drap foncé [12], mais il a aussi des robes en damas, en velours cramoisi doublé de damas [13], en velours noir doublé de satin cramoisi [14] ;

1. *Arch. de Nav.* (Indice), caj. 154, 19. — 2. *Id., ibid.*, caj. 149, 49. — 3. *Id., ibid.*, caj. 150, 9. — 4. *Id., ibid.*, 150, 33. — 5. *Id., ibid.*, caj. 150, 34. — 6. *Id., ibid.*, caj. 149, 49. — 7. *Id., ibid.*, caj. 150, 12. — 8. *Id., ibid.*, caj. 149, 44. — 9. *Id., ibid.*, caj. 150, 12. — 10. 100 écus, à 54 ss. l'un, donnent 150 florins, ou 1275 francs. — 11. *Arch. de Nav.* (Indice), caj. 154, 14. — 12. *Doc. ined. de Arag.*, t. XXVI, p. 24. — 13. *Id.*, p. 84. — 14. *Id.*, p. 92.

il porte une saie à manches en brocart de diverses couleurs, doublé de camelot¹. Il se coiffe d'un capuchon de brocart, avec gland d'or et de soie, d'une toque morisque de fil et de soie, d'une barrette morisque avec un bonnet vermeil². Ces vêtements sont, il est vrai, plus riches que gracieux, mais la mode le veut ainsi; les tailleurs du XVe siècle semblent se donner pour tâche d'enlever au corps toute aisance et tout naturel.

Cinq grands services se rattachent à la maison du prince de Viane; il a sa chapelle, sa salle d'armes, son écurie et ses équipages de chasse.

Aux jours de fête, la chapelle est tendue de grandes pièces d'étoffe de laine, soie et or représentant le couronnement de Notre-Dame, le jugement dernier, les sept béatitudes et l'histoire de saint Joachim. Derrière l'autel on tend un dossier de brocart blanc aux armes de Navarre, avec bordure de cramoisi; le devant d'autel et le corporal sont en velours bleu bordé de longues franges aux couleurs du prince; pour d'autres fêtes on pare l'autel de nappes blanches en fil, à liteaux vermeils et à broderies d'or représentant le pélican avec des inscriptions comme celles-ci : *Jhesus Christus - Viva la reyna doña Blanca*. Le tapis d'autel est orné d'un écu aux armes d'Aragon avec bordure de lettres arabes. Le prêtre porte une chasuble et un pallium de velours bleu avec croix d'or, une chemise et un amict de lin. L'autel est couvert d'orfèvrerie : candélabres d'argent, croix de verre sur pied d'argent, croix d'or et d'argent ornées de 3 camées, 1 rubis, 2 saphirs, 14 émeraudes, 28 rubis et 30 grosses perles. Le calice et le ciboire sont en argent doré; la patène et l'instrument de paix sont émaillés d'azur. On porte l'eau bénite dans un vase d'argent; on dispose sur l'autel ou sur des reposoirs un calice d'or émaillé, deux statuettes d'or émaillé représentant Jésus et la Madeleine sous un arbre d'or, un saint Pierre d'or monté

---

1. *Arch. des Basses-Pyr.*, E, 541. — 2. *Id., ibid.*

sur un pied d'argent, un oratoire d'argent doré avec l'image de Notre-Dame, des nielles représentant la passion, la nativité et l'assomption. Le grand psautier est un manuscrit d'une merveilleuse beauté : « On voit cousues sur la première feuille « quatre patènes d'or, dont trois rondes; sur la plus grande « est représentée sainte Véronique, sur la moyenne Notre-« Dame de Montserrat, sur la plus petite est la figure de saint « Ange de Pouille, et sur la grande, qui est faite en forme de « patène large (elliptique?), est un saint d'Angleterre appelé « Osmundus (saint Edmond). Les titres et les lettres initiales « sont de grande dimension, et ornés d'enluminures; la cou-« verture est de velours bleu, et les fermoirs sont d'or. » Les missels sont écrits en lettres françaises, le chant suit la règle de Paris, et pour le chant avec accompagnement d'orgues on se sert de deux grands psautiers en papier, reliés en planches recouvertes de cuir, et ornées de clous. Le prince a un chantre français, maître Jean de Colombi [1], un joueur de luth [2] navarrais, et un organiste anglais, maître Fadric Albert [3]. Les orgues de la chapelle sont de fabrication catalane [4].

Dans la chambre des armes, on conserve la bannière royale du prince, brodée aux armes de Navarre, et un étendard vermeil au lévrier blanc, avec la devise : *Qui se humiliat exaltabitur*. L'armurerie française est représentée dans la collection des armes par quatre cuirasses ordinaires, une cuirasse de parade recouverte de velours bleu, et une salade française ornée d'une branche de châtaignier avec dix-huit fruits. Les fabriques de Naples ont fourni un écu de tournoi recouvert de cuir blanc, un autre écu peint en vert et marron, et un heaume. Parmi les armes offensives, citons une guisarme [5] damasquinée d'or, à griffons et fleurs de lis, une lance courte de montagne, une lance de course à pointe dorée,

---

1. *Arch. de Nav.* (Indice), caj. 150. — 2. *Id., ibid.*, caj. 149, 35.
3. *Arch. de Nav.* (Indice), caj. 152, 2. — 4. *Id., ibid.*, caj. 149, 41.
5. Sorte de hache à deux tranchants.

ornée d'un flot de soie noire, quatre arcs turcs, deux arcs anglais, et une arbalète allemande en corne ouvragée.

Le service de la bouche comprend les quatre divisions de la cuisine, de l'échansonnerie, de la panneterie et de la fruiterie. Dans la cuisine, toute garnie de vases de cuivre, on remarque déjà « de petites marmites à anses de fer, pour les potages », deux poêles avec une tourneuse [1], un trépied, un gril, une bouilloire [2], une broche et des landiers à crémaillère. L'échanson a la garde de la vaisselle plate : coupe en argent doré avec son couvercle, grands bassins à laver en argent, aiguières, tasses d'argent doré, écuelles, salières en nacre garnie d'or, en or incrusté de jaspe et de perles, bassins d'argent pour servir les fruits. Les assiettes sont déjà en usage, des broches dorées tiennent lieu de fourchettes, une noix des Indes emmanchée d'argent sert de cuiller. Aux jours de fête, la table est éclairée par des cierges de cire portés sur des torchères d'argent; on place devant le prince une *nef* d'argent du poids de 60 marcs 4 onces, magnifique pièce d'orfèvrerie dont l'usage est réservé aux rois et aux princes de sang royal. On met dans la *nef* la salière, la serviette et les *tranchoirs*, ou grands couteaux à découper.

L'écurie du prince de Viane ne comptait plus en 1461 que 2 chevaux et 5 mules; le vice-roi de Sicile avait saisi la plupart de ses chevaux. Au temps de sa puissance il a eu grand nombre palefrois, genêts, haquenées et mules. Quand le prince paraît à cheval, sa monture est revêtue d'une ample couverture brodée; les chevaux de ses officiers sont parés avec le même luxe. Ce sont des housses de cramoisi semées de fers de lance, ou brodées à la devise du lévrier, des housses blanches unies, des housses à la morisque, avec un écu rond semé de lettres arabes. Les haquenées de la princesse sont couvertes de drap de Bristol couleur de mûre, de drap de Londres couleur de turquoise, les housses sont

---

[1]. Giradora. — [2]. Sbromadora.

doublées de toile fine de Bretagne [1]. Les selles, les brides, les mors, les éperons, les étriers sont travaillés par d'habiles ouvriers; la princesse de Viane a un sellier attitré, Sancho de Rebolledo [2]; le prince aime les harnais mauresques; il achète en 1446 douze mors à Mahoma, fabricant arabe de Tudela [3], en 1448 deux paires d'éperons noirs, et deux paires d'étriers au More Udalla (Abd-Allah) [4]. Un cheval était considéré comme un présent royal, une mule ou un roussin passaient pour un cadeau important. Un roussin commun se payait 20 florins en 1448 [5], une mule ordinaire valait 40 florins [6], une mule de choix était cotée 75 florins [7].

Le détail des équipages de chasse ne nous a pas été conservé : nous savons seulement que le prince se fait dresser des chiens par les habitants de la montagne [8], et possède encore en 1461 deux gerfauts, deux sacres, quatre pèlerins, et deux monterins. On donne des noms à ces oiseaux; l'un s'appelle Blanquette, un autre Cabrera, d'autres Passepoint, Ferravant, Maya.

Tous les serviteurs du palais relèvent d'un certain nombre d'officiers placés à la tête de chaque service, et dont l'ensemble compose la maison ou bureau [9] d'un des princes de la famille royale. Le roi et la reine ont chacun la leur; il en est de même pour le prince et la princesse de Viane, et, quoiqu'on soit encore loin du luxe de Charles-Quint, le plus clair des revenus du royaume passe à l'entretien des maisons princières.

Une maison complète comprend les services de la trésorerie, du secrétariat, de l'aumônerie, de la bibliothèque et de la garde-robe, de la bouche, de l'écurie et garde des armes, de la vènerie et fauconnerie. La dépense monte en 1442 à

---

1. *Arch. de Nav.* (Indice), caj. 150, 33. — 2. *Id., ibid.*, caj. 150, 39. — 3. *Id., ibid.*, caj. 154, 5. — 4. *Id., ibid.*, caj. 154, 55. — 5. 170 francs; *id., ibid.*, caj. 151, 58. — 6. 340 francs; *id., ibid.*, caj. 151, 58. — 7. 637 fr. 50; *id., ibid.*, caj. 155, 4. — 8. *Id., ibid.*, caj. 154, 17. — 9. *Burel.*

27 000 livres carlines pour la maison du prince de Viane [1]. En 1446, la dépense de la princesse est fixée à la somme totale de 14 150 livres carlines [2]; mais cette somme ne suffit point, et l'exercice 1446 se solde par un excédent de dépenses de 6771 livres 11 sous 6 deniers [3]. Les dépenses ordinaires de l'année 1447 montent à 16 247 livres 12 sous 6 deniers [4]. La moyenne des deux années est donc de 18 534 livres [5], et la dépense totale des deux cours, en supposant que la dépense du prince n'ait pas augmenté en 1442 à 1446, se chiffre par une somme de 45 534 livres [6].

La trésorerie comprend chez le prince et la princesse un maître de l'hôtel, un trésorier ou gardien de la chambre aux deniers [7], et un contrôleur. Le maître de l'hôtel est un des plus grands personnages de la cour; Pierre II de Peralta, maître de l'hôtel et majordome du roi, acquiert, grâce à ces fonctions, une telle influence auprès de lui qu'il finit par obtenir la connétablie du royaume [8]. Le maître de l'hôtel est nommé dans les actes avant tous les autres officiers de la trésorerie; il a la haute main sur l'administration. Le *cambradineros* surveille la rentrée des revenus spécialement affectés à l'entretien de l'hôtel, et règle les dépenses ordinaires suivant l'état de prévoyance arrêté au commencement de l'année par le prince. Souvent, il a à pourvoir à des dépenses imprévues; il en fait alors l'avance au trésorier du royaume, qui le rembourse sur la caisse royale, avec l'autorisation du prince. Le cambradineros rend ses comptes chaque année devant la Chambre des Comptes du royaume. En 1447, le cambradineros de la princesse de Viane se nomme Pero Sanz Doroz; les recettes qui sont attribuées à l'entretien de son hôtel sont perçues sur la taxe des juifs, et l'impôt du

---

1. *Arch. de Nav.* (Indice), caj. 148, 17; 27 000 ll. carlines = 15 000 ff. ou 127 500 francs. — 2. *Arch. de Nav.*, caj. 153, 13; 66 505 francs. — 3. *Id.*, caj. 153, 13; 31 753 francs. — 4. *Id.*, caj. 153, 13; 76 356 francs. — 5. 85 107 francs. — 6. 214 007 francs. — 7. *Cambradineros.* — 8. Yang., *Dicc.*, v° PERALTA.

vin de la merindad de Sanguesa, sur les impôts du Val de Salazar, sur certains droits dus à la princesse par la femme et les héritiers de Beltran d'Amoroz, etc. Le total atteint 17 250 livres [1], sans compter les redevances en blé, orge et avoine, prises à même les revenus royaux, et délivrées à mesure des besoins par les receveurs des merindades [2]. Les appointements du cambradineros sont de 600 livres par an [3]. Les contrôleurs sont chargés de l'établissement des comptes; ils réunissent toutes les pièces de la comptabilité, collectionnent les ordres de payement et les quittances, et forment le dossier que le cambradineros annexe à son rapport général. Ils ont sous leurs ordres des comptables ou *contadores*, simples clercs de la trésorerie.

Le service du secrétariat comprend chez le prince un chancelier, des conseillers, un secrétaire référendaire, des secrétaires ordinaires, un protonotaire et des notaires. Le conseil particulier du prince ne se confond pas avec le conseil du roi, car on voit le prince réunir son conseil dans la tour de l'Oratoire, au palais d'Olite, pour décider s'il doit obéir à son père et accepter la lieutenance générale du royaume [4] : une pareille délibération ne pouvait être prise en présence des conseillers du roi. Les gages d'un conseiller du prince montent à 300 livres par an [5]. La chancellerie du prince ne forme pas, au contraire, un service distinct de la chancellerie du royaume. Le chancelier de Navarre, Don Juan de Beaumont, prieur de Saint-Jean de Jérusalem, est l'ancien tuteur et l'homme de confiance du prince [6]; le vice-chancelier est ce Juan Périz de Torralba qui donne l'hospitalité à Don Carlos lorsqu'il vient à Viane [7]. Agissant en Navarre comme un véritable souverain, don Carlos fait passer tous ses commandements par la chancellerie du royaume : écrit-il au tré-

---

1. 81 075 francs. — 2. *Arch. de Nav.*, caj. 153, 13. — 3. *Id.* (Indice), caj. 151, 33. — 4. *Arch. des Basses-Pyr.*, E, 539. — 5. *Arch. de Nav.*, caj. 150, 35. — 6. *Arch. de Nav.* (Indice), caj. 152, 1. — 7. *Id., ibid.*, caj. 152, 2.

sorier de Navarre pour le payement d'une fourrure de martre, sa lettre est rédigée en forme de lettres patentes, et scellée du sceau de la chancellerie [1]. Le secrétaire référendaire rend compte au prince des placets qui lui sont adressés, et instruit les affaires que le prince désire connaître à fond ; en 1444 le titulaire de cet emploi important est Martin de Mur [2], ancien secrétaire de Jean II [3]. Les secrétaires ordinaires rédigent les lettres, et les contresignent le plus souvent ; en 1445 la princesse de Viane n'a pas moins de quatre secrétaires ; ils servent alternativement pendant six mois chacun, et reçoivent 18 sous par jour ou 90 livres pour le semestre entier [4]. Le prince use des secrétaires de la princesse comme des siens propres. Les secrétaires ne sont chargés que de la besogne courante de la chancellerie ; les actes solennels sont dressés par le protonotaire et les notaires. Toutes les pièces qui peuvent donner naissance à un droit sont du ressort des notaires : protestations conservatoires des droits du prince, donations, constitutions de rentes perpétuelles, ventes et aliénations du domaine royal. Le protonotaire touche un traitement de 600 livres par an [5] ; il est en même temps notaire de la Corte-Mayor. Les notaires ordinaires s'intitulent encore notaires ou écrivains royaux en la Corte-Mayor ; ils ont le droit d'instrumenter dans tout le royaume, à la différence des notaires nommés par les autorités municipales, qui ne sont reçus à instrumenter que dans certaines limites [6]. Les notaires apostoliques sont souvent des clercs ; ils ne doivent passer d'actes qu'entre gens d'Église, mais ils empiètent sans cesse sur les attributions des notaires royaux [7]. Il y a des exemples de notaires apostoliques employés par la chancellerie royale [8].

La chapelle et l'aumônerie occupent un grand chapelain, qui porte le titre de doyen de la chapelle du prince, et touche,

---

1. *Arch. de Nav.* (Indice), caj. 154, 14. — 2. Id., ibid., caj. 151, 29. — 3. *Coll. Doat*, t. 217, f° 134. — 4. *Arch. de Nav.*, caj. 190, 45. — 5. *Arch. de Nav.* (Indice), caj. 150, 52. — 6. Yang., *Dicc.*, t. I, v° ESCRIBANOS. — 7. Yang., *Fueros y leyes*, v° NOTARIOS. — 8. *Doc. ined. de Arag.*, t. XXVI, p. 347.

en 1441, 10 sous par jour [1], un chapelain ordinaire aux gages de 36 livres par an [2], et un aumônier. En 1450, Martin de Mongelos, aumônier du prince de Viane, touche 12 sous de gages par jour [3], mais son service le retient à la cour beaucoup plus longtemps que les chapelains, et il a un maniement de fonds assez considérable. Le fonctionnaire ecclésiastique le plus payé est le confesseur. En 1445, celui de la princesse de Viane touche 20 sous par jour [4].

Le service personnel du prince et de la princesse, à l'intérieur du palais, est dirigé par les chambellans, ou camerlingues (*cambarlens*), qui servent par quartier. Les quittances de l'année 1444 portent le nom de trois chambellans du prince : Oger de Mauléon [5], Balthazar Ladron [6] et Juan Dyar [7]; ce dernier reçoit un traitement de 200 livres. Au-dessous des chambellans viennent les chambriers (*cambreros*), chargés plus spécialement de l'entretien de la chambre; ils ont sous leurs ordres des valets de chambre (*balletes de cambra*), et des journaliers (*brazeros*). La princesse de Viane a autour d'elle un grand nombre de dames (*dueñas*) et de demoiselles (*donzellas*), servant toute l'année, ou par quartier, à raison de 10 ou 12 sous de gages par jour; les plus favorisées touchent leurs gages, même en cas d'absence ou d'interruption de service. Les femmes de chambre et les servantes (*mozas*) touchent de 2 à 7 sous par jour [8]. Le service de la chambre comprend la surintendance et l'entretien de la garde-robe; on trouve bien en 1420 un grand-maître de la garde-robe, mais ce titre ne reparaît pas pendant le gouvernement du prince, et l'on en doit conclure que les chambellans et les chambriers se partagent ses attributions.

La bibliothèque et la chambre des armes sont trop importantes pour être confiées à un chambrier ordinaire, le soin en

---

1. *Arch. de Nav.* (Indice), caj. 149, 16. — **2.** *Id., ibid.*, caj. 149, 10. — **3.** *Id., ibid.*, caj. 155, 39. — **4.** *Arch. de Nav.*, caj. 190, 45. — **5.** *Arch. de Nav.* (Indice), 151, 2. — **6.** *Id., ibid.*, 152, 4. — **7.** *Id., ibid.*, caj. 151, 16. — **8.** *Arch. de Nav.*, caj. 190, 45.

est remis à un gardien des livres, et à un gardien des armes [1]. Le service de la bouche appartient aux écuyers de cuisine [2], de paneterie et de fruiterie [3], à l'échanson (*copero*) [4], au panetier [5], au bouteiller et aux écuyers tranchants [6].

Le service de santé est dévolu au médecin et au chirurgien. En 1441 le prince a pour médecin maître Muza-al-Korthôbi, qui touche chaque année 100 livres de pension [7]. En 1449, il accorde 20 florins de pension à son médecin Fr. Bernard [8]. Il fait usage de poudres et d'eaux médicinales contre les épidémies [9]; on ordonne à la princesse de Viane de prendre du cotignac très sucré et très cuit; le prince en fait acheter sept livres à Saragosse pour 7 livres 14 sous [10].

Quand le prince ou la princesse vont en voyage, en promenade ou à la chasse, ils sont accompagnés d'écuyers d'honneur, de damoiseaux (*donzeles*) [11], d'écuyers cavalcadours (*caballerizos*) placés à la tête du service de l'écurie. Le palefrenier (*palafrenero*) a la surintendance des chevaux, comme le muletier chef (*sobreazemblero*) [12] a celle des bêtes de somme, et le grand fauconnier la garde des oiseaux de chasse.

La garde du prince et de la princesse est nombreuse, et comprend les premiers gentilshommes du royaume. La lance est payée à raison de 45 livres par an [13]. En 1445 le prince de Viane a 46 lances à son service; Mossen Joan de Luxa en commande 22, Sancho d'Echauz 4, Bertrand de Lacarra 4, le seigneur de Domezain 4, Johan de Grammont 2 seulement [14].

Pour les ambassades solennelles et la proclamation des actes souverains, le prince a à sa disposition Navarra, le roi d'armes du royaume [15], les hérauts Pamplona, Estella et Viana, et deux trompettes [16]. La police de ses audiences est

---

1. *Arch. de Nav.* (Indice), caj. 152, 4. — 2. *Id., ibid.,* caj. 152, 2. — 3. *Id., ibid.,* caj. 152, 4. — 4. *Id., ibid.,* caj. 152, 2. — 5. *Doc. ined. de Arag.,* t. XXVI, p. 168. — 6. *Arch. de Nav.* (Indice), caj. 152, 4. — 7. *Arch. de Nav.* (Indice), caj. 149, 20. — 8. *Id., ibid.,* caj. 155, 4. 170 francs. — 9. *Id., ibid.,* caj. 150, 19. — 10. Siete libras de codoniat de zucre de tres cuitas. *Id., ibid.,* caj. 150, 38. — 11. *Id., ibid.,* caj. 152, 4. — 12. *Id., ibid.,* caj. 152, 2. — 13. 211 fr. 50. — 14. *Arch. de Nav.,* caj. 190, 45. — 15. *Arch. de Nav.* (Indice), caj. 152, 4. — 16. *Id., ibid.,* caj. 152, 2.

assurée par ses portiers, ses huissiers [1], ses huissiers de salle, ses arbalétriers et ses archers [2].

A voir cette multitude de serviteurs, on serait tenté de croire que la cour de Navarre devait présenter l'aspect le plus brillant et le plus animé; cependant, la vie que l'on y menait était encore singulièrement laborieuse, et monotone. Les officiers du palais obtenaient fréquemment des congés; le prince, qui n'avait point de ministres, était fort occupé de l'expédition des affaires; il avait le goût de l'étude, et sa paisible existence n'était dérangée que par les appels impérieux et importuns de son père. Les fêtes et les divertissements étaient rares : on dansait peu, la musique était encore dans l'enfance; on ne connaissait pas le théâtre, et la conversation ne pouvait être ni assez libre, ni assez variée pour être un véritable plaisir; on ne songeait donc pas à se plaindre de la rareté des fêtes; plus fréquentes elles eussent bien vite amené la satiété et l'ennui. La messe, l'expédition des affaires courantes, les repas, une promenade dans les jardins du palais, quelques lectures remplissaient les journées du prince. Le soir, il écoutait ses joueurs de harpe et de luth; parfois il chantait lui-même, en s'accompagnant sur la vielle, des poésies de sa composition.

Il fallait, pour qu'il y eût fête au palais, que ce fût jour de fête religieuse ou joyeux anniversaire. On célébrait gaiement la Noël, et l'on mettait ce jour-là à contribution les talents de l'enlumineur Gabriel Pintor pour imaginer quelque jeu nouveau [3]. Le 24 février était l'anniversaire de la princesse de Viane [4]; on tenait cour et l'on donnait un banquet. Autre banquet pour le carnaval [5]. Le 29 mai ramenait l'anniversaire de D. Carlos, c'était la grande fête de l'année; le prince invitait à dîner le connétable de Navarre, D. Pere Veraiz, archevêque de Tyr, D. Juan Dixar, Mossen Bernat d'Ezpeleta, Mos-

---

1. *Arch. de Nav.* (Indice), caj. 153, 4. — 2. *Id., ibid.*, caj. 139, 1. — 3. *Id., ibid.*, caj. 155, 19. — 4. *Id., ibid.*, caj. 148, 25. — 5. *Id., ibid.*, caj. 148, 16.

sen Charles de Echauz, Doña Catalina de Beaumont; l'alcalde et les jurats d'Olite s'asseyaient sans façon à la table du prince [1]. De loin en loin on trouvait quelque occasion de réjouissances extraordinaires : en mai 1442, le prince de Viane et sa sœur, l'infante Leonor, furent parrain et marraine d'un enfant de l'alcalde d'Ujué [2]; au mois de novembre de la même année, la princesse de Viane offrit un grand festin à sa belle-sœur, au moment où Doña Leonor partit pour le Béarn; le menu nous révèle quelques curieux détails : on connaissait l'art de piquer les viandes avec des morceaux de lard frais; on dépensa 7 livres de saindoux pour la pâtisserie, une livre et trois quarterons de cannelle, une once et demie de safran, et vingt pains de beurre pour faire des tartes [3]. En 1443, grande réception au palais : le confesseur de la princesse avait été reçu docteur en théologie; le prince invita au banquet les deux docteurs qui étaient venus apporter le diplôme à leur nouveau confrère; l'archevêque de Tyr, le prieur de Roncevaux, le doyen de Tudela et une foule d'autres prélats furent également invités; on mangea 16 moutons, 10 cochons de lait, 120 poules, et l'on servit au dessert 8 livres d'amandes [4].

En 1443, D. Juan Dixar et Mossen Pierres de Peralta coururent les joutes à Pampelune, en présence du prince, qui paya les frais de construction de la lice. Elle était tendue de 135 coudées de toile ordinaire, et de toile de lis [5]. Les charpentiers avaient employé 106 varas de bois pour la contruction de l'estrade [6].

De temps à autre, le prince allait à la chasse; on le voit en 1443 dans les montagnes de San Salvador de Leyre, près de Sanguesa [7], et en 1446 dans les montagnes d'Araiz [8]. En 1447, il achète la chasse aux lapins sur le mont de la Plana, près

---

1. *Arch. de Nav.* (Indice), caj. 148, 25. — 2. *Id., ibid.*, caj. 149, 50. — 3. *Id., ibid.*, caj. 148, 16. Les tartes au beurre sont encore une des friandises populaires de l'Espagne du Nord. — 4. *Id., ibid.*, caj. 148, 25. — 5. *Id., ibid.*, caj. 151, 18. — 6. *Id., ibid.*, caj. 150, 46; 82 m. 68. — 7. *Id., ibid.*, caj. 150, 30. — 8. *Id., ibid.*, caj. 154, 17.

d'Olite [1]. Cependant, il ne paraît pas avoir pris à cet exercice l'intérêt passionné d'un Gaston Phœbus; il n'avait pas un seul livre de vénerie dans sa bibliothèque.

Le prince faisait d'assez fréquents voyages à travers le royaume, mais le mauvais état des routes, la mauvaise qualité des gîtes, l'énorme suite qu'il fallait traîner après soi rendaient ces voyages beaucoup plus pénibles qu'agréables. En 1443, il fallait 149 mules pour transporter le prince, la princesse et leur suite d'Olite à Pampelune [2]. En 1444, la dépense d'un voyage de ce genre monte à 58 livres 10 sous [3]. En 1446, la dépense est de 191 livres 12 sous, mais au cortège du prince et de la princesse se sont joints les enfants naturels du roi [4]. Aux voyages il faut ajouter les pèlerinages, qui peuvent être considérés comme de véritables excursions. En 1443, D. Carlos alla à Notre-Dame de Roncevaux; 90 mules portaient les bagages et les vivres; le prince fit à l'église une large aumône [5].

On le voit : la vie que l'on menait à la cour de Navarre était en somme assez vide. Le caractère du prince de Viane ne trouva pas à se développer dans un milieu aussi calme, où l'imprévu avait aussi peu de place. La princesse de Viane ne paraît pas avoir eu d'influence sur son mari; ce n'était sans doute qu'une grasse flamande, aussi vulgaire que sa sœur, la duchesse d'Orléans [6]; étrangère au pays et à ses mœurs, elle ne sut pas retenir son époux auprès d'elle, elle ne lui donna pas d'héritier, et D. Carlos chercha quelque distraction dans des amours irrégulières, dont personne ne songea à le blâmer, tant les mœurs étaient faciles, et tant l'exemple était répandu.

Il s'éprit d'abord d'une fille d'honneur de la princesse Leonor, Doña Maria de Armendariz. Le nom de la maîtresse du prince paraît pour la première fois dans les documents de

---

1. *Arch. de Nav.* (Indicè), caj. 154, 20. — 2. *Id., ibid.*, caj. 150, 43. — 3. *Id., ibid.*, caj. 151, 21; 272 fr. 07. — 4. *Id., ibid.*, caj. 154, 17; 990 fr. 50. Les deux princes dont il est ici question moururent en bas âge. — 5. *Id., ibid.*, caj. 150, 41 et 49. — 6. Cf. Michelet, *Renaissance*, p. 279.

la Chambre des Comptes le 11 janvier 1443; le prince lui fit cadeau ce jour-là de 10 codos de drap pour se faire un habit [1]; trois jours plus tard, il lui donna 750 livres pour l'aider à se marier [2]. Elle avait sans doute déjà besoin d'une belle dot, car elle donna une fille à D. Carlos, Doña Anna de Navarra, élevée à la cour de son père, et que plus tard le roi Jean, son grand-père, établit avantageusement. Marie d'Armendariz resta l'amie de D. Carlos longtemps après avoir cessé d'être sa maîtresse. En 1453, quand le prince revint en Navarre après sa première captivité, Marie lui prêta 5000 florins, et il lui engagea en échange les villes du Pueyo et de Berbinzana [3]. En 1457, Marie épousa François ou Jean de Balbastro, secrétaire du prince. De Naples, où il était alors, D. Carlos confirma toutes les donations qu'il avait faites « à sa bien-aimée « Marie, en considération de l'enfant qu'il en avait eu [4] »; il nomma Balbastro alcayde du château du Pueyo, et lui donna encore, en 1459, le palais et la maison royale de Berbinzana, avec le droit d'occuper la place d'honneur à l'église [5]. La situation de Balbastro n'avait donc, aux yeux des clercs eux-mêmes, rien de choquant, ni d'irrégulier.

Les documents de la Chambre des Comptes mentionnent encore une damoiselle du nom de Graciana de Armendariz, qui épousa, en 1449, Jayme Diaz de Aux, écuyer du prince [6]. Les faveurs dont les deux époux furent l'objet permettent de croire que Graciana était la parente, peut-être la sœur de Marie d'Armendariz.

Pendant les dernières années de son séjour en Navarre, D. Carlos, devenu veuf, prit une nouvelle maîtresse, Doña Brianda de Vaca. Cette dame, dont tous les chroniqueurs s'accordent à vanter la beauté, était encore auprès du prince lorsqu'il mourut à Barcelone, et les amis de D. Carlos

---

1. *Arch. de Nav.* (Indice), caj. 150, 25. — **2.** *Id., ibid.,* caj. 150, 27; 3525 francs. — **3.** *Id., ibid.,* caj. 157, 3. — **4.** *Id., ibid.,* 158, 7.— **5.** *Id., ibid.,* caj. 158, 19; Con el mejor asiento en la iglesia. — **6.** *Id., ibid.,* caj. 154, 63; Cuentas, t. 477; Cf. Yang., *Dicc.,* t. I, p. 74.

l'engageaient à contracter mariage avec elle, pour légitimer le fils qu'il en avait eu. D. Carlos, dont la jalousie s'était éveillée, ne se crut pas assez sûr de la fidélité de sa maîtresse pour consentir aux vœux de ses plus dévoués serviteurs.

Le prince de Viane sut inspirer à la plupart de ceux qui vivaient avec lui une affection profonde. Un grand nombre de ses serviteurs le suivirent dans l'exil; beaucoup même, plus zélés que lui pour la défense de ses droits, le compromirent auprès de son père, mais rachetèrent leur imprudence par un dévouement inaltérable. Juan Martiniz d'Uriz, seigneur d'Artieda, et son fils, Mossen Charles; le trésorier de Navarre, Juan Ybañez de Monreal; Pere Béraiz, archevêque de Tyr et conseiller du prince; Diego Daranguren, Martin Durrutia et Francisco de Bolea, ses secrétaires, D. Juan de Cardona, Juan d'Echayde, Martin de Lesaca, Martin de Mur, bien d'autres encore, combattirent pour lui, alors même que la lutte n'offrait plus aucune chance de succès.

Charles de Viane ne sut pas conserver avec ses amis l'indépendance d'un chef d'État; il eut des favoris comme son père Jean II; il entretint lui-même l'esprit de parti en portant d'un seul côté ses grâces et ses largesses, alors qu'il eût dû tenir la balance égale entre les deux grandes maisons rivales de Navarre et de Beaumont.

A côté de la maison royale de Navarre avaient grandi et prospéré deux maisons bâtardes, dont l'importance politique avait été imprudemment accrue par les rois eux-mêmes.

La maison bâtarde *de Navarra* se rattachait à D. Leonel de Navarra, frère naturel de Charles le Noble. Leonel avait eu lui-même un fils naturel, D. Philippe de Navarra, que Charles III, d'accord avec les Cortès, avait créé seigneur du Val d'Ilzarbe. En 1428, Jean II donna à D. Philippe le titre de maréchal, et le maria avec Jeanne de Peralta. D. Philippe reçut en mariage les villes de Murillo-el-Fruto, Santa Cara et Pitillas. Son fils, D. Pedro de Navarra, lui succéda comme maréchal, et son alliance avec les Peralta en fit un des seigneurs les plus puissants du pays [1]. Les Peralta comptaient déjà parmi les richombres de Navarre sous le règne de Charles le Noble : Pierre Ier de Peralta était maître de l'hôtel du roi; Pierre II, son fils, beau-frère de D. Pedro de Navarra, était grand majordome de Jean II, seigneur de Peralta, Maya et Amposta, comte de Sant Esteban, et capitaine général des gens d'armes du roi [2]. Étroitement unies, les deux maisons de Navarra et de Peralta avaient tout ce qu'il fallait pour constituer un parti : un grand nom et de grandes ressources, et le prince de Viane trouva dès la première heure de dangereux adversaires dans ces deux puissantes familles.

Les *Beaumont* se rattachaient aussi à la maison royale. D. Luiz de Beaumont était fils légitime de Philippe d'Évreux. Mort en 1376, il avait laissé un fils naturel, Don Carlos de Beaumont, que Charles le Noble avait fait Alférez et Richombre de Navarre; il possédait Saint-Martin de Unx et Beire. Son fils, Don Luiz de Beaumont, fut fait connétable du royaume par la reine Blanche, et épousa, en 1425, Jeanne de Navarre, fille naturelle de Charles le Noble. Sa femme lui apporta en dot le comté de Lérin et les bourgs d'Eslava, Sada, Sesma et Cirauqui [3]. Il était, par sa femme, oncle du prince de Viane. Son frère, Don Juan de Beaumont, prieur de Saint-Jean de Jérusalem en Navarre, avait été gouverneur, ou *ayo*, du prince [4]; ses sœurs Doña Clara, Doña Margarita, Doña Catalina avaient épousé Juan d'Ezpeleta [5], Charles d'Echauz [6], Juan de Ijar-Menor [7], amis et partisans du prince. Charles de Viane voyait donc dans la maison de Beaumont sa véritable famille.

Il essaya loyalement de rester impartial entre les deux maisons, mais la violence du maréchal et de Mossen Pierres de Peralta l'effrayait, tandis qu'il se sentait attiré par la sagesse de Don Juan de Beaumont, homme instruit et énergique, qui

---

1. Yang., *Dicc.*, v° NAVARRA. — 2. *Id., ibid.,* v° PERALTA. — 3. Yang., *Dicc.*, v° BEAUMONT. — 4. *Arch. de Nav.* (Indice), caj. 133, 1. — 5. *Id., ibid.,* caj. 184, 6; Cuentas, t. 467. — 6. *Id., ibid.,* caj. 122, 46. — 7. *Id., ibid.,* caj. 141, 4 et 5.

avait pour le prince l'affection d'un maître pour son élève, et le dévouement d'un partisan pour son chef.

Dès 1443 le roi intervenait entre le prince et les Navarra pour ordonner à son fils de faire une enquête au sujet des prétentions du maréchal, qui disait avoir droit à une pension de 1300 livres par an et à la possession des lieux de Santa Cara et de Murillo-el-Fruto [1]. En 1450, le roi ordonnait encore au prince de laisser Mossen Pierres de Peralta en possession des biens qui avaient été donnés à son père à Andosilla, Marcilla, et Villanueva [2]. Le prince paraît n'avoir pas tenu compte des ordres du roi. Par contre, les faveurs pleuvaient sur D. Juan de Beaumont et sur les siens. Le premier janvier 1442, à Los Arcos, le prince donne à Don Juan 400 florins d'or [3], et, en 1443, il lui accorde 360 livres en sus de ses autres pensions [4].

En 1445, D. Juan possédait des maisons à Tudela et à Ribaforada, les revenus de Fustiñana, Buyniel et Calchetas; il était abbé ou seigneur de quinze paroisses; le prince l'exemptait de tous droits et impôts sur toutes ces propriétés [5]. En 1446, le roi lui donna le château, le four et le moulin de Cascante, *pour en faire à sa volonté* [6], et la seigneurie de Milagro avec son château, ses revenus, et sa juridiction basse et moyenne [7]. En 1448, D. Juan achetait au prince de Viane pour 6000 livres carlines la ville de Corella, et le despoblado d'Araciel [8], concession exorbitante et illégale, car Corella faisait partie de la principauté de Viane, déclarée par Charles le Noble indivisible et inaliénable. En 1447, le prince lui donnait les lieux de Santa Cara et de Murillo-el-Fruto, sans se préoccuper des droits du maréchal de Navarre [9], et il ajoutait à ce premier don la jouissance viagère des pâturages de Laparesta et Papalezta avec tous les territoires et ports de la terre de Cize [10].

---

1. *Arch. de Nav.* (Indice), caj. 150, 53. — **2.** *Id., ibid.*, caj. 155, 29. — **3.** *Id., ibid.*, caj. 149, 29. — **4.** *Id., ibid.*, caj. 150, 41. — **5.** *Id., ibid.*, caj. 151, 60. — **6.** *Id., ibid.*, Cuentas, t. 469. — **7.** *Id. ibid.*, Cuentas, 477. **8.** *Id., ibid.*, Cuentas, 487. — **9.** *Id., ibid.*, Cuentas, 477. — **10.** *Id., ibid.*, caj. 190, 47.

Le connétable, D. Luiz de Beaumont, recevait de son côté 742 livres 10 sous pour son entretien [1], et 207 florins pour acheter un cheval [2]. Le prince lui donnait 10 lances en sus de celles que le roi lui avait accordées; chacune de ces lances était comptée à 30 florins [3].

Juan d'Ezpeleta, époux de Clara de Beaumont, obtenait les montagnes des Aldudes et Lucarde, les parcs à bœufs d'Erdizazibi et d'Ieguia, le château de Pena, et le hameau de Tajonar [4].

Tant de faveurs accordées à une seule famille ne pouvaient manquer d'exciter la jalousie des maisons rivales. Les Navarra et les Peralta n'espérèrent bientôt plus rien du prince de Viane, et furent les premiers à se joindre à ses ennemis quand l'inévitable crise se produisit. Les Beaumont, inféodés au prince, lui restèrent fidèles, mais leur fortune excita et entretint les soupçons de Jean II, et ainsi la générosité mal comprise et l'amitié trop ardente du prince se tournèrent contre lui.

Gouvernement du prince de Viane en Navarre (1441-1450).

Malgré sa répugnance à accepter un titre qui ne lui conférait qu'une autorité déléguée, le prince de Viane se décida à gouverner la Navarre, comme lieutenant général de son père. Il s'intitule à partir de 1441 : « Charles, par la grâce de Dieu, « prince de Viane et duc de Gandie, primogenit, héritier et lieu-« tenant en Navarre pour le seigneur roi, son très redouté père « et seigneur [5]. » Il lui semblait affirmer son droit dans cette formule, où il voulait bien se dire lieutenant du roi, mais où il se disait aussi héritier du royaume.

Il y eut dès les premiers jours entre le père et le fils un dis-

---

[1]. *Arch. de Nav.* (Indice), caj. 150, 14. — [2]. *Id., ibid.*, caj. 150, 51. — [3]. *Id., ibid.*, caj. 150, 46. — [4]. *Id., ibid.*, Cuentas, t. 467. — [5]. Yang., *Cron. del principe*, Not. biog., p. xiv.

sentiment profond qui ne pouvait admettre aucun moyen terme, cependant la paix se maintint pendant près de neuf ans, sans que leur désaccord éclatât trop ouvertement. Il faut en chercher la raison dans les longues absences du roi. Jean II ne paraît qu'une fois en Navarre en 1442 [1]. En 1443, il séjourne une partie du mois de novembre à Olite [2], et passe tout le reste de l'année en Castille. En 1444, il passe quelques jours à Pampelune [3], à Viana [4], et à Tudela [5], et séjourne du 7 au 20 décembre à Olite, avec le prince [6]; mais en 1445, on ne le voit qu'une fois en Navarre, à Tudela, le 4 janvier [7]. En 1446, il semble n'avoir pas mis le pied dans le royaume; en 1447, nous n'avons qu'un seul acte royal daté de Navarre [8]. Jean II ne revient dans le pays pour y faire un séjour de quelque durée qu'à dater du mois de juillet 1449. Le prince de Viane put donc se croire véritablement roi; la surveillance dont il était l'objet de la part de son père n'était point tyrannique, et les deux princes vécurent en bon accord, à la double condition de ne pas se voir, et de ne point parler de ce qui les divisait. Du jour où Jean II revint en Navarre, il ne fut plus possible de prolonger l'équivoque; et la guerre éclata entre le roi et le lieutenant général.

Pendant les neuf années de son gouvernement, le prince exerce en Navarre tous les droits régaliens; il nomme les officiers civils et militaires, il administre dans le sens le plus large du mot, il lève les troupes et perçoit les impôts.

Le prince de Viane nomme à tous les emplois du royaume. Les pièces de la Chambre des Comptes en offrent de très nombreux exemples : on le voit instituer les alcaydes ou gouverneurs militaires d'un grand nombre de châteaux [9]. Plusieurs des titulaires sont des serviteurs ou des domestiques du prince;

---

1. *Arch. de Nav.* (Indice), caj. 150, 11. — 2. *Id., ibid.*, caj. 150, 51. — 3. *Id., ibid.*, caj. 151, 16. — 4. *Id., ibid.*, caj. 151, 20. — 5. *Id., ibid.*, caj. 151, 21. — 6. *Id., ibid.*, caj. 151, 27. — 7. *Id., ibid.*, caj. 151, 30. — 8. *Id., ibid.*, caj. 190, 46. — 9. *Arch. de Nav.* (Indice), caj. 149, 17; 151, 14; 151, 51; 151, 54; 154, 6; 154, 5; 154, 31.

il est spécifié dans les actes de nomination que le titulaire « est
« la personne la plus convenable, et la mieux disposée pour ce
« service ». Quand un château est situé dans une ville, comme
à Corella, par exemple, on ne nomme pas un alcayde, mais
on charge un habitant de garder le château. Le prince nomme
encore le grand juge de Pampelune, et lui attribue une pension de 150 livres par an [1]; il désigne l'alcalde de Pampelune [2],
et convoque les auditeurs des Comptes, les jurats et les receveurs de la ville pour que le nouvel élu prête serment devant
eux [3].

Les offices inférieurs sont à sa disposition, il les distribue à
ses serviteurs à titre de gratification; l'un reçoit l'almiradio
d'Urroz, estimé à 60 sous de rente annuelle [4], un autre est fait
bailli de Corella et touche 30 sous par an sur les amendes [5].
Pour les fonctions plus importantes, il cherche à concilier les
traditions avec les intérêts de son gouvernement. L'hérédité
tendait à s'établir à la Chambre des Comptes; Don Carlos
admet bien que le fils succède au père [6], mais il veut aussi
que la Chambre reçoive dans son sein les nouveaux maîtres
ou auditeurs qu'il lui plaît de nommer [7]. Le 28 septembre
1447, le prince promet à Arnaut Periz de Jasu la première
place vacante en la Chambre, et il ordonne aux auditeurs de
lui donner rang parmi eux. Le 29 septembre, il accepte la démission de Martin de Racxa, maître des Comptes, et accorde à
son fils, Laurent de Racxa, la succession de l'office paternel;
les auditeurs font alors difficulté d'admettre Arnaut Periz de
Jasu, et il y a deux concurrents pour une seule place. Don
Carlos mande les deux candidats en sa présence; Laurent de
Racxa fait défaut et Arnaut Periz est installé; quelques jours
plus tard, le prince autorise Laurent de Racxa à siéger à son

---

1. *Arch. de Nav.* (Indice), caj. 149, 39. — 2. *Id., ibid.*, caj. 149, 19. —
3. *Id., ibid.*, caj. 151, 62. — 4. *Id., ibid.*, caj. 149, 18. — 5. *Id., ibid.*, caj.
149, 17. — 6. *Id., ibid.*, caj. 154, 37. — 7. Le personnel de la Chambre
des Comptes étant encore peu nombreux au xve siècle, on ne faisait
encore aucune différence entre le maître et l'auditeur des Comptes.

tour à la Chambre [1]. Le nombre des auditeurs n'était pas invariablement fixé; il ne devait y avoir régulièrement que quatre auditeurs, mais on en voit jusqu'à six en 1450 [2], cinq en 1451 [3] et six en 1477 [4].

L'administration proprement dite comprend un si grand nombre d'actes que leur diversité même rend bien difficile de les classer méthodiquement. La juridiction contentieuse était peu de chose dans un pays où les autorités locales avaient des pouvoirs très étendus, et décidaient en dernier ressort de la plupart des procès; cependant on trouve quelques exemples d'actes de juridiction contentieuse rendus par le prince en matière d'ordre public, d'exécution de jugements ou d'interprétation de contrats.

En 1448, maître Martin Beltran, auditeur des Comptes, avait injurié et diffamé publiquement « avec paroles viles et ignominieuses » les FF. PP. de Saint-Dominique de Pampelune, espérant exciter contre eux quelques troubles dans la cité; le prince ordonne aux auditeurs des Comptes de faire comparaître leur collègue devant eux, de lui donner lecture de ses ordres, et de l'obliger à demander pardon aux Frères de Saint-Dominique [5]. Il rend dans l'espèce un jugement en matière de police et d'ordre public.

En 1443, le seigneur de Grammont est condamné à payer à Juan de Mencos, habitant de Tafalla, 200 florins pour certain dommage qu'il lui avait causé. Pour assurer l'exécution du jugement contre un homme aussi puissant, le prince ordonne au receveur de Sanguesa de saisir tous les revenus que le seigneur de Grammont recueillait dans sa circonscription, et de les verser, jusqu'à concurrence de 200 florins, entre les mains de Juan de Mencos [6]. Dans ce cas, le prince assure l'exécution d'un jugement régulièrement rendu. Dans d'autres circonstances, on le voit intervenir, au contraire, pour retarder l'exécu-

---

1. *Arch. de Nav.* (Indice), caj. 154, 39. — 2. *Id., ibid.,* caj. 152, 22. — 3. *Id., ibid.,* caj. 170, 1. — 4. *Id., ibid.,* caj. 161, 16. — 5. *Arch. de Nav.* (Indice), caj. 154, 67. — 6. *Id., ibid.,* caj. 150, 46.

tion d'un jugement : il accorde un sursis à la partie qui a succombé [1].

L'interprétation des contrats donne souvent matière à de longues contestations. C'est surtout avec les communautés de villes et de vallées, et avec l'Eglise que les procès sont fréquents ; le prince décide quand il s'agit de contrats d'intérêt public ; il se renseigne aussi exactement que possible, et résout généralement la question avec une grande équité. Il y avait contestation entre les habitants de Rada, Carcastillo, Murillo-el-Fruto, Villafranca et Melida, et les moines de La Oliva au sujet des droits de pacage dans la Bardena. Le prince prend dans l'espèce une décision fort sage, il détermine le territoire qui sera concédé à chacun des plaignants : à ceux de Rada, Carcastillo, Murillo-el-Fruto et La Oliva, il donne l'espace appelé le Plano Mayor ; à ceux de Villafranca le territoire compris entre leur village et la route de Caparroso ; quant aux habitants de Mélida, qui n'avaient probablement pas de preuves écrites en leur faveur, le prince laisse au procureur patrimonial le droit de leur accorder l'entrée de la Bardena dans la mesure où il jugerait convenable de le faire [2]. — Avec l'Église, le prince se montre généreux, et toujours respectueux des droits acquis : sur le vu d'une lettre de Jeanne de France et de Philippe d'Evreux, il accorde au couvent Del Carmen à Pampelune une rente de 20 cahices de blé [3]. Il sait toutefois être ferme à l'occasion : apprenant que les dîmes de l'église de Falces ne suffisaient plus à nourrir les 35 rationnaires qui devaient vivre sur ces revenus, il réduit à 16 le nombre des prébendes [4].

L'esprit de justice du prince ne l'empêche pas d'être induit parfois en erreur, mais le repentir suit de près la faute. La Piscina nous en a conservé un exemple. Vers 1450, D. Diégo Martinez de la Piscina était alcayde de Buradon ; il est accusé

---

[1]. *Arch. de Nav.* (Indice), caj. 155, 22. — [2]. Yang., *Dicc.*, t. 1, p. 87. — [3]. *Id., ibid.,* caj. 151, 52. — [4]. *Id., ibid.,* caj. 190, 38.

par Philippe de Sarria de vouloir livrer Buradon aux Castillans ; le prince mande Diégo à sa cour, Diégo tarde à paraître, le prince se confirme dans l'idée qu'il a affaire à un traître, il dépouille Diégo de son commandement sans avoir entendu sa défense ; dans les trois mois qui suivent ce jugement précipité, les gens de Haro attaquent Buradon, et Philippe de Sarria est impuissant à défendre cette place que Diégo Martinez avait gardée de toute attaque pendant vingt ans. Plein de douleur, D. Carlos exprime son regret de l'injustice qu'il a commise, et déclare avec amertume qu'après avoir perdu Buradon, il perdra bientôt le royaume tout entier [1].

La juridiction gracieuse s'étend à toute sorte d'actes de libéralité. Le prince est là plus à l'aise ; presque tous les actes de son gouvernement ont trait à des concessions de privilèges. Il affranchit les habitants de Tudela du cens de 780 livres 3 sous 5 deniers qui pesait encore sur eux [2] ; il exempte de tout impôt et de toute aide Menaut de Beaumont, seigneur de Lacarra en Ultra-Puertos, et tous les habitants de sa seigneurie [3] ; il confirme les privilèges de la ville de Torralba [4] ; il augmente ceux de Sanguesa, et lui donne un marché tous les huit jours au lieu d'un marché par quinzaine [5] ; il autorise l'établissement de forges et d'usines [6] ; il accorde des grâces aux condamnés ; il remet des amendes à ceux qui les ont encourues [7], il les remet même à des Juifs [8].

Il acquiert ainsi grand renom de justice et de clémence en Espagne et à l'étranger ; c'est à lui que les clercs de Tolède s'adressent, en 1450, pour obtenir la mise en liberté de D. Fernando de Ceresuela, leur archidiacre, fait prisonnier avec toute son escorte par le seigneur de Luxa, au cours d'un voyage qu'il faisait à Rome [9].

Il n'y avait point d'armée permanente en Navarre, mais la

---

1. La Piscina, l. VI, ch. 1ᵉʳ. — 2. Arch. de Nav. (Indice), caj. 154, 34 et 35. — 3. Id., ibid., caj. 154, 15. — 4. Id., ibid., caj. 154, 9. — 5. Id., ibid., caj. 154, 3. — 6. Id., ibid., caj. 149, 8. — 7. Id., ibid., caj. 154, 33. — 8. Id., ibid., caj. 149, 15. — 9. Navarrete, t. XL, p. 451.

garde du roi en tenait pour ainsi dire lieu ; il avait toujours autour de lui un certain nombre de gens d'armes, qui préparaient, en cas de guerre, des cadres solides aux milices et aux recrues. C'était pour le souverain un honneur et une force d'avoir de nombreux gardes autour de lui ; D. Carlos en entretient autant que ses ressources financières le lui permettent. La solde moyenne d'une lance navarraise est de 15 florins par mois [1], la solde moyenne du fantassin est de 4 florins [2] ; on peut en conclure que la lance navarraise, en tenant compte de la dépense du cheval, est, au plus, de trois hommes. Il y a encore des lances payées à raison de 45 florins par an, ce qui revient à peu près au chiffre des hommes de pied, mais il faut entendre que ces hommes d'armes ne servent que trois mois l'an, ou bien il faut en faire des hommes immédiatement mobilisables, des gentilshommes gardant la lance au râtelier, toujours sous le coup d'un appel, toujours prêts à partir au premier signal [3]. Les Comptes de l'hôtel du prince nous renseignent sur le nombre de lances entretenues par lui : au 1er janvier 1443, le prince paye soixante lances [4] ; Beltran d'Ezpeleta, Oger de Mauléon, Charles d'Echauz, Pierres de Peralta, Leonel de Garro en commandent chacun cinq. Le 1er octobre de la même année, le prince entretient 190 lances ; D. Luiz de Beaumont en a 50 à lui tout seul, Juan de Luxa 40, et Pierres de Peralta 30 [5]. En 1445, la garde de la princesse de Viane est de 47 lances ; elle en a 46 en 1447 [6]. Il faudrait ajouter à ces chiffres les lances entretenues par le roi ; elles sont les plus nombreuses, car on ne voit jamais figurer le maréchal de Navarre sur les listes du prince et de la princesse, et il devait avoir un commandement important. En 1443, sur la menace d'une guerre avec la Castille, les Cortès votent les sommes nécessaires à l'équipement de 500 lances. Ce chiffre doit être considéré comme un maximum.

---

1. *Arch. de Nav.* (Indice), caj. 148, 25. — 2. *Arch. de Nav.* (Indice), caj. 151, 8 et 16. — 3. *Id., ibid.*, caj. 190, 45. — 4. *Id., ibid.*, caj. 148, 25. 5. *Id., ibid.*, caj. 148, 25. — 6. *Arch. de Nav.*, caj. 153, 3.

Les gens de pied se divisent en archers et cuirassiers (*encurazados*). Les archers sont pris dans le pays même, et sont payés à raison de 4 florins par mois; quelques-uns reçoivent seulement un sou par quinzaine; ce sont les fantassins placés sous le coup d'un appel imminent comme les gens d'armes dont il a déjà été question [1]. En 1444, le prince fait lever pour son service par Martin de Uriz, grand juge de Pampelune, 100 archers de la terre de Bordeaux, payables comme ceux du pays à raison de 4 florins par mois. Mais ces auxiliaires étrangers sont aussi dangereux pour les Navarrais que des ennemis; en 1446, le prince fait tout son possible pour écarter du royaume les bandes gasconnes appelées par son père contre la Castille [2].

Les fantassins armés de cuirasses sont le plus souvent chargés de la défense des places. La Navarre était couverte de châteaux et de postes fortifiés, mais la plupart de ces forteresses étaient en très mauvais état d'entretien. Quand venait la guerre, on réparait les murs, on élevait des barbacanes sur les points les plus menacés [3], et l'on appelait à la défense de la ville tous les habitants de son territoire. Les garnisons permanentes n'étaient mises que dans les villes les plus importantes, ou dans quelques châteaux particulièrement exposés aux insultes de l'ennemi. En 1444, on craint une invasion des Français et des Castillans; le prince met les ports et les places frontières en état de défense; il envoie 50 hommes de pied à Berruete [4], 60 à Cadreita [5]. 20 arbalétriers à Huarte-Araquil [6]; il nomme trois capitaines généraux dans le val d'Araquil, à Lérin, et dans le val de Besaburu-Menor [7]. En 1446, Jayme Diaz de Aux, écuyer du prince, va tenir garnison à Corella [8]. En 1448, Charles de Artieda s'y rend avec sept lances [9].

---

1. *Arch. de Nav.* (Indice), caj. 151, 16. — **2.** Ferreras, *Hist. d'Esp.* t. VI, p. 555. — **3.** *Arch. de Nav.* (Indice), caj. 151, 11 et 12. — **4.** *Id., ibid.*, caj. 151, 14. — **5.** *Id., ibid.*, caj. 151, 12. — **6.** *Id., ibid.*, caj. 151, 8. — **7.** *Id., ibid.*, caj. 151, 11. — **8.** *Id., ibid.*, caj. 154, 12. — **9.** *Id., ibid.*, caj. 155, 6.

En 1449, Jayme Diaz de Aux, toujours gouverneur de Corella, a sous ses ordres vingt fantassins de Tudela armés de cuirasses [1].

D. Carlos s'occupe aussi de fournir les places de vivres et de munitions. En 1444, il fait expédier à Briones 100 robos de sel, des bœufs, 120 moutons, de l'orge et plusieurs quintaux de fer [2].

La solde des gens d'armes n'est pas toujours directement payée par le trésor; on les paye quelquefois en leur abandonnant la jouissance de certains impôts sur la ville qu'ils sont chargés de défendre; la garnison de Corella perçoit pour solde les redevances sur les raisins, les chanvres et les lins du territoire, et 20 cahices de blé [3].

L'artillerie est encore dans l'enfance; on donne le nom d'artillerie à toute sorte d'engins de guerre : les traits, les carreaux, les mantelets de bois, les échelles sont des *artilleries* [4]. Le prince a cependant de véritables canons; il fait fondre des couleuvrines à Olite, en 1442 et 1445 [5]; il envoie, en 1444, une couleuvrine à Berructe [6], et loue une lombarde qu'il fait transporter de Tafalla à Olite [7]. Il a un couleuvrinier français, maître Jean d'Orléans [8]; le Français Pierre Rose est son horloger et son garde d'artillerie [9]; des plombiers (*plomeros*) fondent les balles et les boulets (*pelotas*) pour le service des bouches à feu.

Les hommes blessés à la guerre, et ceux qui se sont distingués dans les combats sont exemptés d'impôts, soit pendant un certain temps, soit pour toute leur vie. En 1444, le prince décide en conseil que les chevaliers et les écuyers, « qui sont à la guerre pour le service du roi et la défense du royaume », n'auront rien à payer pour les cuarteles levés cette année-là [10].

---

1. *Arch. de Nav.* (Indice), caj. 155, 15. — 2. *Id., ibid.*, caj. 151, 28. — 3. *Id., ibid.*, caj. 154, 12. — 4. *Id., ibid.*, caj. 151, 13. — 5. *Id., ibid.*, caj. 150, 19; 153, 4. — 6. *Id., ibid.*, caj. 190, 41 — 7. *Id., ibid.*, caj. 151, 13. — 8. *Id., ibid.*, caj. 152, 18. — 9. *Id., ibid.*, caj. 152, 19. — 10. *Id., ibid.*, caj. 151, 13.

Il exempte même des cuarteles Jean d'Ezpeleta, merino de Sanguesa, qui n'était pas allé à la guerre, mais qui avait envoyé des hommes d'armes servir en la compagnie du connétable D. Luiz de Beaumont [1]. Godofre de Meoz est exempté parce que son père est au service [2]. En 1447, Lancelot de Sarrasa, écuyer du prince, obtient une gratification de 43 livres, pour l'indemniser « des dépenses et des peines qu'il a suppor« tées pendant les dernières guerres, pour le service du prince « et pour la défense de la république [3] ».

Dans toutes ces branches de l'administration : nomination d'officiers, juridiction contentieuse ou gracieuse, armée, le gouvernement du prince présente tous les caractères d'un gouvernement régulier et souverain. Le prince est bienveillant et sage; on ne peut lui reprocher que de trop vivre au jour le jour, et de se montrer trop facile à l'égard de ses amis. On ne voit nulle part poindre la moindre idée de réforme, et la faveur nuit en plus d'un cas aux intérêts de l'Etat; mais, si rien n'attire spécialement l'attention, s'il est difficile de ne pas trouver au gouvernement du lieutenant général un certain air de routine et de médiocrité, il est juste d'ajouter que le prince avait de vingt à vingt-neuf ans lorsqu'il gouvernait ainsi le royaume, et que la Navarre se fût prêtée de mauvaise grâce à des réformes ou à des nouveautés. Jean d'Albret, qui sera beaucoup plus réformateur que le prince de Viane, sera beaucoup moins populaire, et le roi qui a peut-être le plus fait pour fortifier en Navarre la prérogative royale, Charles le Mauvais, est précisément celui que les Navarrais ont le plus détesté. Le prince donna à son pays neuf années de gouvernement paisible et respectueux des libertés de chacun, les Navarrais ne demandaient pas autre chose.

Jean II n'intervint que très rarement dans le gouvernement

---

1. *Arch. de Nav.* (Indice), caj. 151, 18. — 2. *Id., ibid.,* caj. 151, 30. — 3. *Id., ibid.,* caj. 154, 23.

de la Navarre. Il prétendait cependant, lui aussi, jouir de tous les droits royaux, et, s'il ne reste qu'un très petit nombre d'actes émanés de son initiative, ils suffisent pour prouver qu'il intervenait partout, sitôt qu'il lui plaisait de le faire.

Tout ce que fait le prince, le roi prétend pouvoir le faire aussi.

Il nomme directement tous les officiers de sa maison et les paye sur le trésor du royaume [1]. Il presse la rentrée des cuarteles [2], il ordonne aux auditeurs des Comptes de juger sommairement toutes les réclamations des contribuables, « parce « que les débiteurs du fisc ne songent qu'à gagner du temps, « et opposent aux officiers royaux exceptions sur excep- « tions [3] ». Il accorde des remises et des dispenses d'impôts à ses serviteurs [4]. Il règle les droits du prince sur les pâturages ; il lui accorde 600 têtes de bétail dans les montagnes et sur le territoire des bonnes villes, et 600 têtes dans les montagnes et sur le territoire des villages habités par des vilains [5]. Il confirme les donations faites par le prince [6], ce qui prouve qu'il se croyait le droit de les infirmer. Cette confusion des pouvoirs accentue l'antagonisme naturel entre le prince et le roi, et l'absence seule de Jean II, en rendant son intervention très rare, retarde l'ouverture du conflit.

La question de finances importait infiniment plus à D. Juan que l'administration du royaume, et l'ambition du prince allait jusqu'à prétendre au partage égal des revenus de la Navarre avec le roi. La lutte fut donc beaucoup plus vive sur ce point que sur tous les autres, et les difficultés qui surgirent à l'occasion du partage des deniers furent pour beaucoup dans la rupture finale entre le père et le fils. Il ne s'agissait plus ici d'une question d'amour-propre, mais de l'intérêt personnel des deux princes ; il s'agissait de ces ressources qui

---

[1]. *Arch. de Nav.* (Indice), caj. 155, 37. — [2]. *Id., ibid.*, caj. 150, 11. — [3]. *Id., ibid.*, caj. 154, 16. — [4]. *Id., ibid.*, caj. 151, 21 et 22. — [5]. *Arch. de Nav.*, Sec. de Montes, leg. I, carp. 3. — [6]. *Arch. de Nav.*, Cuentas, t. 467.

leur permettaient de vivre royalement, et d'assurer l'entretien de leur nombreuse clientèle.

L'étude de l'administration financière du prince présente donc un double intérêt : elle nous permet de voir fonctionner le système financier de la Navarre ; elle nous montre grandissant chaque jour le mécontentement des deux princes rivaux, et nous explique ainsi, par les raisons les plus simples et les plus naturelles, la principale cause de la guerre civile.

On sait que les rois de Navarre demandaient leurs plus riches revenus à des impôts extraordinaires appelés cuarteles[1], qui devaient être consentis par les Cortès avant d'être levés par le roi. Le prince reconnut lui-même que le droit de voter les cuarteles « était une propriété et une possession du royaume, « et que le roi n'avait en cette matière d'autre droit que celui « que lui reconnaissaient les États[2] ». Les Cortès se réunirent tous les ans pendant la lieutenance du prince. On ne compte pas moins de dix-sept tenues d'États pendant la période qui s'étend de 1442 à 1451. N'ayant dans le royaume qu'une autorité déléguée, le prince n'oublia jamais de s'appuyer sur les Cortès, et puisa certainement une grande force dans ce perpétuel échange d'idées avec les représentants de l'Église, de la noblesse et des bonnes villes de Navarre. Il est possible qu'un certain nombre des tenues d'États mentionnées par les documents de la Chambre des Comptes fassent double emploi ; on a pu compter comme deux tenues différentes deux sessions des mêmes Cortès ; il n'en reste pas moins vrai que la convocation des États fut très fréquente, et qu'il y eut chaque année au moins une session de l'assemblée.

Le nombre des cuarteles votés chaque année est très variable, et souvent difficile à déterminer, parce que les documents se contredisent les uns les autres[3]. Le total approximatif des impôts extraordinaires consentis par les Cortès de Navarre, de 1442 à 1451, nous donne une moyenne de 8 cuarteles 1/2

---

1. Cf. ch. 1er. — 2. Arch. de Nav., sec. de Cuartel, leg. 1, carp. 8. — 3. Cf. le tableau dressé à l'Appendice, pièce 8.

par an. Quelle somme représentent ces huit cuarteles? il est difficile de le calculer exactement. Yanguas porte, en 1513, la valeur du cuartel avec remises à 2461 livres carlines 15 sous 3 deniers, et la valeur du cuartel sans remises à 4062 livres 14 sous 2 deniers[1]; mais la valeur du cuartel devait être beaucoup plus considérable au milieu du xv° siècle, parce que le royaume n'avait pas encore souffert de la guerre civile, et parce que les exemptions d'impôts avaient été moins multipliées par Charles le Mauvais et Charles le Noble qu'elles ne le furent après la guerre par Jean II et par l'infante Léonore. Le 5 février 1442, les Cortès de Tudela accordent au roi un cuartel sans remises pour payer 5000 florins sur la dot de l'infante Léonor, et pour faire face aux dépenses du voyage de Béarn; le cuartel sans remises valait donc, en 1442, plus de 5000 florins[2]. En 1444, six cuarteles sont estimés 32 000 florins[3], ce qui donne à chaque cuartel, avec ou sans remises, une valeur de 5333 florins. D'après ce calcul, le total annuel moyen des aides perçues en Navarre, de 1442 à 1451, serait de 45 330 florins 1/2[4]. Si l'on ajoute à cette somme, déjà considérable, les produits de l'alcabala, qui montaient en 1482 à 30 000 livres[5], les impôts féodaux payés au roi par les villes, les bourgs et les villages, les amendes prononcées par les juges royaux et les redevances payées en nature, on sera effrayé de ce que payait un royaume assez pauvre et assez mal peuplé; on trouvera certainement qu'il existait quelque disproportion entre les avantages que la Navarre retirait de son gouvernement et ce qu'il lui coûtait.

Le vote des cuarteles était toujours suivi d'une série d'actes royaux dispensant tel ou tel privilégié, ou même toute une classe d'habitants du payement de l'impôt. Dans un grand nombre de cas, ces remises étaient d'usage et commandées

---

1. Yang., *Dicc.*, v° Pechas. — 2. *Arch. de Nav.* (Indice), caj. 149, 34. — 3. *Arch. de Nav.* (Indice), caj. 151, 25. — 4. 375 311 fr. 25. — 5. Yang., *Dicc.*, v° Pechas.

pour ainsi dire par la tradition ; souvent aussi elles récompensaient des services exceptionnels ; mais, en dehors de ces deux classes d'exemptions, Jean II et le prince en accordèrent un grand nombre qui étaient de pure faveur et devaient accroitre sans cesse le désordre des finances. Gil de Biurrun est exempté des cuarteles « parce que c'est une personne bien « notable et suffisante, bien disposée pour le service du prince, « entretenant un cheval et ayant des armes [1] ». Miguel Ybañez de Arguiñano obtient la même dispense « parce qu'il vit sur « la frontière, et est sans cesse occupé à courir après les « larrons et les malfaiteurs [2] ». Pere Ybañes de Ollo « parce « qu'il fait continuellement la chasse aux larrons et aux mal-« faiteurs des montagnes d'Andia, et parce qu'il entretient des « arbalètes, pavois et autres artilleries à cet effet [3] ». Garcia de Ucar « parce qu'il est homme ancien et décrépit, tombé « en un état assez misérable de sa personne et de ses biens [4] ». Souvent l'exempté n'a d'autre titre que d'être serviteur du prince : Johan Solchaga et Constance de Arbizu, sa mère, sont exemptés de tout cuartel « en considération des bons et « agréables services qu'ils ont rendus jusqu'ici au prince, et « qu'il espère qu'ils lui rendront encore [5] ». Juan Periz de Torralba est exempt parce qu'il héberge le prince quand il vient à Viane [6]. D. Juan de Beaumont jouit d'une franchise générale pour tous ses biens [7].

Il arrive que des villages, ou même des vallées entières, tombent à un tel degré de misère qu'on n'en peut plus rien tirer. Des épidémies déciment plusieurs bourgs, en 1441 [8]. Une pluie de pierres tombe la même année à Cirauqui et à Aniz [9]. En 1442, San Vicente est en ruine et dépeuplé ; ses habitants

---

1. *Arch. de Nav.* (Indice), caj. 151, 33; cf. *Id., ibid.,* caj. 150, 29, 35; 38, 40, 41, 44, 45, 46 et 49. — 2. *Id., ibid.,* caj. 155, 19. — 3. *Id., ibid.,* caj. 154, 39. — 4. *Id., ibid.,* caj. 154, 37 : « Por ser hombre antigo, y decaido en vejez, e devenido en estado asaz flaco, asi de su persona como de bienes. — 5. Yang., *Dicc.,* sub. v°. — 6. *Arch. de Nav.* (Indice), caj. 149, 49. — 7. *Id., ibid.,* caj. 151, 60. — 8. *Id., ibid.,* caj. 149, 23; 149, 24; 150, 8; 150, 12. — 9. *Id., ibid.,* caj. 149, 21.

et les laboureurs de sa banlieue sont dépouillés par les Castillans [1]. A la même époque, les gens du roi de France ravagent la terre de Mixe, « volent les troupeaux, démeublent les « maisons, et détruisent toutes les victuailles, de telle manière « que la terre demeure détruite et perdue ». Ils restent neuf jours à la Bastide Clairence, et pillent tout [2]. En 1443, les douze maisons d'Arranaz sont incendiées [3]. En 1444, Leiza et Ateizo sont tellement ruinés par les Guipuzcoans qu'il n'y reste rien à prendre [4]. En 1449, les habitants de Ribaforada sont devenus si pauvres que la plupart sont sur le point d'émigrer pour échapper aux charges écrasantes qui pèsent sur eux [5]. A tous ces malheureux le prince remet les cuarteles, en tout ou en partie, pour une ou plusieurs années, quelquefois pour trente ans.

Le prince exerce un contrôle actif sur le service de la perception des revenus royaux. Le 29 avril 1444, il ordonne aux auditeurs des Comptes de dresser, par mérindad, un état des receveurs existant au temps de Charles le Noble. Il veut savoir combien il y a actuellement de receveurs, quelle est l'étendue de leur circonscription, et comment sont tenus leurs livres [6]. Cette ordonnance est confirmée par le roi au mois de décembre 1444.

Dans la Navarre du xve siècle il ne peut être question d'un véritable budget; on remarque cependant un certain ordre et une certaine prévoyance dans l'administration générale des finances. Les comptes conservés aux archives de Navarre ne sont que des états récapitulatifs de toutes les sommes perçues pendant une année, ou dépensées sur l'ordre du souverain par le trésorier du royaume; mais on y trouve la liste complète de toutes les ressources, et de toutes les dépenses ordinaires; les maîtres des Comptes savaient donc approximativement à combien montaient les revenus du roi; le rapport qui existait

---

[1]. *Arch. de Nav.* (Indice), caj. 150, 1. — [2]. *Id., ibid.,* caj. 150, 34. — [3]. *Id., ibid.,* caj. 150, 38. — [4]. *Id., ibid.,* Cuentas, t. 467. — [5]. *Id., ibid.,* caj. 155, 16. — [6]. *Id., ibid.,* caj. 151, 29.

entre ces revenus et les dépenses probables de l'année permettait de déterminer le nombre des cuarteles à demander aux cortès. Le compte de l'année 1455, année de troubles qui précéda la reprise de la guerre civile entre Jean II et le prince de Viane, est tenu avec la même régularité que celui des années les plus paisibles. Il est divisé en sept parties ou chapitres qui traitent successivement de la recette et de la dépense des deniers, de la recette en blé, en avoine et en orge, et de la dépense de ces grains. Le chapitre Ier, *Recette des deniers*, fait le compte des impôts payés par les vallées et la Cuenca de Pampelune; il énumère les redevances payées par les bourgeois des villes; il ajoute à ces sources de revenu le cens perçu dans les domaines royaux, et les taxes imposées aux Juifs. Il n'y avait pas eu de cuarteles votés cette année-là. Le chapitre II, *Dépense des deniers*, énumère sous vingt et une rubriques les dépenses ordinaires et extraordinaires de l'État : gages des alcaydes des châteaux et forteresses, salaires des officiers du prince, dépenses communes, récompenses, dépenses de la Chambre des Comptes, traitement des mérinos, dons à perpétuité, dons viagers, dons à volonté, dons pour une fois, pensions et gages, chapelle, anniversaires, luminaires, échanges de titres entre le prince et des particuliers, grâces et rémissions, garnisons, œuvres, dons aux collecteurs des taxes, décompte de sommes portées en trop à la recette, dépenses diverses. Les deux chapitres suivants sont consacrés à la recette du blé par vallées et dans la Cuenca de Pampelune, et à la dépense de blé pour les châteaux, les échanges, les restitutions, les dons à perpétuité, les pensions et gages, les chapellenies, les anniversaires, les grâces et rémissions, l'hôtel du prince... Le même travail est fait pour la recette de l'orge dans le chapitre V, et pour celle de l'avoine dans le chapitre VI. Le dernier chapitre établit le compte des dépenses en orge et en avoine [1].

1. *Arch. de Nav.*, Comptes de l'année 1455.

Non seulement on connaissait le total approximatif des ressources du royaume, mais, au moins pour certaines dépenses, on dressait des états de prévoyance. Le 1ᵉʳ janvier 1446, le prince arrête à 14 150 livres carlines pour toute l'année les gages des officiers et serviteurs de la princesse de Viane [1].

On distinguait dans le budget les dépenses ordinaires, et les dépenses extraordinaires. Les pensions des gens des Comptes, les traitements des mérinos et des alcaydes devaient être acquittés avant tout, et prélevés sur les ressources ordinaires de la couronne [2]; les pensions de faveur et les dons n'étaient payés qu'après, et s'il restait des fonds disponibles. Il y avait déjà des traditions assez fortes pour que l'arbitraire royal fût contenu dans certaines limites. Jean II, ayant voulu réduire de moitié les gages de ses officiers, fut obligé de revenir sur cette mesure, et, en pleine guerre civile, le prince osera à peine y avoir recours; il payera seulement moitié en deniers, moitié en denrées.

Les gens des Comptes faisaient chaque année relier leurs livres en parchemin, et la collection des registres annuels était conservée avec le plus grand soin; mais, en 1449, la maison où était installée la Chambre des Comptes, près de San Cerni, s'écroula subitement, et « beaucoup d'écritures « furent perdues, les liasses se rompirent, et furent toutes « mêlées [3] ». De là les lacunes que l'on constate aujourd'hui.

Malgré ce soin matériel et cet ordre apparent, l'intervention continuelle et arbitraire du prince ou du roi dérangeait tous les calculs des maîtres des Comptes, et les créanciers du trésor arrivaient difficilement à se faire rembourser. Juan Periz de Maillata, alcalde de la Corte-Mayor, n'était pas encore payé, en 1443, de 100 ducats prêtés par lui à la reine Blanche pendant son séjour en Sicile (1402-1414) [4]. La même année, les jurats de Caseda devaient encore 73 livres sur un

---

1. *Arch. de Nav.*, caj. 190, 45. — 2. *Arch. de Nav.* (Indice), caj. 150, 51; 156, 12. — 3. *Arch. de Nav.*, Lib. de differentes memorias, nº 498, fº IIII. — 4. *Arch. de Nav.* (Indice), caj. 156, 49.

cuartel de 1432 [1]. Le 8 avril 1444, le prince se décide à apurer les comptes des dépenses de sa noce, célébrée cinq ans auparavant, et il ne donne pas plus de deux mois aux créanciers pour produire leurs titres [2]; tous ne sont pas encore désintéressés en 1446 [3].

Les libéralités inconsidérées des princes les mettaient souvent dans le plus grand embarras, et donnaient lieu aux plus singulières transactions. La reine Blanche avait promis 3000 florins à D. Juan de Luxa pour l'aider à se marier, mais elle était loin de pouvoir lui donner une somme aussi importante en argent liquide; elle céda la bourgade de Carcar à D. Juan, et l'autorisa à en percevoir les revenus jusqu'à payement complet des 3000 florins. En 1447, D. Juan n'a encore rien touché, il va marier sa sœur, et réclame de l'argent; le prince de Viane n'en a pas plus à lui donner que n'en avait la reine Blanche : il autorise D. Juan à vendre Carcar. La vente produit 1800 florins. Incapable de payer les 1200 florins qu'il doit encore, le prince abandonne à son tour à Juan de Luxa « le péage d'Hostabares » jusqu'à ce qu'il puisse achever de le payer [4]. Les exemples de ces sortes de marchés sont extrêmement nombreux ; plus généreux que vraiment riches, les princes sont toujours prompts à promettre, et beaucoup plus lents à payer. Ils ne peuvent, en bien des cas, agir différemment. La première vertu du chevalier, et partant du prince et du roi, est la munificence; tous ceux qui approchent du souverain vivent de ses libéralités et comptent sur ses largesses; plus le luxe de la cour est grand, plus le présent doit être considérable; un don en appelle un autre, on ne peut moins faire pour tel serviteur que l'on n'a fait pour tel autre; le chiffre des pensions va croissant, et finit par rompre l'équilibre du budget. Tous les princes d'Espagne sont prodigues : Henri le Magnifique, Jean II et

---

1. *Arch. de Nav.* (Indice), caj. 150, 32. — 2. *Id., ibid.*, caj. 151, 5. — 3. *Id., ibid.*, caj. 154, 17. — 4. *Id., ibid.*, caj. 154, 29.

Henri IV de Castille se ruinent pour leurs favoris et leurs courtisans; Jean II d'Aragon est toujours à court d'argent; le prince de Viane ne sait pas mieux se défendre contre l'avidité des solliciteurs, et donne à tous sans compter. Les gens de petite sorte obtiennent de simples gratifications : Fray Charles, frère de madame Sainte-Catherine du Mont-Sinaï, reçoit 8 robos de blé [1]; Philippe de Palma, citoyen de Nicosie en Chypre, est défrayé de toutes ses dépenses pendant son séjour à la cour de Navarre [2]; maître Martin d'Escobar, maître ès arts et médecin, reçoit 50 livres pour l'aider à marier sa fille [3]; Ochanda de Benez, femme d'un huissier du prince, obtient un secours de 6 cahices de blé, et de deux carapitos de vin doux pendant la maladie de son mari [4]. On donne à Diégo de Ziordia un harnais de 40 florins [5], à Pedro de Allo un lit d'étoffe de 45 livres [6]. Les officiers d'un rang supérieur sont traités plus libéralement : Pedro de Solchaga, chambrier, obtient 600 livres [7]; Fernando de Oloriz, écuyer de panneterie, 1000 florins [8]; Ferrando de Sarasa, écuyer tranchant, 13 livres de rente perpétuelle pour lui et ses descendants [9]. Aux grâces individuelles s'ajoutent encore les distributions d'argent à toute une classe de personnes et les aumônes. Le prince dépense en aumônes 400 livres par an [10], il fait des donations de 300 florins à ses domestiques [11], il donne en une fois 120 livres aux chantres de sa chapelle.

Le roi recevait sa part des cuarteles votés par les Cortès, et s'en contentait en général; cependant on trouve mention d'un certain nombre de payements effectués pour lui, et qui durent être faits à même les revenus du prince; à tout le moins le prince devait-il en faire l'avance. Ce sont des sommes d'argent à donner aux courriers que le roi dépêche en Cas-

---

[1]. *Arch. de Nav.* (Indice), caj. 149, 19. — [2]. *Id., ibid.*, caj. 149, 27. — [3]. *Id., ibid.*, 150, 46; cf. caj. 150, 5. — [4]. *Id., ibid.*, caj. 151, 28. — [5]. *Id., ibid.*, caj. 154, 14. — [6]. *Id., ibid.*, caj. 152, 16. — [7]. *Id., ibid.*, caj. 154, 39. — [8]. *Id., ibid.*, caj. 151, 32. — [9]. *Ib., ibid.*, caj. 154, 33. — [10]. *Id., ibid.*, caj. 150, 23. — [11]. *Id., ibid.*, caj. 150, 5.

tille [1]; 200 florins pour ses dépenses de table pendant un séjour à Pampelune en 1444, 400 doubles de Castille à son trésorier, 1500 florins pour draps d'or et de soie, jadis achetés par la reine Blanche à Gonzalo Garcia de Santa Maria, bourgeois de Saragosse [2]. Il faut louer des mules pour exécuter les transports ordonnés par le roi, lui porter une *serpentine* (couleuvrine?) de Tudela à Calatayud [3], entretenir ses enfants naturels, quand les jeunes princes viennent en Navarre.

Il ressort de tous ces faits que les cuarteles étaient fort diminués par les remises accordées par le roi et le prince; que la perception de l'impôt était lente et difficile, probablement accompagnée de malversations de toute espèce; que le budget annuel ne présentait pas de garanties suffisantes contre l'arbitraire royal; que les dépenses extraordinaires et imprévues en dérangeaient à chaque instant l'équilibre; que la prodigalité du prince s'exerçait à toute occasion et envers tous, et qu'enfin les dépenses personnelles du roi venaient souvent augmenter le désordre et le désarroi des finances. Avec une aussi mauvaise administration, il n'est pas étonnant que les revenus du royaume n'aient pas suffi à couvrir les dépenses de la cour, et que le prince ait dû recourir aux ressources extrêmes, aux aliénations du domaine et à l'emprunt.

Les aliénations du domaine servent le plus souvent à payer les dons que le prince ne peut solder autrement; on en a cité quelques exemples en parlant de ses largesses; dans les dernières années de son gouvernement, le prince paraît en user couramment comme d'un expédient financier. En 1447, la Navarre devait encore au comte de Foix 20 000 florins sur la dot de l'infante Leonor; le prince lui donne en payement les revenus, la seigneurie et la juridiction basse et moyenne de Miranda [4]. Blanchet de San Luz, écuyer du prince, avait

---

1. *Arch. de Nav.* (Indice), caj. 154, 2; 154, 29. — 2. *Id., ibid.,* caj. 154, 46. — 3. *Id., ibid.,* caj. 154, 18; 154, 6. — 4. Yang., *Dicc.,* t. II, p. 329.

prêté 3000 livres à Charles le Noble, le prince lui cède la baylie de Villafranca, les droits royaux sur les héritages, et sur toutes les vignes et terres labourables du territoire de ce village; il ne se réserve que le cens dû par les maisons des *francos*[1]. Jean II avait promis 16 000 florins de dot à Blanche de Zuñiga, petite-fille de Charles le Noble, lors de son mariage avec D. Hugo de Cardona[2]; en 1447, vingt ans après le mariage, il était encore dû 8100 florins sur cette dot; le prince de Viane désintéresse le fils de Blanche en lui abandonnant tous les droits du roi à Caparroso, avec la justice basse et moyenne[3]. D. Juan de Beaumont acquiert, en 1447, la ville et le château de Corella pour 600 livres carlines[4]. Enfin, en 1449, le prince ordonne en plein Conseil de vendre, pour subvenir aux besoins de l'État, tous les biens qui lui reviendront désormais par voie de confiscation, ou d'amende extraordinaire[5].

Plus humiliants et plus onéreux encore que les aliénations domaniales, les emprunts allaient aussi leur train. L'emprunt est pour les nobles de ce temps une véritable plaie; nulle part l'adage : « Qui doit à terme ne doit rien », n'a fait plus de dupes que parmi les grands seigneurs. Le continuel besoin d'argent qui les travaille les livre sans défense aux prêteurs sur gages. Dès 1442, le prince engage à Saragosse deux bassins d'or pour 1500 florins, à 18 0/0 d'intérêts[6]. Plus tard, il emprunte à Roger de Grammont 12 000 francs bordelais[7]. En 1450, Pere Nabaz lui prête 1500 livres sur une nef et deux flacons de vermeil[8]. Pendant sa seconde régence, et surtout après son départ de Navarre, l'emprunt sera la principale ressource de D. Carlos; il y aura recours sans scrupule, et l'on voit qu'il s'y résignait déjà pendant ses années de prospérité.

---

1. *Arch. de Nav.* (Indice), caj. 154, 24. — 2. *Id., ibid.*, caj. 104, 39: 110, 2; 125, 41; 127, 4. — 3. Yang., *Dicc.*, t. 1, p. 169; *Arch. de Nav.*, Cuentas, t. 473. — 4. *Id.*, Cuentas, t. 476. — 5. *Arch. de Nav.* (Indice), caj. 161, 7. — 6. *Id., ibid.*, caj. 150, 42. — 7. *Id., ibid.*, Cuentas, t. 516. — 8. *Id., ibid.*, caj. 155, 42.

Les aliénations et les emprunts ne faisaient qu'augmenter les embarras financiers du prince. L'aliénation de ses droits diminuait ses revenus, l'emprunt l'obligeait à payer de gros intérêts, et plus la situation devenait tendue, plus le prince trouvait pénible de partager les revenus du royaume avec son père. Lui laisser le titre de roi était dur, lui laisser une part dans l'administration était dangereux, lui laisser la plus grosse part dans les revenus semblait chaque jour à D. Carlos plus insupportable.

Politique extérieure du Prince de Viane, Jean II en Castille.

Si Jean II et son fils pouvaient à la rigueur s'entendre sur les questions de gouvernement intérieur, il ne pouvait en être de même pour leur politique extérieure. Ils avaient l'un et l'autre des idées trop opposées pour que le désaccord ne fût pas complet.

Le prince se plaisait en Navarre, où il avait été élevé, où il avait une cour de parents et d'amis tout dévoués. Le roi ne se plaisait qu'en Aragon, où sa grande situation de lieutenant général lui donnait toute l'autorité d'un roi, et surtout en Castille, où sa lutte contre le connétable se poursuivait au milieu d'intrigues sans cesse renaissantes. Le prince ne songeait qu'à vivre heureux et paisible dans son royaume ; le roi rêvait de commander à la Castille comme il commandait déjà à l'Aragon et à la Navarre. Pour vivre à sa guise, le prince cherchait à éviter toute guerre, et gardait autant que possible la neutralité entre les belligérants; pour arriver à ses fins, Jean II préparait la guerre, réunissait des gens d'armes, conduisait des négociations, méditait des coups d'État. Une lutte sourde s'engagea donc dès le premier jour entre Jean II et le prince, Jean trouvant son fils trop pacifique, Charles trouvant son père trop brouillon.

Pendant les trois premières années de sa régence, le prince

de Viane parvient à maintenir la paix. Il adresse de temps à autre quelque message au roi [1], il correspond avec son oncle, le roi de Naples [2], avec le duc de Bourgogne [3], avec le comte de Foix et le roi de France [4]. D. Carlos poursuit auprès de Charles VII l'affaire de Nemours, il envoie le héraut Pamplona au duc de Bretagne pour l'intéresser à son procès, et pour presser « certains avocats qui agissent auprès du roi à cause dudit duché [5] ». Il ne manque pas une occasion de gagner l'amitié des Français qui passent en Navarre; il donne de l'argent à des serviteurs du duc de Bourgogne qui reviennent de Saint-Jacques; la princesse de Viane fait un présent à un serviteur du bâtard de Bourgogne; des messagers de Jean de Clèves sont défrayés de tout pendant leur séjour à Olite, et reçoivent encore quelque argent [6].

Les rapports de D. Carlos avec le comte de Foix sont empreints d'une cordialité toute particulière. L'infante Léonor est conduite en Béarn à la fin de 1442, et le prince ne néglige rien pour fêter sa sœur; avant le départ, il distribue 500 florins aux domestiques de la princesse [7]; il l'accompagne jusqu'à Saint-Jean-Pied-de-Port, et la confie à la garde de Mossen Balthazar, son chambellan [8], après avoir offert à tous les cavaliers et gentilshommes de sa maison un splendide festin d'adieu [9]. Il semble qu'à la politique castillane de son père, le prince cherche à opposer une politique française, il songe peut-être déjà à contre-balancer par une étroite alliance avec la maison de Foix les effets du mauvais vouloir de Jean II.

D. Carlos n'épouse certainement pas les querelles de son père; il fait célébrer en grande pompe les obsèques d'une fille de D. Godofre de Navarra, comte de Cortès, et donne à celui-ci le titre d' « oncle bien-aimé [10] » alors que Jean II l'a

---

1. *Arch. de Nav.* (Indice), caj. 149, 15 et 16; 150, 48. — 2. *Id., ibid.*, caj. 149, 46. — 3. *Id., ibid.*, caj. 150, 12. — 4. *Id., ibid.*, caj. 150, 34. — 5. *Id., idid.*, caj. 150, 43. — 6. *Id., ibid.*, caj. 150, 18. — 7. *Id., ibid.*, caj. 150, 16. — 8. *Id., ibid.*, caj. 150, 17; 150, 19. — 9. *Id., ibid.*, caj. 150, 16 et 52. — 10. *Id., ibid.*, caj. 149, 47.

banni du royaume, l'a déclaré rebelle et traitre, et a confisqué ses biens.

Il a sa diplomatie à lui : Hercules de Aybar, Lope de Gurrea, Maître Paul, bachelier en théologie, sont employés *en certains voyages* ou portent des lettres du prince au roi de France [1]. Quand une invasion devient menaçante, il fait tout pour la détourner. Rodrigue de Villandrado se montre en 1442 sur les frontières de la Navarre : le prince lui dépêche Charles de Mauléon, et obtient la retraite du célèbre aventurier [2].

Malheureusement cette politique avait deux grands défauts : elle était trop personnelle pour être admise par le roi, qui se prétendait toujours souverain seigneur de la Navarre; elle était pacifique, et le roi voulait la guerre.

Le mariage de Blanche de Navarre avec le prince des Asturies avait rendu à Jean II une grande puissance en Castille : une ligue nouvelle avait été conclue entre le roi de Navarre, la reine de Castille, le prince des Asturies, l'infant D. Enrique d'Aragon et l'amiral de Castille D. Fadrique Enriquez contre le connétable et ses partisans. Un moment Jean II crut tenir la victoire, il s'empara de la personne du roi de Castille, et gouverna le royaume pendant onze mois, avec la même autorité que s'il eût été le véritable souverain [3]. Le prince des Asturies se prit alors à regretter ce qu'il avait fait, il favorisa l'évasion de son père, et le roi de Navarre furieux recommença la lutte en disant brutalement : *Qui vaincra régnera!* La Navarre se trouva elle-même entraînée dans la guerre (juin 1444).

Le prince de Viane fit loyalement son devoir, et le royaume ne marchanda pas ses subsides; il y eut au moins treize ou quatorze cuarteles votés cette année-là [4]. Le comte de Foix fut tenu au courant de tout ce qui se passait; on lui envoya des

---

1. *Arch. de Nav.* (Indice), caj. 150, 32. — 2. *Id., ibid.,* caj. 150, 17. — 3. Zurita, *Anales,* t. III, f° 289; Mayerne Turquet, *Hist. d'Esp.,* t. I, p. 880. — 4. Cf. Appendice, pièce 8.

courriers qui avaient ordre de marcher jour et nuit [1]; des troupes furent levées, et allèrent rejoindre le roi, sous le commandement de Mossen Pierres de Peralta [2]. L'évêque de Pampelune, le commandeur d'Aberin, les abbés d'Irache et d'Iranzu firent campagne, soit en Castille, soit sur les frontières du royaume [3]. Le procureur patrimonial, Martin de Villabani, marcha en personne au secours de Huarte Araquil, avec des gens d'armes tirés de Sanguesa, de Pampelune et de la Montagne [4]. Les gens de Cintruenigo, tout ruinés qu'ils étaient par la tempête de pierres de 1443, garnirent leurs murailles de barbacanes, et résistèrent courageusement aux attaques des gens d'Alfaro, qui leur enlevèrent leurs troupeaux, coupèrent leurs vignes, et pillèrent tout ce qui leur tomba sous la main [5].

Tous ces efforts n'empêchèrent pas Jean II d'être battu devant Burgos par le connétable D. Alvaro de Luna et le prince des Asturies, qui s'étaient réconciliés pour un moment [6]. Jean II, vaincu, consentit à négocier, et, au cours des négociations, il resserra son alliance avec l'amiral D. Fadrique Enriquez en célébrant, le 1er septembre 1444, ses fiançailles avec la fille de l'amiral, doña Juana [7]. Il rentra un moment en Navarre, et l'accueil qu'il y reçut ne fut sans doute pas encourageant, car il signa à la fin de septembre une trêve de cinq mois avec la Castille. Le prince de Viane espérait bien profiter de ce délai pour changer la trêve en paix définitive.

Cependant la guerre recommença encore une fois; Jean II fut encore vaincu à Olmédo (19 mai 1445) [8], et fut dépouillé de toutes les places qu'il possédait en Castille, sauf Atiença et Torrijo [9]. Il ne voulut pas céder, et reprit ses négociations avec le prince des Asturies et avec le connétable.

---

1. *Arch. de Nav.* (Indice), caj. 151, 29. — 2. *Id., ibid.*, caj. 151, 15. — 3. *Id., ibid.*, caj. 151, 30. — 4. *Id., ibid.*, caj. 151, 10. — 5. *Arch. de Nav.* (Indice), caj. 151, 11. — 6. Zurita, *Anales*, III, f° 290. — 7. Yang., *Compendio*, p. 270. — 8. Zurita, *Anales*, III, f° 297. — 9. De Mayerne-Turquet, *Hist. d'Esp.*, t. I, p. 887.

Le prince de Viane et les Navarrais étaient mécontents de voir toutes les ressources du pays passer en dépenses de guerre, alors que l'intérêt du royaume n'était pas sérieusement en jeu. Les Cortès avaient voté six cuarteles en mai 1445 [1]; elles en votèrent six autres en novembre [2], mais le prince s'en vit accorder six également, et il devenait évident que le royaume ne pourrait fournir tous les ans d'aussi grosses sommes. Les Cortès envoyèrent deux ambassadeurs au roi pour le prier de faire la paix, D. Carlos se mit en rapport avec le confesseur de son père pour essayer de connaître ses intentions [3]; la situation était tellement inextricable que D. Juan ne savait plus lui-même à quelle résolution il devait s'arrêter; il ne voyait pas bien clairement quel parti il pourrait tirer d'une nouvelle alliance avec le prince des Asturies et l'amiral; il semblait parfois disposé à rompre son mariage avec Jeanne Enriquez, et à se retourner du côté du connétable. Les négociations durèrent une bonne partie de l'année 1446; elles semblaient près d'aboutir, quand le roi de Castille les rompit traîtreusement en incendiant la ville d'Atiença, qui avait été remise en gage entre les mains de la reine d'Aragon (20 août 1446) [4]. La guerre recommença, Jean II appela à son aide les bandes gasconnes que la trêve de Tours, conclue entre Charles VII et Henri VI, laissait inoccupées.

La Navarre s'était tenue autant que possible à l'écart pendant les années 1445 et 1446, se contentant de fournir à son roi l'argent qu'il lui demandait. Mossen Pierres de Peralta et les Navarrais qui étaient auprès de Jean II guerroyaient à sa suite, mais le connétable D. Luiz de Beaumont et les gens de son parti restaient auprès du prince de Viane. L'abstention de la Navarre fut si complète que Ferreras croit à une trêve particulière entre elle et la Castille [5]; mais rien ne prouve que la trêve de cinq mois, conclue en septembre 1444, ait été pro-

---

1. *Arch. de Nav.* (Indice), caj. 151, 25 et 26. — **2.** *Id., ibid.,* caj. 151, 57; 154, 13. — **3.** *Id., ibid.,* caj. 154, 2. — **4.** Zurita, III, fº 302. — **5.** Ferreras, *Hist. d'Esp.*, t. VI, p. 555.

longée, et si le roi de Castille prive le prince de Viane de tout droit aux biens castillans de son père, il est évident qu'il le considère comme son ennemi.

L'émotion fut grande en Navarre quand on apprit que les Gascons, appelés par Jean II, allaient traverser le pays. Le prince, qui avait dès 1444 mis les châteaux de Berruete et de Goritti en état de défense, envoya des gens d'armes et des fantassins pour surveiller les mouvements de l'ennemi dans l'Ultra-Puertos, dans la vallée de Baztan, à Lesaca, à Bercha et dans les cinq villes [1]. Rodrigo de Villandrado et ses Gascons n'osèrent pas entrer en Navarre; ils savaient le prince résolu à se défendre; ils contournèrent le royaume et échouèrent au siège de Logroño. Au retour, ils pillèrent quelques petites places navarraises, Buradon, Grañon et Velorado, mais ils furent repoussés de Calahorra et d'Alfaro, et se retirèrent en Aragon [2]. Le prince avait réussi à protéger la Navarre contre les pilleries des Gascons, mais ces Gascons étaient les alliés de son père, et l'attitude de D. Carlos dans cette circonstance doit être considérée comme un premier acte d'indépendance, sinon d'hostilité, du lieutenant général à l'encontre du roi.

L'année 1447 ne fut pas marquée par de grands faits de guerre; Alphonse V engagea lui-même le roi de Navarre à ne pas entrer en Castille, où un coup de main pouvait le mettre à la merci de ses ennemis. Les partis se multipliaient dans ce malheureux pays : le roi avait son favori, D. Alvaro de Luna, le prince des Asturies avait le sien, D. Juan Pacheco, et le roi de Navarre ne se croyait sûr ni des uns, ni des autres. On s'observait des deux côtés avec une extrême défiance, sans rien oser conclure. Les Cortès d'Aragon se montraient peu favorables à la guerre contre la Castille [3]. Celles de Navarre, assemblées à Olite, votaient cinq cuarteles seule-

---

[1]. *Arch. de Nav.* (Indice), caj. 154, 2. — [2]. Ferreras, t. VI, p. 555. — [3]. Zurita, t. III, f° 310.

ment ¹, et protestaient de leur vif désir de voir la paix rétablie.

Le seul événement considérable de cette année fut le mariage du roi de Navarre avec la fille de l'amiral de Castille. Depuis longtemps projeté, ce mariage fut célébré à Calatayud au mois de juillet 1447 ².

L'amiral D. Fadrique, qui devait à partir de ce moment exercer sur Jean II une si grande influence, était un grand prince « du nom et des armes de Castille ³ », arrière-petit-fils du roi Alphonse XI. « C'était un petit homme de bonne « apparence, un peu myope, mais très entendu, chevalier « intrépide, et d'un si grand courage qu'il exposa souvent sa « personne et son État aux coups de la fortune pour la « défense de ses parents, et pour acquérir pour lui-même « gloire et réputation. Il était franc et libéral, et préféra « toujours, au soin d'accroître ses richesses, la gloire de les « dépenser pour en tirer honneur ⁴. » C'était l'un des seigneurs les mieux apparentés de Castille ; il avait pour frère utérin l'adelantade D. Pedro Manrique, et pour frère germain le comte de Alba de Liste ; ses neuf sœurs se marièrent toutes avec des hommes de haut lignage ; sa mère était une Mendoza, et il avait pour parents du côté maternel tous les plus grands seigneurs de Castille. D. Fadrique et le roi de Navarre étaient faits pour s'entendre ; tous deux étaient épris de gloire bruyante, aussi ambitieux et aussi peu scrupuleux l'un que l'autre. La nombreuse parenté et l'influence de l'amiral devaient être pour le roi de Navarre un puissant appui contre la faction du connétable ; le comte de Castro s'était chargé de vanter à Jean II la fidélité de D. Fadrique, la grâce et les talents de sa fille, et Jean s'était décidé à demander Jeanne Enriquez en mariage ⁵. Les fiançailles avaient eu lieu le 1ᵉʳ septembre 1444, à la Tour de Lobaton ;

---

1. *Arch. de Nav.* (Indice), caj. 190, 46 ; 154, 37. — 2. Zurita, t. III, f° 309. — 3. Favyn, *Hist. de Nav.*, p. 527. — 4. Pulgar, « Claros Varones ; El almirante D. Fadrique ». — 5. Quintana, *Españoles celebres*, t. I, p. 133.

château de l'amiral, mais le mariage avait été différé, parce qu'il fallait obtenir des dispenses du pape; Jean d'Aragon et Jeanne Enriquez étaient parents au quatrième degré [1]. Après la bataille d'Olmédo, qui avait ruiné le parti aragonais, le roi de Castille s'était emparé du château de Medina del Rio Seco; il y avait trouvé Doña Theresa de Quiñones, et Jeanne Enriquez, que l'on commençait à appeler la reine de Navarre, bien qu'elle ne fût pas encore mariée. Les dames avaient été bien traitées, mais le roi les avait gardées en son pouvoir [2]. Le 14 mai 1446, le prince des Asturies, traitant à Madrigal avec son père, avait obtenu la grâce de l'amiral; on devait lui rendre sa fille, mais il devait s'engager à ne pas la remettre au roi de Navarre sans l'assentiment du roi [3]. L'incendie d'Atienza retarda encore la remise de la reine à son époux, et le mariage ne se célébra que dans l'été de 1447, près de trois ans après les fiançailles.

Jeanne Enriquez est la mère de Ferdinand le Catholique, et s'est trouvée mêlée aux malheureux événements qui marquèrent les dernières années du prince de Viane; il n'en a pas fallu davantage pour que les écrivains navarrais en aient fait une marâtre aussi barbare que perfide. L'historien le plus sérieux et le plus érudit de la Navarre, le savant Moret lui-même, dit que « s'il écrivait un poème au lieu d'une his- « toire, il croirait que les Furies elles-mêmes ont donné au « roi Jean l'idée de ce mariage, en haine du prince D. Carlos « et du repos de la Navarre [4] ». Jeanne Enriquez était en réalité une femme d'un grand courage, d'une finesse et d'une décision extraordinaires, d'une ténacité invincible, et toutes ces qualités, qui devaient en faire un diplomate de premier ordre, ne nuisaient en rien chez elle aux grâces de la femme; ses adversaires les plus prévenus étaient charmés par son esprit, gagnés par sa simplicité et sa modestie, et tous admi-

---

[1]. Zurita, III, f° 293. — [2]. Mayerne-Turquet, *Hist. d'Esp.*, t. I, p. 886. — [3]. Zurita, III, f° 294. — [4]. Moret, *Anales*, t. IV, p. 470.

raient la netteté de ses réponses, sa saine raison, sa patience à toute épreuve dans les circonstances les plus difficiles. Elle fut pour son mari l'auxiliaire le plus précieux et le plus dévoué; et si sa réputation a souffert quelque dommage, la faute en est surtout à Jean II, homme cruel et emporté, dont elle a trop servi les desseins pour ne point paraître sa complice.

Ce mariage s'accomplit au grand déplaisir du prince de Viane, et Jean II comprit lui-même dans quelle situation délicate il se trouvait, car il n'avertit officiellement de son mariage ni son fils, ni les Cortès du royaume. Il ne voulait pas comprendre que cette seconde union lui faisait perdre jusqu'à l'ombre de droit qu'il avait jusque-là conservée sur la Navarre, puisque le Fuero privait le conjoint remarié de l'usufruit légal sur les biens de sa première femme. A partir de ce moment, les conseillers du prince devinrent de leur côté plus pressants, et engagèrent plus fortement D. Carlos à réclamer ses droits, si audacieusement méconnus par son père. Ce mariage fut ainsi la cause de grands malheurs, sans qu'on doive en faire remonter la responsabilité à la reine elle-même.

Dans le courant de 1448, la guerre reprit entre Jean II et la Castille; le prince des Asturies avait fait la paix avec le connétable, et les deux adversaires avaient scellé leur réconciliation en prononçant contre l'amiral D. Fadrique une sentence d'exil et de confiscation. D. Fadrique se réfugia en Aragon, à la cour de son gendre, puis s'embarqua pour Naples et sut si bien plaider sa cause auprès d'Alphonse V que Jean II reçut l'ordre d'aider son beau-père dans toutes ses entreprises, comme s'il s'agissait du roi d'Aragon lui-même [1]. Jean II, proclamé généralissime des troupes d'Aragon, réunit 400 hommes d'armes et passa la frontière castillane; il rencontra le duc de Medina Celi à Gomara [2], et le battit;

---

1. Zurita, III, f° 314. — 2. Gomara, sur le Rituerto, prov. de Soria.

mais ces batailles n'étaient jamais décisives, et la guerre continua en 1449 par des razzias autour de Requena et d'Utiel, et par le siège de Cuenca. Jean II noua des intelligences avec le roi de Grenade Mohammed-Aben-Ozmen, qu'il sollicita *de faire du pis qu'il pourrait aux chrétiens de Castille* [1]. Il entra en relations avec les gens de Tolède révoltés contre le roi, et leur promit son appui [2]. La princesse de Viane étant morte le 1er avril 1448, il songea aussitôt à faire contracter au prince une alliance castillane, et demanda pour lui la main d'une fille du comte de Haro; il représentait son fils « comme ca-
« pable de gouverner de grandes monarchies, à cause du
« savoir, et de la grande connaissance des lettres, qui se ren-
« contraient entre autres mérites dans sa royale personne [3] ».
Il cherchait en même temps par tous les moyens à attiser les troubles en Castille, et à ramener le prince des Asturies dans son parti. Le 10 septembre 1449, il se croyait sûr du succès, et annonçait aux Cortès d'Aragon son prochain départ pour la Castille [4].

Au milieu de ces complications, le prince accentuait chaque jour davantage sa politique de neutralité et d'autonomie. Il restait en rapports avec les princes français; il envoyait des chevaux au dauphin [5], poursuivait l'affaire de la restitution de Nemours [6], et comblait de libéralités Graciana de Armendariz, damoiselle de la comtesse de Foix [7].

Dans ses relations avec la Castille, le prince s'efforçait avant tout de faire respecter son territoire; il récompensait le merino de la Ribera qui avait défendu Tudela contre les gens d'Alfaro, Agreda et Calahorra [8], mais il refrénait autant que possible l'ardeur belliqueuse des habitants de la frontière. Au mois de mars 1448, une trêve de sept mois avait été conclue entre Jean II et la Castille, et, malgré la trêve, les Na-

---

1. Mayerne-Turquet, *Hist. d'Esp.*, t. I, p. 891. — 2. Zurita, III, f° 317.
— 3. Garibay, *Compendio hist.*, t. III, p. 416. — 4. Zurita, III, f° 317.
— 5. *Arch. de Nav.* (Indice), caj. 154, 20. — 6. *Id., ibid.*, caj. 154, 62.
— 7. *Id., ibid.*, caj. 154, 63. — 8. *Id., ibid.*, caj. 154, 55.

varrais s'étaient emparés de Santa Cruz de Campezo; les Castillans avaient, par représailles, occupé le château de Turugen; le prince entama aussitôt des négociations avec la Castille, il rendit Santa Cruz et remit en liberté le seigneur de la ville, D. Lope de Rojas, qui avait été fait prisonnier [1]. Il envoya aussi en Castille un de ses hérauts, et le notaire Juan Martiniz pour obtenir à l'amiable la restitution de Turugen [2].

Avec son père, D. Carlos gardait l'attitude réservée qu'il avait toujours eue; tout en faisant preuve d'une initiative chaque jour plus large, il restait en correspondance avec lui [3] et s'intitulait toujours lieutenant général. Les choses seraient sans doute demeurées longtemps encore en cet état, mais, vers la fin de l'année 1449, Jean II reparut en Navarre et sembla vouloir s'y fixer. Les causes profondes de mésintelligence qui existaient entre D. Carlos et son père produisirent aussitôt leur effet; la paix, qui s'était maintenue pendant neuf ans comme par miracle, grâce à l'éloignement du roi, cessa d'être possible du jour où il revint dans le royaume.

Rupture entre Jean II et le prince de Viane.

Jean II rentra en Navarre à la fin de l'année 1449. Le 11 septembre, il était encore à Saragosse [4]; au mois de novembre, on le voit à Mallen, en face de Cortès, sur la frontière d'Aragon et de Navarre; le 1er janvier 1450, il est à Olite, il ne quittera pour ainsi dire plus la Navarre de toute une année [5].

Il revenait en Navarre escorté d'une véritable armée de serviteurs. Les quittances de la Chambre des Comptes mentionnent 14 serviteurs du roi en 1444; elles en citent 70 en 1450 [6]. La reine avait en outre sa maison à part; D. Alphonso d'Aragon, fils naturel du roi et grand maître de Calatrava, avait

---

1. Mayerne-Turquet, *Hist. d'Esp.*, t. I, p. 890. — 2. *Arch. de Nav.* (Indice), caj. 155, 6. — 3. *Id., ibid.*, caj. 155, 4. — 4. Zurita, III, f° 317. — 5. Cf. Appendice, pièce 9. — 6. Cf. Appendice, pièce 10.

aussi la sienne; tous les Castillans du parti aragonais que la guerre avait dépouillés, venaient chercher asile en Navarre; elle fut en quelques semaines envahie par une foule de seigneurs ruinés qui lui demandèrent la plus onéreuse hospitalité.

Dès son arrivée, Jean II agit en souverain. Il entend que les pouvoirs du lieutenant général cessent du jour même où il est présent en Navarre, et son activité se porte immédiatement sur toutes les branches de l'administration.

Il révoque et remplace les fonctionnaires de tout ordre. Il dépouille D. Juan de Beaumont de sa charge d'alcayde du château de Miraglo, et la donne avec tous ses revenus, profits et émoluments à D. Godofre d'Ezpeleta [1]. Esteban de Villaba est fait par lui alcayde du château de Sancho Abarca [2]; Pedro de Argaez, alcayde de Corella [3]. Le gouverneur de Cortes est remplacé par un serviteur du roi [4]. L'alcayde de Castillo-Nuevo est révoqué.

La Chambre des Comptes est profondément remaniée. Juan Ybañez de Monreal est bien confirmé, au commencement de l'année 1450, dans sa charge de gardien de la Tour de Pampelune, où s'assemble la Chambre des Comptes [5] : mais, dès le 7 février, le roi mande aux auditeurs de ne point chicaner Monreal sur les petites affaires sans importance [6], preuve que la chicane devait être réservée pour les grandes, et qu'une sorte de procès s'instruisait déjà contre le trésorier. Le 26 mars, Jean II ordonne aux auditeurs de recevoir le serment de Juan Garcia de Larraya, qu'il a nommé son délégué pour diriger une enquête contre les auteurs des délits commis dans la ville de Pampelune, et dans la mérindad des Montagnes [7]. Au mois de juillet, Juan Garcia est nommé auditeur des Comptes en remplacement de Sancho Digurpida, décédé [8]. Le prince de

---

1. *Arch. de Nav.* (Indice), caj. 155, 44. — 2. *Id., ibid.*, caj. 155, 21. — 3. *Id., ibid.*, caj. 155, 29. — 4. *Id., ibid.*, caj. 155, 25 et 26. — 5. *Id., ibid.*, caj. 155, 20. — 6. *Id., ibid.*, caj. 155, 23. — 7. *Arch. de Nav.* (Indice), caj. 155, 32. — 8. *Id., ibid.*, caj. 155, 38 et 39.

Viane, n'osant s'opposer à cette nomination, propose de réduire de 6 à 4 le nombre des auditeurs; Jean II, loin d'être de cet avis, n'attend même pas qu'il se produise des vides dans la Chambre pour y faire entrer ses amis; il veut que Juan Martinez Derquioz exerce les fonctions de maître des Comptes, conjointement avec Martin Beltran, qu'ils s'accordent réciproquement la survivance de leur office, et partagent, en attendant, les gages qu'ils reçoivent du trésor [1]. Enfin Jean II révoque Arnaut de Beorlégui, comme notaire de la Chambre, et le remplace par Sancho Disara, secrétaire de l'évêque de Pampelune [2].

Le roi s'empare de l'administration tout entière. Si le prince donne encore, à longs intervalles, quelque preuve d'activité, c'est pendant les voyages de son père en Aragon (juin-juillet), alors que l'absence momentanée de D. Juan lui rend, pour quelques semaines, ses pouvoirs de lieutenant général. Les actes déjà passés par le prince sont l'objet d'un contrôle sévère de la part du roi : quelques-uns sont confirmés, mais ce sont les moins importants; Juan Martinez Digal reste bailli de Pampelune [3]; Perrin Gil, « bombardier », conserve la jouissance des maisons du roi que le prince lui avait données sa vie durant [4]. S'il s'agit d'intérêts plus considérables, le roi demande une enquête, et veut avoir communication de toutes les pièces. Il commande aux auditeurs de ses Comptes de lui envoyer les écritures relatives aux droits de madame Jeanne de Navarre, fille de Charles le Noble, et aux 16 000 florins de dot promis à sa fille Jeanne, lors de son mariage avec D. Hugo de Cardona [5]. Il demande copie du traité intervenu entre le prince de Viane et le maréchal de Navarre pour le règlement des droits de ce dernier sur Murillo el Fruto, Santa Cara et Pitillas [6]. Il reconnaît le bien fondé de la demande de Jeanne de Peralta, veuve du maréchal, et la met en pos-

---

1. *Arch. de Nav.* (Indice), caj. 155, 49. — 2. *Id., ibid.*, caj. 155, 50. — 3. *Id., ibid.*, caj. 155, 22. — 4. *Id., ibid.*, caj. 155, 23; caj. 155, 9. — 5. *Id., ibid.*, caj. 155, 23. — 6. *Id., ibid.*, caj. 155, 56.

session des revenus dont le prince avait refusé la jouissance au maréchal. Non content d'instruire à nouveau les affaires qui ont déjà passé entre les mains de son fils, Jean II casse quelques-uns de ses actes les plus importants. Le prince avait vendu Corella à D. Juan de Beaumont; le 31 octobre 1449, le roi « adjuge, applique et incorpore la ville de Corella et ses « habitants présents et à venir à la seigneurie souveraine, et « couronne de Navarre, de telle manière qu'en aucun temps ils « ne soient, ni ne puissent être, ni par lui, ni par ses succes- « seurs, donnés, transférés ou séparés d'une manière quelcon- « que de la couronne royale [1] ». Le prince voulait aliéner Cintruenigo, le roi la réunit par avance au domaine pour en empêcher l'aliénation [2]. Cependant ces deux villes faisaient partie de la principauté de Viane; elles faisaient partie du domaine personnel de D. Carlos; l'attaque dirigée par le roi contre les droits de son fils est donc aussi directe que possible.

Dans les premiers mois de 1450, le roi garde encore quelques ménagements dans la forme, mais dès le mois de mars son langage devient dur et menaçant. Le 28 mars, Jean II restitue à Mossen Pierres de Peralta le droit de percevoir les impôts d'Andosilla, Marcilla et Villanueva, « dont le prince D. Carlos, ajoute-t-il, lui a retiré la jouissance *contre toute justice* [3] ». En même temps D. Juan Periz de Torralba, serviteur du prince, est dépouillé d'une partie de ses biens « à cause des graves et énormes crimes, excès et délits par lui commis contre le roi [4] ».

Jean II réveille le zèle de tous les officiers de finances, et presse impitoyablement la rentrée des impôts. Il veut que tous les receveurs rendent leurs comptes, et que l'on s'informe exactement de tout ce qu'ils ont pu recevoir en sus des reconnaissances que leur avait remises le trésorier [5]. Le receveur d'Estella avait à vérifier de longs calculs, à cause des grosses

---

[1]. *Arch. de Nav.* (Indice), caj. 155, 17. — [2]. *Id., ibid.,* caj. 155, 18. — [3]. *Id., ibid.,* caj. 155, 29. — [4]. *Id., ibid.,* caj. 155, 26. — [5]. *Id., ibid.,* caj. 155, 23.

sommes dépensées par la ville dans la dernière guerre; le roi ne lui accorde qu'un délai de vingt jours[1]. Il veut, au contraire, que le receveur de Tudela ne soit pas retenu longtemps à la Chambre des Comptes, parce qu'il l'a commis à la surveillance de certaines affaires qui regardent son service[2]. S'il est bienveillant pour le receveur de Tudela, il est fort dur pour le trésorier de Navarre, et les lettres qu'il adresse aux auditeurs des Comptes semblent écrites par un souverain absolu : « Gens auditeurs de nos Comptes, chers et bien aimés.
« Vous savez comment vous Nous avez naguères notifié que
« notre trésorier avait porté dans ses comptes une ligne rela-
« tive à un achat de drap broché, et vous Nous disiez, autant
« qu'il Nous en souvient, qu'on retrouvait encore la même
« somme à une autre ligne. Sur ce, Nous vous avions chargés
« de Nous faire un rapport sur cette affaire. Nous Nous émer-
« veillons que vous ne l'ayez déjà fait, parce que Nous vous
« commandions expressément d'entendre incontinent en cette
« affaire, et de Nous en envoyer le résumé, avec votre conseil,
« ce qui importe fort à Notre service. Aussi Nous vous man-
« dons d'y donner tous vos soins en diligence et de vous
« occuper du compte de l'année 44, de manière que Nous en
« puissions à bref délai savoir la conclusion. Donné en Notre
« ville d'Olite le XXVe jour de mars, l'an 1450. Moi, le roi
« Juan[3]. » Au bout de six ans, le trésorier du royaume est accusé d'avoir compté deux fois une aune de drap! Le roi descend aux plus minces détails : les receveurs devront rendre leurs comptes *tous les mois*, et *en personne* en la Chambre des Comptes[4]; Pierre Nabaz adressera au roi le compte de tous les porcs *de eyurdea* vendus par lui sur le marché de Pampelune du 10 au 16 décembre 1449[5]; un simple particulier, Ferrando de Ziordia, poursuivi devant la Chambre des Comptes, à la requête du procureur patrimonial, est cité au conseil privé du

---

1. *Arch. de Nav.* (Indice), caj. 155, 24. — 2. *Id., ibid.*, caj. 155, 26.
3. *Arch. de Nav.*, caj. 155, 32. — 4. *Id., ibid.*, caj. 155, 24 et 32.
5. *Id., ibid.*, caj. 155, 26.

roi [1]; et comme, en dépit de toutes ses précautions et de toute son âpreté, Jean II reste à court de deniers, il défend expressément de payer aucune pension, soit sur l'ordre du prince, soit même sur le sien, sans un commandement itératif et exprès de sa part [2].

On serait tenté de louer Jean II de son activité, mais l'intérêt public est ce qui le préoccupe le moins. Le gaspillage est encore plus grand avec lui qu'avec le prince; ce n'est plus de la générosité, c'est une prodigalité que rien n'arrête. Les sommes les plus considérables sont dépensées sans compter, comme si les ressources du trésor étaient inépuisables.

Il faut fournir à l'entretien du roi et des nombreux officiers de sa maison, subvenir aux dépenses de la reine et de ses serviteurs, aux dépenses du Grand Maître de Calatrava; ce qui n'empêche pas le prince d'avoir en même temps sa maison à part, entretenue, elle aussi, sur les fonds du royaume. Du 6 mars au 31 octobre, le Grand Maître reçoit à différentes reprises plus de 500 florins [3]. Du 11 avril au 22 décembre la table et les menues dépenses du roi et de la reine emportent 757 florins [4]. On leur fournit de la toile, du drap, des chaussures, des fourrures, et jusqu'à du papier [5]. Les redevances habituelles en orge, en avoine et en blé ne suffisent plus pour l'entretien de la maison royale et des maisons princières, il faut en acheter au dehors [6]. Ces dépenses ne sont rien en comparaison des sommes employées par le roi à éteindre ses dettes criardes, ou distribuées par lui à ses fidèles. Il rembourse 500 florins à Thomas de Cortona, marchand florentin [7]. Il donne 1000 livres à Mossen Pierres de Peralta, *son noble et fidèle conseiller* [8]. Le *magnifique seigneur amiral de Castille* reçoit 400 livres [9]; d'autres serviteurs du roi obtiennent

---

[1]. *Arch. de Nav.*, (Indice), caj. 155, 24. — [2]. *Id., ibid.*, caj. 155, 39, 40. — [3]. *Id., ibid.*, caj. 155, 26; 155, 32; 155, 33; 155, 35; 155, 39; 155, 56; 156, 3. — [4]. *Id., ibid.*, caj. 155, 34, 35, 39, 44, 56; caj. 156, 15. — [5]. *Id., ibid.*, caj. 155, 34, 35, 47, 52. — [6]. *Id., ibid.*, caj. 155, 39. — [7]. *Id., ibid.*, caj. 155, 36. — [8]. *Id., ibid.*, caj. 155, 50 et 51. — [9]. *Id., ibid.*, caj. 155, 48 et 50.

444 livres [1] ; à d'autres encore Jean fait distribuer 7644 livres de gratifications [2]. Il semble qu'il achète les consciences et qu'il travaille à se créer un parti. Les remises d'impôts n'avaient été jusqu'alors accordées que pour l'avenir ; Jean II donne à des faveurs de ce genre un effet rétroactif : le frère Juan de Peralta reçoit comme présent la moitié des impôts payés par son couvent, de 1438 à 1445 [3]. Non seulement le roi ne touchera rien, mais il rend une partie de ce qu'il a reçu.

Par surcroît, la Navarre est menacée d'une guerre avec la Castille, et l'armée s'organise en toute hâte. Jean II met des garnisons à Cintruénigo et à Turugen [4] ; il envoie 60 hommes d'armes et 400 hommes de pied pour tenir garnison à San Vicente [5]. Les Cortès réunies au mois d'août à Olite votent 27 000 florins pour l'entretien de 400 lances destinées « à la garde du roi, et à la défense du royaume [6] ».

Fort de ses alliances et maître de la situation en Navarre, Jean II espérait rentrer en Castille avec des forces suffisantes pour avoir cette fois raison du connétable de Luna. Ce fut le moment où la rupture, si longtemps retardée, éclata enfin entre son fils et lui.

Le prince de Viane n'avait opposé aucune résistance aux empiétements de son père pendant la première partie de l'année 1450. Jean II s'était saisi du gouvernement et avait tout bouleversé ; les amis du prince avaient été destitués et remplacés par des hommes tout dévoués au roi ; les actes du prince avaient été censurés ou cassés par le roi ; les officiers de finances avaient été malmenés avec une rigueur extraordinaire ; le roi seul avait disposé des revenus du royaume ; enfin la Navarre était à la veille d'une guerre dangereuse avec la Castille, tout était plein du bruit des armes, et le *prince-propriétaire* se sentait impuissant à protéger ses sujets naturels contre la dévorante ambition de son père.

---

1. *Arch. de Nav.* (Indice), caj. 155, 53. — 2. *Id., ibid.,* caj. 155, 35. — 3. *Id., ibid.,* caj. 155, 49. — 4. *Id., ibid.,* caj. 155, 29. — 5. *Id., ibid.,* caj. 155, 22. — 6. *Id., ibid.,* caj. 155, 42.

Au mois de juin, D. Carlos eut une lueur d'espoir; Jean II était reparti pour l'Aragon; le prince reprit ses fonctions de lieutenant général [1]; mais, avant la fin de juillet, le roi annonça son retour en Navarre. Cette fois, D. Carlos n'y tint plus; il se fit délivrer une somme de 1000 florins sous prétexte d'aller retrouver Jean II à Saragosse, et quand le roi reparut en Navarre, il passa lui-même en Guipuzcoa, cherchant sur les terres du roi de Castille une sorte d'asile contre la tyrannie de son père.

Ce voyage ne nous est connu que par un très petit nombre de pièces. On sait seulement que les États de Navarre envoyèrent deux moines en ambassade auprès du prince, à Ségura, dans la province de *Guiprozcoa*, et que des brigands dépouillèrent ces malheureux « des mules sur lesquelles ils allaient « à cheval (*sic*), de leur bréviaire, de leurs habits et de leur « argent [2] ». Le 5 septembre, le prince n'était pas encore rentré en Navarre; il était à Saint-Sébastien, et accordait aux habitants l'exemption de tous les droits de douane, tant à l'entrée qu'à la sortie du royaume. Il les remerciait aussi « du bon « accueil, de la bonne réception et des signalés services que « les habitants lui avaient faits pendant son séjour en ladite « ville, pour certaines nécessités ». Il s'adressait « au conseil, « au prévôt, aux alcaldes, jurats, regidors, officiers, pru- « d'hommes, bourgeois et habitants de la ville ». Il leur parlait en roi, leur faisant les concessions dont il a été parlé « de « sa certaine science, de son propre mouvement, en vertu de « son pouvoir, et de son autorité royale [3] ».

Il est probable que le prince entra dès ce moment en négociation avec la Castille. Une entrevue avait eu lieu l'année précédente à la Corogne [4], entre le prince des Asturies et les envoyés du roi de Navarre, qui avaient resserré leur alliance contre le connétable [5]. D. Alvaro se sentant menacé avait

---

[1]. *Arch. de Nav.* (Indice), caj. 155, 38. — [2]. *Arch. de Nav.*, caj. 190, 50. — [3]. Bib. de l'Acad. de l'hist. de Madrid. *San Sebastian* (liasse). — [4]. 26 juillet 1449. — [5]. Zurita, III, f° 315.

mis tout en œuvre pour détacher le prince des Asturies du parti aragonais. Il y avait réussi, car Jean II, qui, en septembre 1449, annonçait solennellement aux Cortès d'Aragon son prochain départ pour la Castille, n'y était pas encore entré en août 1450. L'alliance du connétable et du prince des Asturies était ainsi tout indiquée à D. Carlos, et, à défaut de documents précis, un certain nombre de circonstances fournissent la preuve indirecte de ses relations avec les princes castillans. D. Carlos se réfugie en Guipuzcoa, sur les terres du roi de Castille; il y est rejoint par le trésorier de Navarre, Juan Ybañez de Monreal, qui signe avec lui le privilège accordé aux gens de Saint-Sébastien ; à la fin de novembre [1], D. Luiz de Beaumont, connétable du royaume, Mossen Johan de Luxa, commandant de 70 lances royales, maître Martin de Mongelos, et Siméon Dunzué se joignent à lui, et la guerre paraît imminente entre le prince de Viane et son père. Il est fort probable que l'appui promis par la Castille au prince et à ses adhérents les enhardit à se déclarer contre le roi.

Jean II se sent menacé, et prend les mesures les plus énergiques pour la défense de sa couronne. Il met des alcaydes à sa dévotion dans les châteaux de Valcarlos, Tiébas, Castillo Nuevo, Valtierra et Caseda [2]. Il retire aux gens de Burgui la garde de leur château et la donne à son écuyer, Peri Sanz de Ornatua [3]. Simeno Doilleta est fait alcayde d'Ujué, et jure au roi « de bien garder ledit château, d'y faire en guerre et en « paix sa résidence personnelle, d'exposer sa personne et ses « biens pour sa défense, de donner bon compte de tout, et de « garder le secret [4] ». Les gouverneurs civils sont changés comme les gouverneurs militaires; Pedro de Vertiz est créé mérino de la Montagne [5]; les *soz-merinos* de Valdorba, de Besaburu-menor, de Lerin et d'Araiz sont destitués et remplacés par de fidèles partisans du roi ; ces nominations sont toutes

---

1. *Arch. de Nav.* (Indice), caj. 156, 11. — 2. *Id., ibid.*, caj. 155, 40, 41, 44 et 45. — 3. *Id., ibid.*, caj. 155, 50. — 4. *Arch. de Nav.* (Indice), caj. 155, 53. — 5. *Id., ibid.*, caj. 155, 44.

faites à titre provisoire, et les fonctionnaires nommés sont avertis qu'ils sont révocables suivant le bon plaisir du roi [1].

L'organisation de l'armée se poursuit activement : Mossen Pierres de Peralta sert le roi avec 92 hommes d'armes, et 19 génetaires; Juan Gonzalbis le Portugais, et Juan de Berbiesca (Castillan) commandent 162 génetaires; l'évêque de Pampelune a 25 lances; le maréchal de Navarre 25 lances [2]. Le roi fait transporter des armes à Atiença et à Tudela [3]; il ordonne de fortifier Huarte Araquil et Leiza [4]; il visite en personne Echarri-Arranaz; il passe six jours dans le val d'Araquil avec 120 hommes d'armes, et met tout en état de défense sur la route de Pampelune à Alsasua [5]. A Pampelune même, six hommes d'armes montent la garde dans la tour de l'église Saint-Laurent [6].

Les partisans du prince sont destitués de leurs offices : D. Juan de Beaumont est dépouillé de la grande chancellerie du royaume [7]; les biens de D. Luiz de Beaumont et de Martin de Mongelos sont confisqués et distribués aux partisans du roi [8].

Les faits de guerre furent peu nombreux et peu importants : Un parti des gens du prince s'empara d'Oteiza près d'Estella; Louis de Beaumont et Jean de Luxa surprirent le château de Saint-Jean-Pied-de-Port, que le roi fit immédiatement assiéger ; mais le prince ne put faire de progrès sérieux, et le roi ne put prendre Saint-Jean, que ses capitaines tinrent bloqué pendant tout l'hiver de l'année 1451 [9]. La campagne de printemps semblait devoir être plus décisive; les Castillans se montraient sur les frontières, et menaçaient déjà Salinas et San Vicente [10]; mais, au moment où tout faisait prévoir la guerre, le prince de Viane et ses amis prirent tout à coup la résolution de ren-

---

1. *Arch. de Nav.* (Indice), caj. 155, 44, 46, 47 et 52. — 2. *Id., ibid.*, caj. 155, 43 et 44; caj. 156, 3. — 3. *Id., ibid.*, caj. 155, 48. — 4. *Id., ibid.*, caj. 155, 56 et 48. — 5. *Id., ibid.*, caj. 155, 42 et 47. — 6. *Id., ibid.*, caj. 156, 7. — 7. *Id., ibid.*, caj. 155, 44. — 8. *Id., ibid.*, caj. 156, 11. — 9. *Id., ibid.*, caj. 155, 32; 156, 11, 18, 24 et 26. — 10. *Id., ibid.*, caj. 156, 21.

trer en Navarre, et de faire leur soumission. Juan de Monreal rentra en grâce, et l'on n'est pas peu surpris de le voir envoyé par le roi lui-même pour recevoir les clefs du château de Saint-Jean-Pied-de-Port : « Le Très Illustre Prince, notre fils, disait « D. Juan, et les autres qui sont en sa compagnie sont revenus « à Nous, et à notre obéissance, et les forteresses Nous doivent « être livrées, et, par notre ordre, le trésorier, Mossen Juan de « Monreal, va à San Juan ; il est déjà parti, et c'est à lui que la « place doit être remise [1]. » La soumission du prince de Viane est d'autant plus extraordinaire que D. Juan n'accordait aucune amnistie à ceux qu'il considérait toujours comme des rebelles : « son intention était de les châtier » et il commandait au receveur de Sanguesa » de faire une enquête sur tout « ce qu'ils avaient pu dire et faire, et de lui en communiquer « le résultat [2] ».

Quels motifs poussèrent D. Carlos à se réconcilier avec son père ? les documents ne nous l'apprennent point. Belzunce parle bien d'un traité secret conclu entre le prince de Viane et le roi de Castille [3] ; mais nous n'avons trouvé nulle part trace de ce traité. Il est fort probable que D. Carlos se lassa le premier d'une guerre à laquelle il ne s'était décidé qu'à contre-cœur. Après huit ou neuf mois d'exil (juillet 1450-mars 1451), il dut profiter des premières ouvertures pacifiques que lui fit son père, et rentra en Navarre avec l'espoir d'y reprendre la vie calme pour laquelle il était né.

Les premiers actes de Jean II semblèrent prouver en effet que la réconciliation était sincère. Mossen Juan de Monreal, rétabli dans sa charge de trésorier, reçut du roi une gratification de 189 cahices de blé, et le prince fut admis à *ratifier* l'acte passé par son père à ce sujet [4]. Au mois d'avril 1451, les Cortès de Tafalla votèrent cinq cuarteles au roi et trois au prince. D. Juan décida que l'argent de ces trois cuarteles

---

1. *Arch. de Nav.* (Indice), caj. 156, 21. — 2. *Id., ibid., loc. cit.* — 3. *Hist. des Basques*, t. III, p. 312. — 4. *Arch. de Nav.* (Indice), caj. 156, 23.

serait remis par les receveurs des merindades aux députés du royaume, qui le remettraient eux-mêmes au prince [1]. Le 7 juin, le prince recevait 100 florins, sur l'ordre du roi; il se commandait de belles armes, et achetait des cuirasses recouvertes de velours cramoisi [2].

Ces mesures courtoises ne pouvaient faire illusion qu'au prince. Jean II restait en Navarre, y commandait en roi, et continuait à pourvoir ses serviteurs aux dépens des amis de Charles [3]. D. Juan de Beaumont n'était pas rétabli dans sa charge de chancelier de Navarre; la grande chancellerie était donnée au merino de la Ribera, Mossen Martin de Peralta, frère de Mossen Pierres [4]. Enfin la guerre recommençait avec la Castille, où le prince des Asturies, le roi et le connétable, enfin unis, étaient décidés à en finir avec Jean II. Don Carlos ne s'était réconcilié avec son père que par amour pour la paix, et il voyait cette paix lui échapper, sans que la guerre nouvelle à laquelle il allait se trouver mêlé eût pour lui le moindre intérêt.

Les mois de mai, de juin et de juillet furent remplis par les derniers préparatifs des Castillans; Jean II visitait ses places [5], faisait fabriquer des armes, rançonnait les Juifs, et levait des soldats, les payant jusqu'à un florin par jour.

Au mois d'août, les Castillans passèrent la frontière navarraise du côté de Viana, et s'emparèrent du château de Buradon, dont le gouverneur était absent [6]. D. Juan de Beaumont, gouverneur de Torralba, fit bravement son devoir, et faillit mettre les Castillans en déroute devant la place, mais ils tournèrent par la Berrueça, et vinrent mettre le siège devant Estella, défendue par D. Lope de Baquedano [7].

La prise d'Estella aurait pu avoir des conséquences extrêmement graves pour la Navarre. Jean II tenta les derniers

---

[1]. *Arch. de Nav.* (Indice), caj. 156, 28. — [2]. *Id., ibid.,* caj. 156, 29 et 31. — [3]. *Id., ibid.,* caj. 156, 21 et 24. — [4]. *Id., ibid.,* caj. 156, 32. — [5]. *Id., ibid.,* caj. 156, 28, 29 et 32. — [6]. Garibay, *Compendio,* t. III, p. 418. — [7]. Mayerne-Turquet, *Hist. d'Esp.,* t. I, p. 898.

efforts pour sauver la ville, mais il fut battu sous ses murs, et partit pour l'Aragon, où il voulait aller chercher des renforts [1]. Resté seul en Navarre, D. Carlos demanda un sauf-conduit au prince des Asturies et négocia avec le prince et le connétable. Ses prétentions n'allaient pas au delà d'une suspension d'armes; la loyale conduite de D. Juan de Beaumont, la douleur du prince de Viane lorsqu'il apprit la perte de Buradon prouvent que la guerre paraissait sérieuse à tous, et que tous y servaient fidèlement le roi. Cependant il ne fut pas difficile au connétable de Castille d'amener D. Carlos à séparer sa cause de celle de son père, et à conclure une paix particulière au lieu d'un armistice. D. Carlos comprit que le roi de Castille et son fils n'étaient pas en réalité ses ennemis, mais ceux de D. Juan. L'indépendance de la Navarre n'était pas menacée; les souverains castillans s'en prenaient seulement à l'humeur querelleuse de D. Juan. Le connétable fit aisément entendre à Viane quelle force lui donnerait une alliance avec la Castille, dans sa situation si précaire et déjà si compromise. Il ne manqua pas de lui rappeler que son père l'aimait peu, et que l'on commençait à parler d'une grossesse de la reine Jeanne Enriquez. Vivement frappé par tout ce que ces raisons avaient de spécieux et de séduisant, le prince se laissa convaincre. Il signa un traité d'alliance réciproque avec le prince de Castille et le connétable [2]; les Castillans évacuèrent immédiatement la Navarre : « ce qu'une bien grande armée « les eût pu à peine contraindre à faire », ajoute naïvement Mayerne-Turquet [3]. Le connétable jugeait plus sainement les choses; il savait D. Carlos et son père irrémédiablement brouillés; il savait que de longtemps Jean II n'allait plus pouvoir s'occuper de la Castille; il ne croyait pas avoir payé ce résultat trop cher par l'abandon de Buradon [4]. L'amiral lui-même, réconcilié avec le connétable, partageait sa joie, et

---

1. Mariana, *Hist. d'Esp.*, t. IV, 2ᵉ part., p. 70; *Arch. de Nav.* (Indice), caj. 156, 33. — **2.** Ferreras, *Hist. d'Esp.*, t. VI, p. 603. — **3.** Mayerne-Turquet, *Hist. d'Esp.*, t. 1, p. 898. — **4.** Quintana, *Esp. celeb.*, t. I, p. 135.

répondait au prince de Castille qui se demandait ce qu'il était venu faire en Navarre : « *Nous avons tant fait, seigneur, que nous leur laissons quarante ans de guerre* [1]. » Le mot peut avoir été fait après coup, mais il marque, de la façon la plus nette, le début de la guerre civile. Suivant les prévisions du connétable, D. Juan désavoua le traité signé par son fils, et la guerre commença entre le père et le fils. Il y avait dix ans et quatre mois que le prince était héritier de la couronne, et qu'il eût été en droit de prendre le titre royal ; il ne saurait donc être accusé d'impatience quand il se résolut à réclamer l'autorité et l'indépendance qui lui appartenaient légitimement.

1. Garibay, *Compendio*, t. III, p. 418.

CHAPITRE III

LA GUERRE CIVILE (1451-1458)

Les partis en Navarre. — La guerre civile. — La Navarre après le départ du prince de Viane. — Le prince de Viane à Naples.

Les partis en Navarre.

La jalousie de Jean II contre son fils, la rivalité de quelques familles puissantes, l'esprit obstiné des Navarrais, l'habitude des guerres particulières, les traditions historiques, et jusqu'à la constitution physique du pays, tout contribua à donner à la guerre civile un caractère inouï d'acharnement.

La constitution physique du pays : jamais montagnards et gens des plaines n'ont vécu en bonne intelligence; en Navarre, l'hostilité des pasteurs de la montagne et des agriculteurs de la plaine se doublait presque d'une haine de races. Le Basque de la montagne se vantait de n'avoir jamais été soumis à personne; il se croyait de pur sang espagnol, il était *vieux chrétien;* jamais le Wisigoth arien, jamais le musulman ne l'avaient dompté. Le Navarrais de la Ribera et de la Rioja voyait encore sur son sol les traces de la conquête musulmane; des Mores et des Juifs vivaient côte à côte avec lui; il parlait le castillan; il entretenait plus de relations avec ses voisins d'Aragon et de Castille qu'avec les habitants de la Navarre du nord. Gens des plaines et gens des montagnes formaient presque deux peuples distincts; les querelles de leurs princes allaient en faire deux peuples ennemis.

L'histoire navarraise avait conservé le souvenir de terribles luttes civiles. A la fin du XIIIe siècle, deux partis dans Pampelune s'étaient fait une guerre sans merci, s'en prenant dans leur rage même aux enfants au berceau ¹. Le règne de Charles le Mauvais s'était achevé au milieu des massacres, des proscriptions, des prises d'armes et des représailles ². Un auteur moderne va jusqu'à dire que la guerre civile exista en Navarre à l'état permanent dès l'instant où le royaume n'eut plus à soutenir de guerres extérieures ³.

Les guerres particulières étaient reconnues par le Fuero : l'yfanzon pouvait tuer son ennemi après l'avoir défié publiquement ⁴, et la vengeance se poursuivait parfois pendant plusieurs générations. La lutte des deux puissantes familles de Luxa et de Grammont, en Basse-Navarre, avait duré près d'un demi-siècle. Les chefs de bande étaient populaires: on estimait ceux qui maintenaient hardiment, même contre le roi, les prétentions de leur maison. En 1451, D. Luiz de Beaumont, déjà rebelle, fut fait prisonnier à Abarzuza; les femmes le délivrèrent ⁵.

Les Navarrais ne le cèdent pas en obstination à leurs voisins, Catalans ou Aragonais « qui enfoncent des clous avec leurs têtes ⁶ ». Une fois la guerre commencée, ils devaient y persévérer; leurs rancunes leur interdisaient tout accommodement. Les Navarrais étaient trop simples et trop ardents pour qu'il y eût place parmi eux à un parti de « politiques »; le pays n'était pas assez directement menacé d'invasion pour qu'il pût s'y produire quelque grand mouvement national; la lutte ne devait se terminer que par la ruine générale du royaume.

---

1. « E por mayor crueldat, fueron a las aldeas e comarcas, e todas quantas creaturas faillaron que eran de los dichos Burgo e Poblacion, todas dadas a criar, mataron e despedazaron, dando con eillas a las paredes, e non dejaron nenguno vivo. » (*Cronica del principe.*) — 2. La Piscina, l. V, ch. IX. — 3. D. A. Garcia Abadia, *Historia y juicio critico de la conquista de Nabarra*, p. 11. — 4. *Fuero gen.*, l. V, tit. II, ch. IIII. — 5. Garibay, *Compendio*, t. III, p. 418. — 6. Prov. espagnol.

Jean II a sa grande part de responsabilité dans la guerre civile, et dans les désastres qu'elle entraîna. On connaît ses prétentions, son ambition et sa tyrannie. Cependant, il ne parut pas tout d'abord intraitable. Le prince de Viane, lancé malgré lui dans la lutte, la soutint mollement, et parut toujours disposé à y renoncer sitôt qu'on lui proposa des conditions acceptables. Mais ceux qui guerroyaient en son nom, et au nom du roi, furent plus absolus; ils ne voulurent ni compromis, ni partage, et ce fut entre eux, malgré les liens de parenté qui les unissaient, une guerre d'extermination.

Les partis navarrais furent désignés à l'origine par les appellations de lusetans et d'agramontais. Ces dénominations n'étaient pas empruntées aux noms de leurs chefs; c'était un souvenir des longues guerres qui avaient eu lieu entre les seigneurs de Lusa ou de Luxa, et de Grammont ou Agramont dans la province d'Ultra-Puertos [1].

Dès le règne de Philippe d'Évreux (1342), les seigneurs d'Agramont s'étaient révoltés contre le roi [2]. La Piscina parle encore d'agramontais à la fin du règne de Charles le Mauvais [3]. En 1428, la guerre recommença entre les deux maisons rivales : le sire de Grammont eut pour alliée la maison de Caumon, en Basse-Navarre, et le sire de Lusa, la maison de Lesaca [4]. « Les deux partis levèrent des troupes, non seule-
« ment parmi leurs vassaux, et leurs amis du pays basque,
« mais encore en Haute-Navarre, où ils possédaient de grands
« biens, et où ils comptaient beaucoup de parents et d'amis [5]. »
En 1435, le roi avait imposé une trêve aux belligérants, et avait envoyé en Ultra-Puertos Martin Lopiz de Ezcarroz, notaire de la Corte-Mayor, pour essayer d'arriver à un accommodement [6]. Cependant la paix n'était pas encore conclue en

---

1. Les seigneurs de Agramonte descendaient, disait-on, d'Arnaud de Montauban, l'un des douze pairs de Charlemagne. (La Piscina, l. II, ch. IV.) — 2. Yang., *Dic.*, t. I, p. 20. — 3. La Piscina, l. V, ch. IX. — 4. Yang., *Dic.*, loc. cit. — 5. Moret, *Anales de Nav.*, t. IV, p. 494. — 6. *Arch. de Nav.* (Indice), caj. 137, 17.

1438, et la reine Blanche défendait à tous ses sujets de prendre parti dans la querelle [1]. Les troubles finirent par s'apaiser, car on voit les seigneurs de Grammont et de Lusa au service du roi et du prince, pendant la régence de D. Carlos en Navarre; mais les anciens ennemis restèrent rivaux, et le souvenir de leur longue inimitié demeura vivant dans tout le pays. Quand la guerre commença en Navarre, on compara immédiatement la querelle qui éclatait entre D. Juan et D. Carlos à celle qui avait eu lieu entre les seigneurs de Lusa et de Grammont, et les noms des anciens partis furent appliqués aux nouveaux. De même, en Italie, les mots de guelfes et de gibelins étaient encore en usage, alors que leur acception primitive avait depuis longtemps cessé de présenter aucun sens. Ajoutons qu'au début de la guerre, Mossen Juan de Lusa, commandant de 70 lances royales dans l'Ultra-Puertos, prit parti pour le prince [2], et que Mossen Carlos Dagramont se distingua par sa fidélité parmi les serviteurs du roi [3]; les noms de lusetans et d'agramontais parurent ainsi justifiés par les faits. Plus tard, la puissance et la ténacité du connétable de Beaumont firent donner à tout son parti le nom de beaumontais, que l'on substitua à celui de lusetan; mais le parti royal garda toujours le nom d'agramontais, quoique son chef nominal fût D. Pedro de Navarra, maréchal du royaume, et que son chef véritable fût Mossen Pierres de Peralta. Les noms de beaumontais et d'agramontais survécurent plus d'un siècle à la lutte. En 1628, les Cortès s'occupaient encore de détruire les dernières traces de ces discordes; il y avait des beaumontais et des agramontais jusque dans les élections des chanoines [4].

Le prieur de Saint-Jean, D. Juan de Beaumont, chancelier du royaume, fut l'âme du parti de D. Carlos avec le connétable son frère, et plus tard avec son neveu. Le connétable,

---

[1]. Moret, *Anales*, t. IV, p. 494. — [2]. *Arch. de Nav.* (Indice), caj. 155, 56; 156, 18. — [3]. *Id., ibid.*, caj. 156, 24. — [4]. *Revista Euskara*, año 1883, n° 66, p. 365.

D. Luiz de Beaumont, fut fait prisonnier par le roi dès le début de la guerre civile; rendu à la liberté en 1461, il se prononça encore pour le prince et dut s'exiler en Castille. Dix ans après sa mort, D. Juan ne pouvait encore en parler de sang-froid : « C'est à Madrid, disait-il, qu'il a terminé ses jours infâmes; « le rebelle, le traître s'était fait vassal du roi de Castille [1]. » Louis II de Beaumont combattit les Agramontais pendant cinquante ans (1456-1507) et fut pendant trente ans (1456-1486) le maître incontesté dans Pampelune. Il fit à D. Juan, à la reine Léonor, à François Phébus, à Catherine de Foix et à Jean d'Albret une opposition invincible ; il tua de sa propre main le maréchal de Navarre, son ennemi; deux fois expulsé du royaume, il mourut en exil comme son père, et, comme lui, vassal du roi de Castille. La Piscina pense qu'il aspirait à la couronne [2], et l'intraitable hauteur de son caractère, l'obstination furieuse de sa résistance permettent de croire que le vieil historien ne s'est pas trompé. Entre Louis II de Beaumont et Mossen Pierres de Peralta la guerre se fit atroce.

Au-dessous de ces chefs se font remarquer François d'Esparza, collecteur des impôts dans la Montagne; Menaut de Beaumont, un bâtard de la grande maison de Beaumont; Garcia Dorondiriz, seigneur d'Echebelz [3]; Juan de Liedena, trésorier de Tudela; Beltran de Zalba, lieutenant-capitaine de Pampelune, D. Juan Garcia de Liçassoayn, maître des finances [4]; Juan Martiniz Duriz, seigneur d'Artieda et capitaine général de Lumbier; les San Martin, les Armendariz [5], les Unzué [6], les Solchaga, les Ayanz.

En tête du parti du roi marchait le maréchal de Navarre, D. Pedro de Navarra, qui apportait au parti agramontais l'appoint de sa haute situation et de son grand nom, étant, comme les Beaumont, d'origine royale. Mais il ne semble

---

1. Yang., *Dicc.*, v° Beaumont. — 2. La Piscina, l. VI. — 3. *Arch. de Nav.* (Indice), caj. 156, 60. — 4. *Id., ibid.*, caj. 156, 61. — 5. *Id., ibid.*, caj. 170, 12. — 6. *Id., ibid.*, caj. 169, 6.

pas avoir eu l'énergie du connétable, son rival naturel. Dépouillé de ses biens par le prince en 1455, il guerroie pendant plusieurs années sans résultat, il traite avec les deux partis en 1458, revient au roi, après la mort de D. Carlos, et périt dans une tentative malheureuse dirigée contre Pampelune [1]. Le grand capitaine des agramontais n'est pas le maréchal de Navarre, mais le terrible Mossen Pierres, son oncle. Mossen Pierres est le premier homme de guerre de la Navarre du xv° siècle. En 1463, les Castillans viennent assiéger Estella, il y accourt, et, en plein siège, se fait bâtir une maison dans la ville assiégée. C'est le plus puissant des barons du royaume, il est grand majordome, capitaine général de la gendarmerie royale, seigneur de Peralta, Maya, Amposta et Valtierra; plus tard, Jean II le fera connétable [2] et lieutenant général de Navarre. Il reste fidèle à D. Juan contre Leonor, comme il l'a été contre le prince de Viane. Lorsque Leonor paraît viser à son tour à l'indépendance, il se tourne contre elle, et tue son conseiller, Nicolas d'Etchavarry, évêque de Pampelune (1468). Il meurt vers 1492 [3] après avoir troublé son pays pendant quarante ans, sans jamais faiblir ni se déjuger. Martin de Peralta, son frère, le seconde dans toutes ses entreprises comme gouverneur de la Ribera, et chancelier agramontais du royaume; il dépense plus de vingt-cinq mille florins de son bien pour soutenir la guerre au nom du roi [4]; il est administrateur et guerrier, et les deux Peralta, unis au maréchal de Navarre, forment un redoutable triumvirat avec lequel tous ont à compter.

Les agramontais ont avec eux tous ceux que des relations de famille, la passion et l'intérêt ont poussés du côté du roi, ceux qu'il a nommés trésoriers, maîtres des finances, capitaines généraux, procureurs patrimoniaux et baillis. Ils ont avec eux des serviteurs ingrats du prince comme Juan Dezpe-

---

1. Yang., *Dicc.*, t. II, p. 679. — 2. *Arch. de Nav.* (Indice), caj. 158, 62.
3. Moret, t. V, p. 8. — 4. *Arch. de Nav.* (Indice), caj. 157, 48.

leta, Charles de Grammont, Leonel de Garro, l'évêque de Pampelune, et l'abbé de San Salvador de Leyre [1]. Ils ont surtout les Castillans déjà au service du roi, ou de son fils, le grand maître de Calatrava; Diego Gomez de Sandoval, comte de Castro et de Denia [2]; D. Fernando de Rojas, adelantade de Castille [3]; Pedro de Cuellar, trésorier du roi [4]. A la fin de la guerre civile, le comte de Foix se joint aux agramontais contre le prince de Viane; dès lors, le parti de Jean II est sûr de la victoire.

Les historiens espagnols ne se sont pas occupés de comparer l'importance relative des deux partis dans le royaume; ils se contentent d'affirmer vaguement « que la partie la plus saine « de la Navarre tenait pour le prince, mais que la plupart des « forteresses, et même l'État de Viane étaient pour le roi [5] ». Les documents de la Chambre des Comptes ne sont pas assez nombreux pour qu'il soit possible d'établir une carte complète de toutes les positions occupées par les deux partis; ils permettent du moins de se faire quelque idée de leur répartition générale; les notions qu'ils fournissent confirment de la manière la plus frappante l'antipathie naturelle de la plaine et de la montagne.

La montagne tient pour le prince, et la plaine pour le roi.

Le roi a pour lui toute la merindad de Tudela, située dans la grande plaine de l'Ebre. La province d'Olite lui appartient presque entièrement; les dernières positions du prince sont au N., au pied de la Sierra del Pueyo. La province d'Estella est moitié plaine et moitié montagne; la plaine appartient à Jean II avec La Guardia, Viana, Los Arcos et Estella, elle est coupée seulement par les fiefs de la maison de Beaumont : Lérin, Arellano, Sesma et Mendavia; le prince possède les vallées de la montagne. Les provinces montagneuses de Pam-

---

1. *Arch. de Nav.* (Indice), caj. 156, 40, et 33; caj. 157, 27; 169, 7; 190, 50. — 2. *Id., ibid.*, caj. 156, 54. — 3. *Id., ibid.*, caj. 156, 36. — 4. *Id., ibid.*, caj. 154, 44. — 5. Quintana, *Esp. celebres*, t. I, p. 138.

pelune et de Sanguesa sont restées fidèles à Don Carlos, Jean II n'y possède que la ville même de Sanguesa, et le port de Roncal. L'Ultra-Puertos, à peine navarrais, à peine compté parmi les provinces du royaume, se divise entre les partis, au hasard des convenances locales.

La plupart des villes suivent le parti du roi; le prince n'a pour lui que Pampelune, la capitale de la Navarre des montagnes, et Olite, dont les habitants le connaissent depuis son enfance, et sont presque tous ses obligés. Lérin lui reste fidèle, parce que D. Luiz de Beaumont y commande; Lumbier et Aoiz sont surveillées par l'un des plus chauds partisans beaumontais, Juan Martiniz Duriz, seigneur d'Artieda.

D. Juan a donc tout le midi et quelques places sur la frontière d'Aragon. Il s'avance par la vallée de l'Elorz jusqu'à Monreal, à sept lieues de Pampelune ; mais Monreal sera précisément le premier point sur lequel portera l'offensive du prince en 1453, et la prise de cette méchante place sera le signal de la seconde guerre civile. Les Roncalais sont Agramontais parce que ceux de Roncevaux suivent le parti du prince; leurs fortes places de Roncal et de Burgui assurent au roi ses libres communications avec le pays de Soule, avec Mauléon, Sauveterre et Orthez. Le jour où Gaston de Foix fera alliance avec le roi, le prince sera bloqué de San Vicente à Saint-Jean-Pied-de-Port, par son père, maître des lignes de l'Èbre et de l'Aragon, et par son beau-frère, Gaston de Foix, maître des lignes du Gave et de l'Adour. Il pourra, il est vrai, prolonger la résistance dans ses montagnes, mais il y sera pris par la famine; la portion la plus riche du pays, les terres à blé et les vignes, les grands cours d'eau et les grandes routes, les villes et les gros marchés appartiennent à ses adversaires [1].

[1]. Cf. *Appendice*, pièce 11. — La carte que l'on trouvera à l'appendice a été dressée à l'aide des quittances et documents divers de la Chambre des Comptes de Navarre. Citons parmi les pièces les plus importantes : 1° (1452) Comptes de François Desparza, commissaire député par le seigneur capitaine général, D. Luiz de Beaumont, pour recueillir les

La guerre civile (1451-1456).

La guerre civile menaçait depuis si longtemps qu'elle atteignit dès les premiers jours toute son intensité. L'imagination populaire a été vivement frappée par la longueur de la guerre et par les désastres dont elle fut marquée ; le peuple n'a pas recherché les véritables causes de cette grande lutte politique ; il l'a expliquée par une légende des plus singulières et des plus dramatiques, que La Piscina raconte ainsi : En 1451, Jean II avait nommé la reine Jeanne Enriquez gouvernante de Navarre, conjointement avec le prince de Viane ; la reine invita à un grand banquet son père, l'amiral D. Fadrique ; au milieu du festin, elle exigea que D. Carlos remplît l'office de maître d'hôtel, et la servît à table, elle et l'amiral. D. Carlos, dévorant l'affront, allait peut-être obéir, par respect pour la femme de son père ; mais D. Juan de Beaumont le regarda fixement, et lui dit ces simples paroles : « Ne servez pas ». D. Carlos se rassit, et la reine fut dès lors son ennemie implacable [1]. Garibay estime avec raison que c'est une légende. Il tient pour impossible qu'une femme politique et avisée comme Jeanne Enriquez ait eu une idée semblable ; qu'un chevalier fier et courtois comme l'amiral l'ait soufferte, et surtout que le prince ait paru sur le point d'obéir à une injonction si extraordinaire [2].

Tout aussi invraisemblables sont les paroles que le P. Quéralt, le panégyriste du prince, met dans la bouche de D.

---

revenus et droits appartenant aux rebelles dans la cité de Pampelune et la merindad des montagnes (caj. 166, 10) ; 2° (1454) Comptes de Diego Daranguren, délégué par le prince de Viane pour lever certaines taxes dans les terres de son obéissance (caj. 169, 13) ; 3° (1454) Comptes de Bartolomeo de Lerin, délégué par le roi pour recueillir en son nom un demi-cuartel dans les terres d'Olite (caj. 167, 17). — **1.** La Piscina, l. VI, ch. 1ᵉʳ. — **2.** Garibay, *Compendio*, t. III, p. 422. Il faut ajouter à ces raisons qu'au moment où Jeanne Enriquez fut nommée gouvernante en Navarre, l'amiral était à l'armée de Castille avec le prince des Asturies et le connétable D. Alvaro de Luna.

Carlos au moment où il se résout à la guerre : « O mauvais
« fils; fils désobéissant! que de tracas tu donnes à ton père!
« Puisses-tu perdre mille fois le royaume plutôt que de donner
« de tels soucis à ton père qui t'aime tant! Oui, que la terre s'en-
« tr'ouvre et me dévore, comme Dathan et Abiron, puisque je
« suis prévaricateur, non seulement de la loi de mon Dieu et
« de mon seigneur, mais aussi de la loi naturelle¹! » Ce discours n'a évidemment aucune valeur historique; c'est une
amplification de rhéteur. En réalité, les choses se passèrent
plus simplement, et la guerre civile éclata parce que Jean II
refusa de reconnaître le traité signé à Estella par le prince de
Viane avec les chefs de l'armée castillane; le prince montra
plus de résolution et moins de scrupules que ne le croit son
biographe.

Le traité d'Estella est du 8 septembre 1451 ². D. Carlos
envoya immédiatement D. Juan Dixar à Saragosse prier le roi
de ratifier le traité ³. Jean II refusa expressément, et dépêcha
sur les frontières d'Aragon, pour y rassembler de nouvelles
troupes, les trois premiers personnages de l'État, Juan de
Moncayo, Ferrer et Martin de la Nuza. Il décida en même
temps que Jeanne Enriquez exercerait, conjointement avec le
prince, les fonctions de gouvernante générale de Navarre.
D. Juan était poussé à cette mesure de rigueur par le maréchal D. Pedro et par Mossen Pierres, qui venaient de rompre
définitivement avec le prince de Viane. Ils avaient abordé
D. Carlos dans une chasse, et lui avaient fait connaître leurs
griefs : « Votre Altesse, avait dit Mossen Pierres, sait que
« nous la reconnaissons pour notre roi et seigneur, comme il
« convient et comme nous sommes tenus de le faire; en ceci
« personne ne doit penser autrement; mais s'il doit arriver
« que le connétable et son frère (D. Juan de Beaumont) nous

---

1. Queralt, *Vida del principe*, ch. III. — 2. *Coll. Navarette*, t. XL, p. 475.
— 3. Pero Carrillo de Albornoz croit qu'il s'agissait pour le prince de
se faire reconnaître par son père comme roi de Navarre. C'est une
erreur. D. Carlos n'a jamais osé prendre le titre de roi. — Cf. Zurita,
III, fº 324.

« commandent et nous persécutent, sachez, Seigneur, que
« nous nous défendrons avec le plus d'honneur que nous
« pourrons; car, si notre intention est de ne pas manquer au
« respect que nous devons à Votre Altesse, nous sommes aussi
« délibérés de nous défendre contre ceux qui veulent notre
« ruine. » Le prince avait mille raisons de suspecter la bonne
foi de Mossen Pierres, il lui répondit : « Je ne pense pas que
« le connétable et son frère vous fassent tout le mal que vous
« dites: quittez cette idée, Dieu remédiera à tout, et si bien,
« que mon père et moi nous vous tiendrons pour aussi fidèles
« serviteurs que vous devez l'être [1]. » Mossen Pierres sentit
toute l'ironie de cette réponse, et quitta la cour du prince
pour se retirer auprès du roi. Ce fut pour dénoncer D. Carlos
dans un long mémoire qui ne comporte pas moins de quatre-
vingt-sept chefs d'accusation : D. Carlos est un prodigue et un
artisan de rébellions, il a falsifié le testament de sa mère, et a
prétendu qu'elle l'avait institué roi de Navarre, *ce qui est
absolument faux;* il a refusé au maréchal de Navarre la jouissance de ses revenus; il a fait des procès injustes à différentes
personnes; il a forcé des pères de famille à donner leurs
filles en mariage à des hommes qu'ils n'agréaient point; un
procureur du roi a dû accorder sa fille à un simple bachelier.
Le seigneur de Grammont a été dépouillé de ses biens. Le
prince a traité avec le roi de Castille, *comme eût fait le roi en
personne.* Il lui est né un fils naturel [2], il l'a fait comte,
comme s'il avait eu déjà titre et pouvoir de roi. Il a créé un
roi d'armes. Il a battu monnaie. Il a déclaré ses serviteurs
loyaux, tandis qu'il appelait traîtres ceux du roi. Il voulait
donner les biens des partisans du roi à ceux qui se rangeraient
de son côté. Il a proposé au roi de France de le faire entrer
en Aragon par la Navarre s'il voulait favoriser son mariage
avec l'héritière d'Anjou [3]. Ces griefs se réduisaient à peu de

---

1. Quintana, *Esp. celeb.*, t. 1, p. 137. — 2. D. Felipe de Navarra, comte de Beaufort, fils de D. Carlos et de Doña Brianda de Vaca. — 3. *Arch. des Basses-Pyr.*, E, 540.

chose; le maréchal ne se serait pas plaint que le prince fût prodigue si la prodigalité de D. Carlos s'était exercée à son profit. Les procès injustes, les abus de pouvoir qu'il lui reprochait, aucun prince du temps n'avait fait moins, et la plupart avaient fait pis. Le prince agissait en souverain; il l'était en droit, et une bonne partie de la nation était prête à soutenir ses revendications. Cependant, si peu fondées qu'elles fussent, les remontrances de Mossen Pierres ne pouvaient manquer d'aigrir le roi.

De leur côté, les beaumontais redoublaient leurs instances auprès de D. Carlos. S'il laissait son père rompre le traité d'Estella, il perdait l'importante alliance de Castille; s'il laissait Jeanne Enriquez s'installer en Navarre, autant valait renoncer à toute prétention à la couronne. D'ailleurs, ses serviteurs s'étaient déjà compromis pour lui, ils avaient engagé la lutte dès l'année précédente contre les Grammont, le maréchal et Mossen Pierres; il fallait à tout prix que le prince se résolût à agir; son intérêt l'exigeait comme son honneur [1].

D. Carlos se décida à faire la guerre, mais les dix années qui venaient de s'écouler lui avaient été funestes. Sa volonté, naturellement vacillante, avait achevé de s'affaiblir dans cette longue paix, née d'un malentendu, maintenue à force de compromis, de réticences et de faux-fuyants. Le jour où il lui fallut prendre un parti définitif, le cœur lui manqua aussitôt qu'il eut fait le premier pas; et ainsi, assez ambitieux pour vouloir la couronne, trop pacifique et trop timoré pour se résoudre à la guerre, s'entêtant sur son droit, mais toujours prêt à transiger sur l'application, croyant pouvoir guerroyer contre son père, tout en demeurant le fils le plus soumis et le plus respectueux, le malheureux prince ne sut tirer aucun parti de ses avantages, et entraîna ses serviteurs dans sa ruine. Sa vie active ne présente qu'une longue et déplorable série d'échecs politiques, et si la fortune semble lui revenir

---

1. Queralt, *Vida del principe*, ch. II.

vers la fin de sa vie, lorsque les Catalans le mettent à leur tête, c'est qu'à son insu, il sert d'instrument à un peuple révolutionnaire, puissant et riche, qu'il eût été bientôt incapable de contenir s'il eût vécu. Ces insuccès répétés ne nuisent pas à l'intérêt qu'inspire le personnage; ses malheurs ont fait sa popularité. Ce n'est ni comme guerrier, ni comme homme politique que le prince Viane mérite la renommée dont il jouit encore en Navarre et en Catalogne; ce qui fait sa gloire, c'est précisément ce qui a causé sa ruine, c'est son amour pour la paix, sa douceur, sa patience, son goût pour l'étude, pour l'art et la poésie; c'est son esprit mystique, plus fait pour la contemplation que pour l'action, plus épris de chimères que de la réalité; ce sont encore là les traits distinctifs du véritable caractère espagnol.

Pendant le mois de septembre 1451, et pendant la première moitié d'octobre, les deux partis achevèrent leurs préparatifs. Le roi séjourne à Falces, à Tudela et à Tafalla [1]; il pourvoit à la défense de ses places fortes; il confisque les biens du trésorier, Juan de Monreal [2]. Le prince de Viane s'assure de Pampelune et d'Olite, et réunit des troupes.

Vers la fin d'octobre, les armées du roi et du prince se rencontrèrent près d'Aybar, au sud de Sanguesa. Le prince avait 1400 hommes de pied, et 1600 génetaires [3].

Avant d'en venir à une action générale, les deux partis tentèrent encore une fois un accommodement. Le prince de Viane donna pleins pouvoirs à D. Juan de Cardona, son conseiller privé; Jean II confia ses intérêts au grand maître de Calatrava, au grand bailli d'Aragon, à D. Pedro Dixar, et à Juan Lopiz de Gurpida [4].

Le 21 octobre, les propositions du prince furent rédigées et envoyées au roi. D. Carlos demandait pour lui et ses serviteurs une amnistie pleine et entière, et voulait que tous les biens

---

1. *Arch. de Nav.* (Indice), caj. 156, 35, 36 et 37. — 2. *Id., ibid.*, caj. 156, 36. — 3. Zurita, III, f° 326. — 4. *Arch. d'Aragon.*, pr. de V., t. II, f° 58.

confisqués fussent rendus à leurs propriétaires. Le traité d'Estella devait être confirmé par le roi. Pour l'avenir, le prince cherchait à préciser ses droits, et réclamait d'importantes garanties : il aurait, en l'absence de son père, le libre gouvernement du royaume; il jouirait en tout temps de la moitié des revenus royaux; dans les vingt jours qui suivraient la signature du traité la principauté de Viane lui serait restituée par le roi [1]. Enfin le traité devait être communiqué au roi et au prince de Castille qui en seraient constitués témoins, et garants [2]. Il y avait dans cet acte plus d'une clause vague et incertaine; il constituait néanmoins un document précieux qui pouvait devenir la charte des deux partis. Les prétentions du « prince-propriétaire » étaient modérées, et l'opposition de Jean II ne porta que sur un seul point : l'intervention du roi et du prince de Castille dans le débat. Sans confirmer le traité d'Estella, Jean II, « désirant le bien de son royaume, « comme seigneur d'icelui », accordait « que le royaume de « Navarre resterait en paix avec les royaumes de Castille « jusqu'à ce que le seigneur roi d'Aragon eût tranché les « questions pendantes ». Le prince fut autorisé à aller et venir dans le royaume comme bon lui semblerait, mais les châteaux et forteresses devaient rester au pouvoir du roi. Jean II accordait l'amnistie aux serviteurs du prince, et consentait à restituer la principauté de Viane [3]. Le 23 octobre, Fray Pablo Pagat, confesseur du prince, déclara au roi que le prince acceptait ses conditions, et Jean II en jura l'observation entre les mains de D. Juan de Cardona, grand majordome de D. Carlos [4].

Tout semblait conclu, mais les beaumontais et les agramontais, plus impatients d'en venir aux mains que leurs propres princes, avaient déjà engagé le combat.

---

[1]. *Arch. d'Aragon*, Pr. de V., t. II, f° 56. — [2]. Zurita, III, f° 325. — [3]. *Arch. d'Arag.*, Pr. de V., t. II, f° 56; cf. Yang., *Compendio*, p. 279; Mariana, t. IV, 2ᵉ part., p. 74; Ferreras, t. VI, p. 613. — [4]. *Arch. d'Arag.*, Pr. de V., t. II, f° 58; Zurita, III, f° 325.

Les beaumontais chargèrent avec une telle furie que l'avant-garde de l'armée royale fut rompue. Ils avaient pour eux l'avantage du nombre; les agramontais avaient des soldats plus exercés; ils étaient conduits par deux chefs habiles: D. Rodrigo de Rebolledo, et le grand-maître de Calatrava. D. Carlos ne tarda pas à voir fuir ses genetaires, et le reste de l'armée les suivit [1]; il refusa de quitter le champ de bataille; il resta désespéré au milieu de la mêlée, et ce fut à son frère, le grand maître, qu'il voulut remettre son épée. D. Alphonse d'Aragon descendit de cheval pour la recevoir, et embrassa les genoux du prince en signe de respect. D. Carlos fut conduit à Tafalla [2]. Le connétable, D. Luiz de Beaumont, fait prisonnier dans la bataille, fut remis entre les mains de Mossen Pierres de Peralta, son plus cruel ennemi [3].

La captivité du prince de Viane dura du 23 octobre 1451, jour de la bataille d'Aybar, jusqu'au 23 juin 1453. Il fut successivement détenu à Tafalla, à Tudela, à Mallen, à Monterey et à Saragosse. Sa captivité fut d'abord assez douce; il était bien traité, et les officiers agramontais eux-mêmes lui envoyaient des cadeaux de fruits et de poisson [4]; la dépense de son hôtel atteignit 663 livres 3 sous pendant les six premières semaines de sa captivité [5]. Mais il essaya de correspondre avec les princes qui lui paraissaient le mieux disposés à prendre sa défense; il envoya D. Juan de Cardona auprès d'Alphonse V, roi d'Aragon [6]; il fit partir secrètement un messager pour le Portugal. Son émissaire fut pris, et Jean II se montra plus sévère à l'égard de son fils [7]. Transféré à Monterey, en Aragon, le prince y apprit la naissance de son frère, D. Fernando, le fils de Jeanne Enriquez, et, au milieu de l'allégresse générale, il ne put obtenir 20 doublons dont il avait besoin. L'alcalde de la Corte-Mayor, D. Pedro de Beraiz, était honteux de lui avouer son impuissance à les lui fournir. « Très excellent

---

1. Mariana, t. IV, 2° part., p. 72. — 2. Zurita, III, f° 326. — 3. *Arch. de Nav.* (Indice), caj. 156, 40. — 4. *Id., ibid.*, caj. 156, 42. — 5. *Id., ibid.*, caj. 156, 40. — 6. Zurita, IV, f° 26. — 7. Garibay, *Compendio*, t. III, p. 423.

« prince, mon très redouté seigneur, écrivait-il, ce n'est pas
« sans une grande honte que j'écris à Votre Seigneurie, car
« je ne vous envoie pas les doublons que vous m'avez fait
« demander, et, que Dieu m'assiste ! je ne les ai pas, et je
« ne sais où les trouver, tant mes besognes sont en mau-
« vais point et à bas, pour avoir fourni au roi ce qu'il m'a
« demandé. Je jure Dieu que j'ai déjà versé à Sa Seigneurie
« tout l'argent que j'étais chargé de recueillir; il me reste
« encore trois cuarteles à recouvrer, mais je crois qu'on ne
« les recouvrera jamais, et je reste au-dessous de mes affaires
« de plus de 300 doubles. Par ainsi, je supplie très humble-
« ment Votre Seigneurie de m'avoir pour excusé. Dieu sait avec
« quelle bonne volonté je voudrais vous satisfaire, comme j'ai
« jusqu'ici satisfait à tout ce que vous m'avez demandé. Plaise
« au Seigneur Dieu de mettre telle concorde dans vos affaires,
« et celles du seigneur roi, comme il convient à son service et
« au vôtre, et au relèvement de ce royaume, qui est le vôtre !
« — De la ville de Tudela, ce 1er avril. De Votre Seigneurie
« l'humble sujet naturel qui, humblement, se recommande à
« Votre Merci. — P. DE VERAIZ. » Le prince répondit par
quelques lignes seulement : « J'en ai grand besoin; pour
« Dieu, cherchez-les immédiatement, et me les envoyez, et ne
« m'abandonnez pas. — CHARLES. » Ces mots sont entièrement
écrits de la main du prince, de sa grande écriture irrégulière
et mal formée; ils sont l'écho de ses tristesses, et la marque
de son dénuement. Les 20 doubles ne furent remis à Sancho
Digurpida que le 20 avril 1452; il avait fallu trois semaines
pour les trouver [1].

Pour occuper ses loisirs, D. Carlos se prit à lire les anciennes histoires du pays; il fit venir quelques livres et composa sa Chronique de Navarre. Une telle tranquillité d'esprit
contraste d'une façon singulière avec les craintes pusillanimes
dont Mariana nous le montre assiégé. L'historien castillan

---

1. *Arch. de Nav.*, caj. 156, 46.

prétend que le prince avait peur d'être empoisonné, et ne touchait à aucun mets avant que son frère, le grand maître de Calatrava, en eût goûté devant lui [1]. L'histoire nous montre au contraire un captif calme et résigné, utilisant en lettré et en patriote ses longues heures d'oisiveté. Le prince qui a pu composer en prison la claire et méthodique histoire que nous possédons encore n'était pas le cerveau faible et le cœur lâche que nous dépeint Mariana. Pendant que D. Carlos se consolait ainsi de ses malheurs, la guerre civile continuait en Navarre, et menaçait de s'étendre à l'Aragon.

La bataille d'Aybar n'avait pas abattu les beaumontais. « Malgré les ordres du prince, aucun d'eux n'avait voulu « déposer les armes [2] ». Le prieur de Saint-Jean, D. Juan de Beaumont, avait organisé un gouvernement à Pampelune; le fils aîné du connétable, D. Luiz de Beaumont, encore mineur, avait été institué lieutenant général, et D. Juan gouvernait en son nom [3]. Il sévissait contre les rebelles et confisquait leurs biens. Il nommait des commissaires et des gouverneurs dans ses merindades de la Montagne, d'Olite et de Sanguesa [4]. Il continuait la guerre contre les agramontais, assiégeait le château de Saint-Jean-Pied-de-Port, mettait des garnisons à Vertiz, Rada et Mélida, armait les habitants de Pampelune, et plaçait des postes dans les églises de Saint-Nicolas et de Saint-Jacques [5]. Au dehors, il entretenait soigneusement les relations nouées par le prince avec le roi de Castille et le roi de France [6]. Des courriers étaient incessamment dépêchés vers toutes les villes du royaume : Olite, Cirauqui, Lerin, Puente-la-Reyna. Les fidalgos du pays basque étaient invités à s'intéresser à la cause du prince.

---

1. Mariana, t. IV, 2º part. p. 72. — 2. *Arch. de Nav.* (Indice), caj. 156, 39. — 3. « D. Luiz de Beaumont, menor de dias, capitan y logartheniente por el Señor Principe D. Carlos, señor propietario del Reino, en la Ciudad de Pamplona, y en las otras villas, tierras y fortalezas que estan a la obediencia de su señoria. » *Id., ibid.*, caj. 156, 60. — 4. *Id., ibid.*, caj. 156, 51; 184, 4. — 5. *Id., ibid.*, caj. 156, 61 et 62; 157, 28. — 6. *Id., ibid.*, caj. 156, 61.

Jean II déployait de son côté la plus grande activité : l'Aragon était mal disposé, la Castille hostile, la Navarre révoltée; Jean II tenait tête à tous ses ennemis. En Navarre, il avait à récompenser ceux qui l'avaient servi; il les payait de leur dévouement sur les biens des rebelles [1]; les villes fidèles étaient déchargées par mesure générale d'un tiers des impôts [2]. Le plat pays était au contraire accablé de réquisitions; le roi faisait rentrer les taxes avec une rigueur impitoyable et faisait vendre les biens des contribuables récalcitrants [3]. Il mettait en adjudication, au plus offrant, l'alcabala de Tudela [4], il empruntait par voie d'emprunt forcé 88 000 florins d'or [5]. Le trésor restait cependant vide; les soldats étaient réduits à engager leurs armes [6], et le roi achetait « une charge de morue salée » pour la nourriture des gens de son hôtel [7]. Il avait sans cesse à craindre la trahison de ses officiers, ou la désertion de ses soldats; il exigeait d'eux des serments solennels [8]; il avait des espions à gages qui le renseignaient sur tout ce qui se disait et se passait [9]. Les agramontais vivaient au milieu d'alertes continuelles. Deux des plus fortes places du parti, Estella et Monreal, faillirent tomber aux mains des Beaumontais [10]. Les Roncalais s'attendaient à chaque instant à être attaqués, et, tout près d'eux, les gens de Salazar s'agitaient en faveur du prince [11]. Pour comble de malheur, les Castillans recommencèrent la guerre dès le mois de janvier 1452, et poussèrent leurs razzias jusqu'à Tarrazona [12].

Jean II ne pouvait se décider à poser les armes; pour faire la paix, il lui fallait se réconcilier avec le prince, et abandonner tout espoir de recouvrer ses biens castillans; il eût prolongé la guerre pendant dix ans, mais les Aragonais le forcèrent à traiter.

---

1. *Arch. de Nav.* (Indice), caj. 190, 50; caj. 156, 44 et 48. — 2. *Id., ibid.*, caj. 12, 87, 190, 51. — 3. *Id., ibid.*, caj. 156, 49. — 4. *Id., ibid.*, caj. 156, 52. — 5. *Id., ibid.*, caj. 159, 2. — 6. *Id., ibid.*, caj. 157, 1. — 7. *Id., ibid.*, caj. 156, 63. — 8. *Id., ibid.*, caj. 156, 42. — 9. *Id., ibid.*, caj. 156, 47. — 10. *Arch. de Nav.* (Indice), caj. 156, 49; Cuentas, t. 499. — 11. *Id., ibid.*, caj. 156, 55. — 12. Zurita, t. IV, fos 1 à 5.

Les Cortès aragonaises « regardaient le prince de Viane « comme leur roi à venir, puisque D. Alphonse n'avait pas « d'enfants légitimes, et que D. Juan était son plus proche « héritier [1] ». Elles crurent faire acte de bonne politique en se posant en médiatrices entre le père et le fils, et nommèrent, dès le mois d'avril 1452, une commission de quarante membres chargée de discuter les conditions de la paix. En même temps elles autorisèrent Jean II à lever des troupes pour faire la guerre à la Castille; mais les hommes d'armes durent jurer de ne pas servir contre les rebelles navarrais [2].

Les négociations durèrent quatorze mois. Elles présentent trois phases distinctes et mettent en lumière plusieurs points de droit intéressants.

Dès les deux premiers mois, les bases du traité furent posées par D. Juan. Il ne voulait consentir à remettre son fils entre les mains des autorités aragonaises que dans le cas où elles renonceraient à invoquer en faveur du prince les privilèges de *jurisfirma* et de *manifestacion*. Ces privilèges permettaient, en effet, à un accusé de se soustraire à la justice royale, et d'évoquer directement sa cause au tribunal du grand juge d'Aragon. Si Jean II n'avait pas pris cette précaution, son fils lui eût échappé, et il eût perdu tout le fruit de sa victoire d'Aybar [3]. Les quarante commissaires accordèrent au roi ce qu'il demandait (13 avril), et envoyèrent des ambassadeurs à Olite et à Pampelune pour s'entendre avec les autorités beaumontaises; Jean II se transporta à Tudela pour suivre de plus près la marche de l'affaire; les beaumontais demandèrent, sans pouvoir l'obtenir, que le prince fût ramené à Tudela. Le 13 mai, les quarante arrêtèrent les conditions de l'accord. Elles ne différaient pas essentiellement du projet de traité rédigé au mois d'octobre précédent, le jour même de la bataille d'Aybar. Le prince obtenait la restitution de

---

1. Ascargorta, *Compendio*, p. 238. — 2. Yang., *Compendio*, p. 281. — 3. Queralt, *Vida del principe*, ch. IV.

Viane, Corella et Cintruénigo, ou du moins l'occupation de ces places par les troupes des Cortès d'Aragon, jusqu'à ce que le roi d'Aragon, choisi comme dernier arbitre, eût prononcé la sentence définitive. Le prince conservait le droit de nommer ses conseillers. Les revenus du royaume devaient être partagés par moitié entre D. Juan et D. Carlos. Cependant la défiance la plus grande régnait entre les deux partis. D. Carlos devait remettre onze de ses amis aux mains du roi avant d'obtenir sa liberté; il devait rendre toutes les places qui tenaient encore pour lui, même Pampelune, avant que le roi fût tenu de rétablir dans leurs biens et leurs honneurs les chefs du parti beaumontais. Un système de délais très compliqué avait été imaginé pour laisser à D. Juan toute liberté [1]. Le 19 mai 1452, on nomma à Pampelune des députés qui devaient aller rejoindre le roi à Saragosse, et tout semblait s'arranger, quand le roi modifia brusquement les conditions du traité [2]. Il demandait à être mis pendant un an en possession de toutes les places beaumontaises; il prétendait choisir lui-même les conseillers de son fils, et lui imposer des conseillers agramontais; il se réservait de lui refuser l'autorisation de se rendre à Naples auprès du roi d'Aragon [3]. Le prince rejeta ces nouvelles propositions, et Jean II rompit les négociations.

En juillet, D. Juan fut obligé de réunir encore une fois les Cortès d'Aragon. Elles se prononcèrent en faveur du prince avec une telle unanimité que le roi de Navarre dut céder; mais un coup de tête des partisans beaumontais rendit encore la paix impossible; ils attaquèrent la ville aragonaise d'Ejea de los Caballeros, et les Cortès aragonaises renoncèrent à leur projet de médiation [4].

Les pourparlers ne recommencèrent qu'au mois d'octobre. Le 9 janvier 1453, D. Juan amena son fils à Saragosse. Le 25 du même mois, le prince fut remis aux mains des quarante

---

[1]. Zurita, t. IV, f° 3; Ferreras, *Hist. d'Esp.*, t. VI, p. 634; Yang., *Compendio*, p. 282. — [2]. Yang., *Dicc.*, t. III, v° Reyes. — [3]. Zurita, t. IV, f° 4. — [4]. Zurita, t. IV, f° 5.

qui devaient, dans un délai de trente jours, aplanir les dernières difficultés[1]. Mais Jean II n'était pas pressé de faire la paix; il semblait reporter toute son affection sur le fils de Jeanne Enriquez; D. Fernando fut baptisé dans la cathédrale de Saragosse, le 11 février, avec une pompe extraordinaire, *comme s'il eût été primogenit*. Il fallut proroger les délais pendant les mois de mars et d'avril; le traité ne fut prêt que le premier mai, et ne fut signé que le 24[2].

Ce n'était pas encore une paix définitive; c'était une simple trêve de soixante jours. Le prince dut donner des otages pour être mis en liberté (23 juin); il dut promettre de rendre ses dernières places dans un délai de soixante jours. Le roi d'Aragon eût alors prononcé entre lui et D. Juan.

Le traité ne fut pas exécuté. D. Juan de Beaumont, demeuré libre à Pampelune, représenta au prince combien il serait dangereux pour son parti de se dessaisir de toutes les places que l'on tenait encore. Tous les beaumontais compromis dans les derniers troubles tremblèrent à l'idée de retomber sous l'autorité du roi; le triomphe du roi était aussi le triomphe du parti de Grammont, et le connétable de Navarre ne pouvait supporter l'idée de subir la loi du maréchal et de Mossen Pierres. Personne n'avait confiance dans la clémence et l'impartialité de D. Juan; on savait qu'il avait fait des libéralités sur les biens des rebelles, et des dons à vie sur leurs terres et sur leurs revenus; il y avait peu d'espérance que les agramontais enrichis de ces dépouilles consentissent à les abandonner. Le prince de Viane trouva donc, en arrivant à Pampelune, tout le parti beaumontais debout et irréconciliable. Il revenait de captivité plus convaincu que jamais de son droit à la couronne, et moins scrupuleux à l'égard de son père, qui l'avait retenu vingt mois dans une dure prison, et ne lui avait rendu sa liberté que contraint, et forcé par deux royaumes. Il prêta aux suggestions des Beaumont une oreille d'autant plus

---

1. Zurita, t. IV, f° 10. — 2. *Id., ibid.*, f° 11.

complaisante que le prince des Asturies l'excitait de son côté à continuer la guerre. Le connétable de Castille était enfin tombé sous les coups de ses ennemis; le prince des Asturies et son favori, D. Juan Pacheco, étaient désormais tout-puissants en Castille; mais ils avaient encore à craindre une intervention du roi de Navarre, et leur intérêt leur commandait de tout faire pour prolonger la guerre civile. Toujours indécis, Viane obéit à ses amis en conservant toutes les villes qui lui obéissaient encore, mais, en même temps, il cherchait à obtenir de son père des conditions plus favorables, et vécut ainsi trois ans en Navarre, guerroyant parce que son parti l'y forçait, négociant parce qu'il se reprochait la guerre comme un péché, et qu'il était prêt à toutes les concessions pour reprendre sa vie large et paisible d'autrefois.

D. Carlos prétend toujours être le maître légitime du royaume. Quinze jours après son retour à Pampelune (26 juillet 1453), il fait une donation à Juan Periz de Torralba, « qui « a toujours combattu pour lui comme un courageux sujet, « fidèle à la justice de sa cause ». « Juan Periz, dit-il, a défendu « Notre Seigneurie, et les terres de Notre obéissance, *en ce* « *royaume qui est Nôtre*, chassant les rebelles Nos adversaires, « et réclamant Notre droit par-devant tous les rois et tous les « princes [1]. » Il n'est plus question de rendre les villes beaumontaises, et de s'en remettre à l'arbitrage du roi d'Aragon; D. Carlos parle en maître. Il n'ose s'établir à Olite, qu'il tient toujours, mais qui est trop près de Tafalla, où commandent les agramontais. Il s'installe à Pampelune, et remonte petit à petit sa maison [2]. Il n'abandonne pas l'idée de traiter, mais il ne désarme pas, et le royaume reste divisé entre le prince et le roi. Chacun prétend avoir ses officiers. D. Carlos nomme un receveur, et un collecteur général de tous les revenus ordinaires et extraordinaires de la merindad de Sanguesa [3], un soz-

---

1. *Arch. de Nav.* (Indice), caj. 157, 5. — 2. *Id., ibid.*, caj. 157, 6, 9, 13 et 26. — 3. *Id., ibid.*, caj. 157, 6.

merino d'Esteribar [1], un bayle de Roncevaux [2], un notaire de la Chambre des Comptes [3], un maître des finances [4]. Jean II nomme un receveur de la merindad d'Estella [5], un adjoint à l'alcalde de Caseda [6], un avocat à la Corte Major [7] et un maître des finances [8]. Mossen Pierres de Peralta est créé « Lieu-« tenant-Général pour l'Illustrissime et très glorieux prince « D. Juan, par la grâce de Dieu, roi de Navarre [9] ». Roi et prince récompensent leurs serviteurs, et confisquent les biens de leurs adversaires [10]. Ils luttent de générosité pour retenir leurs partisans, ou pour attirer des recrues à leur parti. Le prince donne l'usufruit de ses maisons de Pampelune [11], accorde des remises d'impôts [12], fait des distributions de blé et de vin [13]. Le roi fait des concessions de terre, donne des rentes de blé [14] et exempte des villages entiers de la contribution aux cuarteles [15]. Tous les deux se plaignent de la pénurie de leurs revenus [16]. Le prince réduit les traitements des auditeurs des Comptes; le roi, qui a pour lui la plus riche moitié du royaume, n'obtient qu'un demi-cuartel en 1454 [17], et deux cuarteles en 1456 [18], mais les sommes votées rentrent mal, et Jean II, comme D. Carlos, doit à chaque instant rappeler les officiers de finances à leur devoir [19].

Dans ce royaume déchiré par les factions, la guerre alterne avec les négociations. On ne sait plus si l'on est en paix ou en guerre, et le doute autorise tous les brigandages. Il est vrai qu'il y a plus de bruit que de mal. Le pays est hérissé de châteaux et couvert de bourgs fortifiés; rarement on tente une attaque de vive force contre des murailles; à la moindre alerte les habitants s'enferment dans le bourg, dans le château ou

---

1. *Arch. de Nav.* (Indice), caj. 157, 7. — 2. *Id., ibid.*, caj. 157, 8. — 3. *Id. ibid.*, caj., 157, 30. — 4. *Id., ibid.*, caj. 157, 36. — 5. *Id., ibid.*, caj. 157, 14. — 6. *Id., ibid.*, caj. 157, 42. — 7. *Id., ibid.*, caj. 157, 34. — 8. *Id., ibid.*, caj. 157, 12. — 9. *Id., ibid.*, caj. 157, 38. — 10. *Id., ibid.*, Cuentas, t. 489, 494. — 11. *Id., ibid.*, caj. 157, 6. — 12. *Id., ibid.*, caj. 157, 36. — 13. *Id., ibid.*, caj. 157, 6, 10, 37 et 38. — 14. *Id., ibid.*, caj, 157, 27. — 15. *Id., ibid.*, caj. 157, 35, 42 et 43. — 16. *Id., ibid.*, caj. 157, 6, 16, 21, 23, 24, 32, 36, 43, 45 et 46. — 17. *Id., ibid.*, caj. 157, 29. — 18. *Id., ibid.*, caj. 157, 41. — 19. *Id., ibid.*, caj. 157, 30; 169, 12 et 14.

dans l'église ; ils mettent en sûreté leurs troupeaux et leurs effets les plus précieux, et lorsque l'ennemi a disparu, il ne s'agit plus que de retourner le champ où la moisson a été fauchée, ou de couper un peu de bois sur la montagne pour refaire le toit de la maison incendiée. Ainsi comprise, la guerre est interminable ; elle épuise le pays ; pendant trente ans, toute sécurité sera bannie du royaume.

Voyant que son fils n'exécutait point le traité, Jean II résolut de conclure au plus tôt la paix avec la Castille pour pouvoir reporter toutes ses forces contre la Navarre. Au mois de juillet 1453, il envoya en Castille le grand juge d'Aragon, Ferrer de la Nuza, mais le grand juge ne put rien obtenir. Le roi de Castille ne manifestait pour le roi d'Aragon qu'une complète indifférence. Le 9 septembre seulement, une trêve de quatre mois fut conclue entre l'Aragon et la Castille, grâce à l'intervention de l'amiral D. Fadrique [1].

Les deux rois de Navarre et de Castille avaient trop de motifs d'animosité l'un contre l'autre pour arriver jamais à un accord durable. La reine d'Aragon, gouvernante de Catalogne, offrit sa médiation ; Alphonse V autorisa sa femme à s'occuper de la paix, et Jean de Navarre et Jean de Castille acceptèrent les bons offices de la reine [2].

La reine se donna pour tâche de rétablir la paix entre l'Aragon et la Castille, et de réconcilier le roi de Navarre et le prince de Viane. A peine avait-elle commencé sa mission pacifique que de graves événements semblèrent rendre toute entente impossible.

Le prince des Asturies, marié depuis treize ans avec l'infante de Navarre, doña Blañca, obtint du pape une sentence de divorce « pour impuissance réciproque due à une influence maligne [3] ». La princesse perdit tous les biens qui lui avaient été donnés en mariage, et fut renvoyée à son père (nov. 1453).

---

1. Zurita, t. IV, f° 16. — 2. Ferreras, t. VI, p. 635. — 3. Yang., *Compendio*, p. 484.

Il était à croire que Jean II n'oublierait pas facilement ce nouvel affront, et la paix entre la Castille et l'Aragon parut moins probable que jamais.

De son côté, le prince de Viane avait repris la guerre. Les beaumontais avaient mis le siège devant Montreal (oct.-déc. 1453) et s'en emparèrent [1]. Jean II menaça alors de faire trancher la tête des otages beaumontais qu'il avait toujours en son pouvoir. Pour sauver la vie de ses amis, D. Carlos offrit de céder quelques places; mais au lieu de les remettre aux officiers du roi, il les donna à garder au prince de Castille [2]; la fureur de Jean II s'en accrut; il reparut en Navarre avec 150 hommes d'armes, 800 chevaux et 1200 fantassins, déclarant hautement son intention d'en finir avec son fils, qu'il disait « aveuglé par son péché ». Le moment semblait donc aussi mal choisi que possible pour parler d'accommodement.

La reine d'Aragon, que Moret appelle « l'Iris de toutes les tempêtes », ne se laissa pas décourager. Elle alla trouver le roi de Castille, son frère, à Valladolid, et conclut avec lui, le 7 décembre 1453, une trêve d'un an, applicable à la Castille et à l'Aragon. En Navarre, les deux partis devaient cesser de combattre; les otages beaumontais retenus par le roi, et les places agramontaises possédées par le prince, devaient être remis entre les mains de la reine, et deux personnes de chaque parti devaient estimer les dommages subis des deux côtés depuis 1450. Si une entente définitive ne pouvait être conclue entre Jean II et son fils dans le délai d'un an, places et otages seraient restitués par la reine d'Aragon au roi et à son fils [3]. D. Carlos jura la trêve à Pampelune le 21 décembre, et livra à la reine, le 8 janvier 1454, la ville et la juiverie de Monreal. Le roi, qui était encore en possession du château, le remit à sa belle-sœur, dans le courant du même mois, et confirma

---

1. *Arch. de Nav.* (Indice), caj. 157, 23 et 15. — 2. Zurita, IV, f° 18. — 3. Zurita, IV, f° 27.

la trêve le 16 mars[1]. Le prince des Asturies la ratifia le 14 juillet[2].

Il y eut alors une accalmie. Les deux partis navarrais gardaient leurs positions, et, pour empêcher Jean II de remettre le trouble en Navarre, Alphonse V lui donna la lieutenance de Catalogne pendant l'absence de la reine d'Aragon. Il occupait le roi de Navarre à Barcelone pour laisser le prince de Viane respirer un instant à Pampelune. Mais si l'on en croit le bachelier Ciudad-Real, médecin du roi de Castille, Jean II n'aurait pas encore renoncé à la guerre, et aurait songé à faire attaquer la Castille par le roi de Portugal[3]. Sans doute instruit de ces intrigues, le prince des Asturies renouvela ses alliances avec le prince de Viane, et eut avec lui une entrevue dans le courant de l'hiver de 1454[4].

La paix entre l'Aragon et la Castille fut reculée par la mort du roi de Castille (22 juillet 1454). Elle ne fut signée que le 8 octobre par la reine d'Aragon, et le roi de Navarre ne la ratifia que le 19 février 1455. Elle n'avait trait qu'aux intérêts de Jean II et de son fils, le grand maître de Calatrava; ils renonçaient l'un et l'autre à leurs biens et à leurs titres castillans, moyennant une rente de 4 000 000 de maravédis[5].

Aussitôt que la reine d'Aragon eut rétabli la paix entre Jean II et la Castille, elle s'occupa de le réconcilier avec le prince de Viane. Le 3 décembre 1454, une trêve d'un an fut signée par Jean II, à Borja, avec les plénipotentiaires de son fils et du roi de Castille; la trêve fut placée sous la garantie du grand juge d'Aragon[6]. Des conférences furent ouvertes à Agreda entre D. Juan de Beaumont, Ferrer de la Nuza et D. Juan Pacheco, marquis de Villena, procureurs du prince de Viane, du roi de Navarre et du roi de Castille[7]. Mais Villena, maître absolu de l'esprit de Henri IV, avait intérêt à occuper Jean II en Navarre; il soutint systématiquement toutes les

---

[1]. Zurita, IV, f° 30. — [2]. *Coll. Navarrete*, t. XL, p. 499. — [3]. Ferreras, t. IV, p. 638. — [4]. Yang., *Dicc.*, t. III, v° Reyes. — [5]. Zurita, t. IV, f°s 33-39. — [6]. *Coll. Navarrete*, t. XLI, p. 5. — [7]. Mariana, t. IV, 2° part., p. 95.

demandes du prince de Viane ; il l'excita probablement en secret à continuer les hostilités, et, pendant que l'on discutait, la guerre se ralluma.

Il est difficile de savoir qui attaqua le premier : si ce fut le roi, ou si ce fut le prince.

Dès le 27 mars 1455, les gens du prince occupèrent Saint-Jean-Pied-de-Port ; mais, le 24 mai, D. Carlos ordonnait encore de pourvoir à l'entretien des officiers commis par la reine d'Aragon à la garde de Monreal [1]. Il ressort de ce détail, contrairement à l'opinion de Zurita, que le prince observait encore à cette date la trêve conclue le 3 décembre précédent [2].

On raconte également que le prince recevant un héraut d'armes de Mossen Pierres de Peralta lui fit retirer son tabar, et fit effacer les chaînes royales des armes de son ennemi ; mais les auteurs qui rapportent le fait ne le datent point ; il peut être postérieur à la reprise des hostilités [3]. Les menées castillanes sont d'ailleurs tellement évidentes qu'elles ôtent tout intérêt à cette question : le signal de la guerre partit derrière le prince et derrière le roi ; il fut donné par Villena.

Le jour de la fête de saint Dominique (4 août), les beaumontais de Torralba remportèrent sur les agramontais un avantage assez considérable, et le prince leur accorda en récompense les privilèges les plus étendus : il voulut aussi rappeler sa victoire par une fondation pieuse. « Pour perpé-
« tuer la mémoire des susdits victoire et triomphe, que Dieu
« nous a donnés audit lieu ; comme aussi pour la gloire et
« exaltation du glorieux confesseur, S. Dominique de la Cal-
« zada, à la fête solennelle duquel nous avons reçu du Sei-
« gneur Dieu un pareil bienfait, et une si grande grâce (nous

---

1. *Arch. de Nav.* (Indice), caj. 157, 36. — 2. Zurita, IV, f° 40. — 3. Yang., *Compendio*, p. 285. Les armes de Peralta se blasonnent ainsi : Écu tiercé : au 1er, d'or aux trois pals de gueules ; au 2e, de gueules aux chaînes d'or, brisées d'un lion de gueules sur champ d'argent ; au 3e, coupé de gueules au griffon d'or, crêté, aileté et caudé d'azur ; et d'argent au château de gueules. — *Escudos de armas de Navarra*.

« voulons) que ceux de Torralba fassent faire, sous l'invoca-
« tion du glorieux confesseur, une chapelle ou basilique, que
« nous voulons doter de telle manière que cette dotation
« suffise à la rétribution, et au salaire d'un chapelain, qui y
« célébrera la messe chaque dimanche, et un jour par
« semaine, pour le repos de l'âme de trois chapelains, qui
« sont morts là pour notre cause, et y ont été exécutés et
« martyrisés [1]. »

Le 21 septembre, la reine d'Aragon parvint encore à obtenir de Jean II une trêve de trois semaines, mais tout espoir de paix était perdu; Jean II avait déjà entamé des négociations avec son gendre, le comte de Foix.

Le 3 décembre 1455, le jour même où expirait la trêve d'un an conclue le 3 décembre 1454, fut signé à Barcelone, entre le roi de Navarre et le comte de Foix, l'acte inique qui déshéritait D. Carlos, et sa sœur, Doña Blanca, coupable d'avoir cherché un asile auprès de lui, après son départ de Castille. Tous les droits à la couronne de Navarre étaient dévolus à la maison de Foix [2].

L'acte débute par l'énumération des griefs de D. Juan contre son fils. Tout le monde, en Espagne et ailleurs, connaît ses désobéissances et son ingratitude; il a fait à son père une guerre ouverte; il s'est mesuré avec lui en propre personne sur le champ de bataille. Le roi a d'ailleurs contre lui beaucoup d'autres griefs, qu'il exposera en temps et lieu, quand se fera le procès du prince, et qui montreront jusqu'où D. Carlos a poussé l'oubli du respect et de l'obéissance, et le mépris de tout droit divin et humain. Pour tous ces motifs, le roi pourrait et peut sévir contre ledit prince, et aussi contre la princesse Blanche, sa sœur, « qui a favorisé et aidé ledit
« prince de tout son pouvoir, malgré les ordres du roi, rési-
« dant et étant continuellement avec ledit prince, et partici-

---

[1]. *Arch. de Nav.*, caj. 157, 44. — [2]. *Arch. des Basses-Pyr.*, E, 539 (papier, 15 feuillets). *Arch. de Simancas, Capit. de Aragon y de Navarra*, Leg. 1. *Collect. Navarrete*, t. XL, p. 542.

« pant à sa désobéissance ». Cependant, le roi usera, comme il l'a toujours fait, de clémence paternelle. Les princes auront jusqu'au mois de janvier 1456 pour faire leur soumission. Alors, s'ils ne se sont pas soumis, et même avant, s'ils donnent des preuves manifestes de leur entêtement, « le roi fera instruire leur procès ». Le comte de Foix enverra un ou plusieurs légistes, et l'on privera Charles et Blanche de tous leurs droits à la succession, eux et leurs héritiers, de quelque qualité qu'ils puissent être. « Le roi procédera, et fera procéder
« contre eux, et contre chacun d'eux par toutes les voies et
« moyens de droit et de fait que faire se pourra, sans espé-
« rance de rémission, réconciliation, ou pardon aucun. » Après le procès, la succession de Navarre sera transférée au seigneur comte de Foix, en considération de sa femme et de ses enfants. Le prince de Viane et sa sœur seront considérés comme morts « et réputés membres retranchés de la maison
« royale de Navarre, pour s'être rendus coupables d'une si
« grande ingratitude et désobéissance ». Le nouvel ordre de succession sera reconnu par les États de Navarre avant le mois de février 1456. Le comte de Foix étant vassal du roi de France devra requérir son consentement avant le 15 avril, et avertir le roi de Navarre du succès de ses démarches avant la fin du mois. Si, par hasard, le roi de France fait quelque difficulté, le délai sera étendu jusqu'au 15 juin ; passé cette époque, le roi de Navarre recouvrera sa liberté. Le comte de Foix devra se disposer à aider son beau-père à réduire par la force la ville de Pampelune, et les cités et châteaux qui tiennent encore pour le prince. Le comte fera la campagne sous les ordres du roi, et payera les troupes qui l'accompagneront ; il ne quittera le roi qu'après l'entière réduction du royaume. Le roi de Navarre entretiendra à ses frais les troupes qui occuperont les places fortes, mais au plus juste prix qu'il se pourra. On accordera aux troupes la liberté du pillage *comme c'est la coutume et l'usage de la guerre.* Dans le cas où le roi viendrait à être attaqué, le comte s'engage à le

défendre envers et contre tous, en sa qualité d'héritier. Quand le royaume sera reconquis, « ledit seigneur roi, durant tout « le temps de la vie de Son Altesse, sera, comme il l'est véri- « tablement, roi et seigneur dudit royaume de Navarre ». Après la mort du roi, Gaston et Leonor, et leurs descendants légitimes, par ordre de primogéniture, en préférant les mâles aux filles, seront rois de Navarre, avec tous les droits, titres, dignités et privilèges dont jouissaient les anciens rois. Charles et Blanche sont déclarés inhabiles à succéder, indignes de succéder; le roi s'engage à ne jamais leur pardonner, et s'il leur pardonnait, ce pardon ne pourrait avoir aucun effet à l'égard du comte de Foix. Pour donner toute sécurité au comte, dès qu'il sera arrivé en Navarre, le roi assemblera les Cortès dans la première ville qui se rendra; il fera reconnaître par elles les droits du comte et de sa femme, et leur fera prêter foi et hommage par les gens des États. Quand Pampelune sera prise, les Cortès seront de nouveau convoquées, et renouvelleront ce serment. Les gouverneurs des places fortes et châteaux seront nommés par le roi, mais ils devront prêter serment de fidélité au comte et à sa femme, et, après la mort du roi, requérir du comte une nouvelle investiture. Si le roi vient plus tard à quitter le royaume, le comte ou la comtesse y exerceront, en son nom, les fonctions de lieutenants généraux. Ils recevront, dans ce cas, une pension annuelle de 12 000 florins, et pourront même passer trois ou quatre mois à visiter leurs terres de France sans rien perdre de leur pension. Le traité, signé de D. Juan et du comte Gaston, est juré par les deux parties contractantes, au nom de Dieu, sur la croix et l'évangile, en présence de messire Bernart de Foix.

Les articles de ce traité ne formaient en réalité qu'une suite de décrets illégaux. Depuis la mort de la reine Blanche (1441), Jean II n'avait aucun droit sur la Navarre. En admettant qu'il eût conservé sur le royaume un droit d'usufruit, il l'avait perdu par son second mariage (1447); et, quand même il eût été propriétaire du royaume, il ne lui aurait pas appartenu d'y changer l'ordre de succession. La haine qu'il portait à son fils et à sa fille aînée éclatait dans toutes les dispositions du traité : il ne leur donnait pas un mois pour se remettre, eux et leurs dernières ressources, en son pouvoir; il les déshéritait irrévocablement un mois plus tard ; il s'enlevait d'avance jusqu'au droit de pardonner. Le caractère odieux de l'acte du 3 décembre fut encore aggravé par une nouvelle convention signée le 6 décembre. Gaston de Foix n'avait touché que 10 000 florins sur la dot de 50 000 florins promise à Leonor, et on lui avait offert les villes de Miranda et de Falces en garantie des 40 000 florins qui lui restaient dus. Le prince de Viane ne lui avait livré que Miranda ; encore avait-il gardé le château. Jean II donna à son gendre Falces et Saint-Jean-Pied-de-Port. Dans son impatience de dépouiller son fils, il se dépouillait lui-même pour lui recruter des ennemis [1].

Le 16 décembre, Jean II envoya au roi de France un messager chargé de négocier avec lui une alliance perpétuelle. Jean promettait 300 lances pour six mois, en cas de guerre anglaise, et demandait un secours équivalent dans le cas où il serait attaqué. Il réclamait en outre son duché de Nemours, toujours occupé par le roi, 4000 livres qui restaient dues sur les 12 000 livres jadis promises à Charles le Noble par Charles VI, et la restitution des biens confisqués à François de Grammont en Gascogne [2]. Charles VII était d'autant plus disposé à répondre aux avances de Jean II qu'il était lui-même en fort mauvais termes avec son fils le dauphin.

La situation du prince devenait de plus en plus critique. Menacé directement du côté de l'Aragon, et du pays de Foix, n'ayant rien à espérer de la France, et peu d'aide à attendre de la Castille, il était perdu sans ressource. Il mit ses places dans le meilleur état de défense possible, se procura de l'artillerie, et se mit en campagne [3]. Il s'empara d'abord de quelques châteaux, mais Martin de Peralta mena contre lui si rude

---

1. Zurita, IV, f° 41. — 2. Zurita, IV, f° 42; Mariana, IV, 2ᵉ part., p. 110. — 3. *Arch. de Nav.* (Indice), caj. 157, 37, 38, 41.

guerre qu'il fut bientôt dépouillé de toutes ses conquêtes. La campagne de Peralta est racontée par Jean II lui-même dans un acte de donation daté de Sanguesa, le 26 juillet 1456 : « Don Martin pendant les années 1452, 1453 et 1454 a payé « pour le roi à ses hommes d'armes et à ses hommes de pied « 5732 florins 1/2. En 1455, au temps où le château et le « bourg de Valtierra furent pris par les rebelles, ledit Martin « y fut avec sa gent, et d'autres encore, et assiégea lesdits « bourg et château, et mit le siège devant la forteresse de « Cadreita, et resta de longs jours occupé à ces sièges, et prit « pour ledit roi lesdits bourg et château, y dépensant du sien « 3493 florins. Et depuis, demeurant toujours en la même « bonne volonté, ledit Martin mit le siège devant le bourg « d'Aybar révolté, et le prit et recouvra à ses frais. Ensuite, « passant au bourg de Mélida, il le prit aussi, et laissa dans le « château une partie de ses gens pour sa garde et sa défense, « payant leur solde de son argent, et agit de même à l'égard « du lieu de Rada qui s'était révolté ; il s'en empara de vive « force, et dépensa dans cette affaire 7354 florins. Passant « ensuite sur les terres de l'église de Roncevaux, et allant par « les montagnes du val d'Erro, du val de Salazar, et du val « d'Araquil, et autres lieux et terres des rebelles, il les « recouvra et mit à l'obéissance du roi. Passant à la ville de « San Juan, il traîna jusqu'à Roncevaux, et de là jusqu'à « Urroz, l'artillerie du prince comte de Foix, et dépensa pour « ce faire 492 florins. Il mit aussi le siège devant le château « de Santa Cara, et le prit après y avoir dépensé 4051 florins. « Le total de ses dépenses montait à 25 533 florins 1/2 [1]. » Au siège d'Aybar, la reine Jeanne Enriquez était venue rejoindre l'armée agramontaise ; à Rada, on avait rasé les murs jusqu'à leurs fondements [2] ; le prince, qui voyait toutes ses places tomber les unes après les autres, voulut se venger sur la petite ville de Munarriz ; il échoua [3].

1. *Arch. de Nav.*, caj. 157, 48. — 2. Yang., *Compendio*, p. 286. — 3. Ferreras, t. VII, p. 23 ; *Arch. de Nav.* (Indice), caj. 158, 1.

Le 20 avril 1456, le roi de France n'avait pas encore ratifié le traité conclu entre Jean II et Gaston de Foix, mais déjà Gaston était à Barcelone auprès de son beau-père. Ils résolurent d'attendre jusqu'à la fin de juin. A ce moment, l'autorisation du roi de France arriva [1]. Gaston joignit ses troupes à celles de Mossen Pierres; il avait de bons soldats et quelques lances royales de France. Le prince de Viane envoya demander du secours au roi de Castille; il n'en put obtenir. Il tenta une attaque infructueuse contre le château de Belmécher [2], et subit encore un échec sous les murs d'Estella [3].

Désespérant dès lors de se maintenir en Navarre, et redoutant une nouvelle captivité, qui, cette fois, eût été perpétuelle, D. Carlos résolut de quitter le pays. Il remit à son fidèle Jean de Beaumont le gouvernement de la Navarre; il laissa à sa sœur, Doña Blanca, la surintendance de sa maison, et partit pour Naples, où il espérait trouver auprès de son oncle, Alphonse V, aide et protection.

La Navarre après le départ du prince de Viane.

Le départ de D. Carlos ne changea rien à la situation de la Navarre. Beaumontais et agramontais gardèrent leurs positions, et le pays était si profondément divisé que, vingt ans plus tard, en 1476, les Beaumontais possédaient encore Pampelune et sa merindad, et douze villes en dehors de la Cuenca [4].

Jean II se montra très irrité du départ de D. Carlos; il ne pouvait plus espérer terminer la guerre d'un seul coup. Il était d'autant plus inquiet que le prince de Viane avait presque réussi à convaincre Charles VII de son innocence, pendant

---

1. Zurita, IV, f° 46. — 2. *Arch. de Nav.* (Indice), caj. 157, 49. — 3. Ferreras, t. VII, p. 35; Yang., *Compendio*, p. 287. — 4. Moret, *Anales*, t. IV, p. 655 : Viana, Puente-la-Reyna, Huarte Araquil, Lumbier, Torralba, Estuñiga, Artajona, Larraga, Lerin, Mendavia, Andosilla et ses environs.

les quelques jours qu'il avait passés en France en se rendant en Italie. Le roi de Castille avait offert au prince de Viane un asile à sa cour, et lui avait proposé sa médiation. Le roi de Naples désapprouvait hautement la politique égoïste et cruelle de D. Juan. Il disait : « Mon frère le roi de Navarre et moi, « nous sommes issus du même sein, mais nous n'avons pas « l'âme faite de même [1]. » Il venait de signer (octobre 1456) un traité d'alliance personnelle avec le roi de Castille, et avait nommé archevêque de Saragosse D. Enrique, son petit-fils naturel [2], au lieu de choisir D. Alonso d'Aragon, fils naturel de Jean II.

Le roi de Navarre sentit la nécessité de resserrer son alliance avec son gendre, et pressa l'exécution des conventions. Le 12 janvier 1457, Jean II confirma solennellement à Estella le traité du 3 décembre 1455, et pour mieux rassurer Gaston, il le fit proclamer héritier du royaume par les Cortès agramontaises [3]. Par représailles, D. Juan de Beaumont assembla les Cortès beaumontaises à Pampelune, et fit proclamer D. Carlos roi de Navarre (16 mars 1457) [4]. Mais comme le prince avait déjà remis ses intérêts aux mains de son oncle, le roi de Naples, il écrivit lui-même à ses partisans pour décliner le titre qu'ils venaient de lui décerner.

Le 24 mai 1457, Menaut de Casals, ambassadeur du comte de Foix, vint trouver le roi de Navarre à Tudela, et le pressa de porter la sentence définitive d'exhérédation contre le prince de Viane. Le roi répondit que le roi de Castille était à Alfaro, fort mécontent de l'intervention du comte dans les affaires de Navarre, et tout prêt à passer la frontière si le comte de Foix la franchissait lui-même. De son côté, le roi d'Aragon demandait

---

[1]. « Mi Hermano el rey de Navarra, e yo, nacimos de un vientre, e non somos de una mente. » (Zurita, t. IV, f° 44.) — [2]. Fils naturel du duc de Calabre Ferdinand, fils naturel du roi. Il était âgé de onze ans seulement. — [3]. Moret, *Anales*, t. IV, p. 570; Yang., *Compendio*, p. 287; *Colec. de Cortes de los antiguos reinos de España*. Madrid, in-4°, 1855. — [4]. Yang., *Compendio*, p. 288; *Arch. de Nav.* (Indice), caj. 158, 3 et 10; 169, 23.

instamment à être pris pour arbitre de la querelle. En cas de refus, il menaçait le roi de Navarre de lui ôter la lieutenance générale d'Aragon, et d'aider le prince de Viane à recouvrer ses États. Ainsi Jean n'avait de secours à espérer que du comte de Foix, et si le comte paraissait en Navarre, sa venue devait être le signal de la guerre avec la Castille et l'Aragon.

Jean II voulut négocier avec la Castille; il eut, au mois de mai 1457, une entrevue avec Henri IV entre Alfaro et Corella. Doña Léonor, comtesse de Foix, y assistait, quoiqu'elle souffrît cruellement d'une maladie d'yeux [1]. D. Juan de Beaumont y était venu de son côté, pour veiller aux intérêts du prince, si directement menacés. Jean II et l'habile Jeanne Enriquez manœuvrèrent avec tant de bonheur qu'ils empêchèrent le roi de Castille de s'allier avec D. Juan de Beaumont. Henri IV offrit en effet au prieur de Saint-Jean de soutenir la cause beaumontaise, mais il voulait que toutes les places du parti fussent pourvues de garnisons castillanes; D. Juan de Beaumont ne put se résoudre à voir les Castillans dans Pampelune. Il proposa de remettre les places aux mains d'officiers aragonais, nommés par le roi Alphonse V; Henri IV refusa de traiter sur ces bases, et se retourna vers le roi de Navarre [2]. Pour sceller la réconciliation, on parla d'unir les deux maisons d'Aragon et de Castille par un double mariage : D. Alphonso de Castille, frère du roi, devait épouser Doña Juana d'Aragon, fille du roi de Navarre, et l'infant D. Fernando d'Aragon, âgé de trois ans, était fiancé à Doña Ysabel de Castille, sœur de Henri IV, âgée de quatre ans [3]. L'entrevue d'Alfaro, qui aurait pu amener quelque retour de fortune en faveur de Viane, tourna ainsi contre lui, et Jean II resta maître de renouveler ses traités avec son gendre. Le 12 juin à Estella, le 20 juin à Egea de los Caballeros, furent signées de nouvelles conventions entre la reine Jeanne Enriquez et Doña Leonor [4],

---

1. Yang., *Cron del principe*, p. XXVIII. — 2. Zurita, IV, f° 47. —
3. Ferreras, *Hist. d'Esp.*, t. VI, p. 39; *Colec. Navarrete*, t. XLI, p. 23. —
4. *British Museum Mss Esp.*, Eg. 544, pièce 3; Eg. 544, 10.

qui reçut presque aussitôt le titre de gouvernante générale de Navarre. Le 4 juillet 1457, elle signait déjà en cette qualité [1].

Le royaume eut alors deux souverains : D. Carlos, en exil à Naples, et D. Juan, qui retourna en Aragon [2] ; il eut aussi deux lieutenants généraux : Doña Leonor, lieutenante générale à Sanguesa pour le roi, et D. Juan de Beaumont, lieutenant général du prince à Pampelune. Enfin, dans les pays agramontais, il y avait encore rivalité entre la régente, et Martin et Pierre de Peralta, qui se comportaient en chefs puissants, tenaient peu de compte de l'autorité de Leonor, et lui faisaient sentir tout le prix de leur alliance.

Au commencement de 1458, on eut un moment d'espoir. Le roi d'Aragon avait réussi à faire accepter son arbitrage, et une trêve de six mois fut conclue le 31 mars, entre D. Jean de Beaumont et Doña Leonor [3]. Mais la trêve n'était pas encore expirée que le roi d'Aragon mourait, et que toute espérance de paix disparaissait avec lui (27 juin 1458 [4]).

Dans la partie du royaume où dominait le parti agramontais, il semble qu'il soit resté quelques ressources. Les Cortès accordent de temps à autre [5] au roi ou à la régente 1/2 cuartel, un cuartel, ou un cuartel 1/2. Mais si l'on se rappelle que le royaume entier votait dans certaines années jusqu'à 12 cuarteles, on pourra voir combien il s'était appauvri. Jean II ne se soutenait plus que par les confiscations qu'il prononçait contre les beaumontais. Avec les terres des rebelles, il récompensait ses serviteurs navarrais ou castillans [6]. Il faisait de l'argent en vendant les domaines séquestrés, il soldait aux gens de ses Comptes l'arriéré de leur pension [7], il remettait à Gaston de Foix la plus grosse part des droits de lods et ventes, dus par lui au trésor royal pour l'achat de la baronnie

---

1. *Arch. de Nav.* (Indice), caj. 158, 10. — **2.** *Arch. de Nav.* (Indice), caj. 158, 10, 11 et 12. — **3.** Codina, *Guerras de Navarra*, p. 24. — **4.** Zurita, IV, f° 52. — **5.** *Arch. de Nav.* (Indice), caj. 158, 5; 158, 10; 169, 21 et 30. — **6.** *Id., ibid.,* caj. 156, 37; 157, 48 et 49; 158, 6 et 14; 165, 44; 193, 4; Cuentas, t. 494. — **7.** *Id., ibid.,* caj. 158, 18 et 20.

de Rialp [1]. Doña Leonor se mettait elle-même à distribuer des grâces et à consentir des remises d'impôt [2].

Dans les pays beaumontais, on ne trouve pas trace de cuarteles votés au prince; la montagne est pauvre et acquitte à grand'peine les taxes ordinaires. Les libéralités de D. Juan de Beaumont consistent seulement en quelques légères remises d'impôt [3]. Tandis que le roi fait payer en une fois 300 livres à l'alcayde d'Acxa [4], D. Juan fait donner 15 livres en argent et 16 cahices de blé au commandant de Castillo-Nuevo [5]. Il dépense 10 florins aux réparations du château d'Irurlégui [6]. Seul, le receveur des Montagnes continue à être bien payé; il touche 100 livres par an, mais c'est le fonctionnaire indispensable, puisque les Montagnes restent seules fidèles, et donnent seules quelques revenus [7].

La misère du royaume va sans cesse en augmentant. Le monastère d'Iranzu est ruiné dès 1456 [8]. Les habitants d'Estella ne peuvent plus payer leurs taxes, et la ville est toute dépeuplée [9]. Les gens d'Eslaba se plaignent d'avoir reçu « de grands « et redoublés dommages dans leurs personnes et dans leurs « biens; ils ont été volés, poursuivis, pris et rançonnés; beau- « coup sont morts en résistant, et en se défendant contre les « rebelles, comme il a bien fallu le faire [10]. » En 1457, le roi pousse une pointe dans la Cuenca de Pampelune, et y commet toute sorte de ravages [11]. En 1457, les habitants de Villatuerta laissent leur village abandonné « parce qu'il est en rase « campagne, et n'est pas fortifié; ils n'ont pu rien semer, ou « du moins presque rien, en dehors de leurdit village; ils ont « été plusieurs fois volés par les rebelles, et ils sont tombés « en une grande misère [12]. » A Pampelune, aux maux de la guerre extérieure s'ajoutent les conspirations : un agramon-

---

1. Coll. Doat, t. 226, f° 53. — 2. Arch. de Nav. (Indice), caj. 158, 24. — 3. Id., ibid., caj. 158, 10 et 13. — 4. Id., ibid., caj. 158, 16. — 5. Arch. de Nav. (Indice), caj. 158, 16. — 6. Id., ibid., caj. 158, 13. — 7. Id., ibid., caj. 158, 26. — 8. Id., ibid., caj. 157, 47. — 9. Id., ibid., caj. 157, 52. — 10. Id., ibid., caj. 157, 55. — 11. Id., ibid., caj. 158, 6 et 9; 170, 22. — 12. Id., ibid., caj. 158, 15.

tais, Miguel de Mendigorria, médite de livrer la ville aux troupes royales; D. Juan de Beaumont le fait exécuter, et son corps est coupé en cinq morceaux [1].

La Navarre offre donc le spectacle le plus lamentable, et plus la guerre se prolonge, plus il devient difficile d'obtenir des partis une réconciliation sincère. La misère et l'absence de sécurité sont encore les moindres maux de cette déplorable lutte : l'esprit public, déjà si faible dans un État du XVe siècle, achève de disparaître; l'indépendance cessera bientôt d'être regardée comme un bien, puisque les pouvoirs nationaux sont réduits à l'impuissance, et l'anarchie prépare déjà la conquête étrangère.

Le prince de Viane à Naples.

Le prince de Viane avait quitté la Navarre pour se rendre à Naples auprès de son oncle Alphonse V, et le prendre pour arbitre dans sa querelle.

Il est probable qu'il eût gagné directement l'Italie, comme le veulent Marino Siculo, Queralt et Mariana [2], s'il eût pu s'embarquer dans un port valencien ou catalan; mais il ne pouvait songer à traverser l'Aragon, que son père gouvernait; il gagna l'Italie par la France (juillet 1456).

On n'a que peu de détails sur le voyage du prince en France. Les comptes de l'Hôtel du roi s'arrêtent précisément au mois de juillet pour l'année 1456, et ils sont rédigés d'une manière si générale que l'on n'y pourrait trouver aucune trace du séjour de D. Carlos à la cour [3]. Arrivé à Poitiers, il envoya à Naples son secrétaire, D. François de Balbastro, pour se disculper auprès du roi d'Aragon, et lui annoncer sa venue prochaine dans ses États [4]. Charles VII avait été prévenu

---

1. Yang., *Dicc.*, t. III, p. 178. — 2. *De Reb., Hisp. gestis*, l. XIII; Queralt, *Vida del Principe*, ch. VI; Mariana, t. IV, 2e part., p. 166. — 3. *Arch. Nat.*, Comptes de l'hôtel du roi, anno 1456; Comptes de l'argenterie. — 4. Ferreras, *Hist. d'Esp.*, t. VII, p. 35.

contre le prince par le comte de Foix et par le roi de Navarre; Jean II avait recommandé au roi de France de n'ajouter aucune créance à ce que Viane lui pourrait dire, Gaston l'avait représenté comme l'allié des Anglais [1]. Cependant, D. Carlos reçut de Charles VII à Paris un accueil courtois et gracieux [2]; il réfuta sans trop de peine les accusations portées contre lui par le roi et par le comte de Foix, et Charles VII lui promit de rester neutre dans la guerre qui pouvait s'engager entre le roi de Navarre et le roi de Castille. Mais D. Carlos ne put obtenir la restitution du duché de Nemours, comme il l'aurait désiré. Charles VII profita habilement de ce que le duché lui était réclamé à la fois par Jean II et par D. Carlos pour ne le rendre ni à l'un ni à l'autre.

Après avoir pris congé du roi de France, le prince de Viane se rendit à Rome, où régnait alors le pape Calixte III. Né à Jativa dans le royaume de Valence, ce pontife avait été membre du conseil d'Aragon, mais se montrait fort jaloux du roi D. Alphonse. Il avait répondu aux félicitations que le roi lui adressait à l'occasion de son avènement : « Qu'il régisse « ses royaumes, et me laisse gouverner mes États [3]. » Très désireux de porter la guerre chez les Turcs, il voyait avec peine les dissensions des princes chrétiens; il ne dut prêter qu'une oreille distraite aux plaintes de D. Carlos; cependant il fut touché par les prières du prince, et écrivit plus tard une lettre en sa faveur à l'archevêque de Tarragone [4]. Viane ne trouva pas auprès du pape un accueil assez favorable pour qu'il ait été tenté, comme le veut Mariana [5], de le prendre pour arbitre. Ce rôle était plus naturellement dévolu au roi d'Aragon.

D. Carlos arriva auprès de son oncle le 20 mars 1457, et le rencontra à Casal del Principe [6].

1. Romey, *Hist. d'Esp.*, t. IX, p. 486; Quintana, *Esp. celeb.*, t. I, p. 150. — 2. Yang., *Compend.*, p. 287; Paquiz et Dochez, *Hist. d'Esp.*, t. II, p. 218. 3. Mayerne Turquet, *Hist. d'Esp.*, t. I, p. 915. — 4. Ferreras, t. VII, p. 59. — 5. Mariana, t. IV, 1re part., p. 117. — 6. Zurita, iV, f° 47.

Alphonse V était dans tout l'éclat de sa gloire, et son neveu venait à lui avec d'autant plus de confiance qu'il le savait généreux, et qu'il avait pour lui la plus vive admiration. Alphonse V vivait comme Viane aurait voulu vivre. Toutes les qualités du prince se retrouvaient chez le roi, plus brillantes encore, car la Sicile et l'Italie étaient, pour mettre le talent en lumière, un scène bien autrement favorable que le pauvre pays de Navarre. La cour de Naples était le rendez-vous des poètes et des historiens. « Poggio Bracciolini, Fran« çois Philelphe, Antoine de Palerme, Æneas Sylvius, Georges « de Trébizonde, Laurent Valla, Barthélemy Fario, auteur « d'une *Vie d'Alphonse V*, Barcellius, l'historien de ses cam« pagnes, rivalisaient d'éloges et d'enthousiasme, et l'avaient « proclamé Alphonse le Magnanime [1]. » Chaque jour, soit à table, soit après le repas, il lisait quelques passages des Écritures et des auteurs profanes; il aimait à disputer avec les savants personnages qu'il avait attirés à sa cour. Dans sa vieillesse, il se remit à l'étude de la grammaire; il en discutait avec son maître les questions les plus difficiles, à son lever, à son coucher, et jusque dans ses chasses [2]. Les *Commentaires* de César ne le quittaient pas; la lecture de Quinte-Curce l'avait guéri d'une maladie. Ses soldats, sûrs d'être récompensés, lui apportaient des manuscrits précieux. Il avait pris pour emblème un livre ouvert, et il avait coutume de dire qu'un roi sans lettres n'était pour lui qu'un âne couronné. Sa science était d'ailleurs exempte de pédantisme, et sa cour était un lieu de plaisir aussi bien qu'un foyer d'étude.

L'accueil fait par Alphonse au prince de Viane, et les négociations qui suivirent son arrivée à Naples sont la meilleure justification du prince.

Alphonse était gagné d'avance à la cause de son neveu. Dès le 28 mai 1456, D. Carlos lui avait écrit, et l'avait mis

---

[1]. C. Paganel, *Hist. de Scanderbeg*, p. 260. — [2]. Margarit, *de Corona regum*, cap. x; cité par le R. P. Fidel Fita y Colomé, *El Gerundense*, p. 20.

au courant de sa situation : « Il s'était étudié, et avait tra-
« vaillé de toutes ses forces à se réconcilier avec son père;
« il avait usé dans ce but de ses propres serviteurs, et de ceux
« du roi, notamment de Mossen Rodrigo de Rebolledo, grand
« chambrier et conseiller du roi de Navarre. Par deux ou
« trois fois ils s'étaient rendus à Barcelone, et avaient fait à
« D. Juan les offres les plus dignes d'être acceptées; ils l'avaient
« supplié de traiter D. Carlos comme un fils, et de lui per-
« mettre de le servir, comme il l'avait toujours désiré; ils
« l'avaient prié de ne pas se fier à des rapports malveillants,
« qui ne tendaient qu'à la perte du prince, et de ce pauvre
« royaume de Navarre qui l'avait toujours si bien servi [1]. »
De Poitiers, le prince avait encore averti son oncle des menées
du comte de Foix. « Bien loin de se montrer favorable à la
« réconciliation du père et du fils, le comte avait tout fait
« pour l'empêcher, et avait amené le mal et le scandale à un
« tel point qu'il n'y avait désormais de remède à espérer que
« de la miséricorde de Dieu, et de l'intervention du roi d'Ara-
« gon [2]. »

Une fois en présence de son oncle, D. Carlos parla plus
librement encore, et plaida sa cause en homme sûr de son
droit. Alphonse V ne pouvait contester que Viane fût le légitime souverain de la Navarre; il blâma néanmoins son neveu
de s'être révolté contre son père : « Vous avez mal agi,
« Carlos, parce que vous deviez obéir à votre père, comme
« c'est le devoir d'un bon fils. Il n'appartient pas au fils de
« juger le père, mais il doit suivre ses commandements [3]. »
C'était faire d'une question politique un *cas de conscience*,
mais c'était aussi attaquer D. Carlos par son côté faible; il
était sorti de la lutte, D. Juan de Beaumont n'était plus là
pour le soutenir, il retombait dans ses hésitations des premiers
jours, et envisageait sa prise d'armes comme un gros péché.

---

1. Moret, *Anales*, t. IV, p. 529. — 2. Quintana, *Esp. celeb.*, t. I, p. 149.
— 3. Queralt, *Vida del principe*, ch. VI.

Il répondit, fort troublé, qu'il n'avait agi que sur le conseil de savants hommes, il s'excusa sur sa jeunesse, et finit par pleurer amèrement, en homme droit et loyal qui se voit soupçonné d'intrigue et d'ambition. Alphonse le consola, et lui promit de s'employer de tout son pouvoir en sa faveur. Il paya les dettes contractées par le prince pendant son voyage; il lui fit présent de joyaux et de chevaux de prix [1], et lui assura une pension de 12 000 ducats pour soutenir à sa cour un rang convenable.

Rodrigo Vidal, ministre principal de la chancellerie d'Alphonse V, partit pour l'Espagne avec mission de rétablir la paix entre Jean II et le prince de Viane. Pour montrer dès la première heure toute sa bonne foi, le 29 avril 1457, le prince écrivit à D. Juan de Beaumont une lettre très sévère où il refusait le titre de roi que les beaumontais lui avaient décerné à Pampelune le 16 mars précédent : « Nous demeu-
« rons stupéfait, disait-il, et nous ne pouvons comprendre
« quelle a été votre intention, et à quel motif vous avez obéi.
« Nous ne savons qu'en penser, et nous n'admirons pas moins
« la prudence et la circonspection avec laquelle vous vous
« êtes lancés dans une si folle et si scandaleuse affaire. »
« Vous vous êtes trompé, » ajoutait-il, « car défendre notre
« patrimoine, notre personne et notre état, tout cela nous
« était licite et honorable, mais obscurcir et diminuer l'hon-
« neur de notre père, les lois ne le permettent point, et vous
« avez donné ainsi à ceux qui nous sont rebelles, un prétexte
« pour nous combattre. » Il alléguait aussi le péril où l'on avait mis les otages détenus en Aragon par le roi, et déclarait que, *quoique le royaume fût à lui, il lui plaisait que son père seul y portât le titre royal* [2]. D. Juan de Beaumont obéit, et Jean II eut un grief de moins contre son fils.

Rodrigo Vidal assista à l'entrevue d'Alfaro et tint le prince au courant de tout ce qui s'y passait. Il parle avec une grande

---

[1]. Quintana, t. I, p. 152. — [2]. Moret, *Anales*, t. IV, p. 543.

amertume de la comtesse de Foix : « On dit, seigneur, que la
« comtesse, votre sœur, est bien près de perdre un œil, et,
« ma foi, n'en prenez peine ni souci, car celle qui cherche à
« perdre un frère tel que vous mérite bien de perdre un œil,
« fût-ce le droit [1]. » De son côté, Martin de Irurita, procureur
patrimonial de D. Carlos, le renseignait sur la situation de son
parti, toujours pauvre, et qui ne pourrait, disait-il, se soutenir
longtemps. Il lui donnait aussi des détails pittoresques sur
l'entrevue, et gardait quelque bonne humeur au milieu de ses
inquiétudes; les dames de la cour de Castille étaient si singulièrement costumées! « L'une porte un bonnet, l'autre une car-
« magnole; celle-ci est en cheveux, celle-là a un chapeau,
« une autre une mantille de soie, une autre une coiffure, une
« autre est à la biscayenne, une autre se coiffe d'un mouchoir.
« Il y en a qui portent des dagues, ou des couteaux de Vit-
« toria, une ceinture de cuir comme les arbalétriers, des
« épées, des lances, des dards et des capes à la castillane.
« En vérité, seigneur, je n'ai jamais vu tant d'accoutrements
« divers [2]. »

L'ambassadeur aragonais trouva le roi de Navarre extrêmement irrité contre son fils qu'il venait de faire déshériter
par les Cortès d'Estella. D. Juan de Beaumont se montra
beaucoup plus conciliant et offrit une suspension d'armes
que le roi refusa d'accepter [3]. Rodrigo Vidal ne se découragea
pas, et formula des propositions qui lui parurent de nature à
être agréées par le roi. Pour donner satisfaction à l'amour-
propre de D. Juan, D. Carlos devait prendre les titres de
prince de Viane, duc de Nemours, Primogenit et héritier de
Navarre, et ne s'intitulerait plus prince propriétaire. De son
côté, le roi jurerait de respecter l'ordre naturel de succession
au trône, et de ne rien faire pour le troubler. Dans les
soixante jours de la conclusion du traité, les États de Navarre,
réunis à Tafalla ou à Sanguesa, prêteraient hommage au roi,

1. Yang., *Cron. del principe*, p. xxviii. — 2. Cité par Quintana, t. I,
p. 156. — 3. Yang., *Compendio*, p. 288.

pour tout le temps de sa vie, et au prince comme héritier présomptif de la couronne. Pour rassurer tous les intérêts, le roi serait mis en possession d'un certain nombre de places, et de tous les châteaux qui relevaient de la couronne ; le prince aurait pour lui douze villes du royaume [1], et le duché de Nemours, quand le roi de France l'aurait restitué. Les revenus du royaume devaient être partagés par moitié. Enfin, pour laisser aux rancunes le temps de s'apaiser, et pour faciliter une réconciliation définitive, Rodrigo Vidal avait eu l'idée de laisser Pampelune aux mains du prince pendant un délai de trois ans : D. Carlos aurait gouverné la ville au nom du roi, qui se serait engagé à ne pas y entrer, non plus que dans les autres places abandonnées au prince de Viane. Pendant ce délai de trois ans, le prince n'aurait pu faire aucun procès aux partisans de son père ; tout serait demeuré en l'état. Au bout de trois ans, le prince aurait exercé la lieutenance générale en Navarre, en l'absence de D. Juan. Le roi aurait révoqué tous les actes passés au détriment du prince, et les biens confisqués de part et d'autre auraient été restitués [2].

Fort compliqué, et d'une application difficile, ce projet de traité ne donnait au prince qu'une satisfaction bien incomplète ; il obligeait cependant D. Juan à revenir sur le traité de Barcelone. Le comte et la comtesse de Foix étaient écartés de la succession de Navarre.

Il était fort douteux que le roi consentît à casser l'acte du 3 décembre 1455 ; mais les beaumontais refusèrent les premiers de souscrire à l'arrangement proposé par Vidal. D. Juan de Beaumont voulut savoir si ces conditions avaient été dictées par le roi d'Aragon ; Vidal dut avouer qu'il avait conçu lui-même tout ce plan de pacification, et D. Juan déclara qu'il n'avait mission d'accepter que les propositions formulées par le roi d'Aragon. Vidal repartit pour l'Italie.

1. Olite, Puente-la-Reyna, Huarte-Araquil, Laraga, Artajona, Urroz, El Pueyo, Lumbier, Aybar, Sada, Lesaca et Vera. — 2. Zurita, t. IV, f° 48.

Alphonse V résolut de tenter immédiatement un nouvel effort. Le 30 juin 1457, le prince de Viane remit officiellement le soin de ses affaires entre les mains de son oncle [1], et s'empressa de l'annoncer à D. Juan de Beaumont. « Bientôt, « disait-il, s'il plaît à Dieu, le seigneur roi, notre oncle, « enverra telles personnes qui régleront toutes ces questions, « comme il convient, et ceux qui se réjouissent de nos maux « ne seront pas ceux qui danseront alors le plus allègrement [2]. » D. Luiz Despuch, grand maître de Montesa, et D. Juan Dixar partirent en même temps pour l'Espagne.

Jean II commençait à réfléchir; son obstination pouvait lui coûter la lieutenance générale des royaumes d'Aragon, et ne lui rendait pas la Navarre; il s'adoucit. Les lettres qu'il adressait au prince avant son départ pour Naples portaient comme suscription ces simples mots : *Prince D. Carlos;* à partir du jour où le roi d'Aragon prit le prince sous sa protection, la suscription changea, Jean II écrivit : *A l'illustre Prince D. Carlos, son très cher et bien-aimé fils* [3].

Louis Despuch et Jean Dixar commencèrent par obtenir de D. Juan de Beaumont la révocation du titre royal attribué au prince de Viane, et l'abolition des procédures intentées par les beaumontais contre le comte et la comtesse de Foix. D. Juan leur accorda cette première satisfaction, à condition que le roi de Navarre abandonnerait lui-même les procès commencés contre le prince [4]. Le 6 décembre 1457, le roi de Navarre se décida enfin à accepter l'arbitrage de son frère, et remit en liberté les otages beaumontais qu'il détenait depuis la paix de 1453. Le 27 février 1458, il donna ordre de suspendre les procès commencés contre le prince, pendant tout le temps que le roi d'Aragon resterait saisi du débat. Le 27 mars, une trêve de six mois fut conclue entre les plénipotentiaires aragonais et le roi de Navarre. Le 31 mars, la trêve fut ratifiée à Pampelune par D. Juan de Beaumont.

---

1. Zurita, IV, f° 49. — 2. Quintana, *Esp. celeb.*, t. 1, p. 153. — 3. *Id., ibid.*, p. 152. — 4. Zurita, t. IV, f° 49.

On annulait tous les actes passés depuis le 24 juin 1457, comme faits au mépris de l'arbitrage d'Alphonse V. Beaumontais et agramontais remettaient deux châteaux entre les mains de Louis Despuch, et chacun des deux partis armait une troupe pour obtenir des siens le respect de la trêve; Guillaume de Beaumont commandait la police beaumontaise, Martin de Peralta la police du roi. La position du comte de Foix semblait si compromise que Doña Leonor elle-même signa la trêve [1].

Jean II était très mécontent, mais n'osait rien en laisser paraître. On ne voit trace de sa colère que dans une curieuse négociation engagée par lui au mois de mai 1458 avec la Castille. Henri IV lui avait fait de nouvelles avances au sujet du mariage des infants de Castille, D. Alphonse et Doña Ysabel, avec les infants d'Aragon, Doña Leonor et D. Fernando. Jean II répond avec joie à cette double proposition, et déclare que, *pour le prince de Viane, il ne s'en occupe point; le prince serait d'âge à avoir des petits-enfants* [2]. D. Carlos avait trente-sept ans; la rancune de Jean II perce certainement dans ces paroles.

Tout faisait espérer une prompte solution lorsque la mort du roi d'Aragon vint tout remettre en question. Le 8 mai 1458, D. Alphonse fut pris d'un grand frisson; sa maladie empira rapidement; il se fit transporter le 14 juin au château de l'Œuf et y expira le 27 juin. Il était âgé de soixante-deux ans, et en avait régné quarante-deux.

Il laissait par testament son royaume de Naples à son fils naturel, D. Fernando, les États héréditaires d'Aragon à son frère, D. Juan, et, après lui, au prince de Viane [3]. Mais cet ordre de succession ne laissa pas de soulever de vives contestations.

Le nouveau roi de Naples, D. Fernando, était haï, « car nul « ne se congnoissoit en luy, ny en son courroux; car en fai-

---

1. Codina, *Guerras de Nav.*, p. 24; Zurita, IV, f° 50. — 2. Zurita, IV, f° 51. — 3. Yang., *Compendio*, p. 291.

« sant bonne chère, il prenoit et trahissoit les gens..... et
« jamais en luy n'y avoit grâce ne miséricorde..... et jamais
« n'avoit aucune pitié ne compassion de son pauvre peuple [1] ».
Jean II avait plus de droits sur Naples, conquis avec les armes
d'Aragon, que ce méchant bâtard; mais Jean II était trop loin
pour revendiquer ses droits. Le prince de Viane, au contraire,
était là, et plusieurs barons napolitains, le prince de Tarente,
Antonio Centellos, et Antonio Orsino vinrent lui offrir la couronne [2].

D. Carlos n'était pas un grand politique, et l'offre d'un
royaume pouvait l'éblouir. Mais la reconnaissance qu'il devait
à son oncle lui faisait un devoir de respecter ses dernières
volontés; puis l'acceptation eût été pleine de périls; étranger,
presque inconnu, sans autre appui que quelques mécontents,
il aurait eu contre lui tous les amis d'Alphonse V, tous les
partisans de D. Fernando, tout le parti d'Anjou, très puissant dans le royaume [3]; son père se serait certainement joint
à ses ennemis. Sa perte était si assurée, et le déshonneur eût
été si grand pour lui, qu'il ne dut même pas hésiter. Les chroniques les plus anciennes s'accordent à dire que le prince
refusa de conspirer contre D. Fernando. Garibay raconte qu'il
s'enferma deux jours, sans boire ni manger, tout entier à sa
douleur [4]; et Marino Siculo, qui écrivit l'histoire du prince de
Viane, sur l'ordre de Ferdinand le Catholique, rend pleine
justice à son désintéressement : « Après la mort de D. Al-
« phonse, dit-il, presque tous les peuples du royaume de
« Naples lui offraient la couronne, et lui, donnant par là un
« grand exemple de vertu, la refusa [5]. » Zurita et Mariana
laissent croire qu'il n'osa accepter, et qu'il passa en Sicile
pour éviter d'être arrêté par D. Fernando. Mais s'il eût agi
ainsi, il serait difficile d'expliquer les relations cordiales qui

1. Comines, l. VII, ch. xi. — 2. Zurita, IV, f° 53. — 3. Deux ans plus
tard, D. Fernando eût été renversé, si Scanderbeg n'était venu à son
secours. — 4. Cité par Queralt, ch. vi. — 5. L. Marin. Sicul., *De reb. Hisp.
gestis*, l. XIII.

continuèrent entre D. Carlos et le nouveau roi de Naples, et dont les archives d'Aragon donnent des preuves irrécusables.

Les quelques mois que D. Carlos avait passés à Naples, auprès d'Alphonse V, n'avaient pas été sans utilité pour lui. Il avait vécu dans la cour la plus lettrée de l'Europe, avec les hommes les plus distingués de l'Italie; il s'était mêlé à leurs études, il avait dédié à son oncle une élégante traduction castillane des *Éthiques* d'Aristote. Loin de la Navarre, le calme s'était fait dans son esprit, il témoignait pour la revendication violente de ses droits un éloignement de plus en plus marqué; il était résolu à désarmer la haine de son père, à force de patience et de soumission.

CHAPITRE IV

LE PRINCE DE VIANE PRIMOGÉNIT D'ARAGON (1458-1461)

I. — Retour du prince de Viane en Espagne.

Don Carlos en Sicile. — A Majorque. — A Barcelone. — Arrestation du prince à Lérida.

Don Carlos en Sicile.

La mort d'Alphonse V faisait Jean II roi d'Aragon, mais elle faisait aussi du prince de Viane l'héritier de toutes les couronnes de son père. Déjà prince propriétaire de Navarre, il devenait primogénit d'Aragon, Valence, Majorque, Sardaigne et Sicile, et Gouverneur général de Catalogne, car un ancien usage donnait à l'héritier du trône l'administration de cette grande province. Cette situation nouvelle eut pour lui deux importantes conséquences. Jean II n'avait jamais pu se résoudre à reconnaître à son fils le libre gouvernement de la Navarre, il se montra encore moins disposé à reconnaître son droit héréditaire à la succession d'Aragon; sa jalousie contre son fils grandit en même temps que sa fortune. De plus, la Navarre cessa, à partir de ce moment, d'être l'unique objet des préoccupations du prince, dont les regards se tournèrent d'abord de préférence vers la Catalogne.

La Navarre se sentit elle-même gravement compromise par le changement qui venait de s'opérer dans la situation de son chef légitime. La réunion de la Navarre à l'Aragon parut désormais inévitable, et les partis semblèrent perdre toute raison d'être. Les beaumontais luttaient depuis sept ans pour garder un roi national, mais ce roi devait être un jour roi d'Aragon, et la Navarre ne pouvait jamais être considérée par lui que comme une annexe de ses États. Les agramontais avaient fait depuis sept ans cause commune avec Jean II et ses Aragonais, et ils se trouvaient représenter le parti séparatiste, puisqu'ils avaient reconnu les droits de l'infante Léonor. Il n'y avait donc plus de parti vraiment national, plus de parti de l'autonomie navarraise; on n'avait qu'à choisir entre la domination aragonaise avec le prince de Viane, ou la domination française avec Gaston de Foix. Une seule chose eût pu sauver l'indépendance du royaume, en cas de mort du prince de Viane : c'eût été la proclamation de D. Luiz de Beaumont comme roi de Navarre; mais l'extrême division des Navarrais empêcha le connétable de s'arrêter à ce parti. Il aurait eu à combattre avec les seules forces beaumontaises l'Aragon et le comté de Foix : l'issue de la lutte n'eût pas été douteuse. Tout se trouva donc confondu, et c'est à cette date de 1458 que s'applique réellement le mot déjà cité : *A partir de cette époque on peut regarder le royaume de Navarre comme fini.*

Quelle fut à ce moment l'attitude de Jean II et de D. Carlos ?

Zurita assure que Jean II n'eût pas mieux demandé que d'abandonner la Navarre à son fils, s'il avait voulu s'en contenter. Rien n'est plus contraire à la vérité. Jean ne s'était un peu relâché de sa rigueur envers D. Carlos que par crainte du roi d'Aragon; Alphonse V une fois mort, son seul souci fut de combattre systématiquement le prince de Viane toutes les fois qu'il réclama l'exercice d'un droit. Jean II apprit la mort de son frère à Tudela, le 15 juillet 1458. Il prit immédiatement le titre de roi d'Aragon et de Navarre[1]. Dix jours

---

1. Zurita, t. IV, f° 55.

après, il vint à Saragosse prêter serment de fidélité aux fueros d'Aragon, et nomma l'infant D. Fernando duc de Montblanch, comte de Ribagorza et seigneur de Balaguer[1]. Le 18 septembre, il renouvela ses alliances avec sa fille Léonor et son gendre le comte de Foix, et envoya en France Garcia de Heredia, son chambellan, et Mossen Pedro Ximenez[2]. Le 22 novembre, Jean II fit son entrée solennelle dans Barcelone; le 29, il prêta serment aux libertés de Catalogne[3]. Au mois d'avril 1459, à Valence, Jean II reçut un ambassadeur du roi de Portugal qui offrait au prince de Viane la main de sa sœur Doña Catalina; Jean répondit qu'il aviserait lorsque son fils serait revenu à son obéissance[4]. En attendant il le tint en Sicile; puis, effrayé de la popularité qu'il avait conquise, il lui donna l'ordre de quitter la Sicile, et il l'interna à Majorque. Là, sans conclure avec lui aucun accord définitif, il obtint de lui la cession de toutes les places beaumontaises de Navarre, il rentra à Pampelune, ce qu'il n'avait pu faire depuis neuf ans, et, sitôt qu'il eut repris possession de la Navarre, il fit arrêter le prince et le retint prisonnier, sans vouloir expliquer les motifs de son arrestation. Tous ces faits nous donnent le droit de conclure que Jean II persista, après la mort de son frère, dans tous les sentiments d'hostilité qu'il avait voués à son fils, et qu'il n'eut jamais l'intention de lui rendre ses droits héréditaires.

D. Carlos n'avait pas un but moins net que son père. Il voulait que ses droits sur la Navarre fussent reconnus, il voulait être déclaré primogénit d'Aragon, il voulait gouverner la Catalogne comme lieutenant général. Le droit et la loi étaient incontestablement pour lui, mais Jean II avait l'avantage d'être en possession des deux tiers de la Navarre, et de tous les pays de la couronne d'Aragon. D. Carlos était en exil, sans ressources d'aucune sorte, et presque sans crédit. Telles étaient cependant la force de son droit et la sympa-

---

1. Zurita, t. IV, f° 56; Codina, *Guerras de Navarra*, p. 25. — 2. Zurita, t. IV, f° 58. — 3. Codina, *op. cit.*, p. 26. — 4. Zurita, t. IV, f° 59.

thie qu'il inspirait qu'il finit par toucher au but, après des péripéties inouïes, qui font de ses trois dernières années les plus intéressantes de sa vie. De l'exil et de la ruine il fut porté au pouvoir par la seule force de l'opinion publique, et, si moderne que cette expression puisse paraître, les faits la justifient complètement.

Presque aussitôt après la mort de son oncle (27 juin 1458), D. Carlos se rendit en Sicile; il y était arrivé dès le 15 juillet. Son premier soin fut de choisir de nouveaux arbitres pour juger le procès toujours pendant entre son père et lui. Il résolut de remettre sa cause aux mains des autorités catalanes et leur écrivit une longue lettre à ce sujet. Il s'intitulait fièrement : « le Primogénit d'Aragon, de Navarre et de Sicile, prince de Viane ». S'il choisissait les Catalans pour juges, c'est qu'il connaissait « la grande vertu et la loyauté que les « habitants de la Principauté avaient toujours montrées dans « les anciens temps, lorsque de pareils dissentiments s'éle- « vaient entre les rois et leurs fils aînés ». Il s'engageait à se conduire et à se disposer si bien à la paix, qu'il deviendrait impossible de lui refuser ce que réclamait l'équité. Il demandait aux Catalans « de ne pas cesser d'intervenir ni de pour- « suivre cette affaire, en son nom comme au sien, et, si le « seigneur roi ou d'autres leur donnaient à entendre que l'arbi- « trage avait été remis sur sa demande à d'autres personnes », il les engageait à n'en rien croire, car pour plusieurs bonnes raisons, qu'il ne croyait pas nécessaire de développer, il préférait s'en rapporter à eux qu'à tous autres. Il leur envoyait pour s'entendre avec eux ses conseillers Jean de Monreal, le trésorier de Navarre, et Pedro de Rutia, juge de la Corte Mayor[1].

Le prince fut reçu en Sicile avec de grandes démonstrations de joie. Les peuples avaient gardé le souvenir de la reine Blanche, sa mère[2], et lui prodiguèrent les marques de leur dévouement.

1. *Arch. de Barcelone*, Cartas reales (1458-1462). — 2. Prescott, *Hist. de Ferd. et d'Ysabel*, t. I, p. 123.

Alphonse V avait légué à son neveu un rente de 12 000 ducats, que le roi Ferdinand lui paya pendant plusieurs années[1]. Les Siciliens se montrèrent aussi généreux; la ville de Messine, « voyant le grand besoin qu'il en avait », contribua aux dépenses de bouche et d'entretien du prince[2]. Les États de Sicile, rassemblés à Castro Juan, lui votèrent un don de 25 000 florins[3]. Il retrouva ainsi quelque crédit, et en usa aussitôt pour se procurer de l'argent comptant. On le voit emprunter 100 onces à l'un[4], 10 onces à l'autre[5], 100 ducats à Francisco de Riso, bourgeois de Naples[6], et d'autres sommes à François Zaco et à Frédéric de Spata[7].

Il voulut reprendre sa vie princière. Les registres de sa chancellerie privée sont remplis par les actes de nomination des officiers de sa maison. Ces actes, généralement rédigés en latin, sont conçus en termes solennels qui donneraient à penser que le prince les prenait fort au sérieux. En neuf mois on ne trouve pas moins de quarante-cinq nominations de ce genre, comprenant des officiers de tout ordre et de tout grade. Le prince a un vice-chancelier et un chancelier en Sicile, deux conseillers privés et un conseiller de ses Comptes, six chapelains, trois majordomes, quatre chambellans, deux médecins et trois apothicaires, un écuyer de pancterie, un écuyer tranchant et un bouteiller, un grand écuyer, deux écuyers cavalcadours, des palefreniers, un surintendant des bêtes de somme, un surintendant des chevaux, des harnais et des armes, un fauconnier, un grand armurier, un gardien de la chambre des armes et un arbalétrier; la police de son hôtel est assurée par un prévôt et deux alguazils; ses livres sont confiés à un gardien des livres et à un bibliothécaire[8]. Il ne faut voir dans la plupart de ces actes que des titres d'honneur décernés à des serviteurs fidèles ou à des gens dévoués que le

---

1. *Arch. d'Arag.*, prince de Viane, t. IV, f⁰ˢ 11, 15, 16 et 57; t. III, f⁰ˢ 126 et 159. — 2. *Arch. d'Arag.*, pr. de V., t. III, f⁰ 42. — 3. Yang. *Compendio*, p. 291; Zurita, t. IV, f⁰ 58. — 4. *Arch. d'Arag.*, pr. de V., t. IV, f⁰ 5. — 5. *Id., ibid.*, f⁰ˢ 8 et 9. — 6. *Id., ibid.*, f⁰ 13. — 7. *Id., ibid.*, f⁰ˢ 5 et 7. — 8. Cf. Appendice, pièce 12.

prince n'aurait su récompenser autrement ; lorsqu'il attache deux peintres à sa maison, il ne leur confère certainement qu'une distinction honorifique. Un trait plus significatif encore est le certificat de bons services donné par lui à Léonor de Tolède, servante du palais [1]. Cependant, le nombre des gens à satisfaire allait en augmentant tous les jours ; la fortune semblait revenir au prince, il retrouvait des serviteurs et des courtisans. Il finit par nommer à des emplois futurs, *nunc pro tunc*; il était, en 1458, veuf depuis dix ans et n'avait aucun projet de mariage arrêté ; on le voit cependant nommer un contrôleur des biens de la future princesse de Viane [2]. Tous ces officiers honoraires se sentaient rattachés plus étroitement au prince, et formaient autour de lui une cour improvisée qui lui rendait l'illusion de la puissance.

Don Carlos habita surtout Messine et Palerme pendant son séjour en Sicile, il séjourna aussi quelque temps à Castro Juan ou Castrogiovanni [3], et à Calatagiron [4], au centre de l'île, ou à Lentini [5], près de la côte orientale. Il se rendit de Messine à Palerme par mer [6]. Dans ses voyages à l'intérieur du pays, il se servait d'un lit portatif, en bois, qu'il avait commandé dès le mois de novembre 1458 [7]. Tandis qu'il résidait à Messine, il passa la plus grande partie de son temps dans un couvent de Bénédictins, où il reprit ses études et ses travaux littéraires ; il charma les moines par sa bonne grâce, sa modestie, sa science et sa libéralité. Cent ans plus tard, les Bénédictins de Messine racontaient encore à Zurita des anecdotes relatives

---

1. « Consuevimus et mulieres illas ad mecanica offitia et ministeria domus nostræ, quæ ad personæ nostræ ornatum aptitudinemque demonstrant, et tendunt, in participationem nostræ familiaritatis extollere. » *Arch. d'Arag.*, pr. de V., t. III, fº 185. — 2. « Dictum Petrum Navarre cumtributorem omnium bonorum si, Domino permittente, nos uxorem ducere, successerit, contarlorem, sive contrallorem, ut vulgo dictum, futuræ consortis nostræ Illustrissimæ, nunc pro tunc, et in eo casu facimus, creamus et ordinamus. » *Arch. d'Arag.*, pr. de V., t. III, fº 128. — 3. *Id., ibid.*, t. III, fº 36. — 4. *Id., ibid.*, t. III, fº 39. — 5. *Id., ibid.*, t. III, fº 143. — 6. Zurita, t. IV, fº 60. — 7. *Arch. de Arag.*, pr. de V., t. III, fº 18.

au séjour du prince dans leur couvent[1]. L'enthousiasme qu'il inspirait alla si loin que beaucoup le considérèrent, dès ce moment, comme un saint[2], quoiqu'il partageât ses loisirs entre les moines de Messine et une belle fille de Sicile appelée la Capa : elle était de basse extraction, mais d'une beauté extraordinaire; elle eut du prince un fils, que D. Carlos reconnut et appela D. Juan Alonso de Navarra y Aragon, et qui devint dans la suite abbé de San-Juan de la Peña et évêque de Huesca[3].

Le prince de Viane n'avait en Sicile aucun titre officiel. L'île était gouvernée, au nom de Jean II, par D. Lope Ximenez Durrea, qui portait le titre de vice-roi. Les rapports du prince avec le vice-roi paraissent avoir été très cordiaux; D. Carlos recommande à D. Lope un de ses serviteurs, Roger Spatofora, à qui l'on refusait de faire justice, quoique la Cour Suprême de l'île eût déjà rendu deux sentences en sa faveur[4]; il le prie d'intercéder auprès du roi d'Aragon pour son chambellan, qui désirait obtenir le commandement d'un des châteaux de Saragosse[5]; il demande des sursis en justice pour le prieur de Messine atteint de la fièvre quarte[6], pour Mossen Luiz de Villaragut, qui ne peut faire avancer son procès parce que son avocat est malade[7]. A titre de primogénit d'Aragon et de Sicile, il intervient quelquefois dans le gouvernement même de l'île. Le 7 novembre 1458, il prie le vice-roi d'envoyer au plus vite à Messine les coins nécessaires à la fabrication de la monnaie[8]. Le 21 novembre, il appuie la demande des habitants de Calatagiron qui n'ont pas procédé depuis deux ans à l'élection de leurs magistrats municipaux; le prince ajoute qu'il a été partisan de ne pas leur donner satisfaction tant que l'impôt n'a pas été perçu, mais l'impôt vient d'être levé, et il n'y a plus aucune raison de ne pas déférer à leur vœu[9]. Le

---

1. Prescott, *Hist. de Ferd. et d'Ysab.*, t. 1, pp. 123 et 124. — 2. L. Marin, Sicul., *de reb. Hisp.*, l. XIII. — 3. Yang., *Compendio*, p. 291. — 4. Arch. d'Arag., pr. de V., t. III, f° 39. — 5. *Id., ibid.*, t. III, f° 42. — 6. *Id., ibid.*, t. III, f° 51. — 7. *Id., ibid.*, t. III, f° 70. — 8. *Id., ibid.*, t. III, f° 42. — 9. *Id., ibid.*, t. III, f° 52.

22 novembre, D. Carlos soutient auprès du vice-roi les habitants de Castanea qui se plaignaient de Jean de Tarente, baron de leur terre [1]. Dans tous ces cas, D. Carlos n'intervient encore que comme avocat des parties qui se sont adressées à lui; il use de sa légitime influence auprès du vice-roi, qui reste maître de la décision. D'autres faits nous montrent le prince de Viane faisant lui-même acte de souveraineté; à Palerme, il reçoit l'hommage de l'île au nom du roi. Trois des principaux habitants refusent de prêter serment à D. Juan et veulent proclamer le prince roi de Sicile; D. Carlos les fait arrêter, leur reproche leur rébellion et les relâche; il use ainsi successivement d'un droit politique tout royal et des prérogatives judiciaires d'un véritable souverain [2]. Il délivre des sauf-conduits à ses officiers partant pour des voyages sur mer [3]; il fait mettre en liberté un marin génois que Pedro de Bolera avait arrêté, quoiqu'il fût porteur d'un sauf-conduit du roi; il blâme Pedro de Bolera de son insolence et de sa présomption.

Don Carlos avait une telle confiance dans l'avenir, qu'il écrivait directement à son père, et lui soumettait des projets législatifs d'une grande hardiesse; il demandait que l'on créât un consul catalan à Alexandrie pour que les marchands espagnols ne fussent plus soumis à l'autorité du consul florentin, et eussent, eux aussi, leur quartier franc et leurs magasins [4]. Cette idée était vraiment politique, mais Jean II devait s'irriter de voir son fils s'occuper des affaires de l'État; plus le prince devenait populaire en Sicile, moins Jean II se sentait disposé à traiter avec lui.

Les négociations entre le père et le fils ne paraissaient pas

---

1. *Arch. d'Arag.*, pr. de V., t. III, f° 56. — 2. Queralt, *Vida del Príncipe*, ch. vii. — 3. « Universis et singulis quarumlibet triremium, biremium, et aliorum quorumvis lignorum capitaneis, sub vexillis et imperio tam sacre Regie Majestatis Aragonum paterne colendissime, quam excellentissimi Regis Ferdinandi consanguinei et fratris nostri carissimi, sive mercantiter, sive ad guerram maria sulcantium. » *Arch. d'Arag.*, pr. de V., t. III, f° 127. — 4. *Id., ibid.*, t. III, f° 70.

avoir fait de grands progrès pendant le séjour du prince en Sicile. D. Carlos avait bonne espérance dans le succès final, et se montrait, envers son père, aussi soumis que respectueux; il lui recommandait ses serviteurs, comme si la paix eût déjà été signée, il entretenait des relations avec le chambellan du roi, Rodrigo de Rebolledo[1], avec l'archevêque de Saragosse, fils naturel de Jean II[2]. Dans une curieuse lettre, datée du 14 octobre 1458, le prince de Viane demande à son père de disposer en faveur du gardien de ses livres, Jacques de Mirabelle, de deux petits offices en Sicile. « Nous désirerions, dit-il, « et nous tiendrions à grande merci que ledit Jacques en fût « pourvu par votre bienveillance, et en obtînt la possession à « notre humble requête, et par ainsi, très excellent seigneur, « nous vous prions avec toute l'affection dont nous sommes « capable, et nous supplions humblement Votre Majesté de « vouloir bien mettre notredit secrétaire en possession des- « dits offices[3]. » Mais cette lettre, écrite sur un ton si soumis, est signée : « le prince de Viane, primogénit et *gouverneur* « *général* d'Aragon et de Sicile ». Elle précise la position que prenait le prince à l'égard de son père; il voulait se conduire en fils obéissant et soumis, mais n'entendait sacrifier aucun de ses droits : Jean II ne pouvait se décider à les admettre.

Le 15 novembre 1458, les ambassadeurs du prince en Catalogne lui annoncèrent que la paix était presque faite; D. Carlos la tint pour conclue : il écrivit la bonne nouvelle aux gens de Catane et de quelques autres villes de Sicile[4]. Jean II saisit le premier prétexte pour revenir sur les concessions qu'il avait paru sur le point d'accorder. Le siège épiscopal de Pampelune était vacant, Jean II proposait comme candidat le doyen de Tudela, D. Martin de Amatriain; le prince comprit combien il lui importait que l'évêque appartînt au parti beaumontais, et proposa au pape D. Carlos de Beaumont, frère du

---

1. *Arch. d'Ar.*, p. de V., t. III, f° 38. — 2. *Id., ibid.*, t. III, f° 64. — 3. *Id., ibid.*, t. III, f° 37. — 4. Zurita, t. IV, f° 58.

connétable. Le pape, n'osant se prononcer entre le roi et son fils, nomma le cardinal Bessarion évêque de Pampelune [1]. Zurita avoue que le cardinal était « la personne la plus mar-« quante de l'Église, tant pour la religion que pour les mœurs « et la science [2] » : mais Jean II fut très mécontent de ce choix, et attribua aux intrigues de son fils l'échec du doyen de Tudela. Le prince de Viane ne fut pas irrité de l'échec de son candidat; il lui suffisait d'avoir écarté le candidat agramontais; il entra en rapports avec Bessarion [3], et lui recommanda une grande prudence : « la moindre nouveauté pou-« vant non seulement altérer, mais détruire l'accord projeté « entre le roi, son père, et lui [4] ».

Il ne se trompait pas, car Jean II, renonçant à toute idée d'accommodement immédiat, envoya en Sicile, dès le mois de janvier 1459, D. Juan de Moncayo, gouverneur d'Aragon, avec mission de décider D. Carlos à quitter la Sicile, et à se rendre à Majorque. Malgré les bonnes paroles de Moncayo, le prince hésita longtemps avant de quitter la Sicile, où il se sentait populaire et soutenu. Il recula son départ autant qu'il le put, et écrivit lettres sur lettres aux Cortès d'Aragon et de Catalogne pour obtenir, par leur intercession, son rappel en Espagne [5]; il instruisit ses partisans de l'état de ses affaires, et leur recommanda d'agir avec plus de prudence que jamais. Il était décidé à remettre au roi son père toutes les places qui tenaient encore pour lui en Navarre, même Pampelune, mais à la condition que son droit héréditaire fût reconnu, que les otages beaumontais fussent remis en liberté par le roi, et qu'une amnistie générale fût accordée à tous ses partisans. En cas de rupture des négociations, plutôt que de consentir à son exhérédation, le prince autorisait D. Juan de Beaumont à contracter alliance, en son nom, soit avec le duc de Bretagne, soit avec le roi de Castille, dont il offrait d'épouser la sœur

---

1. Yang., *Compendio*, p. 218. — 2. Zurita, t. IV, f° 58. — 3. *Arch. d'Arag.*, pr. de V., t. III, f° 50. — 4. *Id., ibid.*, t. III, f° 156. — 5. Zurita, t. IV, f° 60.

Ysabel, aussitôt qu'elle serait nubile [1]. Le prince sentait bien que la Navarre était son principal point d'appui; dans les premiers mois de 1459, on le voit expédier à Pampelune un certain nombre d'ordres : il semble reprendre tout à coup une part plus directe au gouvernement du pays [2]. Il avait d'autant plus raison que son père avait signé le 17 juin, à Valence, un traité d'alliance défensive avec le roi de France; Charles VII s'engageait à soutenir Jean II en cas d'une guerre avec le prince de Viane, même si le roi de Castille prenait son parti [3]. Au mois de juillet 1459, il fut impossible au prince de retarder plus longtemps son départ; il rassembla sept galères armées en guerre, en plaça trois sous le commandement du Catalan Nicolau Vinol, et les fit partir de Palerme le 23 juillet. Le commandant de l'avant-garde reçut de minutieuses instructions, et, lors du départ du prince, tout fut aussi réglé d'avance : ordre de marche des galères, mesures à prendre pour la sécurité de la flotte, nombre et disposition des sentinelles, navires de garde, signaux à échanger, position des différents pavillons sur le vaisseau, navires auxquels on pourra donner la chasse [4], etc. Dans les derniers jours de juillet 1459, un peu plus d'un an après son arrivée en Sicile, D. Carlos quitta Palerme et se dirigea vers la Sardaigne. Les frais considérables qu'il avait dû faire pour noliser ses galères, avaient épuisé ses ressources. Il laissait même des dettes en Sicile; le vice-roi s'était opposé à l'embarquement de sa chapelle, qu'il retenait à titre de gage, dans l'intérêt des créanciers du prince [5].

Le 3 août, D. Carlos atteignit Cagliari; il résolut de profiter des offres de service que lui avaient faites les Sardes [6] pour leur demander quelque argent. Il prit pour ambassadeurs, auprès des Cortès de Sardaigne, En Jaume Aragalle, gouver-

---

1. Zurita, t. IV, f° 59, lettre du prince de Viane à D. Juan de Beaumont (6 janvier 1459). — 2. *Arch. d'Arag.*, pr. de V., t. III, f°ˢ 117, 118, 122; IV, f° 11; V, f°ˢ 99, 101. — 3. Zurita, t. IV, f° 62. — 4. *Arch. d'Arag.*, pr. de V., t. IV, f° 41. — 5. *Id., ibid.*, t. V, f° 10. — 6. Zurita, t. IV, f° 60.

neur général, et En Jaume Caça, viguier de Cagliari. Il leur dit qu'il accepterait avec reconnaissance tout ce qu'on voudrait bien lui donner, car il était fort pressé, et écrasé par les dépenses du nolis et de l'entretien de la flotte; il revient à deux reprises sur ce point important au cours de ses instructions, et engage ses mandataires à insister en sa faveur auprès du vice-roi, D. Juan de Florès, et auprès du procureur royal [1]. Les créations d'offices étaient si bien pour D. Carlos des expédients destinés à cacher sa détresse financière, que l'on trouve huit nominations d'officiers datées de Cagliari, le 4 août [2]; il paye ses créanciers en leur concédant des titres qui ne vaudront que dans l'avenir.

Le prince ne fit que paraître en Sardaigne; le P. Quéralt rapporte que les Sardes voulurent le faire roi, et que le prince fit arrêter et conduire en Espagne les consuls de Cagliari, huit barons et 23 chevaliers qui avaient trempé dans le complot [3], mais le séjour du prince fut de trop courte durée pour que le fait soit probable. Dès le jour de son arrivée, D. Carlos renvoya Nicolau Vinot et son avant-garde à Majorque avec ses gros bagages, ses mules et ses chevaux [4]. Il partit lui-même presque aussitôt, sans avoir obtenu des Cortès de Sardaigne une réponse favorable.

Il avait l'intention de se rendre directement à Majorque, mais, *par la faute de ses mariniers*, il passa devant l'île sans la voir et arriva, le 15 août, au havre de Salou, sur les côtes de Catalogne, à trois lieues au sud de Tarragone. Il instruisit aussitôt les gens du conseil de Barcelone de l'incident qui retardait son arrivée à Majorque, et leur assura qu'aussitôt qu'il aurait pris quelque repos, il se rendrait dans l'île où son père lui avait ordonné d'attendre sa décision. Il profitait de l'occasion pour recommander encore une fois sa cause aux autorités catalanes [5]. Le 17 août il envoya vers le roi quatre am-

---

1. *Arch. d'Arag.*, pr. de V., t. IV, f° 50. — 2 *Id., ibid.*, t. IV, f°s 62, 72. — 3. Queralt, *Vida del Principe*, ch. VII. — 4. *Arch. d'Arag.*, pr. de V., t. IV, f° 49. — 5. *Arch. de Barcel.*, Cartas reales (1458-62).

bassadeurs, choisis parmi les différentes nations des États aragonais : un Sicilien, D. Pedro Adoleti, son confesseur; un Navarrais, D. Pedro de Sada, son vice-chancelier; un Catalan, En Bernat de Requesens, et un Aragonais, D. Lope Ximenès Durrea, vice-roi de Sicile. Ils devaient remettre à Jean II les propositions détaillées du prince, et hâter autant que possible la solution du débat. D. Carlos réclamait pour les siens une série de garanties : amnistie générale confirmée par les Cortès de Navarre et d'Aragon, mise en liberté des otages, restitution des biens de la princesse Blanche, du connétable, et de D. Juan de Beaumont, confirmation par le roi de toutes les donations faites par le prince. Il demandait pour lui-même la restitution de la principauté de Viane et du duché de Gandie, le droit d'habiter où il voudrait, lui et ceux de sa maison; il voulait être formellement reconnu comme primogénit par tous les États de la couronne d'Aragon. Il s'engageait à rendre toutes les places beaumontaises; mais, pour assurer son droit héréditaire sur la Navarre, *il demandait que la Navarre fût incorporée à l'Aragon.* Il conseillait à son père d'élire un représentant et un conseil, qui gouverneraient la Navarre en son nom, et de faire garder les châteaux des capitales par des Catalans ou des Aragonais, qui prêteraient hommage au roi pour tout le temps de sa vie, et au prince après la mort du roi. Enfin il priait le roi de s'occuper de son mariage; et, quoique le prince ne prononce le nom d'aucune princesse, Zurita voit dans cette prière une allusion aux projets de mariage de D. Carlos avec l'infante Ysabel de Castille [1]. Après l'expédition de cette ambassade, le prince reprit immédiatement la mer et arriva à Majorque le 20 août 1459.

Le projet qui vient d'être analysé témoigne du changement profond qui s'était opéré dans les idées du prince depuis qu'il était primogénit, et montre le caractère tout aragonais de sa nouvelle politique.

1. Zurita, t. IV, f° 61; *Arch. d'Arag.*, p. de V., t. IV, f°ˢ 44-47.

Don Carlos à Majorque.

Don Carlos séjourna à Majorque depuis la fin d'août 1459 jusqu'à la fin de mars 1460. Il y fut moins bien accueilli qu'en Sicile, et s'y trouva dans un grand besoin d'argent; poursuivant toujours ses négociations avec son père, et recueillant chaque jour de nouvelles preuves de son hostilité, il dut songer à se prémunir contre les effets de sa haine, et ses tentatives d'alliances étrangères ont permis à ses ennemis de l'accuser de mauvaise foi. La sincérité de ses lettres, la persistance de ses réclamations, la grandeur des sacrifices qu'il consentit, permettent, au contraire, de le disculper de cette accusation.

Le prince ne se rendait à Majorque que sur l'ordre formel de Jean II, qui lui avait d'ailleurs envoyé sa bénédiction; le gouverneur de Majorque lui ouvrit le palais royal [1] de Palma, et lui offrit le château de Belver, mais l'alcayde n'avait pas reçu d'ordre direct du roi, et refusa de livrer la place. Le prince en fut très affligé : cette défiance extrême du roi lui créait, dans l'île, une situation des plus pénibles, et il s'en plaignit, dès le 3 septembre, à Luiz Despuig, au grand maître de Montésa, et à Ferrer de la Nuza, grand juge d'Aragon; il disait que, « si le roi persistait dans son refus, il se verrait « obligé de pourvoir à sa propre sûreté, et de prendre un « parti, ce qu'il ne ferait pas sans le plus vif chagrin, et sans « grand ennui [2] ». Le 18 octobre, il n'avait encore reçu qu'une satisfaction incomplète [3], mais il renonçait à faire entendre de nouvelles réclamations, il espérait que le roi remédierait à tout, et le traiterait en fils soumis et obéissant. Il ne voulait pas soulever le moindre incident au moment où la paix semblait enfin sur le point d'être conclue.

---

1. Zurita, t. IV, f° 65; Códina, *Guerras de Nav.*, p. 29. — 2. *Arch. d'Arag.*, pr. de V., t. V, f° 36. — 3. « Sobre la tradicion del castell de Belver, en la mayor parte nos lia fallecido. » *Id., ibid.*, t. V, f° 24.

A Majorque, il avait dû renoncer à la large existence qu'il menait encore en Sicile, et qui était un besoin pour tous les princes espagnols de son temps. Déjà très minces à l'époque de son passage en Sardaigne, ses ressources étaient à peu près épuisées par les frais de son voyage, et il fallait toujours pourvoir aux besoins de la troupe fidèle qui le suivait. Les Cortès de Sardaigne ne lui avaient accordé aucun subside; le 5 septembre, quinze jours après son arrivée à Majorque, D. Carlos envoya de nouveau en Sardaigne son secrétaire, Johan de Subiça, pour présenter aux États une nouvelle requête ; Johan devait encore s'adresser au gouverneur et au viguier de Cagliari, insister pour obtenir quelque argent, si peu que ce fût, le recueillir en diligence et l'expédier sous bonnes garanties, mais en dépensant le moins possible [1]. Le 25 octobre, D. Carlos n'avait encore rien obtenu [2] et se montrait d'autant plus inquiet, qu'il avait fait des libéralités d'avance sur la somme qu'il espérait tirer des Cortès sardes [3]; sa gêne était extrême, il lui était impossible de payer le loyer des galères qui l'avaient amené, et la solde de ses gens. Jean II avait consenti à payer, pour l'entretien de son fils, 160 livres par mois, mais cette somme était loin de suffire ; le prince y ajoutait quelque chose sur ses propres deniers, et le procureur royal de Majorque dut encore, en un seul mois, payer en plus 249 livres 10 sous pour les grosses dépenses : 67 livres 7 sous au boucher, 36 livres 3 sous pour 3 barriques de vin, 80 livres au boulanger, 66 livres au cirier [4]. Du 6 septembre 1459 au 26 mars 1460, le prince emprunta 2065 florins et 1378 livres [5], soit en tout 3000 florins environ [6]. Il empruntait à des gens de toute condition : on voit parmi ses créanciers des chanoines, des bourgeois, des marchands, un drapier, un moine dominicain; ils ne semblent pas avoir une confiance illimitée dans sa solvabilité; ils ne prêtent que pour

1. *Arch. d'Arag.*, pr. de V., t. IV, f° 52, V, f° 6. — 2. *Id., ibid.*, t. V, f° 27. — 3. *Id., ibid.*, t. IV, f° 19. — 4. *Id., ibid.*, t. VI, f° 93. — 5. Cf. Appendice, pièce 12 *bis*. — 6. 24 508 fr.

quelques mois; le prince est si mal dans ses affaires qu'il demande de son côté un délai de trois mois pour rembourser 25 florins. Tel était cependant son amour du luxe, tels étaient ses goûts de prince et d'artiste, qu'en ce même moment il commandait des meubles à Jean de Monréal, son ambassadeur en Catalogne; il songeait à dégager les effets précieux et la garniture d'argent doré qu'il avait donnés en gage [1]. Il mandait à Pascual d'Esparza, son trésorier à Pampelune, de payer 1000 doubles d'or à la comtesse de Treviño, qui les lui avait prêtés sur un collier et d'autres joyaux [2]; il réclamait aussi les bijoux qu'il avait confiés au trésorier de France, lors de son voyage de 1456 [3], il voulait qu'on lui envoyât le bréviaire de saint Louis, le coffret où était le basilic desséché, l'étui de cuir où étaient les pierres étrangères garnies d'or, et ses salières d'or [4]; il demandait ses faucons [5]. Les créations d'offices se multipliaient, c'étaient de nouveaux conseillers, un confesseur, un scribe, un chapelain, jusqu'à un chaudronnier [6]. Pour occuper les loisirs de sa demi-captivité, le prince semble avoir pris une nouvelle maîtresse, nommée Marguerite [7], ce qui ne l'empêcha point de montrer quelque jalousie à l'égard de Doña Brianda, demeurée à Pampelune; il ordonna à son conseiller, D. Juan de Liçasoaïn, *de garder Brianda dans sa maison, sous son gouvernement et celui de sa femme, jusqu'à nouvel ordre* [8]. Brianda n'était sans doute pas plus fidèle que lui.

L'ennui profond qu'il ressentait se traduit par l'importance extraordinaire que prennent dans sa vie les moindres détails; s'il admet Guiomar de Sayas, femme du palais, parmi ses domestiques, il vante la variété de ses talents : « elle chante,

---

1. *Arch. d'Arag.*, t. V, f⁰ˢ 12 et 13. — 2. *Id., ibid.*, t. V, f⁰ˢ 14 et 17. — 3. *Id., ibid.*, t. V, f⁰ 12. — 4. *Id., ibid.*, t. V, f⁰ 9. — 5. *Id., ibid.*, t. V, f⁰ 23. — 6. *Id., ibid.*, t. V, f⁰ˢ 60 et 68. — 7. Lettre du pr. de V. au gouverneur de Majorque (28 oct. 1459). « Agradecemos mucho lo que fecho haveys en recomendacion de Margarita; la verdad de la cosa mostrara lo que haveys sentido de ella ser prenyada. » *Id., ibid.*, t. V, f⁰ 24. — 8. *Id., ibid.*, t. V, f⁰ 70.

« elle danse, avec une facilité et une dextérité admirables, elle
« a un doux parler, une mimique des plus expressives, et mille
« autres qualités qu'il serait superflu d'énumérer, et dont il
« n'est pas à propos de parler ». Guiomar est aimée de tous dans
la maison du prince, elle lui est très dévouée, elle mérite bien
d'être admise parmi les serviteurs « de sa maison », mais il sera
bon qu'elle laisse de côté « certaines pratiques juvéniles qui se
« pouvaient tolérer autrefois, suivant les circonstances, et louer
« à cause de sa florissante jeunesse » ; elle deviendra plus grave,
et méritera par ses qualités et sa vertu d'être mise au rang
des saintes [1]. L'acte de nomination de Guiomar comprend
plusieurs pages; il est fort probable que ce morceau, d'un
tour assez piquant, est dû au prince lui-même, et le sérieux
qu'il a mis dans cette plaisanterie prouve combien les distractions devaient être rares au palais royal de Palma, au mois
d'octobre 1459.

Don Carlos avait quitté Salou le 17 août, et la question de
la paix resta sans faire un pas jusqu'à la fin de novembre. La
mauvaise volonté de Jean II était si évidente que le prince
chercha des alliés partout où il crut pouvoir en trouver.

A Rome, Bessarion, mal vu par Jean II, montrait quelque
bienveillance pour le prince, qui entretenait des relations avec
lui par l'intermédiaire de François de Balbastro, époux de
Marie d'Armendariz. D. Carlos offrait de partir pour la croisade contre le Turc, lorsque la paix serait faite entre son père
et lui [2] ; il mettait le cardinal au courant de toutes ses affaires,
le remerciait de son dévouement, et cherchait à obtenir sa
renonciation à l'évêché de Pampelune [3], ce qui eût rendu la
paix plus facile, car le roi attribuait au prince la nomination
de Bessarion, et lui en savait le plus mauvais gré. A la fin
d'octobre, l'affaire n'était pas encore résolue, et Balbastro recevait l'ordre de rester toujours à Rome [4].

---

1. *Arch. de Arag.*, pr. de V., t. V, f° 58. — 2. *Id., ibid.*, t. V, f° 6
(4 sept. 1459). — 3. *Id., ibid.*, t. V, f° 7. — 4. *Id., ibid.*, t. V, f° 28.

En France, D. Carlos se recommandait au duc Philippe de Bourgogne, au dauphin de France, Louis, et au duc de Bretagne [1]; ses lettres, conçues en termes très généraux, étaient destinées à répondre aux calomnies des agents aragonais, qui ne cessaient de représenter le prince comme un fauteur de troubles : il ne réclamait même pas une intervention des princes français, il plaidait sa cause devant eux, rien de plus. C'est donc à tort que les écrivains castillans l'ont accusé de coupables intrigues et de trahison [2]. Il espérait toujours que son père, mieux informé, et gagné par sa soumission, lui rendrait enfin justice; il ne voulait attendre son triomphe que de l'évidence de son droit. En Espagne, il continuait à exhorter ses serviteurs navarrais à la patience, il se montre extrêmement réservé dans ses lettres et se borne à recommander ses envoyés à ses amis; il évite de se compromettre au moment où la paix est encore si mal assurée, mais il instruit sa sœur, Blanche, des démarches qu'il a déjà faites [3]; il donne bon espoir pour la prochaine conclusion de la paix à Martin de Irurita, son procureur patrimonial [4]; il remercie D. Juan de Beaumont de sa fidélité, et de ses services, et le rassure contre toute éventualité en lui accordant une décharge générale pour tous les actes de son administration [5]. En Catalogne, le prince entretient un chargé d'affaires, son majordome Arnau Guillem [6]. Le roi de Castille lui écrit, et il recommande lui-même ses affaires à la reine de Castille [7].

Le salut ne lui vint cependant ni de la Castille, ni de la Catalogne. Jean II, décidé à en finir, préparait une flotte, et était sur le point de mettre à la voile pour Majorque, lorsque le roi de Portugal lui fit proposer sa médiation, par D. Gabriel

---

1. *Arch. d'Arag.*, pr. de V., t. IV, f° 48 (30 août 1459); f° 69. — **2.** Ferreras, *Hist. d'Esp.*, t. VII, p. 69 et 70. — **3.** *Id., ibid.*, t. V, f° 15 (19 sept. 1459). — **4.** « De dia en dia speramos con nuevas de perfecta consolacion. » *Id., ibid.*, t. V, f° 21. — **5.** *Arch. d'Arag.*, pr. de V, t. IV, f° 26. — **6.** *Id., ibid.*, t. V, f° 9. — **7.** *Id., ibid.*, t. V, f°ˢ 86, 125.

Lorenzo, son ambassadeur. Le roi de Portugal, Alphonse, offrait à Jean II la main de l'infante Catalina, sa sœur, pour le prince de Viane. Jean II prévoyait de nouveaux troubles en Castille [1], et, pour en profiter, il voulait être libre d'inquiétudes en Navarre; il crut plus prudent de conclure la paix avec le prince de Viane que de lui faire la guerre, il accepta les bons offices de l'ambassadeur portugais, qui se rendit à Majorque, et, dès lors, les négociations reprirent quelque activité. On prit pour base les propositions du 17 août 1459.

Dès le 10 novembre, le prince crut pouvoir annoncer à ses amis de Navarre que la paix était sur le point d'être conclue [2]. Le 17 novembre, il écrivit à D. Juan de Beaumont que son intention était de remettre toutes les places du royaume qui tenaient encore pour lui entre les mains du roi; il déchargeait tous ses sujets du serment de fidélité [3]. Comme il était décidé à tenir ses engagements, il croyait pouvoir compter sur la parole du roi, et instituait D. Juan de Beaumont son procureur spécial pour recevoir le nouveau serment que les États de Navarre devaient lui prêter comme héritier de la couronne (18 nov.) [4]. Le 19 novembre, il fit expédier les lettres de créance de ses ambassadeurs auprès de son père [5]. Le 22, il remercia par écrit l'ambassadeur portugais, répondit à toutes ses questions, et se déclara prêt à consentir au mariage qu'on lui proposait, si le roi son père y consentait [6]; il pria Gabriel Lorenzo de prendre part à toutes les négociations. Le même jour, il écrivit à son père pour préciser les points sur lesquels portait encore le débat, il demandait l'amnistie pleine et entière pour tous ses partisans, et la mise en liberté des otages, détenus depuis 1453; il se résignait à ne résider ni en Sicile, ni en Navarre, sans la permission du roi, mais il demandait instamment que la comtesse de Foix fût dépouillée

---

1. Quintana, *Españoles celebres*, t. I, p. 165; Yang., *Compendio*, p. 295. — 2. *Arch. d'Arag.*, pr. de V., t. V, f° 36. — 3. *Id., ibid.*, t. V, f° 37. — 4. *Id., ibid.*, t. V, f° 41. — 5. *Id., ibid.*, t. V, f° 39. — 6. *Id., ibid.*, t. V, f° 45.

du gouvernement de Navarre [1]. Il revint encore sur ce point important dans une lettre du 21 décembre. Il disait, avec raison, que si la comtesse demeurait en Navarre, « il n'y « aurait pas de véritable concorde, mais seulement un sem- « blant de paix [2] ». Il offrait d'avoir une entrevue avec la reine Jeanne Enriquez dans un port quelconque de la côte catalane, et se faisait fort de s'entendre de vive voix avec elle, sur toutes les conditions de l'accord à intervenir [3]. La confiance du prince dans le bon sens politique de la reine prouve que leurs rapports étaient beaucoup meilleurs qu'on ne le croit généralement.

Jean II refusa à son fils l'entrevue qu'il demandait, et persista à ne rien décider sur la question de la Navarre. Son mauvais vouloir se manifeste dans les plus petits détails du traité, et jusque dans les apparentes concessions auxquelles il se résigne. D. Carlos demandait à être mis en possession du duché de Gandia; Jean II lui fit offrir le duché de Nemours. C'était ne rien offrir, car le duché de Nemours était depuis vingt ans aux mains du roi de France, et le roi de Navarre n'en tirait pas un denier [4].

Le traité préliminaire qui fut conclu fut un véritable piège tendu par D. Juan à la bonne foi de son fils, et D. Carlos fut assez malheureux pour s'y laisser prendre. Le 6 janvier 1460, « dans la chambre parée du palais du révérend évêque de Barcelone », en présence de la reine, Jean II proclama la trêve conclue avec le prince de Viane [5]. Le 13 janvier, il accorda à son fils, Charles, et à sa fille, Blanche, un pardon complet et solennel [6]. Le 26 janvier, en pleines Cortès, il fit connaître les conditions de l'accord intervenu entre son fils et lui, sous la médiation du roi de Portugal et des autorités catalanes. Le prince recevait son pardon, et avait la permission de résider partout où il le voudrait, dans les États de son père, excepté

---

1. Zurita, t. IV, f° 68. — 2. *Arch. d'Arag.*, pr. de V., t. V, f° 49. — 3. *Id., ibid.*, t. V, f° 48. — 4. Zurita, t. IV, f° 67; Yang., *Compendio*, p. 294. — 5. *Doc. ined. de Arag.*, t. XXVI, p. 23. — 6. *Id.*, t. XIV, p. 56.

en Navarre et en Sicile; il ne serait pas forcé de venir à la cour contre son gré. La principauté de Viane lui serait restituée, un subside raisonnable lui serait accordé pour son entretien; le roi consentait à s'occuper de le marier, à la condition que le mariage lui convînt, et fût avantageux à son service; les places beaumontaises seraient remises entre les mains de Louis Despuch, et, un mois après, le roi remettrait les otages en liberté; les prisonniers de guerre seraient délivrés, les partisans du prince bénéficieraient d'une amnistie générale, et seraient restitués dans leurs biens et dans leurs charges, sauf la connétablie et la chancellerie du royaume, qui demeuraient acquises à Mossen Pierres de Peralta, et à son frère, Mossen Martin. Les gouverneurs de châteaux nommés par le prince depuis sa révolte prêteraient au roi un nouveau serment [1].

Cette paix n'était qu'un leurre : le prince livrait ses places et ruinait son parti, et on ne lui offrait en échange qu'un pardon, plus ou moins sincère, et une pension. Il n'était rien dit de ses droits héréditaires sur la Navarre et sur la couronne d'Aragon; il n'était point reconnu comme primogénit, on ne lui promettait pas la lieutenance de Catalogne. Le silence gardé par le roi sur toutes ces questions délicates devait paraître d'autant plus menaçant que le prince les avait, à maintes reprises, précisées dans ses réclamations, et que là était pour lui l'intérêt suprême du débat.

Don Carlos ne vit sans doute dans ce traité qu'une trêve, qu'un accord préparatoire que suivrait bientôt la paix définitive; il se vit pardonné, remis en possession de sa principauté de Viane, rentré en Espagne, libre de séjourner où il voudrait, en Catalogne, par exemple; il se fiait à lui-même pour obtenir du roi, une fois qu'il se trouverait en sa présence, la reconnaissance de ses droits; il manifestait la joie la plus vive, et ne songeait qu'à exécuter loyalement les conditions du traité.

1. Zurita, t. IV, f° 69; Yang., *Compendio*, p. 294.

A la première nouvelle qu'il en eut (29 déc. 1459), il expédia en Navarre tous les ordres nécessaires pour que les places beaumontaises fussent remises aux gens du roi [1]. Le 3 janvier 1460, il ordonna aux Cortès de Navarre de tout préparer pour le voyage des infants Anne et Philippe, ses enfants naturels, et de la princesse Blanche, sa sœur, qui devaient être remis comme otages entre les mains du roi [2]. Il écrivit à sa sœur une lettre affectueuse, mais assez embarrassée, où il lui laisse entendre que la paix est assurée, et que les moyens qu'il emploie pour l'obtenir sont les meilleurs [3]. On pourrait l'accuser de sacrifier sa sœur à ses intérêts personnels, mais la princesse se rend en Aragon avec les propres enfants de D. Carlos, et l'on ne peut croire qu'il ait eu la moindre inquiétude au sujet de leur sûreté. Blanche avait profité du pardon qui était accordé à son frère, et devait, d'après le texte même du traité, être remise en liberté un mois après la reddition des places beaumontaises. Le 4 janvier, D. Carlos fit publier la paix à Majorque; on alluma des feux de joie et l'on fit des illuminations dans toute l'île [4]. Le 22 janvier, le prince annonça au vice-roi de Sicile, aux nobles de Navarre et à l'empereur Frédéric III que la paix était enfin conclue [5].

Tous ses serviteurs trouvaient qu'il se réjouissait trop tôt [6]. Les beaumontais étaient consternés, ils ne se décidèrent à livrer leurs places que sur les ordres réitérés du prince; le 4 mars, ils ne s'étaient pas encore exécutés [7], mais le 18 avril Jean II était à Pampelune [8].

Le traité donnait à D. Carlos le droit de résider partout où il voudrait, excepté en Navarre et en Sicile; il attendit cependant près de deux mois que son père l'invitât à se rendre en

---

1. *Arch. d'Arag.*, pr. de V., t. V, fos 50, 52, 53 et 84. — 2. *Id., ibid.*, t. V, f° 87. — 3. *Id., ibid., loc. cit.* — 4. *Doc. ined. de Arag.*, t. XXVI, p. 23. — 5. *Arch. d'Arag.*, pr. de V., t. V, fos 88, 89, 90 et 122. — 6. « Todos, menos el principe, conocian que esto era entregarlos (los infantes y la princesa) en rehenes para la perdicion del mismo principe, y de la princesa. » Yang., *Compendio*, p. 294. — 7. *Arch. d'Arag.*, pr. de V., t. V, f° 125. — 8. *Arch. de Nav.* (Indice), caj. 158, 38.

Espagne. Jean II, uniquement occupé à se faire livrer la Navarre, semblait oublier son fils. D. Carlos résolut d'user de son droit, et de quitter Majorque, où il se sentait isolé et sans crédit. Le 28 mars 1460, il débarqua sur la plage de Barcelone, au lieu appelé le *Canyet*. Il avait pris passage sur un navire catalan, et était accompagné d'une galère commandée par D. Johan de Cardona; un petit baleinier suivait les deux vaisseaux [1]. L'acte qu'il venait de faire était légitime, mais hardi; il quittait Majorque où son père le retenait comme en exil, et apparaissait subitement en Catalogne, au milieu d'un peuple riche et puissant, qui lui était entièrement dévoué. C'était la décision la plus habile qu'il eût encore prise : c'était le seul moyen d'obliger Jean II à tenir ses engagements.

Don Carlos à Barcelone.

La Catalogne, réunie à l'Aragon en 1137, avait gardé son entière autonomie. Partie principale de la confédération aragonaise, elle contribuait, pour moitié, aux dépenses générales; mais elle formait une sorte de république extrêmement jalouse de ses droits, et ne voyait dans le roi d'Aragon qu'un président héréditaire. Nulle part au XVe siècle, les libertés publiques n'avaient atteint un pareil développement; nulle part, aussi, l'esprit d'indépendance des pouvoirs locaux à l'égard du pouvoir royal ne s'affirmait avec une pareille énergie. Semblable, en bien des points, aux petits États de l'antiquité, rebelle comme eux à toute tentative d'incorporation aux États voisins, la Catalogne était, pour les souverains aragonais, un élément de puissance incontestable, et en même temps un grave sujet de préoccupation. Alphonse V, conquérant magnifique, toujours absent d'Espagne, n'avait jamais été populaire; à ses incessantes demandes de subsides, les Catalans avaient répondu par de longs exposés de leurs griefs

---

1. *Doc. ined. de Arag.*, t. XXVI, p. 24.

et de leurs doléances. Acclamé à Barcelone le 22 novembre 1458, Jean II n'avait pas tardé à déplaire par son humeur altière et turbulente. Les Catalans cherchaient un prince docile et pacifique, respectueux avant tout de leur constitution, et ils crurent le trouver dans le prince de Viane. Quoique D. Carlos n'eût encore jamais mis le pied en Catalogne, il y fut reçu avec enthousiasme : et lorsqu'il fallut le défendre contre son père, toute la province se leva. Cette guerre est un des épisodes les plus intéressants de la lutte que la Catalogne soutient depuis quatre siècles contre l'Aragon et la Castille, pour la conservation ou la restitution de ses libertés; il est nécessaire, pour la bien comprendre, d'exposer à grands traits l'organisation générale du pays, et de dire quel était, à cette époque, l'état moral de la nation, comment elle se gouvernait, et quels rapports l'unissaient à la couronne d'Aragon [1].

La nation catalane se divisait en un grand nombre de classes, qui formaient une hiérarchie assez compliquée; mais toutes ces classes étaient ouvertes; tout Catalan pouvait passer de l'une à l'autre, il n'y avait pas, à proprement parler, de castes. L'ordre militaire (*stament militar*) comprenait les barons ou seigneurs, les chevaliers, et les hommes de parage. La noblesse dépendait moins de la naissance que de la richesse et du genre de vie. Était noble quiconque vivait honorablement du revenu de ses biens, sans se livrer à aucun commerce, et avait un cheval et des armes prêts pour la guerre. Les barons devaient posséder un château ou une terre ayant droit de justice; les chevaliers pouvaient n'avoir qu'un fonds de terre de 80 *cuarteras* de revenu. S'ils étaient de race anciennement noble, ils étaient appelés *generosos;* s'ils descendaient des guerriers qui s'étaient établis les premiers sur le sol catalan arraché aux Sarrasins, ils portaient le titre d'*hommes de pa-*

---

[1]. Les détails qui vont suivre sont empruntés à l'ouvrage de MM. Coroleu, y Pella y Forgas, *los Fueros de Cataluña*.

rage; mais la noblesse était avant tout militaire. Jusqu'au xvi⁰ siècle, le mot *noble* fut rarement employé; les actes et les inscriptions appellent le noble : *soldat* (miles); le roturier, qui achetait une seigneurie avec privilège de justice, devenait baron; le roturier, qui vivait noblement, était chevalier; et par contre, le fils de noble ne jouissait pas des privilèges de la noblesse au delà de trente ans; avant trente ans, il était damoiseau ou *donzel;* passé cet âge, s'il n'avait pas embrassé la carrière des armes, s'il n'avait ni cheval, ni harnais de guerre, il n'était plus considéré comme noble, et tombait au rang des bourgeois. La bourgeoisie (*stament real* ou *popular*) comprenait quatre classes. Le 1ᵉʳ mai de chaque année, les habitants des villes décernaient le titre de *bourgeois honorables* à leurs citoyens les plus respectés; les grands bourgeois étaient ceux qui n'exerçaient point de profession mécanique; les commerçants composaient la moyenne bourgeoisie, et les gens de métier, la petite bourgeoisie.

Les militaires et les bourgeois formaient, en réalité, toute la nation catalane; mais au-dessous de ces hommes libres vivaient vingt mille familles de serfs, réduits à la plus dure condition, attachés au sol, eux et leurs enfants, et soumis à toute une législation féodale, connue en Catalogne sous le nom significatif de *mauvais usages* : c'était la plèbe rustique, les gens à pied, les hommes du rachat [1]. Jean Iᵉʳ (1395), la reine Marie, femme du roi Martin (1402), Jean II (1462) s'occupèrent de leur affranchissement, mais il fallut de longues guerres avant que toute trace de ce servage disparût en Catalogne [2]. Le serf avait d'ailleurs le droit de se racheter; un des principaux généraux de Jean II, pendant la guerre de 1462 à 1472, était un *hombre de remensa.*

L'esprit municipal était très développé. Dès le xiii⁰ siècle, un grand nombre de villes avaient obtenu, de la couronne ou

---

1. « La plebe rustica, los hombres de a pie, los hombres de remensa. » — 2. Cf. Paquiz et Dochez, *Hist. d'Esp.*, t. II, p. 354.

des grands barons, des chartes d'affranchissement ; elles jouissaient d'une large autonomie dont les conditions étaient réglées par leurs chartes communales. Les unes avaient trois ou quatre jurats [1] ; d'autres, trois conseillers et vingt jurats, ou cinquante conseillers [2], ou davantage ; dans certaines villes, la haute, la moyenne et la petite bourgeoisie avaient leurs représentants séparés [3] ; dans d'autres, chaque corps de métier élisait ses délégués. Les villes réglaient leur police, administraient leurs biens, contractaient des emprunts ; elles avaient à leur tête une sorte de défenseur, le *député local*, qui, dans l'intervalle des sessions des Cortès, veillait au maintien des libertés publiques. L'importance exceptionnelle de Barcelone, ses domaines étendus [4], sa richesse [5], son influence scientifique [6] et politique lui avaient fait attribuer des privilèges particuliers. Le viguier et le bailli de Barcelone étaient assistés par un conseil de cinq membres, élus par les bourgeois ; ces sept personnages élisaient à leur tour deux citoyens de Barcelone, et les convoquaient dans les circonstances difficiles. Le *Conseil des Cent* était un véritable sénat municipal.

Le gouvernement général de la Catalogne appartenait tout entier aux Cortès et à la *Généralité*.

« Les Cortès catalanes, disait en 1282 le roi D. Pedro el « Grande, sont la réunion des représentants de toutes les « classes sociales, assemblées pour traiter avec le prince des « intérêts et de la réformation de la Terre [7]. » Elles devaient se réunir tous les trois ans au moins ; le roi seul avait le droit de les convoquer. L'ordre ecclésiastique comprenait les prélats et les abbés de Catalogne, les prieurs des ordres militaires,

---

[1]. Camprodon (Charte du 7 nov. 1321). — 2. Vich (Charte du 22 août 1393). — 3. Lerida (Charte du 20 mars 1387). — 4. La juridiction de Barcelone s'étendait sur Flix, la Palma, Tarrega, Vilagrassa, Tarrasa, Sabadell, Moncada, Cervello et S. Vicente. — 5. Elle donne 20 000 florins d'or au roi en 1444, et en obtient le droit de battre les pièces de monnaie appelées *croats*. — 6. « Dès 1430, elle avait une Université ; 32 chaires y étaient entretenues à ses frais. » (Prescott, *Ferdinant et Isabelle*, t. 1, p. 92.) — 7. *Los Fueros de Cataluña*, p. 497.

et des couvents qui avaient obtenu le droit de représentation; comme la propriété foncière était une condition essentielle de l'exercice de ce droit, les moines mendiants n'envoyaient aucun délégué aux Cortès. L'ordre militaire se composait de tous les barons, chevaliers et hommes de parage âgés de plus de vingt ans. L'ordre royal ou populaire (communes) était formé des syndics des chapitres cathédraux, et des syndics élus par les villes. Le roi pouvait appeler aux Cortès un certain nombre de grands fonctionnaires, mais ils n'étaient entendus que pour fournir les renseignements dont l'assemblée avait besoin; ils n'étaient pas membres des Cortès, et ne jouissaient d'aucun de leurs privilèges. Il n'y avait aucun cens électoral, tout chef de famille était électeur et éligible, sans distinction d'âge, de profession ni de fortune. L'élu était tenu d'assister aux Cortès, ou de s'y faire représenter par un homme de même classe; il recevait de ses électeurs un mandat impératif, révocable en cas de faute lourde, ou de grave désobéissance. A Barcelone, une commission consultative de vingt-quatre membres (*vintiquatrena de cort*), nommés par les quatre classes des citoyens, siégeait en permanence pendant toute la durée des Cortès, et formait le conseil des députés de la cité.

En principe, les Cortès ne pouvaient être convoquées que par le roi, mais la Généralité de Catalogne avait le droit de réclamer une convocation anticipée en cas de péril imminent. Chaque ordre vérifiait les pouvoirs de ses membres, et, à mesure que la vérification s'opérait, les députés juraient de bien conseiller l'assemblée, et de garder le secret sur toutes les délibérations. Chaque ordre nommait deux secrétaires; le protonotaire royal était le secrétaire général de l'assemblée. Le roi ouvrait la session en personne; en cas d'absence, il pouvait se faire remplacer par la reine ou par le prince primogénit; son discours d'ouverture devait être prononcé ou lu *en langue catalane*. Le président du clergé répondait au roi au nom des trois ordres, à moins que chaque ordre ne préférât répondre à part par l'organe de son président.

Aussitôt après la séance royale, commençait la délibération : elle avait lieu séparément, et par ordre. Chaque ordre nommait des délégués (*tractadors*) qui se réunissaient en commission, et correspondaient directement avec le roi ; les ordres correspondaient entre eux par l'intermédiaire d'un promoteur (*promovedor*) élu dans chaque ordre par ses collègues. Une fois d'accord sur la réponse à faire au roi, les trois ordres assemblés lui faisaient lire le mémoire rédigé et approuvé par eux. Les projets de loi soumis aux Cortès étaient élaborés dans une commission composée de membres des trois ordres ; clergé, noblesse, communes élisaient le même nombre de commissaires. Les votes se comptaient en raison de l'importance de la population représentée par le député. Après le vote des lois, le président des ordres offrait au roi le don volontaire que lui avait voté l'assemblée. Tout était calculé pour assurer la prompte exécution des affaires, et le secret des délibérations.

Les Cortès avaient le droit de proposer des lois nouvelles, elles approuvaient ou rejetaient celles que présentait le roi ; elles suspendaient les lois établies ou y dérogeaient. Elles interprétaient la loi, lorsqu'il y avait désaccord entre le roi et les autorités locales. Elles recevaient le serment prêté par le roi, et par l'héritier de la couronne. Elles intervenaient dans l'administration de la maison royale, et surveillaient la conduite des conseillers royaux. Elles demandaient réparation de toutes les injustices, et de tous les manquements à la loi, commis par les fonctionnaires royaux. Elles déterminaient la quotité de l'impôt, librement consenti au roi. Si les impôts ordinaires ne suffisaient pas pour parfaire la somme promise, des commissaires des trois ordres, nommés *esmersadors*, empruntaient le surplus à un taux qui ne devait pas dépasser 5 p. 100, ou établissaient certains droits sur les objets de consommation.

Le roi n'avait pas le droit de changer arbitrairement le lieu de réunion désigné par lui dans l'acte de convocation des

Cortès; il ne pouvait, sans leur consentement, les transférer dans une autre ville pendant la durée des sessions; il ne pouvait les dissoudre avant qu'elles eussent réglé toutes les affaires pendantes. Le jour de la clôture de la session, jusqu'à minuit, les Cortès avaient le droit de s'occuper des intérêts généraux du pays, et d'émettre des vœux à leur sujet.

Non contents d'avoir donné à leur représentation nationale les droits les plus précis, et les plus étendus, les Catalans avaient organisé tout un système d'institutions pour se garantir contre l'arbitraire royal, pendant l'intervalle des sessions législatives.

Tous les trois ans chaque ordre élisait un de ses membres, et ces trois délégués, unis à trois auditeurs de Comptes, formaient la commission permanente des Cortès, appelée *Généralité* ou *Général de Catalogne*.

La Généralité de Catalogne représentait le pays en l'absence des Cortès. Elle siégeait ordinairement à Barcelone, sous la présidence du député du clergé, et tenait au moins une séance tous les jours. Les députés recevaient un traitement, et jouissaient des privilèges honorifiques les plus considérables. La Généralité veillait sur les libertés publiques, et devait poursuivre dans le délai de trois jours tout attentat commis contre les droits des citoyens; elle assurait le maintien de l'ordre à l'intérieur; elle prenait, en cas de péril extérieur, les premières mesures de défense; elle avait la surintendance de la flotte, placée sous les ordres d'un de ses officiers, le *dressaner del General*; elle avait le droit de convoquer les Cortès en cas d'urgence; elle recevait les serments des officiers royaux, interprétait les lois, entretenait les édifices publics, gardait les archives des Cortès, et affermait les impôts. Les impôts d'État, appelés *drets del General*, étaient acquittés par tous les Catalans, même par les membres de la famille royale, et par les ecclésiastiques. Le droit de surveillance de la Généralité s'étendait ainsi sur toutes les matières de gouvernement et d'administration. Elle entretenait un grand nombre de fonctionnaires institués par elle, et qui avaient droit aux mêmes honneurs que les officiers royaux ; elle avait un représentant dans chaque ville, le député local, qui correspondait directement avec elle, et la renseignait sur tous les incidents, et tous les mouvements d'opinion qui venaient à se produire. Elle était aidée dans son rôle de défense par un *Tribunal suprême*, chargé de réprimer les abus de pouvoir commis par les officiers royaux ; elle avait en main une arme terrible, l'insurrection légale ou procès de *somatent*.

Le *Tribunal suprême des proviseurs des griefs* [1] était assisté d'un conseil de juristes, et tout agent de la couronne en était exclu. Les proviseurs prêtaient serment à leur entrée en charge, et juraient de juger suivant la lettre même de la loi ; ils consentaient à encourir l'excommunication dans le cas où ils commettraient eux-mêmes un abus de pouvoir. Ils tenaient deux séances par jour, et, pour toutes les affaires qui leur étaient soumises, ils devaient rendre leurs sentences dans un délai de dix mois à partir de la clôture des Cortès. Le Tribunal suprême constituait ainsi, pour les Catalans, une garantie des plus sérieuses contre l'arbitraire royal, et la crainte qu'inspiraient ses arrêts [2] rendait plus facile la tâche de la Généralité.

Le procès de *somatent* ouvrait aux autorités catalanes une voie d'exécution rapide et efficace pour empêcher les arrestations arbitraires, pour punir les crimes entraînant une peine corporelle [3], ou les crimes commis sur le chemin public. Quand un attentat de ce genre avait été commis, ceux qui en avaient connaissance en avertissaient par écrit le viguier royal ; le viguier réunissait le conseil de la cité, prenait son avis, et le faisait mettre par écrit ; puis, il paraissait au balcon de la maison de ville et déployait la bannière municipale aux cris

---

1. Tribunal supremo de provisores de agravios. — 2. Les fonctionnaires publics étaient encore soumis à la surveillance des *jutges de taula*, et à une sorte d'inspection, appelée *Visita general*. — 3. Infractions à l'ordre public, falsification de monnaie, manquements de toute sorte aux Fueros.

de *Via fora! somatent!* les cloches sonnaient à toute volée, la bannière était promenée à travers les rues, tous les hommes en état de porter les armes étaient tenus de la suivre, et de partir avec le viguier pour se mettre à la poursuite du malfaiteur. Aucun asile ne s'ouvrait devant lui; ni église, ni monastère, ni château ne le protégeaient, et l'armée du *somatent* ne s'arrêtait que lorsque le criminel était entre ses mains; c'était une véritable battue qui ne prenait fin qu'après la capture du gibier. Dans les cas les plus graves, le *somatent* était proclamé à la fois dans toutes les villes catalanes; il prenait alors le nom de *sacramental*, et amenait une véritable levée en masse de toute la population.

Dans un pays comme la Catalogne, si fortement constitué qu'il eût pu se passer de chef, le pouvoir de la royauté ne fut jamais bien considérable. Le roi convoquait les Cortès, assurait l'exécution des lois, et nommait les juges civils et criminels d'après le mode reconnu par les Fueros; tous ses autres droits n'étaient que de simples prérogatives d'honneur.

Le souverain ne résidait presque jamais en Catalogne depuis l'incorporation de la principauté à l'Aragon. Le pouvoir exécutif était exercé, en son nom, par un *lieutenant général* ou *alter nos*, qui exerçait tous les droits régaliens, à l'exception de ceux que d'anciens et invariables usages avaient réservés à la personne du roi. Le lieutenant général ne pouvait convoquer les Cortès sans l'assentiment du roi, ni mettre en mouvement de sa propre autorité la procédure de *somatent*. La lieutenance générale revenait de droit à l'héritier de la couronne; il était tenu de prêter serment de fidélité aux libertés de la principauté, et conservait sa charge aussi longtemps que le roi ne révoquait point expressément ses pouvoirs.

En cas d'absence du lieutenant général, le pouvoir exécutif était exercé par un gouverneur général, ou par des lieutenants du gouverneur général [1]; ils n'avaient qu'une juridiction délé-

---

1. « Portants veus de governador general. »

guée comme le lieutenant général lui-même, et portaient le nom d'agents vice-royaux, parce qu'il était parfois arrivé que le lieutenant général avait porté le titre de vice-roi.

La justice et la police royales étaient aux mains des viguiers et des baillis. Ces fonctionnaires auraient permis au roi d'exercer une réelle influence sur le gouvernement intérieur du pays, s'ils avaient été directement nommés par le souverain, mais dans un certain nombre de villes, l'office de bailli était héréditaire; d'autres villes avaient le droit de présenter au roi trois candidats entre lesquels il était tenu de choisir son bailli; tous les baillis et viguiers devaient être Catalans, et la Généralité de Catalogne savait écarter habilement les magistrats nommés par le roi, lorsqu'elle les supposait trop disposés à soutenir les prétentions royales.

En face d'un pouvoir législatif très fortement organisé, le pouvoir exécutif était donc maintenu dans une étroite dépendance; surveillé par la Généralité et par les députés locaux, menacé par le Tribunal suprême des proviseurs des griefs, par les Juges de la table, par la Visite générale, écrasé à la moindre tentative d'usurpation par le terrible *somatent*, le roi des Catalans ne pouvait être autre chose qu'un roi fainéant; la royauté n'était chez eux qu'un *nomen juris*, qu'un titre presque inutile, et la loi était tout.

C'est à ce peuple fier, ombrageux et déjà mécontent de son roi, que D. Carlos avait résolu de confier sa personne, comme il lui avait déjà confié sa cause.

Le prince de Viane était arrivé à la plage de Barcelone le vendredi 28 mars, entre trois et quatre heures de l'après-midi. Il descendit à terre vers six heures, avec quelques personnes, et se rendit au monastère de Valldonzela [1], à l'ouest de la ville. Le lendemain, les membres de la Généralité de Catalogne, les auditeurs des Comptes, les secrétaires et les officiers de la Généralité allèrent à cheval à Valldonzela faire leurs révé-

---

1. *Doc ined. de Arag.*, t. XXVI, p. 63.

rences au prince, et des illuminations eurent lieu le soir dans toute la ville [1].

Le prince fit son entrée solennelle dans Barcelone le lundi 31 mars, après dîner, par la porte de Saint-Antoine. Il parut à cheval, revêtu d'une robe de damas burell : il portait un chaperon couleur de mûre, une cape de drap noir, et un magnifique collier d'or, orné de pierres fines et de grosses perles; il s'avançait sous un dais de drap d'or, porté par six bourgeois des plus notables de la cité [2]. Sur la place de Framenors, on avait dressé une estrade, toute tendue de drap vermeil; le prince s'assit sur un trône de bois doré, garni de velours cramoisi et de drap d'or, et tous les corps de métiers passèrent devant lui en le saluant de leurs acclamations [3]. De la place de Framenors, le cortège se rendit à la cathédrale; le chœur était tendu tout entier de drap d'or impérial, les cinq grands lustres qui pendent des voûtes étaient allumés, une torche était fixée à chaque pilier, et, dans les galeries hautes de l'église, de grosses lanternes de papier projetaient leur clarté jusque sur les voûtes. Le clergé attendait le prince autour du maître autel; D. Carlos fut reçu au son de l'orgue, et des *senys maiors*, et vint s'agenouiller devant le grand autel et l'autel de Sainte-Eulalie [4]. Il se rendit ensuite à la maison de Mossen Franci Despla, où il devait coucher. Le lendemain, il alla entendre la messe à Santa-Maria del Pi, et le rédacteur du journal de la Généralité conclut son récit par ces mots, qui montrent tout l'amour que portaient les Catalans à leur prince : « Plaise à Dieu qu'il soit entré ici en bon point, car nous avons eu déjà de bien mauvaises aventures, qui ne sont pas encore entièrement passées [5]. » Les Barcelonais avaient traité le prince en héritier de la couronne; mais D. Carlos ne laissait pas de se demander comment le roi

---

1. *Doc. ined. de Arag.*, t. XXVI, p. 24. — 2. *Id., ibid.*, p. 25. — 3. *Id., ibid.*, p. 64-65. — 4. *Id., ibid.*, p. 26. — 5. « Placia a Deu que en bon point hic sie ell entrat, que prou males ventures havem hagudes qui encara nous son passades del tot. » (*Id., ibid., loc. cit.*)

prendrait sa venue inopinée en Espagne [1]. Il lui avait écrit aussitôt après son arrivée à Barcelone ; le 8 avril, il lui dépêcha Guillem Ramon de Villarasa avec des instructions circonstanciées. D. Carlos avait quitté Majorque *parce que le climat de l'île ne convenait pas à sa santé*, et parce qu'il voulait presser ses serviteurs navarrais d'exécuter au plus vite les conditions du traité du 23 janvier. Il demandait avec instance à être reconnu comme primogénit : il recommandait son ambassadeur à la reine et à l'archevêque de Saragosse, avec lequel Villarasa était chargé de négocier un emprunt de 2000 ou 3000 florins [2].

D. Carlos ne s'était pas inquiété sans motif ; Jean II se montra très irrité de sa venue en Espagne, et des honneurs que lui avaient rendus les gens de Barcelone ; il écrivit le 10 avril à l'évêque de Girone, son chancelier en Catalogne, pour interdire aux Catalans de traiter le prince en primogénit ; on ne devait le traiter que comme un simple infant, tant qu'il n'en serait pas autrement décidé [3]. Les Barcelonais ne semblent pas avoir tenu compte des ordres du roi ; le 17 avril, le prince vint à la maison de ville, les conseillers lui offrirent une splendide collation dans la salle des cent Jurats « avec sucreries, confitures et toutes sortes de vins précieux [4] ».

Jean II finit d'ailleurs par se raviser ; bien certain que le prince ne serait pas proclamé primogénit sans sa permission, il parut accepter les faits accomplis, et ne pensa plus qu'à se servir du prince pour assurer la réussite de ses propres desseins.

Son premier soin fut de reprendre possession de la Navarre. Le prince de Viane avait conservé Pampelune, Lumbier, Larraga, Puente-la-Reyna, Lerin, les terres de Larraun, Mixe, Ostabares, Ciza, Arberoa, Baztan et le val de Roncal [5] ; Jean II

---

[1]. *Arch. d'Arag.*, pr. de V., t. V, f° 127 ; Zurita, t. IV, f° 70. — [2]. *Arch. d'Arag.*, pr. de V, t. V, f° 128. — [3]. Yang. *Cron. del principe*, p. XXIV. — [4]. *Doc. ined. de Arag.*, t. XXVI, p. 26. — [5]. *Arch. d'Arag.*, pr. de V., t. V, f° 84.

se fit remettre toutes les places, et passa en Navarre tout le mois d'avril. Le 7 avril, il est à Tudela, et ordonne de distribuer 500 livres à ses serviteurs sur ce qui leur était dû sur leurs gages de 1458 [1]; le 15 avril, à Olite, il fait don de 30 florins d'or à un juge de sa cour, qui avait été arrêté par les beaumontais [2]; le 18, à Pampelune, il accorde à Miguel de Broldalba 40 florins de pension annuelle [3]; le 20, il nomme un receveur pour l'Ultra-Puertos [4], et un gardien du palais d'Olite, avec dix serviteurs à 52 florins de pension annuelle [5]. Le 22, il nomme des capitaines chargés de la défense des tours de Saint-Laurent et de Saint-Nicolas, à Pampelune; il ordonne que la garnison de chacune d'elles sera de vingt hommes, et il nomme en même temps un capitaine de Lumbier [6]. Le 23 avril, il ordonne le payement des *cuarteles* qui lui avaient été votés depuis longtemps, et, en considération des grandes dépenses et de la misère des villes beaumontaises, il leur en remet la moitié [7]. Le 26 avril, le receveur des montagnes, l'agramontais Père Nabaz, reçoit 1000 florins pour la construction de la forteresse de Pampelune [8]. Le 28, Jean restitue tous ses biens à Marie d'Oroz, veuve de Martin d'Almazan, habitant de Pampelune, qui avait voulu jadis livrer la ville aux agramontais, et que D. Juan de Beaumont avait condamné à mort [9]. Le 29, Jean paye les dépenses de Luiz Despuch, maître de Montesa, « son procureur, envoyé pour « prendre en son nom la ville de Pampelune; les villes, châ-« teaux, forteresses et localités qui devaient lui être remis de « la part du prince, son fils [10] ». L'infante Blanche était déjà au pouvoir du roi qui lui faisait délivrer 3000 livres pour son entretien [11]. Jean II était en possession complète de la Navarre et des otages qui lui avaient été promis; le prince avait loya-

---

1. *Arch. de Nav.* (Indice), caj. 158, 36. — 2. *Id., ibid.*, caj. 158, 37. — 3. *Id., ibid.*, caj. 158, 38. — 4. *Id., ibid.*, caj. 158, 38. — 5. *Id., ibid.*, loc. cit. — 6. *Id., ibid.*, loc. cit. — 7. *Id., ibid.*, caj. 158, 36. — 8. « La qual fortaleza cumple mucho a nuestro servicio, onrra, y probecho y guarda de la ciudad. » *Arch. de Nav.* (Indice), caj. 158, 41. — 9. *Id., ibid.*, caj. 158, 42. — 10. *Id., ibid.*, caj. 158, 42. — 11. *Id., ibid.*, caj. 158, 41.

lement exécuté les conventions : comment le roi allait-il reconnaître tant de soumission et de bonne foi?

Roi d'Aragon et de Navarre, rentré en possession de Pampelune, Jean II songeait à se faire rendre ses domaines de Castille, perdus depuis 1436. Le moment semblait favorable pour une nouvelle intervention en Castille. L'incapable Henri IV était devenu le jouet de ses sujets, et une ligue nouvelle se formait contre lui; les Mendoza, les Carillo, les Manrique, l'almirante D. Fadrique étaient à la tête des rebelles. Le 4 avril, à Tudela, Jean II avait signé son acte d'adhésion à la ligue [1]; il se voyait déjà rentré en Castille, remis en possession de son duché de Peñafiel, de ses places de Haro, Briones, etc., et investi de la régence du royaume au nom de Henri IV. Jamais monarque espagnol n'avait encore atteint un pareil degré de puissance : les 5/6 de la péninsule auraient été soumis de fait à Jean II, si ses projets avaient réussi. Il les poursuivit avec sa ténacité et son emportement habituels, et accepta avec empressement les offres d'alliance que lui fit le roi de Portugal; la Castille, prise entre l'Aragon, la Navarre et le Portugal, n'eût pu opposer aucune résistance; mais le gage de l'alliance portugaise était le mariage du prince de Viane avec l'infante Catherine de Portugal; le but que se proposa D. Juan fut donc d'obtenir le consentement du prince; il se résigna à se réconcilier avec lui, tout en restant décidé à ne lui rien accorder.

Le 15 avril, cinq jours seulement après avoir défendu aux Catalans de traiter D. Carlos en primogénit, Jean II écrivit à son fils une lettre gracieuse, où il lui promettait un pardon complet [2]. Il autorisait même l'entrevue, si longtemps refusée, entre son fils et la reine Jeanne Enriquez.

Cependant le dissentiment profond qui subsistait entre Jean II et son fils rendait une entente bien difficile. Jean II avait réussi à se faire remettre toutes les places beaumon-

---

1. Zurita, t. IV, f° 70. — 2. Zurita, t. IV, f° 71.

taises de Navarre, sans reconnaître D. Carlos comme primogénit d'Aragon ; réussirait-il à le marier avec l'infante de Portugal sans lui donner la légitime satisfaction qu'il réclamait depuis si longtemps?

Le prince paraissait décidé à maintenir toutes ses prétentions. Le 22 avril 1460, il écrit à ses ambassadeurs auprès du roi une longue lettre où il dissuade son père de venir en Catalogne : « sa venue ne ferait, dit-il, qu'augmenter les difficultés ». Il demande le renvoi de la comtesse de Foix en Béarn, la restitution de la principauté de Viane, la grâce complète de ses serviteurs, D. Luiz et D. Juan de Beaumont; il entend être reconnu comme héritier de toutes les couronnes d'Aragon. Pour ce qui est de son mariage, il pense que son veuvage et l'absence d'héritiers légitimes ont été la principale cause des troubles qui ont désolé la Navarre, et il annonce qu'il a pris la résolution de se remarier; mais il se rappelle que son père lui a proposé jadis la main de Doña Ysabel, sœur du roi de Castille; c'est à ce projet qu'il s'arrête, et il prie son père de l'appuyer de tout son pouvoir auprès de Henri IV [1]. On le voit, les deux princes étaient loin de s'entendre, et le nouveau projet de D. Carlos n'était pas fait pour rendre l'accord plus aisé. Ce pouvoir que Jean II voulait acquérir en Castille, par ses ligues avec les grands du royaume, le prince de Viane se l'assurait à lui-même par son mariage avec la sœur du roi. Ysabel, il est vrai, n'avait encore que dix ans, et elle avait un frère, D. Alphonse, dont les droits au trône primaient les siens, mais la disproportion d'âge n'était pas un obstacle absolu; le prince de Viane aurait quarante-quatre ans lorsque la princesse en aurait quinze, et le mariage était matériellement possible; D. Alphonse n'avait que sept ans, et le prince de Viane pouvait se promettre une longue régence au nom de son beau-frère, si Henri IV venait à mourir prématurément. La mort d'Alphonse eût encore rendu cette union plus

---

1. *Arch. d'Arag.*, pr. de V., t. VII, f° 22.

avantageuse pour D. Carlos, qui eût hérité, dans ce cas, de trois royaumes dans la péninsule [1] : il est fort possible que l'idée de cette riche succession se soit présentée à son esprit.

Ce projet était d'autant moins fait pour plaire à Jean II et à la reine Jeanne Enriquez, qu'ils avaient, dès cette époque, l'intention de marier leur fils, D. Fernando, à l'infante Ysabel : tout se réunissait donc pour rendre un accommodement chaque jour plus improbable; mais Jean II connaissait le caractère timide de son fils et le grand désir de paix qui le possédait, il ne désespéra pas de l'amener à renoncer à la main d'Ysabel pour accepter celle de Catherine de Portugal. Il paya d'audace, et apparut tout à coup en Catalogne : D. Carlos crut devoir aller lui-même à sa rencontre.

L'entrevue des deux princes eut lieu en pleine route, auprès d'Igualada [2]. D. Carlos se jeta aux genoux de son père et de la reine; il fut accueilli par eux avec courtoisie, et le cortège royal reprit le chemin de Barcelone [3]. La Généralité de Catalogne envoya au-devant du roi Nanthoni Lombard et En Johan Stoper; l'un resta avec le roi, à Molins del reig, et l'autre revint à Barcelone, à franc étrier, pour tout préparer pour l'entrée du roi. Le 15 mai, au soir, Jean II, la reine, le prince de Viane et l'infant, D. Fernando; D. Juan d'Aragon, archevêque de Saragosse, et D. Alonzo d'Aragon, duc de Villahermosa, fils naturels du roi; le comte d'Ampurias, son neveu; les évêques de Girone, d'Elne et de Vich, le comte de Prades et le maître de Montesa entrèrent dans Barcelone; des illuminations générales eurent lieu en leur honneur, mais le roi était moins populaire que le prince; les gardiens de la cathédrale et de Sainte Marie de la Mer prétendirent avoir été avertis trop tard, et refusèrent d'illuminer les clochers de leurs églises [4].

Jean II resta près de trois mois à Barcelone; il y était encore

---

1. D. Alphonse mourut le 5 juillet 1468. — 2. Sur la Noya, au S.-O. du Montserrat. — 3. Zurita, t. IV, f° 71. — 4. Journal de la députation. *Doc. ined. de Arag.*, t. XXVI, p. 28.

le 11 août[1]. Durant ce long séjour, il réussit, comme il l'avait espéré, à obtenir que le prince de Viane donnât son consentement au mariage portugais; le 24 mai, D. Carlos envoya en Portugal son vice-chancelier, D. Pedro de Sada, pour demander officiellement la main de l'infante Catherine[2] : mais il est facile de voir que le prince ne fit cette démarche que par pure obéissance; il continua sous main ses négociations avec le roi de Castille, et Henri IV entra d'autant plus volontiers dans ses vues, qu'il était instruit des intrigues de Jean II avec les seigneurs mécontents[3]. Le 26 juillet, D. Carlos envoya des instructions détaillées à D. Pedro de Sada; ces instructions montrent clairement où en était l'affaire, et le peu de désir qu'avait le prince de la voir aboutir. Jean II demandait que la dot de l'infante fût de 200 000 florins d'Aragon, payables par tiers, un mois avant, un an et deux ans après le mariage : la dot devait être hypothéquée sur les villes de Sanguessa, Olite et Puente-la-Reyna; l'infante devait être amenée en Aragon dans le plus bref délai possible. Le prince acceptait en principe toutes ces conditions, mais il présentait plusieurs observations au sujet des termes de paiement : il eût voulu que l'infante apportât un trousseau et un *mobilier* en rapport avec son état; il fallait, avant tout, obtenir une dispense du pape, à cause des liens de parenté qui existaient entre les futurs conjoints; enfin, dans le cas même où l'on se serait trouvé d'accord sur toutes les conditions du contrat, le prince désirait qu'on ne poussât point les choses plus avant sans l'en avertir[4]. Il est évident qu'il cherchait à retarder les négociations, et qu'il n'acceptait ce mariage que contraint et forcé.

La rupture vint de Jean II lui-même. Le roi de Portugal exigeait que le prince de Viane fût reconnu comme primogénit; il voulait que sa sœur fût un jour reine d'Aragon et de Navarre. Jean II évita, aussi longtemps qu'il le put, de

---

1. *Arch. de Nav.* (Indice), caj. 158, 44 et 45. — 2. Zurita, t. IV, f° 71. — 3. Yang., *Compendio*, p. 296. — 4. *Arch. d'Arag.*, pr. de V., t. VI, f° 38.

répondre directement à cette demande, mais les Cortès d'Aragon, réunies à Fraga, insistaient elles-mêmes pour que les droits de D. Carlos fussent reconnus. Jean II temporisa jusqu'à la fin de septembre. Les états d'Aragon prêtèrent serment de fidélité à D. Juan, et il ne fut fait aucune mention des droits de D. Carlos [1]. Les négociations avec le Portugal demeurèrent dès lors interrompues, et le prince de Viane se crut en droit de pousser plus activement celles qu'il avait déjà entamées avec le roi de Castille. Il ne peut être en cela taxé de versatilité, puisqu'il n'acceptait qu'à regret la main de Catherine de Portugal, et que son père était le premier à rendre ce mariage impossible [2].

La vie du prince à Barcelone témoigne de l'imperturbable confiance qu'il avait dans la justice de sa cause. Il attend patiemment au milieu des intrigues le moment où il sera reconnu héritier d'Aragon, il s'installe à demeure en Catalogne, et commence à vivre en primogénit avant d'en avoir le titre; rien ne montre mieux que cette quiétude combien le prince était inoffensif, et combien Jean II s'est montré dur à son égard.

D. Carlos continuait à toucher la pension de 12 000 ducats que lui faisait le roi de Naples [3], la Généralité de Catalogne lui fit remettre 500 florins sur le produit des douanes [4]; mais il continua de demander à l'emprunt ses plus grosses ressources : du mois d'avril au mois de novembre 1460, il emprunta 8 893 florins [5]; il espérait les rembourser sur les revenus de la principauté de Viane, qui devait lui être restituée, d'après le traité conclu par le roi; il adressa une circulaire à 44 municipalités de Catalogne pour leur demander quelques secours [6], il essaya de négocier un emprunt avec le bailli général du royaume de Valence [7]. Il employa une partie

---

1. Zurita, t. IV, f° 75. — 2. Yang., *Compendio*, p. 297. — 3. *Arch. d'Arag.*, pr. de V., t. VI, f° 108 (15 août 1460). — 4. Pr. de V., t. VI, f° 120. — 5. Cf. Appendice, pièce 13. — 6. *Arch. d'Arag.*, pr. de V., t. VII, f° 146. — 7. *Id., ibid.*, t. V, f° 134.

de cet argent à payer les dettes qu'il avait contractées envers ses serviteurs, en Navarre : 1000 sous à Alphonse de Saint-Père, commandant beaumontais des châteaux de Rada, Mélida et Santa Cara [1] ; 300 livres aux moines de Saint-Jacques de Pampelune [2] ; mais, pour les sommes plus importantes, il se contenta de promettre le paiement à ses débiteurs : « en foi « et parole de roi, quand serait venue une meilleure disposi- « tion du temps, et lorsque Dieu lui accorderait le pouvoir de « satisfaire à ses engagements [3] ». Au mois de novembre 1460, il semble désespérer de jamais s'acquitter, il demande à la Généralité de Catalogne de s'occuper du paiement de ses dettes [4]. Ses dépenses allaient sans cesse en croissant, il ne pouvait se passer du luxe dont il avait pris l'habitude à Olite et à Tafalla. La reine Jeanne Enriquez lui fit cadeau de vases en porcelaine, il en parut ravi, et écrivit lettre sur lettre aux officiers de la reine pour en obtenir la livraison [5]. Il fit dégager une bague qu'il avait déposée entre les mains de marchands de Burgos [6], et un certain nombre de bijoux engagés à différentes personnes en Castille [7]. Il acheta des livres à son prédicateur Viliforns [8], il fit venir de Sicile ses chevaux et ses mules [9], et, de Navarre, tous les objets mobiliers qui lui appartenaient [10].

Du 20 avril au 15 septembre, il créa encore quinze nouveaux officiers dans sa maison [11]. Ces occupations peuvent paraître puériles, mais il ne faut pas oublier que Jean II eût considéré comme un crime la moindre intervention du prince dans le gouvernement de la Catalogne. D. Carlos resta donc complètement étranger à la politique, et c'est à peine si l'on peut citer deux ou trois cas où il ait fait acte d'initiative personnelle. Le 12 septembre 1460, il reçut Prégent de Kerloëguen, ambassadeur du duc de Bretagne, et lui remit une lettre pour son

---

1. *Arch. d'Arag.*, pr. de V., t. VI, f° 109. — 2. *Id., ibid.,* t. VI, f°⁸ 6 et 7. — 3. *Id., ibid.,* t. VI, f°⁸ 105, 112. — 4. *Id., ibid.,* t. VI, f° 11 (lettre du 6 nov.). — 5. *Id., ibid.,* t. VII, f° 135. — 6. *Id., ibid.,* t. VI, f° 5. — 7. *Id., ibid.,* t. VI, f° 8. — 8. *Id., ibid.,* t. VII, f° 137. — 9. *Id., ibid.,* t. VII, f° 138. — 10. *Id., ibid.,* t. VI, f° 6. — 11. Cf. Appendice, pièce 14.

maître [1]. Le 22 octobre, il écrivit au roi de France pour lui demander d'autoriser Louis Gelabert, marchand catalan, à tirer de France 1500 charges de blé [2]. Le 3 novembre, il accorda à la femme de Charles de Miraballis le grand cordon d'un ordre fondé par le roi Ferdinand d'Aragon en l'honneur de la Vierge; il donnait, en même temps, à Charles de Miraballis le droit de conférer lui-même le cordon de cet ordre à six dames, à son choix [3].

Sa santé était déjà ébranlée, il se sentait faible et ne pouvait se livrer à un travail soutenu [4] : son penchant naturel à la dévotion augmentait : il fit au mois de septembre un grand pèlerinage au Montserrat [5]; le 26 octobre, à Barcelone, il posa la première pierre d'une chapelle dédiée à Sainte-Marie de Bethléem [6]. Le comte Jacques d'Armagnac et sa sœur Isabelle vinrent à cette époque à Barcelone; ils étaient accusés d'inceste, et fuyaient la colère du roi de France. Le prince les reçut très courtoisement, et offrit au comte de servir d'intermédiaire entre lui et le roi. Isabelle alla habiter au couvent des nonnes prêcheuses (*monjes preycadoresses*) [7], et, le 9 novembre, D. Carlos écrivit à Charles VII pour lui annoncer la prise d'habit de la comtesse; il intercédait en même temps en faveur du comte [8].

Le prince espérait ne donner à son père aucun sujet de plainte, il continuait cependant ses relations avec la Castille par l'intermédiaire de Gomez de Frias, serviteur de Henri IV. Il n'osait encore négocier ouvertement, mais il espérait pouvoir le faire à bref délai, et pensait servir lui-même les intérêts de son père en recherchant l'alliance castillane. Le 31 octobre, il écrivait à D. Lope Ximenez Durrea, son ambassadeur

---

1. *Arch. d'Arag.*, pr. de V., t. VI, f° 40. — 2. *Id., ibid.*, t. VII, f° 161. — 3. *Id., ibid., loc. cit.* — 4. « Vos significamos que nuestra disposicion es tan debil que al presente, ahunque queramos, pocho le podemos valer. » (Lettre du prince à doña Timbor Dixar, e de Cabrera.) *Id., ibid.*, t. VI, f° 5. — 5. Zurita, t. IV, f° 76; Codina, *Guerras de Nav.*, p. 38. — 6. *Doc. ined. de Arag.*, t. XXVI, p. 29. — 7. *Id., ibid.*, p. 28. — 8. *Arch. d'Arag.*, pr. de V., t. VI, f° 10.

auprès de son père, et lui expliquait sa conduite : « Gomez de
« Frias, disait-il, était venu le visiter, et se réjouir avec lui de
« la paix conclue heureusement avec le roi ; cette démarche
« avait été prise en mauvaise part, on avait dit au roi que
« Gomez de Frias était chargé de traiter avec le prince, au
« nom de la Castille, et Sa Majesté aragonaise l'avait cru ; elle
« avait ordonné d'arrêter Gomez de Frias, partout où on le
« trouverait. D. Carlos ne pouvait admettre que son père se
« montrât si irrité, et s'il en était ainsi, il demeurait frappé du
« plus grand étonnement [1]. » Ces rapports personnels de
D. Carlos avec Henri IV devaient être la cause de sa perte.

Arrestation du prince de Viane.

L'amiral de Castille, D. Fadrique Enriquez, surveillait
attentivement les démarches du prince : il réussit à avoir connaissance de ses projets, et comprit tout le danger que couraient les mécontents de Castille si D. Carlos devenait le beau-frère du roi, et si Jean II et Henri IV venaient à se réconcilier.
Il dépêcha à la cour d'Aragon Juan Carillo, fils de D. Juan
Carillo de Cordoba, un des conjurés, et la reine Jeanne
Enriquez avertit D. Juan de ce qui se passait en Castille.
Tout d'abord, D. Juan ne parut pas prêter grande attention à cette affaire : la reine trembla à l'idée que le prince
de Viane pourrait bien épouser l'infante Ysabel, qu'elle
entendait réserver à son fils, D. Fernando ; elle supplia le
roi d'aviser au plus vite, elle pleura ; de nouvelles lettres
de l'amiral accusèrent le prince de chercher à fomenter de
nouvelles révoltes en Navarre ; D. Juan se crut menacé lui-même, il résolut d'en finir avec le prince, et de se débarrasser
une fois pour toutes de ce plaignant infatigable [2].

Tout fut préparé en grand secret pour l'arrestation du

---

1. *Arch. d'Arag.*, pr. de V., t. VI, f° 8. — 2. Zurita, t. IV, f° 76. Queralt, *Vida del principe*, ch. x. Yang., *Compendio*, p. 297.

prince. Dès la fin d'octobre, Juan était décidé à sévir contre lui, et le mandait à Lérida par deux lettres, en date du 24 et du 31 octobre; mais, quoique ces lettres soient fort sèches et très impératives, elles ne respirent pas la menace; le roi y appelle le prince « très illustre prince, mon très cher et bien aimé fils »; il lui envoie sa bénédiction [1], et lui expédie deux lettres arrivées à Fraga à son adresse. D. Carlos hésita quelque temps avant de se rendre à l'invitation de son père. Rien n'indiquait que le roi eût l'intention de le reconnaître comme primogénit d'Aragon; les conseillers du prince se montraient fort inquiets, Fray Juan Christoval de Guelvès s'opposait à son départ [2]; un médecin de Jean II écrivait à D. Carlos de ne pas se rendre à Lérida, parce qu'on pourrait lui servir « quelque mets de difficile digestion [3] ». Malgré ces avis, D. Carlos voulut partir; dès le 9 novembre, il annonça à D. Juan de Cardona son prochain départ pour la cour d'Aragon [4]. Le manque d'argent le retint à Barcelone jusqu'à la fin du mois [5]. Il partit pour Lérida vers le 23 novembre : dans les villages où il passait les habitants allaient au-devant de lui, et le recevaient avec de grandes démonstrations de joie. Les gens de Lérida sortirent à sa rencontre jusqu'à la Caletija, et le reçurent avec grande magnificence, allégresse et amour; il monta en équipage de prince avec toute son escorte, jusqu'au palais de l'évêque, où était son père. Le roi ne vint pas à sa rencontre, et ne montra aucun contentement de le voir; il le reçut au contraire d'un air grave, irrité et mélancolique, et ne lui dit que ces quelques paroles : « Vous êtes fatigué, allez vous reposer [6]. » Le prince se rendit à son logis, déjà fort inquiet sans doute : il trouva cependant le temps de voir les ambassadeurs de Castille, Diégo de Ribera et l'évêque de Ciudad Rodrigo,

---

[1]. « E, muy Illustre Principe, nuestro muy caro e muy amado fijo, la bendicion de Nuestro señor, e nuestra hayades. » *Doc. ined. de Arag.*, t. XIV, p. 264 et 265. — [2]. Queralt, *Vida del Principe*, ch. x. — [3]. Yang., *Cron. del principe*, p. xxxvi. — [4]. *Arch. d'Arag.*, pr. de V., t. VI, f° 9. — [5]. Zurita, t. IV, f° 76. — [6]. Queralt, *Vida del principe*, ch. x.

et d'écrire encore une fois à Henri IV [1]. Sa lettre, très rapide et très vague, ne laisse rien voir de ses craintes; les ambassadeurs du roi lui diront de vive voix tout ce que le prince leur a mandé.

Les amis de D. Carlos lui conseillaient de ne pas rester plus longtemps à Lérida, mais il ne voulut point les écouter. La fuite eût été impossible, Jean II faisait garder son fils à vue, et avait placé des sentinelles à toutes les portes de la ville [2].

Le jeudi 2 décembre, trois heures après l'Ave-Maria [3], le roi manda son fils en sa présence, et lui donna sa main à baiser. Immédiatement après il ordonna à ses officiers de désarmer le prince et de le maintenir en état d'arrestation [4]. Les auteurs espagnols prêtent à D. Juan et à D. Carlos de longs et pathétiques discours [5]. Il est fort probable que D. Juan garda dans cette circonstance la laconique gravité qui le distinguait. Les paroles que Garibay et Zurita prêtent au prince sont plus vraisemblables. Stupéfait de la mesure de rigueur que son père prenait contre lui, désespérant de ses droits, de sa liberté et de sa vie, D. Carlos dut chercher à attendrir son père, et dut lui reprocher avec énergie son manque de foi et le guet-apens où il l'avait attiré. « Père, où est cette parole royale « que vous m'avez donnée quand je vins de Majorque à votre « cour? Où est cette sauvegarde royale dont jouissent tous ceux « qui viennent aux Cortès? Où est cette clémence royale qui dé- « clare que c'est une chose injuste de poursuivre et de maltrai- « ter celui qui a été admis le jour même à la paix et à la béné- « diction du roi? Je prends Dieu à témoin que je n'ai jamais eu « une pensée, ni entrepris la moindre chose contre votre per- « sonne royale; ne vous vengez pas sur votre propre chair, et « n'ensanglantez pas vos mains de mon sang [6]. » Ce ne sont pas là, sans doute, les paroles mêmes du prince, mais ces quelques

---

1. Arch. d'Arag., pr. de V., t. VI, f° 48. — 2. Queralt, Vida del príncipe, ch. x. — 3. Doc. ined. de Arag., t. XXVI, p. 29. — 4. Zurita, t. IV f° 77. — 5. L. Marin. Sicul., De rebus Hisp., l. XIII. — 6. Garibay, l. XII, ch. III (IV° partie); Zurita, t. IV, f° 77.

phrases résument très clairement tous ses griefs. Zurita ne se montre pas généralement favorable à D. Carlos, il a cependant reproduit cette protestation dont le fond, sinon la forme, peut être accepté comme authentique. D. Carlos ne fut pas seul arrêté. Charles de Miravet et D. Juan de Beaumont furent saisis en même temps que lui [1]. D. Juan de Beaumont, le chef intrépide du parti beaumontais en Navarre, le défenseur de Pampelune contre le roi, le conseiller intime, le précepteur, l'ayo du prince de Viane, fut traité avec une rigueur extraordinaire. Le roi le fit enfermer au château d'Azcon, et le fit interroger sur le prétendu complot du prince de Viane. D. Juan reconnut que le roi de Castille avait fait des propositions d'alliance à D. Carlos, mais il rejeta bien loin toutes les accusations de révolte et de parricide que l'on élevait contre le prince. Il resta, dans cette difficile circonstance, l'homme énergique et le serviteur dévoué qu'il avait toujours été [2].

Le roi écrivit le jour même aux autorités catalanes pour les mettre au courant de la situation. Rien dans sa lettre ne trahit le moindre remords, ni le moindre embarras. « Votre
« amour et votre fidélité, dit-il, aux membres de la Généralité,
« méritent que nous vous fassions part de nos affaires, sur-
« tout des plus importantes; nous vous apprenons donc
« qu'ayant été avertis que certaines choses se traitaient et
« devaient se faire, par l'entremise de l'Illustre prince, notre
« fils, à notre grand détriment, et pour la perte dudit prince,
« de nos royaumes et de nos terres, nous avons voulu y pour-
« voir à temps, et nous avons ordonné de détenir ledit prince,
« et de prendre aussi D. Juan de Beaumont; nous en avons
« averti ceux de notre conseil et autres bons personnages de
« nos sujets, qui se sont trouvés ici; nous vous l'eussions dit
« à vous-même, si vous aviez été présents, et, puisque vous
« êtes absents, nous avons ordonné de vous écrire cette

---

1. L. Marin. Sicul., *De rebus Hisp.*, l. XIII. — 2. Quintana, *Españoles celebres*, t. I, p. 169.

« lettre [1]. » Jean II se croyait bien cette fois le maître de la situation : D. Carlos prisonnier ne devait recouvrer la liberté qu'après avoir abdiqué tous ses droits sur l'Aragon et la Navarre : l'usurpation de Leonor eût été complétée par celle de D. Fernando, et le malheureux prince de Viane, deux fois déshérité, eût obtenu, comme dernière faveur, quelque fief de peu d'importance et quelque maigre pension.

II. — Captivité du prince de Viane.

Négociations des Catalans avec D. Juan. — Soulèvement de la Catalogne. — L'armée catalane. — Négociations et opérations militaires. — Mise en liberté du prince.

Négociations des Catalans avec D. Juan.

Jean II avait compté sans la popularité du prince de Viane, et sans l'esprit d'indépendance qui animait les pays de la couronne d'Aragon. La Catalogne refusa formellement, dès les premiers jours, de reconnaître les faits accomplis ; elle conduisit la résistance avec une énergie admirable, et un bon sens qui ne se démentit jamais : elle maintint toujours à la question pendante son caractère légal, et affecta de ne voir dans l'affaire du prince de Viane qu'un *contra-fuero*. Par cette conduite, aussi modérée qu'habile, elle parvint à entraîner à sa suite les autres royaumes de la confédération aragonaise, et elle atteignit le but qu'elle poursuivait, sans avoir recours à la violence, et sans qu'il y ait eu de sang répandu. Le journal

[1]. « Et per quant lo amor e fidelitat de vos altres en nos mereix que nostres fets, senyaladement de importancia, vos communiquem, vos certifficam que per algunes coses que nos son dites, se tractaven e devien far, per miga del Illustre Princep nostre fill, en deservey nostre dan deldit Princep, e de nostres regnes e terres ; nos volents maturament provehir havem manat detenir lodit Princep, e pendre D. Joan de Beaumont, axi com ho havem notifficat als de nostre consell, et altres grans homens nostres subdits que aci se han trobat, e a vos altres si fossen estats presents ho notifficarem ; per esser absens ho havem manat scriure. » (*Arch. de Barcel.*, Cartas reales, 1458-1462.)

de la Généralité de Catalogne publié par D. Manuel de Bafarull permet de suivre jour par jour, et dans tous ses détails, le développement de ce curieux débat entre une nation et son souverain. L'étude de ces documents ne peut laisser subsister le moindre doute sur la légitimité des prétentions catalanes, et l'histoire d'aucun peuple ne présente un plus bel exemple de résistance légale à une violation de sa constitution. Il est incontestable que les magistrats catalans ne se décidèrent pas à soutenir un procès aussi long et aussi périlleux dans le seul intérêt du prince de Viane : ils visèrent plus haut, et virent dans le cas particulier qui se présentait une occasion solennelle de faire reconnaître une fois de plus leurs privilèges, et de faire préciser, une fois pour toutes, les points controversés. C'est ainsi que les événements de l'hiver 1460-1461 appartiennent réellement à l'histoire générale du droit constitutionnel espagnol. D'autre part, ces événements se rattachent à l'histoire du prince de Viane, et ne sauraient être omis dans cette étude. L'arrestation de D. Carlos ne fut que le prétexte de l'agitation catalane; mais sans exagérer le rôle du prince, on peut affirmer que, s'il eût été moins populaire, l'agitation n'eût pas éclaté d'une manière si spontanée, ni si générale. La mise en liberté du prince ne fut ni le but unique, ni peut-être le but principal poursuivi par les Catalans; elle fut du moins un des grands mobiles du procès, et ils virent dans l'ordre d'élargissement, arraché au roi, le signe de leur victoire.

D. Carlos avait été arrêté le 2 décembre 1460 à Lerida; Jean II avait immédiatement prorogé les Cortès de Catalogne, et s'était retiré avec son prisonnier et sa suite au château fort d'Aytona, au sud-est de Lerida. Les Cortès d'Aragon étaient représentées, à Fraga, par 72 députés qui furent les premiers à offrir au roi leur médiation. La reine Jeanne Enriquez, satisfaite du résultat qu'elle avait obtenu quelques jours auparavant, parut elle-même toute disposée à plaider la cause du prince, et, le 7 décembre, en remerciant les députés aragonais de leur intervention, D. Carlos leur annonçait que, grâce aux prières de la reine, le roi avait consenti à le laisser encore un jour à Aytona [1] au lieu de l'enfermer dans quelque château perdu au cœur de l'Aragon.

Les députés d'Aragon étaient pleins de bonne volonté, mais ils ne pouvaient rien décider qu'à l'unanimité, et un de leurs collègues était absent; il fallut attendre son retour [2]. Quand le député absent fut de retour, le roi fut prié d'amener le prince de Viane à Fraga, où se devaient réunir les Cortès d'Aragon; mais les députés renoncèrent d'avance à invoquer en sa faveur les privilèges de *juris firma* et de *manifestacion* [3]. Ils ne demandaient pas mieux, en effet, que de soutenir la cause du prince; mais ils craignaient aussi d'attirer sur eux la colère du roi. Ils lui sacrifièrent deux de leurs privilèges les plus importants. Les députés de Catalogne agirent avec une tout autre énergie, et montrèrent un sens politique bien supérieur.

Avertis le 5 décembre de l'arrestation du prince, ils demandèrent le jour même des explications au roi, et se montrèrent inquiets de la sécurité du prince. Le 7 décembre, le roi leur répondit en termes vagues « que personne ne désirait plus « que lui bien traiter le prince, mais que son arrestation « n'avait été décidée que pour de justes causes et de justes « motifs [4]. » Avant même d'avoir reçu cette réponse, la Généralité de Catalogne convoqua le *Parlement général des trois États*, ces Cortès extraordinaires qu'elle avait le droit de réunir en cas d'urgence, et pour aviser à une affaire déterminée. Le Parlement élut douze ambassadeurs qui devaient se rendre à Lérida, se joindre aux trois ambassadeurs ordinaires du principat, et demander au roi la liberté du prince. Un conseil de vingt-sept personnes, siégeant à Barcelone, devait diriger les démarches des envoyés [5]. Une lettre circulaire fut adressée à la nation catalane pour mettre tous les citoyens au courant de cette importante affaire [6].

1. Zurita, t. IV, f° 78. — 2. *Doc. ined. de Arag.*, t. XIV, p. 31. — 3. *Id., ibid.*, p. 35 et 52. — 4. *Arch. de Barcel.*, Cartas reales (1458-62). — 5. *Doc. ined. de Arag.*, t. XXVI, p. 30. — 6. *Id.*, t. XIV, p. 22.

Le 10 décembre, deux jours après leur nomination, les douze envoyés quittèrent Barcelone [1]. On voit parmi eux l'archevêque de Tarragone, l'évêque de Barcelone, Marti Guerau de Cruylles, le comte de Prades ; tous se déclarèrent prêts à défendre envers et contre tous la cause du prince. Cependant les nouvelles de la cour étaient de plus en plus mauvaises. L'évêque de Vich, Galceran de Pinos, et Antoni Riquer, ambassadeurs ordinaires de Catalogne à la cour du roi, annonçaient de Fraga, le 12 décembre, que le roi était fort mécontent de l'intervention des députés catalans : « Ce « sont des rébellions, disait-il, plutôt que des ambassades; nul « ne peut m'enlever le droit de châtier mes enfants, ni ceux « de ma maison, et, en croyant ainsi servir le prince, on lui « fait tort; il n'y a constitution ni usage à prévaloir contre « mon droit [2]. » Le roi ne se contenta pas de ces menaces, il écrivit directement à la Généralité de Catalogne une lettre de réprimande [3].

Sans se laisser un moment abattre, les magistrats catalans envoyèrent à leurs ambassadeurs une copie de la lettre du roi; ils leur enjoignirent de passer outre, et de poursuivre l'accomplissement de leur mandat [4]. Le 14 décembre, nouvelle lettre royale, plus amère que la précédente : « Quelques-uns « d'entre vous, dit D. Juan, et quelques-uns de ces États ont « été cause que beaucoup de choses se sont dites au grandis-« sime mépris de notre autorité; ils ont insisté pour qu'une « ambassade nous soit envoyée par cette cité et pour que l'on « formât un conseil, ce qui est expressément défendu et ne se « peut faire, comme étant contraire à notre royale prééminence et dignité. » Jean II consent cependant à donner quelques explications sur sa conduite : le prince a été arrêté parce qu'il voulait s'enfuir en Castille, parce qu'il cherchait à semer le trouble dans le royaume, et parce que certains de ses con-

---

1. Doc. ined. de Arag., t. XXVI, p. 31. — 2. Id., t. XIV, p. 39. — 3. Id., ibid., p. 25. — 4. Id., ibid., p. 26.

seillers nourrissaient de mauvaises intentions à l'égard du roi. Le prince en avait-il, oui ou non, connaissance? le roi n'a pas encore pu éclaircir ce point. Il engage les députés à écouter ce que le gouverneur général de Catalogne et le trésorier leur diront de sa part, et, surtout, il les invite à ne plus lui envoyer d'ambassadeurs [1]. En même temps, il prorogeait les Cortès d'Aragon pour tout le mois de février; il annonçait l'intention de transférer le prince de Viane au château de Miravet [2], et interdisait les processions et prières publiques en sa faveur [3]. Les douze envoyés catalans ne rejoignirent les trois ambassadeurs ordinaires que le 16 décembre. Le lendemain, ils se rendirent tous ensemble à Fraga, et essayèrent de voir le roi. Cette entrevue n'eut rien de décisif; Jean II les reçut dans son antichambre, et leur annonça qu'il les entendrait seulement à Saragosse, où il devait passer les fêtes de Noël. La reine fut plus gracieuse et promit ses bons offices; mais le prince de Viane, que les députés purent visiter, *dans une chambre voisine de celle de la reine*, leur parut inquiet pour sa sécurité personnelle; tout ce que les ambassadeurs apprirent de plus rassurant était que le roi avait renoncé à envoyer le prince en dehors d'Aragon et de Valence [4]. Le bruit avait couru qu'il l'internerait en Navarre [5]. C'était le donner en otage à Doña Leonor, c'était le condamner, presque à coup sûr, comme il y parut plus tard, lorsque Blanche fut livrée à la comtesse de Foix.

Ces nouvelles ne firent qu'exciter l'ardeur des Catalans. Le 19 décembre, le conseil des Cents jurats se réunit à Barcelone, et nomma huit députés, deux bourgeois, deux marchands, deux artisans et deux hommes de métier, qui durent se joindre aux quinze ambassadeurs de la Généralité [6]. Le 20 décembre, la Généralité écrivit à ses ambassadeurs; elle blâmait les Aragonais d'avoir renoncé aux privilèges de *jurisfirma* et de

---

1. *Arch. de Barcel.*, Cartas reales (1458-62). — 2. *Doc. ined. de Arag.*, t. XIV, p. 49; Miravet-sur-l'Èbre, prov. de Tarragone. — 3. *Id.*, p. 53. — 4. *Id.*, p. 65. — 5. *Id.*, p. 30. — 6. *Id.*, t. XXVI, p. 66-68.

manifestacion, et d'avoir abandonné leurs droits les plus précieux au bon plaisir du roi ; elle enjoignait aux ambassadeurs de tenter une nouvelle démarche avec les nouveaux envoyés de Barcelone, les députés d'Aragon et les jurats de Saragosse ; ils devaient entretenir la reine dans ses bonnes dispositions, ne pas manquer de visiter le prince, et tout faire pour qu'il fût amené en Catalogne [1]. Le mécontentement grandissait sans cesse dans toute la principauté, mais tous étaient d'accord pour prendre la défense du prince. Le vicomte de Rocaberti mettait sa personne et ses biens au service de sa cause [2]. Vich [3], Puycerda [4], la noblesse de Roussillon [5], protestaient de leur dévouement, et faisaient des offres de service.

Jean II était arrivé à Saragosse le mardi 23 décembre. Le prince, escorté de 60 à 70 génetaires, n'était entré que de nuit ; le peuple était allé à sa rencontre et s'était massé sur le pont ; il avait reçu l'ordre de se disperser. Le lendemain même, les ambassadeurs se présentaient chez le roi ; il les renvoya avec humeur, disant qu'il n'avait pas encore eu le temps d'*ôter ses éperons*. Le jour de Noël, dans l'après-midi, les ambassadeurs purent voir le prince, ils le trouvèrent maigre et affaibli ; il protesta contre toutes les accusations calomnieuses dont il était l'objet, et se déclara innocent de tout crime ; mais, dans son angoisse, il lui échappa de dire que si ses serviteurs l'avaient mal conseillé, le roi devait s'en prendre à eux et non à lui. Ce ne fut qu'une défaillance, car, une fois remis en liberté, il poursuivit leur libération avec la même insistance que s'il se fût agi de lui-même ; ce trait permet de voir à quelle torture morale était soumis le malheureux. Les jurats de Saragosse, et les députés d'Aragon ne voulurent pas s'engager à soutenir la cause du prince avec les ambassadeurs catalans [6] ; l'autorité de Jean II était moins contestée en Aragon qu'en

---

1. *Doc. ined. de Arag.*, t. XIV, p. 70. — 2. *Id.*, p. 95. — 3. *Id.*, p. 82. — 4. *Id.*, p. 84. — 5. *Id.*, p. 90. — 6. « Certificantvos, mossenyors, per alguns ayres e sentiments a nostres orelles pervenguts, que creem ells no faran lo degut circa lodit negoci. » (*Id.*, p. 99.)

Catalogne, et les Aragonais paraissent avoir été moins jaloux de leurs libertés que les Catalans [1].

Le 30 décembre, au matin, le roi reçut les ambassadeurs à l'Aljaferia et chercha à répondre à tous leurs griefs. L'audience dura trois heures. Le roi relata toutes les fautes commises par le prince *depuis l'âge de seize ans*: il insista surtout sur deux faits : le prince s'était intitulé, de sa propre autorité, primogénit d'Aragon et de Sicile, il avait cherché à épouser, sans son consentement, la sœur du roi de Castille. Le roi conclut par des plaintes très vives contre la conduite des Catalans, opposant à leurs instances irrespectueuses l'obéissance des royaumes d'Aragon et de Valence. Il laissait entendre que les rois de France et de Castille pourraient prendre occasion de ces troubles pour l'attaquer; et il refusa nettement la mise en liberté de D. Carlos. Sans s'expliquer sur les délits attribués par le roi au prince de Viane, les envoyés répondirent que le prince ayant reçu son pardon, il était impossible de lui reprocher ses fautes passées; ils défendirent la politique de la Généralité en présentant la démarche qu'ils faisaient auprès du roi comme une marque incontestable de déférence envers l'autorité royale : Les Catalans ne pouvaient abandonner la cause du prince à un moment où tout le monde doutait que sa vie même fût en sûreté. A ces mots, le roi répondit d'un ton très bref (*molt curt*) qu'il aimerait mieux mourir sept fois plutôt que de laisser croire que la vie du prince fût menacée. Il ajouta qu'il ne s'opposait pas au transfert du prince en Catalogne, mais à la condition que le prisonnier restât en son pouvoir [2].

Le roi sortit de cette entrevue très irrité contre les envoyés. Ceux-ci tentèrent une nouvelle démarche auprès de la reine;

---

1. Ils eurent soin, en renonçant à invoquer leurs privilèges en faveur du prince, d'ajouter que le tout se faisait sans préjudice des droits du peuple d'Aragon, et sans qu'on pût invoquer cette renonciation comme un précédent. (*Id.*, p. 157.) — 2. *Doc. ined. de Arag.*, t. XIV, p. 99. Il avait sans doute l'intention de l'interner à Miravet.

ils la trouvèrent très sage; et louent sa grande intelligence [1]; elle leur dit toutefois qu'elle n'osait plus parler au roi de cette affaire. Jean II leur fit exprimer tout son mécontentement, et les fit menacer sous main par ses officiers [2]. Il annonça en même temps son départ pour Morella, dans le royaume de Valence, où il se proposait d'interner D. Carlos. Le 4 janvier, le roi fit comparaître les envoyés catalans devant le conseil d'Aragon, et leur déclara que, s'ils continuaient à l'importuner, il les châtierait, eux et leurs commettants. Il leur fit remettre un inventaire des papiers du prince de Viane où il avait trouvé, disait-il, la preuve de sa trahison. C'était : 1° un mémoire écrit sur papier où il était établi qu'à partir de quatorze ans, les premiers nés d'Aragon peuvent et doivent exercer l'office de lieutenant général; 2° une lettre du roi de Castille à D. Juan de Beaumont lui recommandant, *en deux lignes*, d'en croire le porteur; 3° une lettre de Mossen Diégo de Ribera, cavalier castillan, à D. Ysabel; 4° une lettre de D. Juan de Beaumont à son frère le connétable, où le prince était grandement loué; 5° une lettre de la vicomtesse de Biota au prince, où elle affirmait « *avec beaucoup de paroles imprudentes et non bien dites* » que le roi et la reine n'avaient pas l'intention de le reconnaître comme primogénit, ni de favoriser son union avec l'infante de Castille; 6° une déposition de D. Juan de Beaumont attestant qu'il avait eu l'intention d'envoyer trois députés au roi pour le prier de faire reconnaître le prince comme primogénit, et de favoriser son projet de mariage en Castille. Après avoir fait donner lecture de ces pièces, le roi s'adressa aux députés, et leur dit que *d'après la loi espagnole*, c'était une félonie de revenir à la charge quand on avait demandé deux fois au roi une chose qu'il avait deux fois refusée. Il ajouta que, loin d'être trop sévère à l'égard de son fils, il était peut-être trop indulgent : le roi D. Pedro

---

[1] « Ladita senyora que es molt sabuda, e de gran intelligencia. (*Doc. ined. de Arag.*, t. XIV, p. 112.) — [2] *Id., loc. cit.*

avait fait tuer le roi de Majorque sur un simple soupçon. Les envoyés répliquèrent que tout ce que faisait le roi était contraire aux libertés de Catalogne, qu'aucun roi n'avait empêché ses sujets de lui adresser des supplications, et que les Catalans ne pouvaient admettre qu'on eût le moindre doute sur leur fidélité. Le roi leur déclara qu'il persistait dans sa résolution, et les envoyés se retirèrent pour rédiger une protestation contre le droit que s'arrogeait le roi de ne pas vouloir entendre de remontrances [1]. Les huit délégués barcelonais arrivèrent sur ces entrefaites à Saragosse, et furent mis au courant de la situation par les quinze ambassadeurs du principat. Comme ils n'avaient pas encore vu le roi, ils se décidèrent à demander une nouvelle entrevue; elle ne fut pas plus courtoise que la précédente. Cependant le roi crut devoir dire qu'il n'avait cité *la loi espagnole* qu'à titre d'exemple, et sans vouloir prétendre que ce fût précisément la loi de tous ses royaumes; il reprit ses plaintes contre la Généralité, et conclut en disant que si le prince était une occasion de trouble dans ses États, *il se verrait forcé de l'exécuter* [2]. La lutte entre le roi et les Catalans s'envenimait, et la cause du prince semblait irrémédiablement perdue.

Le 2 janvier, la Généralité avait convoqué le Parlement de Catalogne pour le 12 du même mois [3]. Pendant la nuit un placard révolutionnaire fut affiché sur les murs de Barcelone : « O vail-« lants hommes de la cité de Barcelone, vous n'ignorez pas la « captivité du prince que l'on détient injustement pour lui « enlever la succession du royaume, et que l'on veut tuer. « Ni les députés, ni ceux du conseil, ni les grands ne font « leur devoir, par suite des mauvais conseils du gouverneur [4] « qui a mal informé le roi et la reine. Voici le moment « venu de les forcer (à bien agir). Tenez-vous prêts à vous « rendre sur la Rambla aussitôt que vous serez convoqués, et

---

1. *Doc. ined. de Arag.*, t. XIV, p. 124. — 2. *Id.*, t. XIV, p. 124. — 3. *Id.*, p. 111. — 4. Officier royal remplissant les fonctions de Lieutenant général.

« tous, vous délibérerez sur ce que vous avez à faire [1]. » En réponse à cette provocation, le gouverneur défendit à toute personne de parler du prince sous les peines les plus sévères [2]; il fit attaquer par ses galères des vaisseaux catalans qui faisaient le commerce en Sicile [3]. La Généralité était dans la situation la plus périlleuse : menacée d'un côté par l'arbitraire royal, en butte d'autre part aux colères de la multitude, elle fit preuve, en cette occasion, de la plus grande habileté. Protestant de son grand respect pour le roi, elle feignit de ne s'en prendre qu'à des ministres malintentionnés; elle affecta de ne voir dans l'arrestation du prince qu'une violation des lois catalanes : arrêté en Catalogne, le prince devait être jugé en Catalogne. Le 5 janvier, une consultation fut rédigée par quelques députés et conseillers barcelonais : le jurisconsulte Jean Dusay affirma que Jean II avait violé les Usages : *Quoniam per iniquum; Auctoritate et rogatu; Et cum temporibus; Statuerunt etiam;* les Constitutions : *Item quod omnes qui sint de Cathalonia* [4]; *Item quod cause vicarie* [5]; *Item ordinamus* [6] et *Volents les constitutions* [7]; et les privilèges de la ville de Lérida [8]. Le docteur en décret, Andréas Salzina, ne voulait pas que l'on traitât l'affaire par écrit, parce que le roi l'eût soumise au conseil d'Aragon, et que le conseil d'Aragon ne pouvait être juge des lois catalanes; mais il était d'accord avec les autres juristes pour dire que le roi avait commis de véritables excès de pouvoir [9]. Les adhésions des villes catalanes et des autres pays de la couronne d'Aragon arrivaient chaque jour plus nombreuses, et encourageaient à la résistance. Elne, Lérida, Puycerda, Tortose et son évêque, le chapitre de Tarragone, Villafrancha de Conflent, nommaient des délégués pour venir à Barcelone s'occuper de la grande

---

1. *Doc. ined. de Arag.*, t. XIV, p. 119; XXVI, p. 39. — 2. *Id.*, t. XIV, p. 115. — 3. *Id.*, t. XIV, p. 119. — 4. Const. de Pierre II (2ᵉˢ *Cortes de Barcelone*, ch. xi). — 5. *Id., ibid.*, ch. xiv. — 6. Const. de Jayme II (3ᵉˢ *Cortes de Barcelone*, ch. viii). — 7. Const. de la reine Doña Maria (*Cortes de Barcel.*, ch. ii). — 8. *Doc. ined. de Arag.*, t. XIV, p. 121. — 9. *Id.*, p. 122.

affaire, avec la Généralité et le conseil des Cents jurats [1]. Les « jurats de la communauté et royaume de Majorque [2] » se disaient d'accord avec les députés, et promettaient d'agir de concert avec eux aussitôt que le grand conseil du royaume, qui devait se tenir le jour de la Saint-Julien, se serait prononcé.

Fortifiée par les témoignages de bienveillance et de sympathie qu'elle recevait de tous côtés, la Généralité parla plus haut qu'elle n'avait fait jusqu'alors. Elle manifesta à ses ambassadeurs une grande surprise que le roi se prétendit offensé par les supplications de ses sujets, « car le roi doit ressem-
« bler au roi des rois, qui demande au contraire à être supplié
« et importuné de prières ». Revenant sur l'allusion malheureuse à une *loi espagnole* qui aurait interdit les ambassades, les membres de la Généralité se plaignaient hautement de ce que le roi s'autorisait des lois des autres peuples pour les gouverner. Venant au fond de la question, ils disaient que les fautes reprochées au prince de Viane ne feraient pas détenir trois jours un homme de moindre condition. Le roi avait menacé d'exécuter son fils; c'étaient là de dures et incroyables paroles, et il était bon qu'aucun étranger ne les eût entendues, car elles n'étaient pas à l'honneur du roi. D'ailleurs, si la prière ne suffisait pas aux Catalans pour obtenir justice, les députés laissaient entendre qu'ils useraient de toutes les voies de droit. Le peuple catalan n'avait aucune confiance dans l'intervention de la reine qu'il ne pouvait croire bienveillante; cependant, il fallait avoir recours à elle pour ne mettre aucun tort du côté des Catalans : il fallait la prier de montrer son bon vouloir *par des actes et par des effets* [3].

Du 9 au 17 janvier, la question resta dans le même état, les ambassadeurs continuant leurs instances auprès du roi, qui continuait à leur refuser toute satisfaction. Quelques inci-

---

1. *Doc. ined. de Arag.*, t. XIV, p. 189 et 245. — 2. *Id.*, p. 294. —
3. *Id.*, p. 133; 7 janvier 1461.

dents intéressants se produisirent. Dans une nouvelle entrevue avec le prince de Viane (9 janvier), les députés le trouvèrent remis de la première stupeur ; D. Carlos raisonnait plus froidement sur sa situation, et se contentait de demander sa mise en jugement : il ne voulait aucune grâce, « mais la simple justice [1] ». Le 12 janvier, le roi apprit aux ambassadeurs que le roi de Castille avait envoyé 1800 chevaux sur les frontières de Navarre. Jean II attribuait cette démonstration aux intrigues du prince, et se montrait plus éloigné que jamais de tout accommodement ; il refusait même d'accorder le transfert du prince en Catalogne, comme il y avait consenti naguère [2]. Le 13 janvier, les députés de la Généralité reçurent don Luiz de Vich, envoyé par le roi. D. Luiz refusa d'entrer en rapport avec le conseil des 27 membres, élu par la Généralité, pour s'occuper spécialement de l'affaire du prince de Viane ; les députés, les conseillers de Barcelone et les membres du Parlement lui firent par écrit une réponse générale, dans laquelle ils concluaient unanimement au transfert immédiat du prince à Lerida [3].

Le roi prorogea les Cortès de Catalogne, assemblées à Lerida, jusqu'au 13 février [4] ; il réussit à se procurer une copie de la dernière lettre des ambassadeurs, et s'en montra extrêmement irrité [5] ; il écrivit aux villes de Catalogne plus de 300 lettres dont il confia la distribution à Ramon d'Arill et à Luiz de Vich. Johan Comes, chanoine de Vich, conseilla aux autorités catalanes de désigner secrètement dans chaque ville un homme de bon conseil pour surveiller les intrigues du roi [6]. Enfin, le 16 janvier, la généralité expédia une nouvelle lettre à ses ambassadeurs. On peut considérer ce document comme un véritable ultimatum : Tous les Catalans sont d'accord et parlent « comme avec une seule bouche » ; le transfert du prince en Aragon est une violation des privilèges,

---

1. *La justicia rasa, id.*, p. 151. — 2. *Id.*, p. 194. — 3. *Doc. ined. de Arag.*, t. XIV, p. 176 et 178. — 4. *Id.*, p. 233. — 5. *Id.*, p. 225. — 6. *Id.*, p. 233.

libertés, constitutions et usages de Catalogne; les menaces du roi de Castille sont peu sérieuses, et une guerre avec un roi, si puissant qu'il soit, est *un moindre mal que la violation des libertés publiques* : le roi prétend ne pas les avoir violées; mais son affirmation ne suffit pas en pareille matière, il ne doit pas forcer les Catalans à lui montrer qu'il leur est resté quelque chose « de la singulière et éminente vertu dont firent « preuve leurs ancêtres pour acquérir leurs libertés [1] ». Les Catalans sont décidés à *vendre leurs enfants* pour faire triompher leur droit. Quant à la reine, elle devra considérer quelle *infamie* serait pour le roi, et *surtout pour elle*, s'il arrivait mal au prince, et combien la paix serait alors difficile à rétablir. Les conseillers du roi songeront aussi à quels châtiments ils s'exposent en excitant le souverain à résister aux lois [2].

Le débat prenait ainsi chaque jour une allure plus grave, et la Généralité devenait plus hardie à mesure que le péril semblait augmenter; jamais une lutte constitutionnelle ne fut conduite avec plus de vigueur et de sang-froid; l'admirable langage des députés de Catalogne est un modèle de fermeté, de légalité et de saine raison. Ils étaient d'ailleurs si disposés à épuiser tous les moyens de conciliation avant d'en venir à toute voie de fait qu'ils élurent, le 17 janvier, quarante-cinq nouveaux conseillers, choisis parmi les clercs, les barons, les chevaliers, les *donzells* et les bourgeois du pays [3], et qu'ils permirent à leurs députés de rester plusieurs jours sans donner lecture de leur ultimatum au roi.

Le roi s'était décidé à faire une demi-concession; il devait emmener le prince à Fraga et rouvrir les Cortès de Catalogne à Lerida, le 3 février [4]. Le 19 janvier, il écrivit à la Généralité qu'il avait toujours respecté les privilèges de la principauté, et que son intention était de les respecter encore; il protestait de

---

1. « No experimentar si alguna part los ha restat de aquella singular, e precipua virtut que lurs predecessors hagueren en adquirir les libertats. » — 2. *Doc. ined. de Arag.*, t. XIV, p. 207. — 3. *Id.*, t. XIV, p. 228. — 4. *Doc. ined. de Arag.*, t. XIV, p. 255.

sa bienveillance envers les quinze ambassadeurs catalans, et promettait de porter l'affaire du prince devant les Cortès de Lerida [1]. Dans une autre lettre, écrite le même jour aux conseillers de Barcelone, il ajoutait qu'il n'avait nulle envie de juger en Catalogne, avec les lois d'Espagne et d'autres pays : les constitutions de Catalogne, les usages de Barcelone, les privilèges et les libertés de la terre, telles étaient les lois qu'il voulait appliquer [2]. Les ambassadeurs catalans voyant que le roi commençait à s'adoucir ne jugèrent pas opportun de lui lire l'ultimatum du 16 janvier [3], et résolurent de temporiser.

La Généralité les approuva, mais ne se déclara pas satisfaite par l'apparente concession du roi; elle savait qu'en matière de légalité, toute demi-mesure est impossible; le roi offrait d'amener le prince *sur les frontières* de Catalogne; c'était *en Catalogne* qu'il devait le réintégrer; la Généralité résolut de ne point céder. Le 20 janvier, les députés se réunirent à la *casa de la Deputacio*, et décidèrent d'y rester en permanence, sans sortir, ni pour boire, ni pour manger, ni pour dormir, jusqu'à la solution complète du procès [4]. Le 22, ils écrivirent aux ambassadeurs de continuer leurs instances auprès du roi. Si D. Juan refusait encore de céder, on lui dépêcherait quarante-cinq ambassadeurs au lieu de quinze [5]. Le 23 janvier, le Parlement général se réunit à la *casa de la Deputacio* pour élire les quarante-cinq délégués qui devaient se joindre aux quinze ambassadeurs déjà envoyés auprès du roi [6]. Le 27 janvier, les quarante-cinq prêtèrent serment d'accomplir loyalement tout ce qui leur serait enjoint et mandé

---

1. *Doc. ined. de Arag.*, t. XIV, p. 290. — 2. « E a Deu no placia que ab leys de Spanya o altres leys haguessem a judicar ne reglar la justicia en aqueix principat nostre, sino ab les constitucions de Cathalunya, usages de Barchinona, privilegis, e libertats deldit principat. » *Arch. de Barcel., Cartas reales* (1458-1462). — 3. *Doc. ined. de Arag.*, t. XIV, p. 267. — 4. « Fins los fets del senyor princep, loqual lo senyor rey havia pres, ab deguda honor parlant, contra constitucions e usatges de Cathalunya, e sobre guiatge e remissio, hagues presa bona e loabla conclusio. » *Doc. ined. de Arag.*, t. XXVI, p. 33. — 5. *Id.*, t. XIV, p. 258; *id.*, p. 275. — 6. *Id.*, t. XXVI, p. 33.

par la Généralité; ils promirent de se trouver à Lerida pour le 3 février, jour de l'ouverture des Cortès[1]; et le 28 janvier, les ambassadeurs, déjà envoyés en Aragon, furent avisés de l'arrivée de leurs collègues. Les membres de la Généralité louaient les ambassadeurs de ne pas avoir lu au roi leur grande lettre (*la gran letra*) du 16 janvier[2]; ils étaient pleins d'espoir, et attendaient le meilleur effet de la nouvelle ambassade.

La cause du prince de Viane excitait une sympathie universelle. Le 20 janvier, le roi de Castille écrivit aux conseillers de Barcelone une lettre fort importante qui justifiait entièrement le prince des accusations portées contre lui. Si le prince avait été arrêté, c'était pour avoir cherché à épouser l'infante Ysabel; le roi de Castille disait qu'il avait eu lui-même l'idée de ce mariage, dans l'intérêt de la paix et de la concorde; mais que rien n'avait été dit au prince que le roi ne l'eût su. Jean II avait été averti de tout. Le roi de Castille était surpris et fâché de la détention du prince; il félicitait les Catalans de leur énergie, et les engageait à persévérer; il voulait lui-même envoyer une ambassade au roi d'Aragon, et, s'il était obligé de lui faire la guerre, il promettait aux Catalans de rester en paix avec eux[3]. Le 23 janvier, le pape expédia de Rome la bulle *Recipiet fraternitas tua*, par laquelle il ordonnait aux prélats catalans de se rendre immédiatement auprès du roi, pour lui demander, en son nom, la délivrance du prince[4].

La Généralité redoublait d'ardeur, et cherchait partout des alliés; mais elle rencontrait souvent des résistances, là où elle avait cru rencontrer un solide appui. Les députés du royaume de Valence répondirent qu'ils n'avaient pas de mandat légal pour s'occuper des affaires du prince, ils étaient au fond d'accord avec les Catalans, mais ils ne pouvaient rien faire, et les menaces de guerre avec la Castille les effrayaient, car ils

1. *Doc. ined. de Arag.*, t. XIV, p. 293. — 2. *Id.*, t. XIV, p. 301. — 3. *Arch. de Barcel.*, *Cartas reales* (1458-1462). — 4. *Doc. ined. de Arag.*, t. XV, p. 210.

étaient voisins de ce royaume, tandis que les frontières de Catalogne n'y touchaient point [1]. Les députés d'Aragon étaient intervenus pour empêcher le roi d'interner le prince à Miravet; les Cortès avaient obtenu que D. Carlos fût détenu à l'Aljafería où il avait été humainement traité, mais ni députés, ni Cortès ne voulaient d'une action commune avec les Catalans [2]. L'esprit autonomiste portait ses fruits; les Catalans s'unissaient pour la défense de leurs libertés, mais ne réussissaient pas à intéresser leurs voisins à leur cause; il n'y avait pas de solidarité entre les différents pays de la couronne d'Aragon; si imposante que fût en Catalogne la manifestation du sentiment public, elle n'était point irrésistible, puisque Valence et l'Aragon se refusaient à s'y associer.

D'autres difficultés résultaient encore de l'attitude même du prince. D. Carlos, très touché de l'apparente bienveillance que lui témoignait Jeanne Enriquez, disait qu'elle avait fait œuvre de *vraie mère*, et qu'il lui en était extrêmement obligé; il trouvait bien hardies toutes ces ambassades envoyées au roi par les Catalans; il eût voulu qu'on ne parlât que de grâce et de clémence; il se disait prêt à faire toutes les soumissions qu'on lui demanderait. Il ne savait pas que le roi eût violé, en sa personne, les libertés de Catalogne, et fut fort étonné quand les députés le lui expliquèrent, ajoutèrent que tout ce qui se faisait pour lui se serait fait, en pareil cas, *pour le plus simple gentilhomme de la principauté* [3]. Il ne pouvait comprendre tant de franchise et tant de liberté.

La Généralité donna aux quarante-cinq les instructions les plus précises, et s'attacha à prévoir toutes les éventualités.

Un premier danger venait de la convocation même des Cortès de Catalogne. Le roi avait d'abord prorogé l'assemblée jusqu'au 13 février, puis, changeant d'avis, il l'avait convoquée de nouveau pour le 3 février. Cette convocation était

---

1. *Doc. ined. de Arag.*, t. XV, p. 350. — 2. *Id.*, p. 364. — 3. *Id.*, t. XIV, p. 358.

inconstitutionnelle, parce qu'elle avait été faite hors du territoire catalan ¹. Les députés demandèrent qu'un des trois ordres de l'assemblée se chargeât de déclarer que les Cortès véritables ne commenceraient que le 13 février; jusque-là il ne pouvait être question que d'une simple réunion de députés; on ne pouvait pas parler de Cortès. Le roi réunissait les Cortès pour obtenir le retrait du mandat qui avait été naguère donné à la Généralité, et c'était en vertu de ce mandat que la Généralité avait le droit de s'occuper des affaires du prince. Il fallait veiller avec le plus grand soin à ce que le mandat ne fût ni révoqué, ni même limité; les quarante-cinq devaient s'aboucher avec les barons, chevaliers et autres membres des Cortès qui arrivaient à Lerida, et leur faire comprendre toute l'importance de cette question ². Le texte même du mémorial, rédigé à ce sujet, par la Généralité, devait être communiqué aux membres les plus influents et les plus zélés des Cortès, ainsi que le texte des constitutions catalanes violées par le roi ³.

Les quarante-cinq avaient ordre de se joindre, le plus promptement possible, aux quinze ambassadeurs qui suivaient la cour; ils devaient être à Lerida le 3 février, au plus tard, et y entrer, que le roi y fût ou n'y fût pas. Les quinze envoyés primitifs formeraient le comité directeur de l'ambassade, et les soixante ambassadeurs réunis porteraient les réclamations des Catalans devant le roi. Le jour de l'audience royale, l'archevêque de Tarragone devait s'avancer et *parler* au roi, suivant un mémoire circonstancié que la Généralité lui envoyait. Le roi ne peut douter que les Catalans ne soient unanimes à réclamer le respect de leurs lois et la délivrance du prince, son fils premier-né ⁴. Tous les Catalans ont la ferme intention de maintenir leurs privilèges; le roi les a reconnus lui-même, et sait bien qu'on ne lui demande pas grâce, mais justice,

---

1. *Doc. ined. de Arag.*, t. XIV, p. 383. — 2. *Id.*, p. 340. — 3. *Id.*, p. 344. — 4. Le texte dit *son fill primer nat*; on ne dit pas encore primogenit pour ne pas irriter le roi, dès la première phrase de la harangue.

cette justice à laquelle il est *obligé*. Jamais on n'a vu dans un pays unanimité semblable à celle des Catalans ; la douleur ressentie par eux lorsqu'ils ont appris la détention du prince, est *une chose incroyable et inexplicable ;* leur unanimité à demander réparation tient *du miracle*. Les Catalans, qui, par la grâce de Dieu, sont si unanimes dans cette affaire, ne cesseront jamais de réclamer leur droit, et c'est pour se faire entendre plus haut que jamais qu'ils ont envoyé au roi cette ambassade de soixante personnes. Que le roi veuille donc bien considérer cette uniformité de vues, cette fidélité, la justice de toutes ces demandes, et son autorité, loin d'être ébranlée par sa soumission aux lois, en sera affermie et consolidée [1].

Si le roi persistait dans son refus, les ambassadeurs devaient lui demander d'y penser attentivement, et pouvaient lui accorder un délai de quelques jours ; entre temps la reine serait de nouveau suppliée d'user de tout son pouvoir, pour rétablir la paix. Si, au bout de cinq ou six jours, le roi n'avait pas encore cédé, la Généralité envoyait à ses ambassadeurs un second mémoire qui devait lui être lu d'un ton très bref, très ferme et très résolu [2]. Le lecteur de ce mémoire devait être élu à l'avance par les ambassadeurs afin qu'il fît sa lecture à belle et intelligible voix, *et avec tous les gestes convenables* [3].

Ce second mémoire est conçu dans le même esprit que la grande lettre du 16 janvier. Il débute par un historique très ferme des négociations engagées jusqu'à ce jour. Le roi n'a rien voulu répondre, et a tout fait pour diviser les Catalans ; mais les Catalans ne veulent, ni cesser leurs ambassades, ni abandonner la poursuite de l'affaire. Ce procès n'intéresse pas seulement le *Prince primogenit*, mais tout le principat dont l'*Illustre Prince primogenit* doit être l'héritier après Sa Majesté. Si le roi pouvait juger lui-même le primogenit, il faudrait

---

1. *Doc. ined. de Arag.*, t. XIV, p. 313. — 2. « Molt stret, constant et ferm. » *Doc. ined. de Arag.*, t. XIV, p. 313. — 3. « Perque sia ben previst e molt intelligiblament, e speciosa, e ab lo gest degut ho lige. » *Id.*, t. XIV, p. 344.

admettre qu'il lui est loisible de donner le trône à qui lui plairait, *ce qui ne peut se faire ;* un jugement des Cortès, et l'assentiment du fils aîné sont nécessaires pour changer l'ordre de succession. D'ailleurs, le prince, arrêté en Catalogne, a été emmené hors du pays, et c'est là une violation flagrante des usages et des privilèges des Catalans ; leur fidélité leur fait un devoir de défendre le droit d'aînesse du prince, et leur amour pour les lois de leur patrie les oblige à maintenir ces lois dans toute leur intégrité. Tout inconvénient disparaît devant cette violation des lois, que le roi avait juré d'observer *avant même que d'être reconnu comme roi par les Catalans*. Les Catalans exposeront leur vie, au besoin, pour soutenir leur droit. Ils n'admettent pas que le roi s'excuse en disant qu'il n'a pas cru contrevenir aux lois ; cela ne l'empêche pas d'y avoir contrevenu. Le conseil d'Aragon ne peut être juge des constitutions de Catalogne ; aucun juriste ne doit être écouté, les Catalans sont sûrs de leur bon droit, car le prince est venu à Lerida avec un sauf-conduit de son père, *et, au moment même de son arrestation, le roi lui a tendu la main* [1]. Il faut donc que le prince, arrêté à Lerida contre tout droit, soit ramené à Lerida et délivré, et il est grand temps d'aviser, car, si les affaires prenaient une autre tournure, il serait difficile de faire la paix.

Les ambassadeurs devaient demander à Jean une *réponse catalane* par *oui* ou par *non*, et ne plus appeler le prince autrement que *primogenit*, après avoir donné lecture au roi du second mémoire de la Généralité.

Tout semblait avoir été prévu pour amener le roi à déférer au vœu unanime de la nation catalane, mais l'attitude du roi devait obliger la Généralité à prendre des mesures plus énergiques encore.

Quarante-quatre ambassadeurs catalans arrivèrent à Lerida

---

1. « E apres en la hora, e moment de la detencio, la reyal Majestat li donna la dextra ma. » *Doc. ined. de Arag.*, t. XIV, p. 326.

le 3 février; les quinze ambassadeurs résidant à la cour se rendirent à leur rencontre en dehors de l'enceinte de la ville, et tous allèrent baiser la main du roi. Ils se réunirent ensuite et prêtèrent le serment auquel ils étaient tenus; les premières instructions de la Généralité furent lues, et unanimement approuvées, mais les ambassadeurs n'osèrent prendre sur eux de les lire au roi, car Jean II promettait d'amener le prince à Lerida, si on ne lui objectait plus les constitutions catalanes [1]. Il envoyait en même temps deux ambassadeurs à Barcelone pour expliquer sa conduite. La Généralité répondit, le 5 février, qu'il ne fallait faire aucune concession : garder le silence sur la violation des privilèges catalans, *ce serait la mort et la sépulture de la principauté*. Elle exigea que le second mémoire fût lu au roi le 7 février, au plus tard, en présence des soixante ambassadeurs de la principauté, et des envoyés de Barcelone et de Roussillon [2].

Le 6 février, D. Lope Ximenès Durrea, et le grand maître de Montesa, ambassadeurs du roi, entrèrent à Barcelone [3]. Dès le jour de leur arrivée, le bruit courut dans la ville qu'il se faisait de grands préparatifs de guerre dans le pays de Foix et sur les frontières de Gascogne [4]; et l'on sut que les agents du roi cherchaient à exciter des troubles dans la province de Girone [5]. Le 7 février, la Généralité reçut les ambassadeurs du roi, et leur répondit par la lecture des instructions qu'elle avait envoyées aux ambassadeurs catalans à Lerida [6], et que le roi devait entendre le jour même. Les registres de la députation ne nous donnent presque aucun renseignement sur la manière dont les officiers du roi s'acquittèrent de leur mission, mais tout fait supposer que leur attitude ne fut rien moins que conciliante; ils déclarèrent que le roi ne voulait pas être supplié de rendre la liberté au prince [7]. La Généralité, qui jusque-là était demeurée sur la défensive, se résolut à l'attaque.

---

1. *Doc. ined. de Arag.*, t. XIV, p. 372. — 2. *Id.*, p. 375. — 3. *Id.*, t. XXVI, p. 33. — 4. *Id.*, t. XIV, p. 386. — 5. *Id.*, p. 385. — 6. *Id.*, p. 388. — 7. *Id.*, t. XXVI, p. 69.

Soulèvement de la Catalogne. — L'armée catalane.

Le 7 février, la Généralité, le conseil de Barcelone et les Cent jurats tombèrent d'accord sur la nécessité d'une action immédiate et énergique. Il y avait plus de deux mois que le prince était arrêté, le roi n'avait rien voulu entendre, il était temps de couper la corde.

Les autorités catalanes songèrent d'abord à s'assurer du roi.

Jean II était à Lerida et le prince à Fraga. Les soixante ambassadeurs de la principauté reçurent l'ordre de se diviser. La moitié devait partir pour Fraga, avec la moitié des troupes de Lerida et celles que l'on pourrait tirer de Cervera; cette petite armée tenterait de délivrer le prince de Viane et couperait, en tout cas, le pont de Fraga pour empêcher qu'on l'emmenât plus loin en Aragon. Les trente autres ambassadeurs devaient rester auprès du roi, et le rassurer sur les effets de la prise d'armes décrétée par la Généralité, qui ne se faisait que *pour sa garde*, mais ils feraient fermer les portes de Lerida, et si le roi voulait sortir de la ville, il en serait empêché « par voie de supplications, *ou autrement* ». Les ambassadeurs devaient obéir sans délai, traiter tout opposant en ennemi public, et envoyer des courriers d'heure en heure à Barcelone [1]. Une lettre fut écrite dans le même sens aux autorités de Lerida [2], aux pairs de Cervera [3], aux députés locaux de Cervera et de Girone [4].

Le lendemain, 8 février, à 6 heures du matin [5], on proclama le *somatent* à Barcelone. Au bruit des trompettes, on arbora sur la porte de la Députation la bannière royale et celle de Saint-Georges, et l'on annonça que l'on allait poursuivre et châtier les mauvais serviteurs du roi [6]; une garde de cent hommes fut mise à la Députation, une garde de quarante

---

1. Doc. ined. de Arag., t. XIV, p. 392. — 2. Id., p. 398. — 3. Id., p. 395. — 4. Id., p. 400 et 402. — 5. Id., p. 406. — 6. Quintana, *Españoles celebres*, t. I, p. 171.

hommes d'armes à chaque porte de la ville, et 24 galères furent mises en chantier pour défendre la ville, avec les quatre galères qui existaient déjà dans l'arsenal [1]. Pendant la soirée la bannière royale et la bannière de Saint-Georges furent promenées à travers les rues jusqu'à la porte Saint-Antoine, par deux bourgeois, Narnau de Faxa et Bernat de Marimon : le viguier de Barcelone, Arnau Guillem Pastor, revêtu d'un surcot aux armes royales, marchait en tête du cortège, et jetait lui-même le cri terrible, l'appel légal à l'insurrection. « Via fora ! Somatent [2] ! » Le soir même le gouverneur de Catalogne, D. Galceran de Requesens, s'enfuit de Barcelone : il se savait personnellement visé par les menaces de la Généralité contre les mauvais conseillers du roi, et il jugea bon de se soustraire à la colère des Barcelonais.

Le roi ne put être arrêté à Lerida. Les ambassadeurs étaient assemblés dans la cathédrale lorsqu'arrivèrent les messagers de la Généralité (8 février); pendant que les pairs de Lerida se réunissaient à l'église Saint-Jean et que l'on armait la population, le roi eut le temps de s'enfuir. « Il était déjà belle « heure de nuit, les tables étaient mises et les viandes dressées « pour le souper, quand le seigneur roi *s'absenta* en grand « secret de ladite ville de Lerida par une fausse porte du « rempart, qui est devant le couvent des frères prêcheurs, et « lorsque les messagers de la Généralité furent montés jus- « qu'au palais de l'évêque, où ledit seigneur habitait, et où « ils croyaient le trouver, ils ne virent rien, sinon la table « mise, sans plus. Et le lendemain matin, on sut que ledit « seigneur avait cheminé toute la nuit, et était arrivé à Fraga « à pied [3]. » Tel est le simple récit que l'on trouve dans le Journal de la Députation ; il a été rédigé dans les jours qui suivirent immédiatement le fait, et il est confirmé par le témoignage des pairs de Lérida : « La vérité est, écrivent-ils, à

---

1. *Doc. ined. de Arag.*, t. XIV, p. 389; XV, p. 272; XXVI, p. 34 et 69. — 2. *Id.*, t. XXVI, p. 34. — 3. *Doc. ined. de Arag.*, t. XXVI, p. 35.

« Barcelone, qu'à l'heure même où le courrier (de la Généra-
« lité) arrivait, le seigneur roi et tous ceux de sa maison sor-
« tirent de la ville, et que personne ne s'en douta avant qu'ils
« fussent tous dehors [1]. » Les écrivains postérieurs ont ajouté
beaucoup de détails suspects qui changent complètement le
caractère de la manifestation des Catalans. Marineo Siculo
croit qu'il s'agissait de tuer les conseillers du roi, et nomme
trois chevaliers : Frances d'Ezpla, Jean Agullon et Graus Cer-
vellon, qui avaient formé le projet de tuer le roi lui-même [2].
Le P. Queralt, toujours porté à admettre de préférence le
récit le plus dramatique, raconte qu'il y eut escalade et effrac-
tion, et que les assaillants errèrent par tout le palais en
donnant des coups de couteau dans les tapisseries et dans les
lits [3]. Il est très possible qu'il y ait eu quelque désordre, et
que, sous l'impression de leur déconvenue, les Catalans se
soient portés à quelque violence en se voyant joués par le roi;
mais on peut affirmer que, ni la Généralité, ni les ambassadeurs catalans, n'avaient l'intention de faire le moindre mal
au roi : quant à ses conseillers, le procès de *somatent* était, il
est vrai, dirigé contre eux, mais les magistrats étaient trop
respectueux de la légalité pour les faire tuer sans jugement,
et ils montrèrent eux-mêmes leur respect de la loi en ne déclarant Galceran de Requesens rebelle et traître que sur son
refus de reprendre son office de gouverneur général de Catalogne [4]. Les membres de la Généralité manifestèrent un vif
dépit en apprenant la fuite du roi, et hâtèrent l'organisation
de l'armée catalane [5].

Du 7 au 28 février, on leva 3390 hommes sur tout le territoire catalan [6]. Le 9 février, le héraut de Barcelone, accompagné de 10 trompettes, lut publiquement une proclamation
de la Généralité promettant une solde à quiconque s'engage-

---

1. *Doc. ined. de Arag.*, t. XIV, p. 427. — 2. L. Mar. Sicul., *De rebus Hisp.*, l. XIII. — 3. Queralt, *Vida del principe*, ch. xi; cf. Prescott, *Ferd. et Ysab.*, t. I, p. 126. — 4. *Doc. ined. de Arag.*, t. XIV, p. 415. — 5. *Id.*, p. 414. — 6. Cf. *Appendice*, pièce.

rait dans l'armée catalane [1]; Arnau Guillem Pastor, régent de la viguerie de Barcelone, disait à côté du héraut : « Vivent le « seigneur Roi et D. Carlos, primogénit ! et meurent les traî- « tres qui conseillent mal le Roi [2] ! » Le jour même, 1500 hommes partirent de Barcelone pour Lérida, et les derniers retardataires partirent le 11 février, sur une nouvelle et sévère injonction de la Généralité [3].

L'armée se recrutait par engagement volontaire et appel forcé; il fallait être Catalan pour être admis à y servir. La Généralité déterminait le contingent de chaque ville, et l'indiquait au député local qui s'occupait du recrutement avec les autorités du pays. L'homme qui s'engageait recevait un sauf-conduit qui lui donnait, pendant le temps de son engagement le caractère d'un soldat régulier ; ses biens étaient, pendant le même temps, placés sous la sauvegarde de l'État catalan, et une trêve générale était proclamée dans toute la Catalogne pendant la durée de l'état de guerre [4]. Le soldat recevait une solde en argent proportionnée à l'importance de son rôle militaire. Le simple fantassin, arbalétrier, *pavesat* ou piquier, recevait 6 florins par mois [5], le cavalier utile 15 florins, l'homme d'armes, avec *pillart* et page, 45 florins [6]. L'armée traînait de l'artillerie à sa suite. Johan Ferrer, commissaire général de l'armée, tira de l'arsenal de Barcelone 10 serpentines, les meilleures et les plus grosses de celles qui s'y trouvaient, et prit aussi les pierres et la poudre nécessaires pour les charger [7]. Lorsque les hommes étaient armés, un officier de la Généralité les passait en revue, et les déclarait bons ou insuffisants pour le service [8]. Leur solde courait à dater de la « montre » ou revue. Ils étaient commandés par des connétables de 25 hommes, ou des chefs de cinquantaine. Les villes nommaient directement les connétables [9], mais la Généralité

---

1. *Doc. ined. de Arag.*, t. XIV, p. 408. — 2. *Id.*, t. XXVI, p. 70. —
3. *Id.*, t. XIV, p. 449. — 4. *Id.*, t. XIV, p. 452; t. XV, p. 31, 206, 316. —
5. *Id.*, t. XIV, p. 418. — 6. *Id.*, p. 420. — 7. *Id.*, p. 426. — 8. *Id.*,
p. 460. — 9. *Id.*, p. 451.

se réservait, avec le plus grand soin, le choix des chefs des cinquantaines. Elle n'admettait même pas volontiers les conseils ou les recommandations [1]. Elle expédia, le 14 février, les nominations de 38 chefs de cinquante hommes [2]. Le capitaine général de l'armée de Catalogne fut le noble Mossen Johan de Cabrera, comte de Modica [3]. Il reçut 1200 florins pour s'équiper, il se trouva encore mal fourni, et réclama 1500 florins en plus [4]. Il paraît avoir été fort timide et embarrassé de son rôle : haut baron de Catalogne, il se trouvait le chef d'une armée révolutionnaire. La Généralité lui avait nommé un conseiller secret, En Johan Dixar [5], et un conseil de trois membres : Frère Olivier, commandeur de Torres, Mossen Luiz de Monsnar, pair de Lérida, et Mossen Francesch Andreu, ambassadeur de Perpignan. Les conseillers devaient toucher 45 florins par mois, comme les gens d'armes, et jurer de bien conseiller le capitaine général [6]. Le personnage le plus considérable de l'armée était le receveur En Johan Ferrer, chargé par la Généralité de payer la solde des troupes, et de renseigner les autorités souveraines sur tous les incidents qui pourraient se produire. En Johan Ferrer était d'une grande activité, d'une exactitude rigoureuse [7]; il voyait juste, et disait franchement ce qu'il avait vu. C'est par ses lettres que nous pouvons le mieux connaître la physionomie de l'armée du *somatent*. Enfin la justice était rendue par le viguier de Barcelone et un sous-viguier; le capitaine général n'avait même pas le droit de nommer des officiers de police, ou *algutzirs* [8].

La plus grande partie de l'armée catalane était formée de fantassins. La Généralité en trouve toujours assez, et renverrait volontiers à Perpignan les 100 hommes de pied qu'elle avait d'abord demandés [9]. Johan Ferrer disait avoir vu à Cervera beaucoup de gens de pied bien armés et de bonne mine,

---

1. *Doc. ined. de Arag.*, t. XV, p. 29, 50, 77, 174. — 2. *Id.*, p. 46. — 3. *Id.*, t. XIV, p. 460. — 4. *Id.*, t. XV, p. 34. — 5. *Id.*, t. XV, p. 139. — 6. *Id.*, t. XV, p. 45. — 7. « Il regarde à dix florins », disait Johan Dixar. *Id.*, t. XV, p. 256. — 8. *Id.*, p. 139-155. — 9. *Id.*, p. 14.

mais peu de gens à cheval [1]. Ordre fut donné de réquisitionner les chevaux et les harnais de ceux qui n'étaient pas à l'armée, en faveur de ceux qui y allaient, et avaient besoin de montures [2]. La Généralité voulait aussi que l'on n'acceptât que des hommes bien montés, et dont la vue seule pût imposer aux ennemis des libertés catalanes [3]. Les autorités catalanes avaient encore à compter avec l'inexpérience de la plupart des recrues, et avec l'insuffisance de l'armement. Les jurats et prud'hommes de Vilalba déclarent, le 26 février, qu'ils ont bien 130 hommes en état de porter les armes, mais il n'y en a pas plus de 100 qui puissent tenir la campagne, et l'on ne trouve pas plus de deux cuirasses à Vilalba [4]. A Gaudesa on a trouvé à armer 150 hommes, mais les habitants « vivent, par la grâce de Dieu, en grande paix et fraternité », et il ne serait pas possible d'en trouver plus de 40 qui voulussent bien suivre l'armée [5].

Dans cette armée, levée à la hâte, et composée d'éléments si disparates, il ne peut être question ni d'esprit militaire, ni de discipline. Sur 1000 hommes, dit le comte de Modica, il y en a bien 999 qui ne se sont engagés que pour avoir part au butin; comme il n'y a pas eu de pillage, « ils volent de leur mieux »; tous les capitaines d'Italie ne suffiraient pas pour remettre l'ordre dans l'armée. Les soldats ont tué pour deux cents florins de moutons, de brebis, de chevreaux et d'agneaux aux gens de Fraga [6]. Vers la fin de la campagne, le dégât est évalué à 300 florins, et l'armée est trop pauvre pour le payer elle-même [7]. Si les biens des chrétiens sont menacés, ceux des juifs le sont encore davantage. A Cervera, les cris et les menaces des gens de guerre remplissent les juifs de terreur : Ytach Adret, secrétaire de leur communauté, demande justice au député local, Luiz de Vilaplana [8]; le député fait crier publiquement que personne ne soit assez hardi pour molester les

---

1. *Doc. ined. de Arag.*, t. XV, p. 53. — 2. *Id.*, p. 43. — 3. *Id.*, t. XIV, p. 443. — 4. *Id.*, p. 328, — 5. *Id.*, p. 343. — 6. *Id.*, p. 365. — 7. *Id.*, t. XVI, p. 210. — 8. *Id.*, t. XV, p. 171.

juifs; mais il passe tant de gens d'armes que Vilaplana ne se sent pas rassuré, et réclame l'avis de la Généralité de Catalogne [1] : la Généralité lui donne l'ordre de veiller attentivement à ce qu'il ne soit fait aucun dommage aux juifs [2].

Les officiers ne remplissent pas leurs fonctions. Les chefs de cinquantaine ne mangent pas et ne dorment pas au milieu de leurs gens [3]. Le 6 mars, la Généralité adresse une proclamation à l'armée, et menace les voleurs de la peine de mort [4]; mais le comte de Modica déclare encore, le 22 mars, qu'il est réduit à l'impuissance. Le viguier est le véritable chef de l'armée; le viguier doit être consulté pour toute mesure importante, le viguier dirige l'instruction de tous les délits, aucun arrêt ne peut être rendu sans que le conseil du comte de Modica ait été consulté : les voleurs ont beau jeu avec une justice aussi lente et aussi compliquée. L'indiscipline gagne les connétables, il a fallu en faire arrêter deux [5]. C'est bien pis lorsqu'il s'agit de licencier l'armée. Les hommes ne mettent plus de bornes à leurs exigences. Ils entendent que leur solde coure du jour même de leur engagement, et non du jour de la *montre* [6]. Les gens de Puycerda, en garnison à Tortosa, veulent partir quatorze jours avant la fin de leur temps réglementaire, pour faire les 48 lieues qui séparent Tortosa de Puycerda [7]. Le 26 mars, le comte de Modica écrit à Barcelone qu'il n'y a plus aucun enthousiasme dans l'armée, que tous les soldats parlent de se retirer aussitôt que leurs deux mois de service seront accomplis, et que beaucoup se vantent même de partir sans le congé du capitaine [8]. Ceux qui consentent à se rengager veulent une augmentation de solde, huit florins par mois, au lieu de six; les connétables veulent dix florins au lieu de huit [9].

L'aspect de l'armée était misérable. On n'y comptait, vers la fin de mars, que 42 lances et 60 génétaires : il n'y avait pas

---

1. *Doc. ined. de Arag.*, t. XV, p. 175. — 2. *Id.*, t. XV, p. 192. — 3. *Id.*, t. XV, p. 213. — 4. *Id.*, p. 414. — 5. *Id.*, t. XVI, p. 108. — 6. *Id.*, t. XVI, p. 170. — 7. *Id.*, p. 113. — 8. *Id.*, p. 129. — 9. *Id.*, p. 170.

4 échelles, et pas 2 quintaux de poudre pour les opérations de siège : le conseil de l'armée n'osait pas ordonner une revue générale [1]. Le comte de Modica était malade, et endetté d'au moins 50 florins [2]. Johan Ferrer n'avait plus le même zèle qu'aux premiers jours ; il voulait un congé de quelques jours pour s'occuper de ses affaires, et ramener sa femme [3]. Au mois d'avril, la misère a encore augmenté, les soldats vendent leurs armes, un connétable déserte en emportant la cuirasse et le casque d'un de ses hommes [4] ; les armes sont à très bas prix, une cuirasse de 7 ou 8 florins se vend trente sous, celui qui voudrait acheter des armes ferait une fortune. Johan Ferrer ne peut voir ce gaspillage sans avoir la pensée d'en faire profiter la Généralité. Toutes ces armes vendues à vil prix appartiennent aux villes catalanes qui ont répondu à l'appel de Barcelone, Johan Ferrer semble l'oublier, et propose aux députés de leur envoyer trois bons chariots d'armes de toute sorte : il y en aura assez pour armer toute la flotte [5].

L'armée catalane n'était en somme qu'un instrument de résistance fort médiocre, le roi eût sans doute triomphé s'il eût été libre d'employer contre elle toutes les forces de son royaume, mais l'effort accompli par la Généralité n'en reste pas moins admirable, et l'effet extraordinaire produit par cet armement prouve que les ennemis des Catalans le regardèrent comme plus redoutable qu'il ne paraît. L'armée du *somatent* obligea Jean II à capituler.

Négociations et opérations militaires du mois de février 1461.

Le roi avait quitté précipitamment Lérida, le 8 février au soir, et arriva à Fraga dans la nuit. Il ne s'y arrêta pas, mais il emmena le prince de Viane à Alcañiz sur le Guadalope, au sud de l'Ebre. D'Alcañiz il gagna Monroig [6]. Il en repartit le

---

1. *Doc. ined. de Arag.*, t. XV, p. 91. — 2. *Id.*, t. XVI, p. 242. — 3. *Id.*, p. 183. — 4. *Id.*, p. 242. — 5. *Id.*, p. 222. — 6. *Id.*, t. XV, p. 84.

14 février au matin, et se fit éclairer par 25 arbalétriers biscayens, cinquante ou soixante génétaires, et quelques hommes d'armes [1]; il se rendait à Morella, château fort bâti au pied de la Peña-del-Bel, dans le royaume de Valence [2]. Lorsque le prince sortit de Monroig, plus de cent personnes vinrent lui baiser la main, il ne s'en présenta pas dix pour baiser celle du roi. Jean II et son prisonnier cheminèrent jusqu'à trois heures de l'après-midi, sans que l'on s'arrêtât pour manger. Le peuple de Morella vint à la rencontre du cortège. Le prince arriva le premier, les paysans l'attendaient à la porte du château et lui baisèrent la main; ceux qui ne pouvaient atteindre la main, lui baisèrent le pied. Quand le roi arriva à son tour, tout le peuple s'était dispersé [3]. Fatigué par ce long voyage, le prince souffrait de douleurs d'entrailles; on dut faire venir auprès de lui le médecin de la petite ville [4]. Le roi resta à Morella jusqu'au samedi, et pourvut à la défense du château; les paysans des environs refusèrent d'y contribuer [5], mais le roi fit réparer les chambres et dresser dix lits; il acheta 200 *cahices* de farine, 1000 cruches de vin et deux cents charges de bois, il fit saler 15 ou 20 porcs, et préparer des bœufs, des chevreaux et d'autres vivres [6]. Il fit mettre sur les remparts deux lombardes qu'il avait tirées de Valence, avec leurs munitions [7]. Il confia le commandement du château à Johan Ferrando de Heredia, et lui laissa 20 ou 22 hommes; mais 300 arbalétriers et 300 chevaux devaient venir, sous peu de jours, tenir garnison à Morella [8]. Le seul danger que courût le château était de se voir couper l'eau [9]. Les principales places des environs appartenaient à l'ordre de Montésa, le roi écrivit à l'évêque de Tortosa, au châtelain d'Amposta et aux commandeurs d'Orta et d'Ulldecona; il

---

1. *Doc. ined. de Arag.*, t. XV, p. 124. — 2. Province de Castellon de la Plana, sur un affluent du Brigantes. — 3. *Doc. ined. de Arag.*, t. XV, p. 184. — 4. « Diecse que lodit se nyor Princep entra en lodit castell de Morella, destrempat, e que y feren muntar lo metge de la vila. » *Id.*, p. 124. — 5. *Id.*, p. 162. — 6. *Id.*, p. 126, 180. — 7. *Id.*, p. 244. — 8. *Id.*, p. 126. — 9. *Id.*, p. 180.

leur ordonna de mettre leurs châteaux en état de défense, et leur interdit tout commerce avec les Catalans [1]. Le 18 février, le maître de Montésa et D. Lope Ximenès Durrea revinrent de Barcelone, et ne purent s'empêcher de manifester leur inquiétude : « Quelles nouvelles ? leur demanda D. Juan. — Mauvaises, « sire, la Catalogne est perdue et, si cela continue, vous per- « drez aussi Aragon et Valence ; il faut y penser, sire [2]. » Le roi ne répondit rien sur le moment, mais resta jusqu'à minuit avec le maître et D. Lope. Le 21 février, il passa en revue la garnison du château, et repartit sans avoir pris congé de D. Carlos, qu'il ne devait plus revoir [3]. Le prince de Viane resta à Morella, libre de se promener par tout le château, mais gardé à vue par Hérédia et par ses hommes. D. Juan de Beaumont avait été transféré au château de Xativa, le lendemain du jour où le prince était interné à Morella [4].

Pendant que le roi mettait son prisonnier hors de la portée des Catalans, la Généralité continuait avec un sang-froid inaltérable ses négociations et ses préparatifs de guerre. La préoccupation dominante des autorités catalanes est de persuader à chacun que le *somatent* ne change rien aux relations des sujets avec leur souverain. La Catalogne n'est pas en insurrection [5], et ceux qui traitent les Catalans de rebelles, sont eux-mêmes des traîtres. Tout ce qui a eu lieu s'est fait à l'honneur de Dieu et pour le service du roi [6]. Puisque la Catalogne n'est pas en insurrection, le premier devoir des officiers royaux est de rester à leur poste [7], et d'assurer autant qu'il dépendra d'eux le maintien de l'ordre public, en châtiant tous ceux qui ne voudraient pas vivre en paix [8]. Une trêve solennelle est de nouveau proclamée entre toutes les villes catalanes ; les officiers royaux doivent accorder eux-mêmes des sauf-conduits à tous les miliciens qui s'engagent dans l'armée catalane ; la solde des troupes est

---

1. *Doc. ined. de Arag.*, p. 137. — 2. *Id.*, t. XV, p. 180. — 3. *Id.*, p. 244. — 4. *Id.*, p. 180, 126. — 5. *Id.*, t. XIV, p. 437. — 6. *Id.*, p. 456. — 7. *Id.*, t. XV, p. 212. — 8. *Id.*, t. XIV, p. 491.

payée par les comptables de la Généralité, sur les revenus ordinaires du pays [1]. Tous ceux qui se refusent à reconnaître la légalité du *somatent* sont considérés comme ennemis publics. Le 19 février, la Généralité prend en main le pouvoir suprême, tous les officiers seront tenus de lui obéir en tout et pour tout. Il est interdit, sous peine de mort, de rien faire, de rien tenter, de rien dire contre l'autorité des députés. Les biens des délinquants seront confisqués, et les fils et descendants des coupables à jamais exclus des honneurs publics en Catalogne [2]. Le 20 février, le conseil de Barcelone fait publier par quatre trompettes et un timbalier que nul ne soit assez hardi pour mal parler des mesures prises par la Généralité et par la cité, pour obtenir la libération du prince primogénit [3].

Quelques officiers royaux ont cru que l'on était en guerre, et ont jugé à propos de prendre des mesures de défense, ou bien se sont enfuis. La Généralité les rappelle sévèrement à leur devoir. D. Galceran de Requesens, gouverneur général de Catalogne, a quitté Barcelone le 8 février au soir. Dès le 10, il est atteint à Villafrancha de Panades par les agents de la Généralité ; il est arrêté à l'auberge, à deux heures du matin, et Matheu Semja, notaire de Villafrancha, lui donne lecture de la lettre des députés qui le mandent à Barcelone. Galcéran se déclare prêt à obéir ; il demande seulement quelques heures de repos ; il est si fatigué qu'il ne se remettrait pas en chemin, même s'il s'agissait de sauver sa vie [4]. Comme la Généralité n'a aucune confiance dans son zèle, elle se contente de cette marque de soumission, elle l'interne à Altafulla, avec défense de s'éloigner de plus de trois lieues, et Galcéran de Requesens obéit en protestant de son dévouement et de sa soumission [5]. A Girone, le viguier royal, En Bernat d'Altariba, contrarie la levée des troupes du *somatent* [6], la Généralité lui ordonne de comparaître devant elle à Barcelone, dans

---

1. *Doc. ined. de Arag.*, t. XV, p. 456. — 2. *Id.*, p. 101. — 3. *Id.*, t. XXVI, p. 70. — 4. *Id.*, t. XIV, p. 429. — 5. *Id.*, t. XV, p. 47, 117. — 6. *Id.*, p. 25.

le délai de 6 jours [1]. A Perpignan, le gouverneur et procureur royal s'est renfermé dans le château, et a donné l'ordre aux châtelains du pays de Roussillon d'aller gouverner personnellement leurs châtellenies : la Généralité s'étonne de toutes ces mesures que rien ne justifie; rien dans la conduite des Catalans ne sent l'insurrection ou la révolte, elle entend que tous ces mouvements cessent dans le délai de deux jours [2].

Ce caractère de légalité que les députés cherchent à conserver à leur politique vis-à-vis de toutes les villes catalanes, ils l'affirment aussi à l'égard de tous les États voisins. Ils envoient Francesch Pallares et Pere Clariana en Sicile; ils écrivent à Valence, à Majorque et à Saragosse [3], ils prennent soin, dans toutes ces lettres, de déclarer qu'il s'agit uniquement d'une question de droit et d'un redressement de griefs. Ils montrent que, si les libertés catalanes ont été jusqu'ici seules atteintes par les actes arbitraires du roi, tous les autres pays de la couronne d'Aragon sont intéressés dans le procès, car le roi se propose certainement de changer l'ordre de succession au trône. La Généralité rencontre partout une égale bonne volonté. Valence finit par envoyer une ambassade au roi [4] : les comtes d'Aragon réclament la mise en liberté de D. Carlos. La Généralité parvient ainsi à se faire obéir dans toute la Catalogne, et elle obtient l'appui moral des deux royaumes voisins. La Sicile et la Sardaigne sont gagnées d'avance, mais leur éloignement ne leur permet pas d'intervenir efficacement dans le débat.

Les négociations directes entre les Catalans et le roi furent interrompues par la mise en mouvement du *somatent;* mais les 60 ambassadeurs de la principauté gardèrent jusqu'au 25 février leur caractère officiel : des négociations indirectes furent continuées avec le roi par l'intermédiaire de la reine, et d'une infante d'Aragon, Doña Béatrix, cousine du roi. Dès

---

[1]. *Doc. ined. de Arag.*, t. XV, p. 44. — [2]. *Id.*, p. 59, 60. — [3]. *Id.*, t. XIV, p. 493; XV, p. 90, 219. — [4]. *Id.*, p. 219, 332.

le 11 février, la reine envoyait à Lérida Johan Ferrandez de Heredia, porteur de propositions de paix. Les ambassadeurs répondirent par écrit que la mise en liberté du prince était le seul moyen d'avoir la paix; la liberté du prince une fois obtenue, les Catalans accepteraient volontiers la médiation de la reine pour arriver à un accord complet avec le roi [1]. Le 12 février, l'infante Béatrix offrit ses services aux ambassadeurs [2]. On la remercia avec un respectueux empressement, mais il fut évident, dès les premiers jours, que l'entente ne pourrait se faire par l'entremise de l'infante; Doña Béatrix promettait tout de la clémence du roi à la condition, pour les Catalans, de s'abstenir de toute manifestation, et les Catalans se déclaraient prêts à tout sacrifier pour maintenir les droits du roi, aussitôt que le prince serait rendu à la liberté. Il y avait défiance réciproque, et aucun des deux adversaires ne voulait se dessaisir de son gage avant d'être sûr de gagner son procès [3]. Les ambassadeurs de Catalogne et les pairs de Lérida se montrèrent cependant assez favorables à la médiation de l'infante; ils voulaient que l'on suspendît toute opération militaire jusqu'à ce que le roi eût répondu [4]. La Généralité ne fut pas du même avis. Engagée à fond contre le roi par la proclamation du *somatent*, elle désirait obtenir un résultat aussi prompt que possible; elle se défiait presque autant de ses ambassadeurs que de l'infante. Les ambassadeurs avaient laissé le roi s'échapper [5]; l'infante Béatrix paraissait plus dévouée aux intérêts personnels de Jean II qu'aux libertés et aux constitutions catalanes. Le 13 février, la Généralité prononça la dissolution de l'ambassade des soixante, devenue inutile, puisque l'on envoyait *5000 ambassadeurs au roi* [6]. Cette décision ne fut pas acceptée sans peine par les ambassadeurs catalans; le 15 février, en même temps qu'ils recevaient leurs lettres de rappel, ils allaient à Burgalaros rejoindre la

1. Doc. ined. de Arag., t. XIV, p. 471. — 2. Id., p. 473. — 3. Id., p. 475. — 4. Id., p. 480. — 5. Id., p. 402; t. XV, p. 5. — 6. Id., t. XIV, p. 478.

reine et l'infante ; un messager était envoyé au roi ; sur les instances de la reine, de l'infante et de l'archevêque de Saragosse, deux des ambassadeurs partaient pour l'Aragon [1]. La négociation engagée par les ambassadeurs avec Doña Béatrix continua ainsi, malgré la Généralité, pendant quatre jours. Les ambassadeurs croyaient sincèrement à la paix : l'abbé du Poblet écrivait de Saragosse, le 17 février, que le prince allait être rendu à la liberté par l'entremise de la reine et de l'infante [2], si les Catalans voulaient consentir à accorder au roi certaines garanties. Le 18 février, les députés de Catalogne répondirent qu'ils ne pouvaient partager la confiance de leurs ambassadeurs : « Nous vous certifions, disaient-ils, que le sei-
« gneur roi a déjà fait, et fait encore continuellement des
« entreprises et des préparatifs, et écrit des lettres fort dures
« contre nous, et contre cette principauté de Catalogne. » Le roi voulait seulement gagner du temps, et il ne fallait point se laisser amuser par ses feintes. Les députés concluaient en priant leurs ambassadeurs de revenir au plus vite à Barcelone, parce qu'il ne fallait pas qu'il y eût deux centres de négociations. On ne pouvait accorder au roi aucune garantie, car il n'en avait aucune à demander, il n'avait qu'à se soumettre aux lois, et il devait savoir que jamais Barcelone ne s'était révoltée, ni ne se révolterait contre un roi bien conseillé et observateur scrupuleux de la loi [3]. Le jour même où les autorités catalanes manifestaient avec tant de franchise leur peu de confiance dans la médiation offerte par l'infante, les pairs de Lérida et les ambassadeurs réclamèrent un nouveau délai pour poursuivre la négociation commencée [4]. Les députés résolurent d'arrêter alors définitivement tous ces pourparlers stériles, et déclarèrent aux pairs de Lérida qu'ils étaient déjà représentés à Barcelone par leurs syndics, et n'avaient pas qualité pour négocier avec le roi [5]. Le 24 février,

---

1. *Doc. ined. de Arag.*, t. XV, p. 66. — 2. *Id.*, t. XV, p. 116. — 3. *Id.*, p. 70. — 4. *Id.*, p. 113, 128. — 5. *Id.*, t. XV, p. 107.

les soixante ambassadeurs étaient de retour à Barcelone.

La Généralité comptait avant tout sur ses démonstrations militaires pour amener le roi à rendre la liberté au prince de Viane. Elle résolut de se maintenir sur la défensive sur les frontières du comté de Foix et du royaume de Valence, et d'occuper fortement un poste avancé en Aragon.

Pour la défense des frontières catalanes, du côté de la France, elle s'entendit avec le député local de Perpignan et les élus de l'ordre militaire de Roussillon [1]; elle pressa l'archevêque d'Urgel d'envoyer un représentant à Barcelone [2]; elle rassura les conseillers de Vich, et leur enjoignit de maintenir dans leur ville l'ordre le plus scrupuleux [3]. Toutefois, la situation ne paraissait pas très menaçante de ce côté; on ne croyait pas à une intervention efficace de Charles VII en faveur de Jean II, et l'on n'avait peur que du comte de Foix [4]; mais le comte était à la cour du roi de France, qui refusait de le laisser partir [5].

Une attaque était plus à craindre par la frontière de Valence, où l'Ebre opposait seul un obstacle important à la marche des armées. Les députés ordonnèrent de mettre l'embargo sur tous les bateaux de l'Ebre [6], défendirent à tout navire catalan de s'éloigner des côtes [7], et enrôlèrent tous les ouvriers qui se présentèrent, aragonais et valenciens, pour la construction des galères mises en chantier le 8 février [8]. Le châtelain d'Amposta, sur le bas Ebre, fut invité à rester fidèle à la cause catalane, et à tenir toujours prêts tous les hommes en état de porter les armes [9]. Tortosa envoya 15 hommes pour renforcer la garnison [10], dut armer tous les hommes valides, et se mettre en état de défense *en l'espace d'une heure* pour arrêter, s'il était possible, les troupes que le roi envoyait à Morella [11]. Le commandeur d'Orta [12] et les gens d'Ulldecona [13]

---

1. *Doc. ined. de Arag.*, t. XV, p. 10, 29, 389. — 2. *Id.*, p. 119, 122. — 3. *Id.*, t. XIV, p. 450. — 4. *Id.*, t. XV, p. 143. — 5. *Id.*, p. 392. — 6. *Id.*, p. 187. — 7. *Id.*, t. XIV, p. 438, 439, 440; t. XV, p. 35, 206. — 8. *Id.*, t. XV, p. 110. — 9. *Id.*, p. 141. — 10. *Id.*, p. 203. — 11. *Id.*, p. 148. — 12. *Id.*, p. 144. — 13. *Id.*, p. 198.

reçurent des instructions analogues. Ulldecona était une commanderie de l'ordre de Saint-Jean; les députés n'étaient pas sûrs de l'obéissance du gouverneur, mais telle était la popularité de la cause catalane que Fray Johan Zamon mit de lui-même son château en état de défense, et déclara que les ennemis de la Catalogne n'entreraient pas, lui vivant, dans la forteresse [1].

L'armée du *somatent* put ainsi opérer sans avoir rien à redouter sur ses ailes. Elle manœuvra avec une grande rapidité si l'on songe à l'inexpérience de ses soldats, et à son défaut complet d'organisation.

Parties de Barcelone du 9 au 11 février, les milices catalanes arrivèrent le 17 à Tarrega, à trente-cinq lieues de Barcelone [2]. Le comte de Modica s'y arrêta un jour pour attendre les traînards; quinze cents hommes environ étaient partis de Barcelone, il n'en avait plus que onze à douze cents autour de lui, et sa cavalerie se composait d'une vingtaine de génétaires. Si raisonnable que fût la conduite du comte, les députés la jugèrent trop prudente : tant de délais étaient honteux et périlleux au premier chef [3]. Le comte se remit en marche, et arriva le 19 à Lérida, où il s'occupa de réorganiser ses troupes [4]. Le 21, les députés ordonnèrent à l'armée catalane de reprendre sa marche en avant, et d'occuper Fraga en Aragon [5]. La Généralité voulait s'assurer d'un gage à l'encontre du roi. L'occupation de la ville ne devait pas être considérée comme un fait de guerre, mais comme une mesure conservatoire, prise par les Catalans, pour sauvegarder leur droit; c'était une véritable *saisie* opérée sur un point du territoire aragonais pour forcer le roi d'Aragon à rendre justice à ses sujets catalans. Les députés prirent soin d'indiquer à leur général tous les détails de la procédure à suivre : le viguier de Barcelone devait sommer les habitants de Fraga de donner aux Catalans

---

1. *Doc. ined. de Arag.*, t. XV, p. 285. — 2. *Id.*, p. 80. — 3. *Id.*, p. 106. — 4. *Id.*, p. 157. — 5. *Id.*, p. 164 et 185.

le logement et le libre passage ; si la ville se soumettait, les Catalans devaient y entrer pacifiquement, et payer scrupuleusement toutes leurs dépenses ; si la ville refusait d'ouvrir ses portes, l'armée devait entrer de force, mais dans le meilleur ordre possible, et en observant une exacte discipline ; le château devait recevoir une garnison catalane [1]. La marche sur Fraga restait ainsi dans la pensée des députés un acte aussi légal que l'avaient été la proclamation du *somatent* et la levée de l'armée catalane. Ils ne pouvaient toutefois se dissimuler qu'ils donnaient l'ordre d'occuper une ville étrangère sous prétexte d'assurer le respect des lois de leur pays, et que cet acte pouvait passer aux yeux d'un grand nombre pour un fait de guerre et pour un acte insurrectionnel [2]. Ils enjoignirent donc au comte de Modica d'obéir sans discussion et sans retard, ils chargèrent D. Johan Dixar et D. Felipe de Castro, son fils, d'insister fortement auprès du général, s'ils le voyaient hésitant ou timide [3].

Le comte de Modica reçut la lettre des députés le 23 février, il se mit en marche le 24, à onze heures du soir. Il envoya devant lui Johan Dixar avec 15 ou 18 roussins et 400 hommes de pied pour occuper le monastère de Saint-Augustin, sur la rive gauche de la Cinca, à l'extrémité du pont de Fraga [4]. Le 25 février, à 10 heures du matin, l'armée catalane arriva en vue de Fraga ; le viguier de Barcelone avertit les jurats que la Généralité de Catalogne avait décidé d'occuper la ville ; les jurats obéirent à la sommation en protestant, pour la forme, qu'ils n'entendaient rien faire de contraire aux lois et aux privilèges d'Aragon. L'armée catalane entra pacifiquement dans Fraga [5], et le commandant du château, D. Martin de la Nuça, ouvrit ses portes aux Catalans lorsqu'il vit que la ville s'était rendue [6].

---

1. *Doc. ined. de Arag.*, t. XV, p. 166, 168. — 2. *Id.*, t. XV, p. 225. — 3. *Id.*, p. 166, 189, 190. — 4. *Id.*, p. 229. — 5. *Id.*, p. 223. — 6. *Id.*, p. 252.

Mise en liberté du prince de Viane.

Jean II n'attendit pas l'occupation de Fraga pour déférer au vœu des Catalans. Il céda aux avis de ses conseillers [1], et aux prières d'un chartreux de l'Escale-Dieu, que l'on considérait comme prophète [2]. Il fut surtout frappé de l'attitude que prirent au dernier moment les députés d'Aragon. Les députés refusèrent formellement de l'aider à faire la guerre aux Catalans; s'ils ne s'étaient pas joints à eux jusqu'alors, disaient-ils, c'est que la captivité du prince portait atteinte aux libertés de Catalogne, et non aux libertés d'Aragon; mais ils ne désiraient pas moins vivement que les Catalans la délivrance du prince, et ne les contrarieraient en rien dans les mesures qu'ils prendraient pour l'obtenir [3].

L'ordre d'élargissement du prince de Viane fut signé par le roi à Saragosse, le 25 février, le jour même de l'entrée des Catalans à Fraga, et avant que le roi ait pu en être informé. La reine annonça aussitôt aux députés de Catalogne qu'elle allait se mettre en chemin pour Morella [4]. D. Lope Ximenes Durrea, le maître de Montesa, et les députés d'Aragon, écrivirent en même temps aux autorités catalanes pour les engager à licencier leurs troupes, et à arrêter tout mouvement, puisque le prince était rendu à la liberté [5]. Les Catalans ne pouvaient, sans se déjuger, arrêter le *somatent* proclamé par eux contre les mauvais conseillers du roi; l'arrestation arbitraire du prince n'avait été que le prétexte de leur opposition, leur but était d'obtenir du roi le châtiment de ses conseillers, et une nouvelle rédaction des constitutions catalanes, qui ne laissât prise désormais à aucun abus. Aussi fermes

---

1. Le Maître de Montesa et D. Lope Ximenez Durrea l'avaient averti des dangers que lui ferait courir une plus longue résistance. — **2.** De Mayerne-Turquet, *Hist. d'Esp.*, t. 1, p. 294; Yang., *Cron. del principe*, p. xxxvii. — **3.** *Doc. ined. de Arag.*, t. XV, p. 323. — **4.** *Arch. de Barcelone, Cartas reales* (1458-62). — **5.** *Doc. ined. de Arag.*, t. XV, p. 262, 278, 282.

après la libération du prince qu'aux jours de sa captivité, ils firent arrêter les abbés de Saint-Qurich et d'Ager, et quelques nobles qui leur faisaient opposition [1]; ils maintinrent leur armée en campagne, et triomphèrent du roi sur les autres points qui leur tenaient au cœur, comme ils en avaient triomphé sur le premier. En apprenant l'occupation de Fraga, le roi eut un instant l'idée de revenir sur l'importante concession qu'il venait de faire [2], mais, sûr de retrouver la Catalogne et l'Aragon unis contre lui [3], il n'osa pas révoquer l'ordre d'élargissement qu'il avait signé, et il se résigna à négocier de nouveau avec les Catalans. L'ensemble des mesures prises par la Généralité, ses relations diplomatiques avec la reine et le traité définitif qui s'ensuivit, feront l'objet d'un chapitre spécial; on exposera d'abord, pour plus de clarté, tous les événements relatifs à la libération du prince.

Le jeudi 26 février, deux courriers du roi arrivèrent à Morella porteurs de l'ordre royal qui mettait le prince en liberté. En un instant, tous les habitants connurent la bonne nouvelle; on sonna les cloches, et on alla en procession chercher le prince au château; les soldats de la garnison poussaient eux-mêmes des cris de joie [4]. Le 1er mars, la reine arriva à Morella; elle avait marché à grandes journées et par des chemins affreux [5], elle se rendit au château et trouva le prince dans le vestibule. D. Carlos voulut lui baiser les mains, elle refusa d'abord, puis y consentit, et le prince lui baisa la main et la bouche. La reine monta ensuite dans la chambre du prince, et lui parla avec tant de douceur que les assistants ne pouvaient retenir leurs larmes [6]. Quelques instants plus tard, la reine, l'archevêque de Saragosse et le prince de Viane sortirent du château, et se rendirent à l'église, où fut faite une procession.

Ils ne retournèrent pas coucher au château; mais, pour

---

1. *Doc. ined. de Arag.*, t. XXVI, p. 36. — 2. *Id.*, t. XVI, p. 11, 95. — 3. *Id.*, t. XXVI, p. 36, p. 323. — 4. *Id.*, t. XV, p. 289. — 5. « A jornades tirades, e per malissimos e aspres camins. » *Id.*, t. XV, p. 369. — 6. *Id.*, p. 367.

bien montrer que le prince était libre, ils acceptèrent l'hospitalité de maître Pierre Ram, l'un des principaux habitants de Morella [1]. Le prince écrivit le jour même deux lettres de remerciement, l'une en catalan, l'autre en castillan, aux députés de Catalogne et à leurs vingt-sept conseillers [2]. La seconde lettre, beaucoup plus élogieuse pour la reine que la première, fut sans doute écrite sur le conseil de l'archevêque de Saragosse. Le prince ne parle du roi ni dans l'une ni dans l'autre.

Le 2 mars, D. Carlos écrivit au comte de Modica, et le pria d'arrêter tout nouveau mouvement de l'armée catalane [3]; il partait, avec la reine, pour Trahiguera [4], où il passa la nuit [5]. Le 4 mars, le prince et la reine arrivèrent à Tortosa [6]. L'entrée du prince fut un triomphe, toutes les milices réunies dans la ville, près de mille hommes, sortirent à sa rencontre : les capitaines et connétables vinrent baiser la main de la reine et du prince, les soldats inclinaient les bannières. Cent vingt-cinq hommes d'élite se rangèrent autour de D. Carlos et « son visage se mit à resplendir de telle façon « que l'on eût dit un séraphin, et ne perdit point cette couleur « de la journée; et lorsqu'il regardait les Catalans toute

---

[1]. *Doc. ined. de Arag.*, t. XV, p. 331. — [2]. « Als senyors e vertaders amichs meus los diputats e XXVII del principat de Cathalunya. Senyors e bons e vertaders amichs meus. Per vostra consolacio vos certifich vuy a hora de vespres vingue la senyora Reyna, laqual tantost me ha mes en ma pura libertat, e abdosos anam a aqueixa ciutat, on presencialment vos retre les gracies degudes. Ab cuyta en Morella primer de març. El principe qui tot be vostre disige. CHARLES. » (*Doc. ined. de Arag.*, t. XV, p. 348.) A los Egregios, reverendos, nobles, venerables, caros y bien amados mios los diputados y XXVII del Principado de Cathalunya. Egregios, reverendos, nobles, venerables, caros y bien amados mios. Per vuestra consolacion vos aviso como oy per mano de la senyora Reyna, la que mes verdadera senyora y madre, he seydo puesto en mi pura libertad, y su senyoria y yo seremos presto en essa cibdat, donde de la mucha merced que ma fecho con mi le deveis render infinitas gracias. De mi mano en Morella, primero de março. El principe que vuestro bien desca. CHARLES. (*Id.*, t. XV, p. 371.) — [3]. *Doc. ined. de Arag.*, t. XV, p. 401. — [4]. « Que es un loch del Maestre de Muntesa, hay cinch grossissimes legues, e de mal cami. » *Id.*, p. 367. — [5]. *Id.*, p. 382. — [6]. *Id.*, p. 381.

« sa tête s'éclairait, il leur parlait d'un air bien allègre, et
« avec des éclats de rire tout à fait en dehors de ses habitudes;
« et quand il parlait avec d'autres gens, son visage ne s'éclai-
« rait pas comme en parlant avec les Catalans [1] ». L'enthousiasme populaire commençait à faire des miracles autour de
ce saint Primogénit.

Le prince, s'étant trouvé un peu fatigué [2], resta à Tortosa
toute la journée du 5 mars [3]; il ne voulut pas descendre au
palais, il se sentait plus libre avec les Catalans qu'avec les
officiers aragonais de la reine. Le 6 mars, on coucha au Pe-
rello, sur la route de Tortosa à Tarragone. Le prince envoya
aux députés Mossen Marti Guerau de Cruilles, et leur recommanda de se montrer *humains* et courtois envers le roi et la
reine [4]. De son côté, Jeanne Enriquez fit partir pour Barcelone
Mossen Loys de Vich, contrôleur de son hôtel, et annonça
l'intention de conduire le prince jusqu'à Barcelone [5].

Le 8 mars, le prince de Viane et la reine entrèrent à Tarragone. Les autorités locales, avec les bannières de la ville et
50 hommes bien armés, sortirent à leur rencontre; la réception du prince fut aussi solennelle qu'à Tortosa, plus de
1000 personnes poussaient des *vivats* et des cris de joie, on
tirait des bombardes; le clergé des paroisses faisait la procession dans les rues [6].

Au milieu de cet enthousiasme, la Généralité de Catalogne
ne perdait pas de vue que le but qu'elle poursuivait n'était
pas encore atteint. On n'était pas rassuré sur les intentions
du roi, les mauvais conseillers n'étaient pas arrêtés, la paix
n'était pas faite. Il parut imprudent d'autoriser la reine à paraître à Barcelone, et une double ambassade fut envoyée au-
devant d'elle pour lui faire part de cette importante résolution. Les députés de la Généralité élurent quatre notables [7];

---

1. *Doc. ined. de Arag.*, t. XV, p. 453. — 2. « Un poch ujat. » *Id.,*
p. 399. — 3. *Arch. de Barcel., Cartas reales* (1458-62). — 4. *Doc. ined.
de Arag.*, t. XV, p. 461. — 5. *Arch. de Barcel., Cartas reales* (1458-62).
— 6. *Doc. ined. de Arag.*, t. XV, p. 453. — 7. *Id.*, t. XXVI, p. 37.

le conseil de Barcelone élut un bourgeois, un marchand, un tailleur et un barbier [1]. Les ambassadeurs reçurent l'ordre de partir le plus vite possible, d'entretenir la reine, seule, ou en présence du prince, et de lui demander de ne pas entrer à Barcelone pour bien montrer que le prince était vraiment libre [2].

Jeanne Enriquez avait certainement eu besoin d'exercer un grand empire sur elle-même pour jouer son rôle de libératrice avec la perfection qu'elle y avait déployée. Persuadée que toute résistance était impossible, elle avait pris sur elle d'intercéder en faveur du prince, elle lui avait ouvert elle-même les portes de sa prison, elle espérait que les Catalans lui sauraient gré de son courage, et que son fils, D. Fernando, pourrait tirer quelque avantage de leur reconnaissance. Elle fut stupéfaite de voir que la Catalogne lui restait hostile; elle en conçut une vive irritation, et donna dans cette occasion toute la mesure de sa haute intelligence, en opposant à la volonté implacable des autorités catalanes une obstination douce et patiente, où l'on sent à la fois la femme et le grand esprit politique, la mère et la reine. Elle reçut les ambassadeurs, le 8 mars au soir, après que le prince se fût retiré en son logis. L' « archidiacre de la mer » lui communiqua, au nom de ses collègues, les volontés de la Généralité; elle répondit que son premier sentiment était celui de l'étonnement; elle rappela, en pleurant, toute la part qu'elle avait prise à la libération du prince, elle dit que le roi lui avait donné l'ordre de conduire D. Carlos jusqu'à Barcelone, mais elle ajouta que le rétablissement de la paix était son plus cher désir, et promit de ne rien faire qui pût la compromettre ou en retarder la conclusion; elle accompagnerait le prince jusqu'à Sant Boy [3], et y resterait trois ou quatre jours. Si l'on ne voulait pas alors qu'elle entrât à Barcelone, elle retournerait près du roi [4]. Les ambassadeurs furent extrêmement touchés de

---

1. *Doc. ined. de Arag.*, t. XXVI, p. 37. — 2. *Id.*, t. XV, p. 396. — 3. Sant Boy de Llobregat, à une lieue de Barcelone. — 4. *Doc. ined. de Arag.*, t. XV, p. 455, 462.

tant de douceur et de sagesse [1]; mais la Généralité décida que la reine ne devait pas dépasser Villafrancha de Panades, donnant pour prétexte qu'elle ne pourrait trouver à Sant Boy de logis convenable [2]. Le motif le plus sérieux était l'impopularité de la reine à Barcelone; les députés ne croyaient pas pouvoir répondre de sa sûreté [3]. L'infante Béatrix, qui accompagnait la reine, fut également dissuadée de s'avancer jusqu'à Barcelone [4].

Le prince entra à Barcelone le 12 mars, à quatre heures de l'après-midi. Des gens d'armes et une multitude de bourgeois étaient venus à sa rencontre, avec des arbalètes, des lances, des pavois, des étendards, des trompettes et des tambours; des bandes d'enfants brandissaient de petites armes, agitaient de petits drapeaux, et criaient à pleine voix : « Carlos, pri- « mogénit d'Aragon et de Sicile, que Dieu te garde [5]! » ou encore : « Vive D. Carlos et mort à Rebolledo [6]! » On chantait des cantiques et des motets, on jouait de la musique, on acclamait, on ne se possédait plus. A la *Croix Couverte*, se présentèrent les moines des couvents, les députés de la Généralité en grand costume, les conseillers de la ville, l'archevêque de Tarragone, l'évêque de Barcelone, l'évêque de Vich, neuf abbés, des prieurs, des chanoines et une foule d'ecclésiastiques; le comte de Prades, le vicomte d'Illa, tous les chevaliers, bourgeois et officiers de Barcelone. En arrivant à la porte de Saint-Antoine, le prince arma sept chevaliers : Pedro Estava de Perpignan et Hector de Villatorta, deux bourgeois de Barcelone et trois autres. Un arc de triomphe était dressé devant la porte : on ne cessa d'y tirer des pièces d'artifice pendant que le prince passait, et, quand il fut passé, l'arc se changea en un vrai volcan sans que l'on eût vu per-

---

1. « Nos ha fet la senyora Reyna hun rahonament ple de tanta humanitat e virtut, que sobrave tot saber de doña. » *Doc. ined. de Arag.* t. XV, p. 468; cf. *Id.*, p. 490. — 2. *Id.*, p. 483. — 3. *Id.*, p. 497. — 4. *Id.*, t. XV, p. 49; XVI, p. 8. — 5. *Id.*, t. XXVI, p. 39. — 6. *Id.*, p. 74. Rebolledo était un favori de Jean II, et un capitaine de l'armée aragonaise.

sonne y mettre le feu. Au bruit du canon, au son des cloches, au milieu des acclamations, le prince s'avança dans les rues de la cité. Deux mille hommes armés et richement vêtus faisaient la haie sur son passage. Les rues étaient splendidement ornées de tentures et d'autels où les habitants avaient exposé tout ce qu'ils avaient de plus précieux. Des estrades étaient élevées de place en place et offraient aux passants les spectacles les plus variés. Près de l'hôpital se dressait un château gardé par des monstres qui jetaient du feu [1]. A la porte de l'hôpital Sainte-Croix, les simples et les innocents(?) montèrent sur un échafaud, la tête peinte de vermillon et d'autres couleurs ; ils portaient sur la tête des casques et des mitres de papier blanc, *à manière d'évêques ;* il était impossible de les regarder sans rire [2]. A la porte de la Bocaria, nouveau château avec pétards et feux d'artifice. Sur la Rambla, grand défilé des corps de métier avec leurs bannières, réception solennelle au palais de la Députation, et *Te Deum* à la cathédrale. Le soir, illuminations générales, danses au son des cloches et au bruit des pièces d'artifice. Sur la mer, courses de galères, combats simulés, serpenteaux et décharges d'artillerie. « C'était, dit le P. Queralt, chose à voir et à admirer. » Pendant dix jours, les fêtes se succédèrent sans interruption, il y eut des joutes, des courses de taureaux, des danses [3], tout ce qu'une ville en délire put imaginer pour fêter le gracieux prince qui lui était rendu, et dont elle voulait bien faire un héros.

---

1. Queralt, *Vida del principe*, ch. XIII. — 2. *Doc. ined. de Arag.*, t. XXVI, p. 39. — 3. Queralt, *Vida del principe.*, ch. XIII.

III. — Le prince de Viane gouverneur général de Catalogne.

Conclusion de la paix entre le roi et les Catalans. — Politique personnelle du prince. — Son gouvernement en Catalogne. — Sa maladie et sa mort.

Conclusion de la paix entre les Catalans et le roi.

Si les Catalans ne s'étaient soulevés que pour obtenir la libération de D. Carlos, la paix eût été rétablie du jour où D. Carlos serait sorti de sa prison; mais la Généralité de Catalogne voulait obtenir du roi mieux qu'un ordre d'élargissement du prince : elle voulait une revision de la constitution qui empêchât à l'avenir tout malentendu entre elle et le roi. Le prince arrivait à Barcelone le 10 mars 1461 ; la paix ne fut signée, entre Jean II et les Catalans, que le 21 juin. Pendant ces trois mois, la Généralité s'attacha à resserrer ses alliances avec les autres pays de la couronne d'Aragon et avec les États voisins; elle veilla au maintien de l'ordre public dans la province, tout en conservant son armée sur un pied respectable; elle poursuivit avec la reine de longues et difficiles négociations, et obtint du roi toutes les garanties qu'elle réclamait, sans lui avoir fait la moindre concession. Sa victoire fut une victoire toute morale, et n'en fut que plus complète.

Les Catalans avaient réussi à rallier à leur politique tous les États de la couronne d'Aragon ; ils mirent tous leurs efforts à conserver leur appui. Deux ambassadeurs extraordinaires, Pallares et Clariana, furent envoyés en Sicile pour mettre les Siciliens au courant de la politique catalane [1] ; on les recommanda aux autorités royales de Sicile, au sénateur, et aux jurats de Palerme, de Catane et de Trapani, au stratège, au

---

1. *Doc. ined. de Arag.*, t. XVI, p. 35.

sénateur et aux jurats de Messine [1]. Au cours de leur voyage, les ambassadeurs s'arrêtèrent en Sardaigne, et y arrivèrent à temps pour détruire l'effet produit par les lettres du roi, qui racontait à sa manière les événements de Catalogne. En Sicile, les ambassadeurs reçurent le meilleur accueil, et purent se convaincre que le prince de Viane n'y avait rien perdu de sa popularité. Le royaume de Valence députa lui-même à Barcelone six messagers, et offrit son alliance à la Généralité pour la défense des libertés catalanes (24 avril) [2]. Les ambassadeurs valenciens se rendirent de Barcelone à Saragosse, où ils virent la reine, et reçurent communication du projet de traité proposé par les Catalans [3]; ils le trouvèrent de grande importance, et peut-être un peu téméraire, mais la députation de Valence resta jusqu'au bout en communauté d'idées avec les Catalans, et les assura de son bon vouloir, la veille même du jour où le traité fut signé [4]. Les relations avec la députation d'Aragon et les jurats de Saragosse demeurèrent courtoises et amicales [5].

A l'étranger, la Généralité fit surveiller attentivement la frontière française. Le bruit courut un moment que le comte de Dammartin avait reçu l'ordre d'envahir le Roussillon avec six mille hommes; que deux cents couleuvrines avaient été envoyées de Berry à Toulouse et que Charles, comte du Maine, avait juré, devant le roi de France, d'entrer à Perpignan pour peu que le soleil y entrât [6]. Ces fâcheuses nouvelles ne tardèrent pas à être démenties [7]. Ce n'était qu'une manœuvre des partisans du comte de Foix. Les députés annoncèrent au duc de Bourgogne que le prince était délivré [8], et lui envoyèrent Romieu de Marimundo pour le mettre au courant de tous les événements de Catalogne : l'armée du *somatent* n'était pas une armée insurrectionnelle, le viguier de Barcelone la commandait *au nom du roi, avec la bannière*

---

1. *Doc. ined. de Arag.*, p. 32. — 2. *Id.*, t. XVI, p. 425; t. XXVI, p. 44. — 3. *Id.*, t. XVII. p. 94. — 4. *Id.*, p. 276. — 5. *Id.*, p. 296. — 6. *Id.*, t. XVI, p. 367, 349. — 7. *Id.*, p. 435. — 8. *Id.*, p. 66.

et les insignes royaux ¹. Romieu de Marimundo devait aussi voir le dauphin, Louis, qui résidait alors à la cour de Bourgogne ². L'évêque d'Elne, délégué par le pape Pie II pour prêcher la croisade en Espagne, offrit sa médiation ³; les députés le remercièrent de son zèle, mais refusèrent ses offres parce que les intérêts des Catalans ne pouvaient être confiés à d'autres qu'aux députés de Catalogne. Ils laissèrent, au contraire, au prince de Viane le soin de continuer les négociations déjà commencées avec la Castille, parce qu'elles ne pouvaient avoir aucun effet sur les libertés du pays.

La politique intérieure adoptée par la Généralité consista à poursuivre énergiquement le *somatent*, tout en maintenant l'ordre le plus absolu dans la province. Le 11 mars, le lendemain de l'entrée du prince à Barcelone, la Généralité cessa de siéger en permanence au palais de la Députation ⁴; mais en même temps elle décréta d'accusation Galceran de Requesens, vice-gouverneur de Catalogne, Juan Pages, vice-chancelier, l'honorable Jaime Pau, Mossen Juan de Montbuy, Mossen Bou, Jaime Ferrer et d'autres conseillers et officiers du roi ⁵. Quatre cents arbalétriers furent dépêchés à Molin de Reig et surprirent Galceran de Requesens, caché dans un arbre de son jardin. Arrêté à huit heures du soir, le gouverneur fut immédiatement conduit à Barcelone, et interné dans la prison de la viguerie; on le mit dans la chambre du jugement, *tout seul et sans compagnie* ⁶. Mossen Bou fut enchaîné la chaîne au col ⁷. Le 16 mars, on forma une commission de trois juristes et de six prudhommes pour juger les accusés ⁸. Les arrestations continuèrent jusqu'au commencement de mai. En Francesch Matella ⁹ est arrêté pour avoir fraudé les droits de la Généralité. Le 24 mars, deux conseillers du roi sont décrétés de prise de corps ¹⁰. Le 31 mars, le bailli de Tor-

---

1. *Doc. ined. de Arag.*, t. XVI, p. 250. — 2. *Id.*, p. 249. — 3. *Id.*, p. 236. — 4. Elle y siégeait depuis le 30 janvier. *Id.*, t. XXVI, p. 38. — 5. *Doc. ined. de Arag.*, t. XV, p. 492. — 6. *Id.*, t. XXVI, p. 38. — 7. *Id.*, p. 73. — 8. *Id.*, p. 41. — 9. *Id.*, t. XVI, p. 116, 234. — 10. *Id.*, p. 116.

tosa est dénoncé pour avoir menacé plusieurs habitants de la colère du roi et leur avoir dit qu'il n'était pas de bonne fête sans lendemain [1]. Le 5 mai, on arrêtait un chapelain qui disait vouloir aller à Saragosse, et ne pouvait expliquer pourquoi [2]. Ces mesures ne manquaient pas de faire un grand nombre de mécontents; la Généralité ne reculait devant aucun moyen pour arrêter les rébellions. Des proclamations engageaient le peuple barcelonais à courir sus aux malfaiteurs et à les ramener morts ou vifs; les étrangers (Gascons ou Castillans) non mariés à Barcelone étaient expulsés [3]; tous ceux qui se permettaient des paroles malsonnantes étaient menacés de mesures rigoureuses [4]; des commissaires extraordinaires étaient nommés pour juger sommairement tous les procès entre Catalans [5]. La Généralité arrivait aisément à se faire respecter de la bourgeoisie, mais les nobles et l'Église lui faisaient une opposition plus dangereuse. A Perpignan, par exemple, la députation noble du comté de Roussillon formait une ligue particulière, et se prétendait indépendante de la Généralité [6]; les consuls se plaignaient d'être négligés par les députés de Catalogne [7]. Le gouverneur royal faisait des arrestations arbitraires [8]. La Généralité envoya en Roussillon un homme adroit et discret, En Francesch Lobet, qui calma les consuls et défendit aux députés nobles de se réunir en assemblée [9], contrairement aux ordres de la Généralité; on ne pouvait admettre que la noblesse de Roussillon vécût aux dépens du trésor catalan, et refusât d'obéir aux autorités catalanes [10]. Les nobles trouvèrent le langage des députés fort *impertinent* [11], mais se soumirent. Quant au gouverneur, une émeute éclata contre lui, ce fut miracle si sa maison ne fut pas détruite: pour se sauver il céda aux avis de Lobet qui lui conseilla la sou-

---

1. *Doc. ined. de Arag.*, t. XV, p. 168 : « No y ha boda que no haja tornaboda. » — 2. *Id.*, p. 419. — 3. *Id.*, t. XXVI, p. 42. — 4. *Id.*, t. XVI, p. 122, 354, 355. — 5. *Id.*, t. XV, p. 29. — 6. *Id.*, t. XVI, p. 226. — 7. *Id.*, t. XVII, p. 18. — 8. *Id.*, t. XVII, p. 27, 65. — 9. *Id.*, t. XVII, p. 154. — 10. *Doc. ined. de Arag.*, t. XVI, p. 393. — 11. *Id.*, t. XVII, p. 152.

mission [1]. A Tortosa, une grave contestation divisait les clercs et les laïques : les clercs ne voulaient pas contribuer à la défense de la ville, ni réparer les brèches, ni fermer les portes, du côté où les bâtiments du chapitre touchaient aux remparts [2]. Le 24 mars, ils se déclarèrent exemptés de toute obligation. Le 6 juin, ils avertirent la Généralité qu'ils avaient consenti à prendre leur part de la garde de la cité [3]. La Généralité savait d'ailleurs tenir tête au pape comme au roi. Pie II faisait prêcher la croisade contre les Turcs ; les députés défendirent à l'évêque d'Elne, son légat, de s'acquitter de sa mission. L'État de la Catalogne ne permettait pas, disaient-ils, de répondre aux vœux du pape. Tout récemment, sous des prétextes semblables, des nonces et *autres gens* avaient emporté de Catalogne plus de deux millions d'or, « ce qui avait « causé des troubles à Barcelone, appauvri tout le pays, « amené la ruine des églises, et la mort des pauvres gens qui « avaient voulu partir pour la croisade ». Les députés ne pouvaient donc pas permettre la prédication, ils repoussaient aussi la vente des indulgences, qui devait plutôt *exciter l'indignation que la dévotion populaire* [4]. Cette mesure fut approuvée dans toute la Catalogne, et les députés d'Aragon remercièrent eux-mêmes leurs collègues de leur courageuse résistance.

Les députés ne prononcèrent pas la dissolution de l'armée catalane, et demeurèrent armés malgré les plaintes et les menaces du roi ; leur tactique ne fut pas celle des grands capitaines : elle suffit à sauvegarder les intérêts dont ils avaient la charge. L'armée du *somatent* avait été levée en quinze jours, on mit trois mois à la licencier, mais on évita ainsi tout brigandage, et le roi fut tenu en respect jusqu'au jour où il consentit à signer la paix.

La mise en liberté du prince eut pour premier effet de sus-

---

1. *Doc. ined. de Arag.*, t. XVII, p. 65. — **2.** *Id.*, t. XVI, p. 139, 339. — **3.** *Id.*, t. XVII, p. 159. — **4.** *Id.*, p. 49.

pendre la levée des soldats catalans et l'armement des galères, et d'arrêter la marche en avant [1]. Le roi, qui avait d'abord pensé à reprendre Fraga de vive force [2], s'adoucit bientôt [3], et se contenta d'en demander l'évacuation. A cet effet, les députés d'Aragon et les jurats de Saragosse envoyèrent des ambassadeurs au comte de Modica, qui refusa de partir sans en avoir reçu l'ordre de Barcelone [4]. Johan Ferrer répondit avec plus de hardiesse encore que Fraga avait été occupée paisiblement, et en vertu d'une décision juridique; que, d'ailleurs, les Catalans payant largement tout ce qu'ils consommaient, leur présence à Fraga était plutôt avantageuse que nuisible aux habitants [5]. Les députés ordonnèrent à l'armée de rester à Fraga, parce qu'il n'était bruit que des préparatifs de guerre du roi.

Jean II n'eût pas mieux demandé en effet que d'entrer en campagne, mais le comte et l'abbé de Ribagorza se disaient trop pauvres pour prendre du service. A Orca, les habitants avaient consenti à marcher contre les ennemis du roi, mais non contre le prince; à Balbastro, le capitaine Rebolledo avait grand'peine à se faire obéir. Le 5 mars, on n'estimait pas encore les forces royales à plus de 250 rossins et 500 hommes de pied [6]; on se sentait rassuré, l'armée catalane était bien quatorze fois plus nombreuse. Le bruit courait le même jour que 600 arbalétriers du comte de Foix avaient paru près de Monzon. Aussitôt on jetait le cri d'alarme et l'on songeait à la défense de Lérida [7], on apostait des sentinelles sur les routes, on fouillait les voyageurs, on lisait leurs lettres [8]. Le 6 mars, nouvelle alarme; les gens de Fraga, divisés entre eux *comme Guelfes et Gibelins*, semblaient se réunir contre les Catalans; les députés d'Aragon avouaient les préparatifs militaires du roi; Mossen Rebolledo, le chef royaliste que les Catalans paraissent avoir le plus redouté, marchait sur

---

1. *Doc. ined. de Arag.*, t. XV, p. 239, 263, 267, 268, 345. — 2. *Id.*, t. XVI, p. 95. — 3. *Id.*, t. XV, p. 365. — 4. *Id.*, p. 296. — 5. *Id.*, p. 376. — 6. *Id.*, p. 403. — 7. *Id.*, p. 418. — 8. *Id.*, 355, 57.

Belchite et menaçait de piller les terres de Johan Dixar.

Le mois de mars se passa ainsi tout entier, les deux partis s'observant l'un l'autre. Le roi préparait des troupes et protestait en même temps contre toute pensée d'attaquer l'armée catalane [1]; il appelait auprès de lui son fils, D. Alonzo d'Aragon [2], faisait sommer le comte de Modica d'évacuer Fraga [3], occupait Balbastro et Monzon [4], Balaguer, Montblanch, Algerri et Alguayre [5]. Les députés, rassurés par la présence de la reine en Catalogne, refusaient d'évacuer Fraga [6], recommandaient à toutes les petites villes de la frontière de se bien garder, et faisaient occuper Aytona, Seros et Penyalba [7].

A la fin du mois, les députés furent avertis que les beaumontais s'étaient de nouveau soulevés en Navarre [8], et que le roi de Castille faisait avancer des troupes pour les soutenir. Ils estimèrent avec raison que Jean II ne pouvait songer à leur faire la guerre dans ces conditions, et ils signèrent, le 28 mars, l'ordre d'évacuation de Fraga [9]. Cinq cents hommes de l'armée catalane et 50 rossins devaient rester à Lérida, tout le reste devait être licencié [10]. Le comte de Modica était rappelé à Barcelone, et le commandement de l'armée, confié au viguier, Arnau Guillem Pastor, président du procès de *somatent* intenté aux mauvais conseillers du roi [11].

Fraga fut évacuée le 1er avril, et l'armée catalane rentra à Lérida le 2 avril à midi [12]; les députés d'Aragon remercièrent la Généralité d'avoir enfin fait droit à leur requête [13], mais les habitants de Fraga restèrent sous le coup d'une grande terreur; le roi parlait de les châtier rigoureusement pour avoir rendu leur ville aux Catalans [14]. Jean II, trop occupé ailleurs, ne put pas donner suite à ses menaces, et le calme se rétablit peu à peu.

---

1. *Doc. ined. de Arag.*, t. XV, p. 479. — 2. *Arch. de Nav.* (Indice), caj. 158, 51. — 3. *Doc. ined. de Arag.*, t. XV, p. 473. — 4. *Id.*, t. XVI, p. 56. — 5. *Id.*, t. XVI, p. 51. — 6. *Id.*, t. XV, p. 498. — 7. *Id.*, t. XV, p. 434. — 8. *Id.*, t. XVI, p. 114. — 9. *Id.*, p. 134, 136, 151. — 10. *Id.*, p. 126. — 11. *Id.*, p. 156. — 12. *Id.*, 178. — 13. *Id.*, p. 191. — 14. *Id.*, p. 201.

Le comte de Modica eut de la peine à se désister de son commandement, il donnait à entendre que l'armée n'avait confiance qu'en lui, que son départ serait le signal d'une débandade générale; il ajoutait qu'il fallait songer avant tout à satisfaire les gens de Fraga, qui se plaignaient d'avoir été pillés par les Catalans [1]. Le 17 avril, il n'avait pas encore quitté l'armée [2]. Vers le 20 avril, Johan Ferrer avait réussi à organiser 20 connétables de 25 hommes, et donnait de bons renseignements sur la discipline des troupes; il ne manquait plus que deux chevaux pour remonter la cavalerie [3]. Le 21 avril, le comte de Modica avait quitté l'armée [4].

La Généralité maintint ses cinq cents hommes et ses 50 chevaux à Lérida presque jusqu'à la fin de la lutte diplomatique qu'elle soutenait avec la reine, mais il eût fallu augmenter la solde, à partir du 1er juin, parce que les hommes trouvaient à s'occuper aux travaux de la moisson [5]; le 2 juin, la Généralité licencia encore quatre cents hommes, et l'escorte à cheval du viguier et du porte-étendard de Saint-Georges [6]. Le licenciement ne s'opéra pas sans difficulté, les soldats voulaient être payés jusqu'au jour de leur retour dans leur pays [7]. Les gens de Fraga n'étaient pas encore indemnisés le 10 juin, et assiégeaient le viguier de leurs réclamations; Arnau Guillem Pastor déclarait ne plus pouvoir vivre dans ces conditions [8]. Une guerre particulière avait éclaté entre D. Felipe de Castro et Rebolledo [9]. Enfin l'heureuse conclusion des négociations engagées avec la reine permit à la Généralité de licencier ses dernières troupes. La reine signa le traité le 21 juin. Le 23 juin, les députés ordonnèrent à Johan Ferrer de licencier les cent hommes qui restaient à Lérida; Arnau Guillem Pastor devait revenir immédiatement à Barcelone « avec sa bannière pliée, sans cérémonie et sans ostenta-

---

1. *Doc. ined. de Arag.*, t. XVI, p. 241, 292, 225, 332. — 2. *Id.*, p. 261. — 3. *Id.*, p. 295. — 4. *Id.*, p. 303. — 5. *Doc. ined. de Arag.*, t. XVII, p. 111. — 6. *Id.*, t. XVII, p. 124. — 7. *Id.*, p. 143. — 8. *Id.*, p. 165. — 9. *Id.*, p. 207.

tion[1] ». Les gens de Fraga devaient être payés de ce qui leur était dû avant le départ du viguier pour Barcelone. La Généralité restait ainsi fidèle, jusqu'à la dernière heure, au rôle légal qu'elle s'était tracé. Elle avait su proportionner l'effort au danger; elle avait mis cinq mille hommes en campagne pour obtenir la liberté du prince et pour amener le roi à traiter; elle avait gardé 500 hommes sous les armes pendant la durée des négociations, 108 hommes seulement lorsqu'elle s'était crue certaine de la bonne volonté du roi; le jour du triomphe, au lieu de se laisser entraîner à quelque vaniteuse démonstration, elle licenciait sans éclat ses dernières troupes, rappelait son général, payait les dégâts commis par ses soldats, et gardait dans la victoire le même calme et le même sang-froid que dans la lutte.

La victoire avait été disputée. La reine avait défendu pied à pied toutes les prérogatives que Jean II désirait s'attribuer, et cette longue négociation de trois mois est le plus beau titre de gloire de Jeanne Enriquez.

On se rappelle que les députés de Catalogne avaient refusé l'entrée de Barcelone à la reine. Elle avait dû rester en arrière, à Villafrancha de Panades[2], où elle attendait les communications des députés. Déjà menacé par la Castille, Jean II demandait aux Catalans de lui prêter une partie de leur armée pour repousser les ennemis; les députés répondirent par un refus courtois, mais formel; les Catalans étaient pleins de bonne volonté pour le service du roi, mais les circonstances n'étaient pas favorables, et la reine devait excuser les députés s'ils apportaient quelque délai à l'exécution de leurs promesses[3].

Les négociations ne commencèrent vraiment que le 20 mars; elles présentent trois phases bien distinctes : du 20 mars au 21 avril, les députés de Barcelone négocient avec la reine,

1. « Ab la bandera plegada, e sens alguna cerimonia, y sin hacer ostentacion alguna. » *Id.*, p. 264, 67. — 2. Au S.-E. de Barcelone. — 3. *Doc. ined. de Arag.*, t. XVI, p. 15.

restée à Villafrancha, et lui soumettent le projet de traité; du 21 avril au 20 mai, la reine retourne auprès du roi, qui fait examiner par son conseil les propositions des Catalans; du 20 mai au 21 juin, la reine séjourne de nouveau en Catalogne, à Martorell [1], à Caldes de Montbuy [2] et à Villafrancha de Panades; elle essaye d'obtenir quelques concessions, et signe le traité définitif le 21 juin.

Le 20 mars 1461, les députés envoyèrent à la reine trois ambassadeurs : l'abbé de Saint-Jean des Abbesses, Mossen Johan Çabastida, chevalier, et En Francesch Burgues, syndic de Tortosa [3]. Ils avaient pour mission de se plaindre des préparatifs de guerre que faisait le roi, et d'engager la reine à ne pas venir à Barcelone, ni même à Sant-Boy. Il fallut trois heures de discussion pour décider la reine à obéir [4]. Les députés la remercièrent de sa soumission, et, pour lui marquer leur bon vouloir, ils décidèrent que ses lettres au roi ne seraient plus arrêtées à Fraga [5]; mais la reine ayant demandé à envoyer elle-même à Barcelone le maître de Montesa et le comte d'Oliva, on lui répondit que l'on n'avait pas bonne opinion de ces deux personnages, et que leur ingérence ferait plus de mal que de bien. On ne fit pas une réponse plus favorable au roi qui se plaignait amèrement de l'arrestation de Galceran de Requesens [6]. Le 31 mars, trois nouveaux ambassadeurs, l'abbé du Poblet, Mossen Johan Çabastida, et En Thomas Taqui, bourgeois de Perpignan, reçurent le projet de traité, avec ordre de le communiquer, tous les trois ensemble, à la reine, et à elle seule [7]. La reine les reçut le 1er avril, et affecta de ne manifester aucune inquiétude au

---

1. Sur le Llobregat, à l'O. de Barcelone. — 2. N.-O. de Barcelone. — 3. *Doc. ined. de Arag.*, t. XVI, p. 71. — 4. *Id.*, p. 86. — 5. *Id.*, p. 99. — 6. « Vos pregam e encarregam axi estratament com podem que differint en aquesta part a la honor nostra, de qui es estat e es official, e per tots altres bons e honests respectes, tant com sia en vos altres, façats deliurar de la prisio lodit governador, e no permetre que li sia feta vexatio o molestia en la sua persona, ne bens. Rex Johannes. » *Arch. de Barcel.*, Cartas reales (1458-62). — 7. *Doc. ined. de Arag.*, t. XVI, p. 145, 147; *Id.*, t. XXVI, p. 42.

sujet des menaces du roi de Castille. Elle affirmait « que la « plupart des nobles Castillans passeraient au roi d'Aragon » et elle ajoutait que les Catalans feraient bien de se presser s'ils voulaient traiter avec le roi [1]. Le jeudi saint, 2 avril, elle les reçut à huit heures du soir, après avoir assisté à tous les offices de la journée; devant les prétentions des Catalans, son assurance tomba : elle discuta jusqu'à onze heures « en répan- « dant des torrents de larmes [2] » et demanda de nombreuses modifications à certains passages du traité qui lui paraissaient contraires à l'honneur du roi. Les députés autorisèrent la reine à mettre ses observations par écrit (7 avril) [3], et la reine leur envoya sa réponse le 12 avril [4]. Elle se tenait au courant de tout ce qui se passait à Barcelone, et avait des intelligences jusque dans le conseil [5]. Les députés examinèrent attentivement les demandes de la reine, et résolurent de prendre l'avis du prince de Viane. L'archevêque de Tarragone, le comte de Prades et Luis Xetanti, chancelier de Barcelone, conférèrent avec lui au sujet de la réponse à faire à la reine [6]. On ne sait quel fut le sentiment du prince, ni le cas que les députés firent de ses conseils, mais ils lui refusèrent la permission de négocier directement avec la reine [7]. Le 18 avril, neuf ambassadeurs partirent de Barcelone pour porter à la reine le texte définitif du traité [8]. Ils offraient un don de 200 000 livres à l'infant D. Fernando, pour mieux disposer la reine en leur faveur, et faisaient à la reine certaines concessions de forme sur d'autres chapitres [9]. Jeanne Enriquez quitta Villafrancha de Panades le 21 avril, et reprit la route de Saragosse. Les députés enjoignirent aux autorités de Cervera de la recevoir

---

1. *Doc. ined. de Arag.*, t. XVI, p. 161. — 2. « No sens efusio de continues lagremes dels sus ulls discorrents, e ab altres anxioses paraules. » *Id.*, p. 163. — 3. *Id.*, p. 176. — 4. *Id.*, p. 220. — 5. *Id.*, p. 198. — 6. *Id.*, p. 230. — 7. *Id.*, p. 290. — 8. Archevêque de Tarragone, évêque de Barcelone, Joffre Cerrahi, chanoine cabiscol et syndic de Girone; le comte de Prades; le vicomte Dilla et de Canet; Mossen Luiz Xetanti, Marti Père, syndic de Girone; Gabriel Vivet, syndic de Vich. *Id.*, t. XVI, p. 263; t. XXVI, p. 43. — 9. *Id.*, t. XVI, p. 281.

honorablement si elle venait à passer par leur ville[1]. Elle avait demandé à être suivie par quelques ambassadeurs catalans ; les députés craignirent sans doute pour la sûreté de ces ambassadeurs, et refusèrent d'en envoyer, en disant qu'ils ne voulaient être redevables de la paix qu'à la reine seule[2].

Jean II reçut communication du projet de traité le 1ᵉʳ mai, et la reine s'empressa d'en avertir les députés[3] ; Jean II confia l'examen du traité à quatre personnes de son conseil et à quatre députés d'Aragon[4] ; mais, le 10 mai, il n'avait pas encore répondu. La Généralité dépêcha alors en Aragon le notaire En Brujo avec ordre d'insister auprès de la reine pour avoir une réponse. Le 13 mai, En Brujo arriva à Saragosse, et se présenta chez la reine, à dix heures du matin. Jeanne Enriquez le reçut en toilette du matin[5], et le pauvre messager ne la reconnut point. Elle se fit reconnaître. En Brujo s'agenouilla devant elle, et la pria de lui pardonner ; elle sourit modestement, l'embrassa d'une façon toute royale[6], et parut lire avec plaisir les lettres des députés et des conseillers de Barcelone, mais elle ne fit pas connaître les intentions du roi. Le soir, après sa sieste, En Brujo se présenta de nouveau au palais, la reine ne lui parla que des inquiétudes qu'elle ressentait au sujet du roi, qui était parti pour faire la guerre en Navarre. A six heures du soir, elle partit pour Villamayor, à trois lieues de Saragosse ; En Brujo la rattrapa en chemin et lui rappela encore sa promesse. En arrivant à Villamayor, nouvelle démarche d'En Brujo ; du plus loin qu'elle l'aperçut, la reine lui cria que son secrétaire n'était pas arrivé. En Brujo resta auprès de la reine, écoutant de son mieux et parlant le moins possible[7]. Enfin, à onze heures du soir, pour se débarrasser de lui, la reine fit écrire aux députés par le maître de Montesa. Il fallut sceller la lettre avec l'anneau d'une des

---

1. *Doc. ined. de Arag.*, p. 300. — 2. *Id.*, p. 370. — 3. *Id.*, p. 392. — 4. *Id.*, 452. — 5. « Stant en gonella de carmesi, ab beatilla emborraçada. » — 6. « Al modo reyal abrassant me. » — 7. « Servant la ley a mi donada de curta lengua, et amples orells. »

dames de la reine ; il était si tard, et l'on était si fatigué, que la lettre fut adressée au « lieutenant de Barcelone » : la reine oubliait que Galceran de Requesens était en prison [1].

La reine partit de Saragosse le 14 mai, après dîner [2], et arriva le 20 mai à Igualada, sur la frontière de Catalogne [3]. Les députés avaient envoyé au-devant d'elle Jaume de la Geltru, prieur de Catalogne, Mossen Arnau de Villademany, chevalier, et mossen Jaume Ros, bourgeois de Barcelone. La reine voulait venir directement à Barcelone, les ambassadeurs avaient l'ordre de l'en dissuader formellement [4]. Jeanne Enriquez était résolue à entrer à Barcelone malgré toute opposition. Le 22 mai, elle arriva à Martorell, en dépit des ambassadeurs, et annonça l'intention de continuer sa route jusqu'à San Cugat [5]; les députés persistèrent dans leur refus, et ordonnèrent à leurs envoyés d'accompagner la reine, si elle voulait sortir de Martorell, et d'arriver à Barcelone avant elle, afin que l'on pût aviser [6]. Le même jour, Johan Ferrer saisissait à Lérida tout un paquet de lettres du roi, et les envoyait à Barcelone. Elles montrent que le roi se faisait renseigner sur les événements de Catalogne, comme les députés trouvaient moyen de savoir ce qui se passait à Saragosse [7]. La reine reçut communication des ordres de la Généralité au moment où elle allait partir pour San Cugat; elle se plaignit d'être en butte aux soupçons des Catalans, elle dit qu'elle était malade depuis son départ de Saragosse, qu'elle avait besoin de se purger, et qu'elle était horriblement mal logée à Martorell; mais elle n'osa pousser plus loin [8]. Le 24 mai, elle reçut encore les ambassadeurs, et leur dit qu'elle n'avait pu dormir de toute la nuit à cause de l'abondance des punaises [9]; les députés l'autorisèrent à se rendre à Caldès de Montbuy, où elle devait trouver une habitation plus convenable [10]. En allant

---

1. *Doc. ined. de Arag.*, t. XVI, p. 460. — 2. *Id.*, t. XVII, p. 16. — 3. *Id.*, p. 5. — 4. *Id.*, t. XVI, p. 477. — 5. *Id.*, t. XVII, p. 30, 34. — 6. *Id.*, p. 25. — 7. *Id.*, p. 69, 81. — 8. *Id.*, p. 30. — 9. *Id.*, p. 61. — 10. *Id.*, p. 63.

de Martorell à Caldes, la reine put se rendre compte des dangers qui l'auraient attendue à Barcelone. Elle voulait s'arrêter à Tarraza; les habitants lui fermèrent les portes de leur ville, et sonnèrent le tocsin comme si un ennemi ou un malfaiteur les eût menacés [1]. Les députés écrivirent aux consuls de Vich et de Manrésa pour éviter un pareil scandale [2], mais le mal était déjà fait. La reine reçut les ambassadeurs catalans à Caldès de Montbuy, le 27 mai, et remit au lendemain pour leur communiquer la réponse du roi; elle était très fatiguée de son voyage et voulait mettre un peu d'ordre dans sa maison [3]. Les ambassadeurs étaient au nombre de trente-neuf, six pour le prince, vingt et un pour la Généralité et le conseil, douze pour la cité de Barcelone [4]. La reine leur remit par écrit la réponse du roi, le 28 mai, après dîner, et, comme les ambassadeurs ne parurent pas satisfaits de cette réponse, elle leur délivra une cédule où elle disait porter à tous les Catalans le même amour que s'ils étaient tous ses fils : elle ne demandait que la paix, et avait pleins pouvoirs du roi pour la signer *à Barcelone*, d'accord avec les députés et le conseil de la cité [5].

Le prince de Viane intervint alors en faveur de la reine [6], et obtint des députés quelques concessions. On ne lui défendait plus d'entrer à Barcelone, mais on lui laissait entendre que l'on croyait plus prudent à elle de n'y pas entrer; on lui promettait en même temps de lui envoyer une ambassade assez nombreuse pour qu'elle pût traiter avec elle, comme avec les députés eux-mêmes [7]. La reine céda encore, et s'établit à Villafrancha de Panades [8]. Elle soumit sa réponse aux ambassadeurs catalans le 3 juin [9]; la réponse arriva le 5 juin à Barcelone, et les députés nommèrent une commission chargée

---

1. *Doc. ined. de Arag.*, t. XVII, p. 86; t. XXVI, p. 45. Queralt, *Vida del Principe*, ch. XIII. — 2. *Id.*, t. XVII, p. 90, 91. — 3. *Id.*, p. 96. — 4. *Id.*, t. XXVI, p. 46. — 5. *Id.*, t. XVII, p. 98. — 6. *Arch. d'Arag.*, pr. de V., t. VI, f° 43. — 7. *Doc. ined. de Arag.*, t. XVII, p. 110. — 8. *Id.*, p. 101. — 9. *Id.*, p. 128.

de l'examiner minutieusement ; l'inquiétude était grande à Barcelone : la Fête-Dieu tombait le 4 juin cette année, il n'y eut ni processions, ni réjouissances comme à l'ordinaire, on ne s'occupa que des affaires publiques [1]. Le 8 juin, la réponse étudiée par la commission fut soumise au prince de Viane, votée une dernière fois par les députés de Catalogne et les conseillers de Barcelone, et renvoyée à la reine [2] avec une lettre très respectueuse, remplie de protestations de dévouement et de fidélité : tout ce qui se faisait tendait à la gloire du roi [3]. Les ambassadeurs catalans partirent de Barcelone le 11 juin [4], et reçurent l'ordre de poursuivre *opportunément et inopportunément* la solution du débat [5]. Ils accomplirent leur mission avec toute la ténacité Catalane ; la reine demanda qu'une nouvelle consultation eût lieu entre ses conseillers et trois ambassadeurs [6] ; l'entrevue ne dura pas moins de six heures, et la reine ne voulut pas encore donner de réponse définitive ; obsédée par les ambassadeurs, elle répondit gaiement : « Je vous trouve bien impertinents, vous avez mis vous-mêmes « plus de huit jours à me répondre [7]. » Enfin elle offrit de conclure, si les Catalans voulaient consentir à envoyer une ambassade au roi de Castille pour le décider à évacuer la Navarre. La Généralité accepta cette condition [8], prouvant par là, une fois de plus, que les intérêts personnels du prince de Viane n'étaient pas l'objet principal de ses préoccupations. Les trente-neuf ambassadeurs revinrent à Barcelone le 17 juin avec les dernières propositions de la reine [9], les députés accordèrent au roi la mise en liberté de Galceran de Requesens, et dépêchèrent à la reine l'abbé du Poblet, Johan Çabastida, chevalier, et Johan Lull, bourgeois de Barcelone (19 juin) [10]. La reine signa la paix le 21 juin, et la nouvelle en arriva le jour même à Barcelone. Les habitants en éprouvèrent « la

---

1. *Doc. ined. de Arag.*, t. XXVI, p. 48. — 2. *Id.*, t. XVII, p. 143. — 3. *Id.*, p. 157. — 4. *Id.*, t. XXVI, p. 48. — 5. *Id.*, t. XVII, p. 166. — 6. *Id.*, p. 168. — 7. *Id.*, t. XVII, p. 170. — 8. *Id.*, p. 178. — 9. *Id.*, t. XXVI, p. 48. — 10. *Id.*, t. XVII, p. 185.

« même joie que les apôtres eurent de la résurrection [1] ». Le prince de Viane se rendit à la cathédrale et fit la procession autour de l'église, derrière la grande croix, à droite de l'évêque ; on chanta le *Te Deum* à l'autel de Sainte-Eulalie ; le soir on tira « des feux volants, des coups de canon et des feux gré-« geois à grand'foison [2] ». Le lendemain se passa aussi en réjouissances [3].

Ce traité, si péniblement élaboré, contient une reconnaissance expresse des droits du prince de Viane, et accorde aux Catalans les garanties les plus étendues contre l'arbitraire royal. Le prince de Viane est reconnu comme *primogénit et héritier présomptif de tous les royaumes du roi;* il est lieutenant général du roi en Catalogne avec droit de présider les Cortès, de percevoir les revenus de Catalogne et de Roussillon et d'en disposer à sa volonté ; il est inamovible, et ne peut être déposé pour quelque cause que ce soit ; mais il exercera le pouvoir en Catalogne à l'aide de ministres catalans, et ne pourra nommer aucun officier dans la principauté. Le roi lui accorde 6000 livres de pension sur les revenus de Sicile, il renonce au droit de lui intenter un procès pour quelque délit que ce soit, « pour grand et énormissime qu'on « puisse le dire ou penser, encore qu'il fût et se dît ennemi « de sa royale personne [4] ». Enfin les offices et les forteresses du royaume de Navarre seront confiés à des Aragonais, à des Catalans ou à des Valenciens, pour prévenir tout désordre et conserver les droits du prince ; mais sur ce dernier article le roi ne se prononce pas nettement, et s'en remet à la décision des Cortès générales de ses royaumes.

Pour ce qui est des libertés de Catalogne, Jean II légitime tous les actes passés par les députés depuis le 5 décembre 1460,

---

1. *Doc. ined. de Arag.*, t. XXVI, p. 80, 82. — 2. « Fochs voladors, bombardes, et fochs grechs desparant ab gran copia. » T. XXVI, *loc. cit.* — 3. *Id.*, p. 50. — 4. « Per gran o enormissim ques pogues dir o cogitar, encara que fos es digues esser commes contra la reyal persona de vos dit Senyor. »

et renonce pour lui et pour ses successeurs à tout acte de poursuite ou de vengeance contre les Catalans. Dans le cas où les libertés catalanes viendraient à être violées de nouveau, soit par le roi, soit par le prince, le roi autorise d'avance les députés et le conseil de Barcelone, ou leurs délégués, à poursuivre par toute *voie de fait et de droit* le redressement de l'abus, il valide d'avance tous les actes qui pourraient être faits dans ce but. Les grands officiers de justice, chancelier, vice-chancelier, régent de chancellerie, assesseur du vice-gouverneur général, seront désormais payés par l'État catalan, mais tous, sauf le chancelier, seront Catalans de naissance. Il leur est interdit de recevoir des épices, excepté les menus cadeaux de boisson et de victuailles qui se peuvent consommer rapidement[1]. Tous devront jurer d'observer fidèlement et de faire observer les lois catalanes. En cas de contravention, l'officier de justice sera averti par les députés, et s'il ne peut prouver qu'il est innocent, il sera révoqué *ipso facto* : le roi aura trente jours pour pourvoir au remplacement de l'officier révoqué. Le roi conserve le droit exclusif de convoquer les Cortès et de nommer les officiers, mais s'il convoque les Catalans à des Cortès générales tenues hors du territoire catalan, les Catalans ne seront pas forcés de s'y rendre, et les décisions des Cortès générales n'auront aucun effet à l'égard de la Catalogne; les officiers nommés par le roi seront tous Catalans, ou domiciliés depuis dix ans en Catalogne. Le roi s'engage, dans l'intérêt de la paix, à ne pas paraître dans le pays sans y être invité par les députés : *et de cette façon, le roi vivant dans ses royaumes, et le prince en Catalogne, la concorde sera facilement maintenue entre eux.*

Les Catalans renoncent à poursuivre criminellement les mauvais conseillers du roi, mais ils ne pourront désormais faire partie de son conseil, ou du moins le conseiller sur des

---

1. « Exceptat esculentum et potulentum qui en breu puga esser consumit. »

affaires de Catalogne. D. Juan de Beaumont, arrêté illégalement en même temps que le prince, sera mis en liberté par le roi. Si le prince de Viane vient à mourir sans enfants légitimes, sa succession sera assurée à son frère, l'infant D. Fernando. Les députés et le conseil de Barcelone accordent à ce dernier un don de 200 000 livres en reconnaissance des bons offices de la reine, et demandent que l'infant soit élevé en Catalogne [1].

On le voit, la victoire des Catalans fut complète, ils obtinrent du roi le plus remarquable ensemble de garanties que put jamais demander un peuple à son souverain; ils crurent avoir bien mérité de leurs concitoyens en terminant aussi heureusement une crise aussi dangereuse, et ils se votèrent sans scrupule une indemnité de 500 florins à chacun [2].

Politique personnelle du prince de Viane. Son gouvernement en Catalogne.

Après dix ans de luttes et de malheurs, le prince de Viane semblait toucher au but : il allait être reconnu héritier de tous les royaumes de son père, et il avait le gouvernement du plus riche pays d'Aragon. Les deux choses qu'il aimait par-dessus tout, le luxe et la paix, paraissaient lui être assurées. Il ne sut pas se contenter de ce résultat, et parvint en quelques mois à le compromettre par une politique personnelle, sans doute très justifiable, mais souverainement imprudente.

D. Carlos d'Aragon sortit de sa prison aigri contre son père. Il n'oublia jamais ces trois mois d'angoisse qu'il avait passés à Saragosse, à Fraga et à Morella; il avait perdu toute confiance dans le roi, et ne put croire à une réconciliation sincère avec lui. Il fut ainsi amené à chercher des garanties contre une nouvelle agression. Le roi de Castille lui avait toujours témoigné une grande sympathie, il se trouva porté à se rapprocher de lui davantage, et résolut de poursuivre plus active-

---

1. *Doc. ined. de Arag.*, t. XVII, p. 222, 263. — 2. *Id.*, t. XVII, p. 281.

ment que jamais ce projet de mariage avec l'infante Ysabel, qui avait été la première cause de sa captivité, et qui lui paraissait être le meilleur moyen de se venger de son père. Il se rappela également qu'il était toujours *le seigneur propriétaire* du royaume de Navarre ; il se crut dégagé de toute obligation envers un père qui l'avait trahi, et songea à revendiquer son droit, comme les Catalans avaient fait du leur.

Ces vues étaient justes et légitimes ; mais D. Carlos ne sut pas voir qu'il n'avait rien à gagner à poursuivre leur réalisation. Il ne comprit pas que les seigneurs étrangers auxquels il s'adressait ne tenteraient aucun effort sérieux en sa faveur, et qu'il eût fallu pour lui rendre son héritage le désintéressement d'un chevalier errant. Il ne s'avisa pas que son mariage avec Ysabel de Castille était difficile, lui procurerait peu d'avantages, puisque Henri IV était sur le point de devenir père, et qu'il l'exposerait au ridicule, car sa fiancée avait onze ans, et lui en avait quarante. Il ne comprit pas qu'il n'était en Catalogne que le chef constitutionnel d'une véritable république et que les Catalans n'avaient aucun intérêt à le remettre en possession de la Navarre. Il compta sur le réveil de son parti, mais les beaumontais, ruinés par dix ans de guerre et dépouillés de Pampelune, étaient incapables de reconquérir le royaume avec leurs seules forces. Il espéra que le roi de Castille prendrait sa défense, mais Henri IV était trop versatile pour qu'il fût prudent de se fier à lui, et trop mal obéi pour que son concours fût efficace. Le prince de Viane était donc condamné à échouer dans tous ses desseins jusqu'à la fin de sa vie : non pas que ses projets ne fussent raisonnables, mais parce qu'il ne savait pas les proportionner aux moyens d'exécution dont il disposait.

Le prince de Viane fut solennellement reconnu comme lieutenant général de Catalogne, le 24 juin 1461. Il vint ce jour-là à la cathédrale de Barcelone prêter serment de fidélité aux libertés de la province. Vêtu d'une robe de velours cramoisi doublée de damas, un collier de perles et de pierres précieuses

autour du cou, il s'agenouilla sur un carreau de velours, en face d'une chaire couverte de drap d'or impérial, sur laquelle était déposé un missel tout ouvert. L'évêque de Barcelone tenait la grande croix devant le prince; D. Carlos étendit la main et prononça le serment suivant : « Le très excellent sei-
« gneur D. Carlos, primogénit d'Aragon et de Sicile, lieute-
« nant général du très haut et très excellent seigneur, le sei-
« gneur roi, jure sur son âme, par Notre-Seigneur Jésus-Christ
« et ses quatre saints évangiles, qu'il touche corporellement
« de ses mains, de tenir et inviolablement observer, et de
« faire tenir et observer aux prélats, religieux, clercs, riches
« hommes, barons, nobles, chevaliers et hommes de parage,
« et aux cités, bourgs et autres lieux de Catalogne, et aux
« citoyens, bourgeois et habitants desdites cités, et desdits
« bourgs et lieux, tous les usages de Barcelone, les constitu-
« tions, les capitulaires et les actes passés dans les Cortès de
« Catalogne, les libertés, privilèges, us et coutumes de la
« meilleure et plus pleine manière dont ils en aient joui. De
« ce serment ledit seigneur prince veut qu'il soit fait une et
« plusieurs copies. » Les députés de Catalogne et les conseil-
lers de Barcelone prirent acte du serment du prince, qui sortit de l'église précédé de hérauts d'armes, et d'un officier portant une grande épée à poignée de vermeil et fourreau de velours, comme on en porte devant un fils de roi et un lieutenant général. D. Carlos revint au palais en traversant à cheval les principales rues de la ville. Toutes les fenêtres étaient garnies de dames et de damoiselles, curieuses de le voir passer [1].

Le prince était entré en fonctions : il lui manquait encore d'être reconnu en qualité de lieutenant général par les Cortès de Catalogne. Le 4 juillet 1461, il les convoqua à Barcelone pour le 30 du même mois. Le roi se montra très irrité de cette mesure, qui était effectivement contraire à la lettre du

1. *Doc. ined. de Arag.*, t. XXVI, p. 82, 84.

traité; mais la Généralité résolut de passer outre : elle fit observer que les Cortès se réunissaient uniquement pour la reconnaissance du primogénit, et que le roi y avait acquiescé dans ses réponses aux députés [1]. La cérémonie eut lieu le 30 juillet, dans la grande salle du palais royal de Barcelone, toute tendue de draps de satin. Sur une estrade s'élevait le trône du prince, décoré de tentures et de coussins de brocart d'or. A six heures, D. Carlos y prit place, Mossen Johan de Vilademany tenant devant lui l'épée royale. Les gens des trois États étaient venus en si grand nombre que l'on ne pouvait plus se tourner dans la salle. Le prince commanda le silence et adressa quelques mots à l'assemblée : « Mes frères et bons « amis, pour en venir à notre but, vous savez déjà tous pour- « quoi la présente assemblée est convoquée, c'est en vertu « du chapitre XI du traité, par lequel le seigneur roi est con- « tent et lui plaît que vous nous prêtiez serment comme pri- « mogénit dans tous les royaumes et terres sujettes à Sa « Majesté, et, ainsi, je vous prie tous de faire votre devoir « envers nous, comme nous sommes prêts et délibérés de « faire le nôtre envers vous, et de confirmer, approuver et « jurer les privilèges, constitutions et libertés que nos prédé- « cesseurs vous ont accordés à vous tous et à chacun de « vous. » L'évêque de Vich, parlant au nom des États, remer- cia le prince de ses bonnes paroles, et prononça son éloge. On apporta un crucifix d'argent et un missel, qui furent posés sur un coussin, et remis à l'évêque de Vich; puis, avant de prêter serment au prince, chacun des ordres de l'assemblée fit lire une déclaration dans laquelle il était dit que le ser- ment serait prêté sans préjudice et sous réserve des libertés des États. Le prince se leva alors de son trône, s'agenouilla devant l'évêque de Vich et jura entre ses mains de garder fidèlement toutes les libertés catalanes. La majeure partie du clergé vint ensuite lui prêter serment et lui baiser la main

---

[1]. *Doc. ined. de Arag.*, t. XVII, p. 379, 383.

« comme au primogénit et seigneur, ou successeur après la
« mort de la majesté du seigneur roi, son père ». Toute la
noblesse, conduite par le comte de Pallas, prêta serment à
son tour ; puis vinrent quatre conseillers représentant la ville
de Barcelone, Père Destorrent, bourgeois, Siméon Sala, marchand, Honorat Çaconamina, notaire, Rafaël Vilar, artisan.
Ils montèrent tous les quatre sur l'estrade où le prince les
attendait, le visage riant et ouvert, et Père Destorrent remit
la formule du serment au protonotaire. Le prince ne permit
pas qu'il en fût donné lecture, disant qu'il connaissait assez
les Barcelonais pour ne pas douter de leur fidélité. Les quatre
représentants de Barcelone prêtèrent serment l'un après
l'autre ; le prince leur parlait à tous avec bonté, et les relevait
gracieusement lorsqu'ils s'étaient agenouillés devant lui.
Après les Barcelonais, les syndics des autres villes catalanes
prêtèrent serment à leur tour, et la cérémonie se termina au
son des trompettes ; D. Carlos était reconnu comme primogénit et lieutenant général en Catalogne [1].

Ce double titre ne lui assurait d'ailleurs qu'une simple prééminence d'honneur, et il est impossible de trouver une différence appréciable dans sa vie et dans ses actes, si on les considère avant et après la cérémonie du 30 juillet. L'activité un
peu puérile du prince de Viane continue à se porter sur un
grand nombre de sujets. A peine remis en liberté, il s'occupe
de sa maison et réclame au vice-roi de Sicile les porcelaines
dont la reine lui avait fait cadeau, l'année précédente, et qui
se trouvaient à Trapani [2] ; il n'avait plus qu'un cheval [3] : il
ordonne qu'on lui envoie de Sicile ses chevaux et ses mules [4],
et s'indigne contre le vice-roi qui refuse de les laisser partir [5].
Il est toujours à court d'argent, paie ses serviteurs avec des
promesses [6], emprunte 600 florins au vicomte Dilla, et s'en
fait donner 500 autres par les gens de Perpignan [7]. Il mande

---

1. *Doc. ined. de Arag.*, t. XXVI, p. 86, 90. — 2. *Arch. d'Arag.*, pr. de V.,
t. VI, f° 216. — 3. *Id.*, t. VII, f° 18. — 4. *Id.*, t. VII, f° 12. — 5. *Id.*,
f° 18. — 6. *Id.*, f° 45. — 7. *Id.*, f° 49.

Doña Brianda en Catalogne, où elle reçoit l'hospitalité chez D. Hugo de Cardona, seigneur de Bellpuig [1]. Il compatit à toutes les misères et s'intéresse à tous les malheurs. Il apprend que le comte D. Juan Ortiz a été fait prisonnier par les Maures de Grenade, et qu'il lui manque 1600 doubles pour payer sa rançon; il envoie en Castille son serviteur, Juan Roiz, pour quêter la rançon du prisonnier [2]. Galceran de Requesens avait confisqué une galère et les marchandises qu'elle portait : le prince en fait poursuivre la restitution [3]. Les gens de Collioure se plaignent d'être surchargés d'impôts, le prince promet d'y pourvoir, et ordonne au procureur royal et aux conseillers de la ville de faire une enquête à ce sujet [4]. Le 18 mai, le comte d'Armagnac, accusé d'inceste et banni du royaume de France, arrive à Barcelone avec deux galères florentines; le prince envoie son fils naturel, D. Philippe, au-devant du comte, s'avance lui-même à sa rencontre, le salue courtoisement et le conduit jusqu'à la maison où il doit loger. La sœur du comte, religieuse au couvent de Montesion, avait quitté Barcelone la veille de l'arrivée de son frère, parce que le pape, en donnant l'absolution au comte, avait exigé qu'il n'habitât jamais la même ville que sa sœur. D. Carlos s'intéresse au misérable, un petit homme au cou gros et court, au visage bourgeonné, aux yeux louches et aux cheveux rouges [5]; il le sermonne, il l'invite au repentir, il écrit en sa faveur au comte de la Marche, au duc de Bourbon, à Juan Dorval et de Lesparre, au comte de Charolais, à Jean d'Armagnac [6]. D'ailleurs le prince écrit beaucoup, et son inépuisable complaisance lui vaut un grand nombre de clients. Il écrit sept lettres au pape dans l'espace d'un mois; il lui recommande le vénérable père abbé de Saint-Cucuphat, « âgé de soixante-dix-sept ans et que ses moines accusent de mille crimes imaginaires [7] ». Il demande une préceptorerie pour Fr. Ramon Lull [8];

---

1. *Arch. d'Arag.*, pr. de V., t. VII, f° 18. — 2. *Id.*, f° 164. — 3. *Id.*, f° 166. — 4. *Id.*, f° 174. — 5. *Doc. inéd. de Arag.*, t. XXVI, p. 45, 78, 80. — 6. *Arch. d'Arag.*, pr. de V., t. VII, f° 60. — 7. *Id.*, f° 169. — 8. *Id.*, f° 175.

une dispense de mariage pour Pierre de Saint-Clément et Violante Dixar [1]. Il écrit « à l'illustre prince et seigneur le roi René, duc d'Anjou » pour obtenir la mise en liberté d'un habitant de Perpignan, retenu prisonnier à Arles contre toute justice [2]. Il correspond encore avec le roi de Naples, Ferdinand [3], avec le duc de Bourgogne [4], avec l'empereur Frédéric III [5], avec le duc de Savoie et le duc de Milan [6].

Toutes ces démarches occupent le prince et l'amusent, mais ses grands intérêts sont ailleurs. Il les défend avec opiniâtreté, mais avec maladresse, et le succès lui échappe sur tous les points : avec les députés de Catalogne, avec le roi de Castille, avec Jean II.

Les députés portent au primogénit un amour très sincère, mais cet amour ne va pas jusqu'à lui laisser une part trop large dans le gouvernement; le prince, qui s'est habitué en Navarre à gouverner par lui-même, ne comprend rien à son rôle de chef du pouvoir exécutif, dans une république où les lois s'observent à « l'ongle et à la lettre ».

Les Catalans se montrent très respectueux envers le prince, et lui accordent de grands honneurs. Le 14 mars, il vient remercier les jurats de la part qu'ils ont prise à sa délivrance, on lui donne un siège élevé avec dossier et coussins de drap de soie, et dans son enthousiasme D. Carlos s'écrie : « Que la cité « de Barcelone lui est chère comme sa fille, et que les habitants « sont pour lui des pères, des mères et des sœurs [7]. » Le 16 mars, une commission de 15 membres est nommée par les députés pour s'occuper de ses affaires [8]. Le 2 avril, le conseil de Barcelone lui accorde un subside de 10 000 florins d'or, « lesquels le receveur de l'Illustrissime Primogénit emploiera « à payer des gens qui serviront à la garde et à la protection « de la personne dudit Illustrissime Primogénit [9] ». Il assiste à la fête de Saint-Georges [10] et à la procession du Corpus, célé-

---

1. *Arch. d'Arag.*, pr. de V., t. VII, f° 91. — 2. *Id.*, f° 173. — 3. *Id.*, f°s 19, 77. — 4. *Id.*, f° 169. — 5. *Id.*, f° 93. — 6. *Id.*, f° 20. — 7. *Doc. ined. de Arag.*, t. XXVI, p. 75. — 8. *Id.*, t. XVI, p. 21. — 9. *Id.*, p. 161. — 10. *Id.*, p. 311.

brée seulement le 18 juillet, après la conclusion de la paix avec le roi [1]. Il intervient activement dans quelques questions importantes ; il fait expulser de Barcelone la femme de Galceran de Requesens [2] ; il ordonne à un chef castillan de rendre ce qu'il a pris aux habitants de Tarragone [3]. Il va, en personne, à Villafrancha de Panades pour punir un jeune noble, En Miguel Davinyo, coupable de quelque contravention ; arrivé à Villafrancha, il lui pardonne [4]. Il confirme un privilège accordé par le roi aux agriculteurs et aux jardiniers de Barcelone [5]. Tous ces actes sont d'intérêt secondaire, et ce sont les seuls que la Généralité lui permette ; elle lui refuse invariablement son concours toutes les fois que l'intérêt catalan n'est pas en jeu. Le 29 mars, par exemple, au cours des négociations engagées avec la reine, D. Carlos demande à y jouer un rôle actif ; il voudrait que le projet de traité fût soumis à un membre de son conseil, que le roi fût supplié de consentir à son mariage avec Ysabel de Castille, et que l'armée catalane restât à Fraga jusqu'à ce qu'il eût obtenu complète satisfaction sur ce point. Les députés lui répondent qu'il est impossible d'autoriser ses conseillers privés à discuter le traité ; on pourra tout au plus le lui communiquer à lui-même, « sans qu'il « puisse y rien changer, ni ajouter, parce que c'est un travail « fait après mûre délibération, et du consentement de tous ». Les députés maintiennent l'ordre qu'ils ont donné pour l'évacuation de Fraga et promettent vaguement d'aviser plus tard à satisfaire le prince [6]. Le 30 mars, D. Carlos revient à la charge, et demande une modification à l'article du traité où il est parlé des droits de son frère, D. Fernando. Il voudrait aussi que son vice-chancelier et son notaire fussent déclarés citoyens catalans ; il essuie un double refus [7]. Le 20 avril, il demande leur entrée au conseil, nouveau refus des

---

1. *Doc. ined. de Arag.*, t. XXVI, p. 53. — 2. *Id.*, p. 46. — 3. *Arch. d'Arag.*, pr. de V., t. VII, f° 21. — 4. *Doc. ined. de Arag.*, t. XVII, p. 341, 342 ; t. XXVI, p. 53. *Arch. d'Arag.*, pr. de V., t. VI, f° 80. — 5. *Id.*, t. VII, f° 48. — 6. *Doc. ined. de Arag.*, t. XVI, p. 138. — 7. *Id.*, p. 142.

députés [1]. Le 9 juin, le vice-chancelier du prince se présente devant les députés, et demande à prouver que le primogénit peut avoir une vice-chancellerie à lui ; les députés répondent que cela est impossible, car tout officier du primogénit doit être Catalan [2]. Lorsque la paix est signée avec la reine, le soin d'interpréter le traité n'est pas abandonné au prince, les députés se réservent formellement ce droit [3]. Quand la Catalogne envoie une ambassade en Castille pour inviter Henri IV à faire la paix avec Jean II, le primogénit demande communication des instructions données aux ambassadeurs ; il est autorisé à les lire, on va même jusqu'à lui permettre d'en donner connaissance aux bannis navarrais qui l'entourent ; mais c'est à ses risques et périls, sans que cela tire à conséquence : c'est une marque de confiance personnelle ; rien ne sera changé aux instructions déjà arrêtées [4]. Sur les questions de personnes, les députés sont plus hardis encore. Le prince demande à ne pas avoir Pedro Peyro pour notaire ; les députés maintiennent la nomination de Pedro Peyro [5]. Le prince dresse une liste assez longue contenant les noms de ses adversaires ; il voudrait qu'aucun d'eux ne fût revêtu d'une charge publique [6] ; on ne voit pas que les députés aient fait le moindre cas de cette recommandation. Ils se montrent aussi fatigués des continuelles demandes d'argent que leur adresse le prince. Le 15 septembre, le doyen de Barcelone combat une demande de ce genre en faisant observer que, si l'on donne au prince, il faudra donner au roi, et les députés décident que l'on ne donnera rien ni à l'un, ni à l'autre [7].

D. Carlos n'avait pas tardé à comprendre qu'il ne pouvait compter sur l'aide des Catalans pour ressaisir la Navarre, et il avait mis dans le roi de Castille ses dernières espérances.

Le recouvrement de la Navarre n'était pas pour D. Carlos une pure affaire de sentiment. Il voulait être roi de Navarre,

---

1. *Doc. ined. de Arag.*, t. XVI, p. 291. — 2. *Id.*, t. XVII, p. 150. — 3. *Id.*, t. XVII, p. 286. — 4. *Id.*, p. 331 et 354. — 5. *Id.*, p. 320. — 6. *Id.*, t. XXVI, p. 54. — 7. *Id.*, t. XVII, p. 484; t. XVIII, p. 7.

ou du moins lieutenant général dans ce pays, parce que son droit héréditaire l'y appelait à l'exclusion de tous autres, parce qu'il n'avait jamais renoncé à ce droit, et que son père l'avait lui-même reconnu à deux reprises. Il savait aussi, par expérience, que son autorité ne pourrait jamais être en Catalogne aussi étendue qu'en Navarre : la Navarre n'avait ni Généralité, ni conseil des Cent jurats, ni juges de la Table; elle ne connaissait pas le *somatent;* enfin, si la Navarre était un pays bien moins riche que la Catalogne, le départ n'y était pas fait entre les revenus publics et les revenus du roi, les Cortès étaient généralement dociles, le contrôle des finances était fait par des officiers royaux et non par une commission élue; le souverain avait en somme à sa disposition la meilleure partie des deniers du royaume. Toutes ces raisons engageaient le prince de Viane à revendiquer ses droits, et, d'ailleurs, la guerre civile avait recommencé en Navarre.

Aussitôt que les beaumontais avaient connu la libération de D. Carlos, ils étaient rentrés en campagne. Opprimés par Doña Léonor et par Mossen Pierres de Peralta, ils avaient saisi avec joie la première occasion de recommencer la guerre. Charles d'Artieda s'empara de Lumbier, au nom du prince [1], et, quoique ce fût un succès assez mince, il n'en fallut pas davantage pour remettre toute la Navarre en feu [2]. Jean II avait 200 lances dans le royaume [3], les milices des villes agramontaises et de bons capitaines. Leonel de Garro marcha immédiatement sur Lumbier et battit Charles d'Artieda sous les murs de la ville, mais il ne put la reprendre [4]. Garro appela le roi à son secours, et Artieda appela les Castillans. Henri IV envoya sur la frontière de Navarre 1200 chevaux et trois à quatre mille hommes de pied, qui passèrent en vue de Mallen le 7 mars [5]. Le connétable de Navarre, D. Luiz de Beaumont, se mit à la tête des Castillans

---

1. Derniers jours de mars 1461. Cf. *Arch. de Nav.* (Indice), caj. 158, 56. — 2. Luc. Marin. Sicul., *De Reb. Hisp.*, l. XIII. — 3. *Arch. de Nav.* (Indice), caj. 158, 51. — 4. *Doc. ined. de Arag.*, t. XVI, p. 23. — 5. *Id.*, t. XV, p. 476.

et poussa jusqu'à Pedrola, à dix lieues de Saragosse, avec 1000 chevaux et 1000 hommes de pied (14 mars). Le roi rassembla en toute hâte 500 chevaux et 1000 fantassins pour marcher à sa rencontre. D. Luiz ne l'attendit pas et rentra en Navarre [1]. Le roi et son fils naturel, D. Alonzo d'Aragon, vinrent assiéger Lumbier : pendant le siège de la ville, Henri IV envoya à son secours mille chevaux, sous le commandement de D. Gonzalo de Saavedra, grand maître d'Alcantara [2], et de D. Rodrigo Marchena. A l'approche des Castillans, Jean II rétrograda jusqu'à Monreal, où Saavedra n'osa l'attaquer : Lumbier resta au pouvoir des beaumontais, mais le roi mit des garnisons agramontaises à Lerin, à Pampelune [3] et à Lestaca [4], et laissa son fils, D. Alonzo, en Navarre, pour veiller aux intérêts du parti. Il invoqua l'aide de son gendre, le comte de Foix [5], il obtint 10 000 florins d'or du chapitre et du conseil de Saragosse; il extorqua 10 000 florins à certains juifs qu'il détenait à l'Aljaféria; il continua ses intrigues en Castille, où Mossen Rebolledo alla chasser « l'oiseau sur le poing » comme en pays ami [6].

A la fin d'avril, la Navarre était pleine de gens d'armes [7], le roi était si anxieux qu'il en oubliait les affaires de Catalogne. D. Carlos envoyait un messager en Navarre [8], et le roi de Castille arrivait à San-Domingo de la Calzada avec une grande armée; il appelait aux armes tous les habitants valides des Vascongades et prétendait en même temps rester en paix avec l'Aragon, car il ne faisait la guerre qu'au roi de Navarre [9]. La nouvelle campagne des Castillans en Navarre débuta par de brillants succès; ils s'emparèrent de La Guardia, de Los Arcos et de San Vicente [10]. Viane fut assiégée, et succomba également malgré la belle défense de Mossen Pierres de Peralta, qui sor-

---

1. *Doc. ined. de Arag.*, t. XVI, p. 25. — 2. Luc. Marin. Sicul., *De Reb. Hisp.*, l. XIII. — 3. Yang., *Compendio*, p. 300. — 4. Arch. de Nav. (Indice), caj. 158, 53. — 5. *Doc. ined. de Arag.*, t. XVI, p. 299, 328. — 6. *Id.*, p. 347. — 7. *Id.*, p. 362. — 8. Arch. d'Arag., pr. de V., t. VII, f° 36. — 9. Yang., *Compendio*, p. 301; *Doc. ined. de Arag.*, t. XVI, p. 494. — 10. Mariana, t. IV, 2ᵉ part., p. 152.

tit par une des portes de la ville pendant que Gonzalo de Saavedra entrait par l'autre [1]. Dès qu'il avait connu les premiers succès des Castillans, le prince avait conféré de pleins pouvoirs au connétable, D. Luiz de Beaumont, pour continuer la guerre, recouvrer le royaume, et punir les rebelles (1er juin) [2] ; il avait recommencé à expédier des actes de gouvernement pour la Navarre (9 juin) [3], il avait cherché à rendre évident aux yeux des Catalans tout le droit qu'il avait à ce royaume (18 juin) [4]. Tout dépendait de l'attitude du roi de Castille : aussi Henri IV était-il sollicité à la fois par le père et par le fils.

Henri IV parut d'abord se prononcer en faveur de D. Carlos. Du mois de mars au mois de juin, les négociations se poursuivirent très activement entre les deux princes, tant au sujet de la Navarre qu'à propos du mariage projeté entre D. Carlos et Doña Ysabel. Le 28 mars, Gonzalo de Cacerès, ambassadeur du roi de Castille, en touche quelques mots aux députés de Catalogne [5]. Le 5 avril, D. Carlos entre ouvertement en rapport avec Henri IV, et remet le soin de ses affaires au connétable, D. Luiz de Beaumont, à D. Juan de Cardona, à Marti Guérau de Cruilles et à Pedro de Ruthia [6]. Le mariage avec l'infante avait jadis été mis en avant par Jean II lui-même, père du prince de Viane [7]. D. Carlos demandait que les fiançailles eussent lieu le plus tôt possible, il demandait pour l'infante une dot de 200 000 doubles, dont cent mille payables à Barcelone, après l'échange des premières ratifications [8], et, comme le roi de Castille savait bien que le prince n'avait rien à attendre de

---

1. Yang., *Compendio. loc. cit.* — 2. « Dando vos otrossi facultad e poder a los renitentes, e rebelles, e a nostra obediencia non se querientes reduzir, de imponer penas pecuniarias e corporales, e en defecto de los tales culpantes, rebelles, e no obedientes, tomar, punir e castigar, e si conveniese, por ultimo suplicio de muert mulctar e oprimir, et e contrario, a los caydos y relapsos, si a obediencia se reduzieren sublevar, remetir. » *Arch. d'Arag.*, pr. de V., t. VII, f° 41. *Id., ibid.*, t. VII, f°s 39, 40 et 43. — 3. *Arch. de Nav.* (Indice), caj. 158, 57. — 4. *Doc. ined. de Arag.*, t. XVII, p. 182, 355. — 5. *Doc. ined. de Arag.*, t. XVI, p. 125. — 6. *Arch. d'Arag.*, pr. de V., t. VI, p. 22, 53. — 7. *Id.*, f° 54. — 8. *Id.*, f° 53.

la générosité de son père, D. Carlos le priait de lui attribuer les rentes et revenus de la maîtrise de Saint-Jacques [1].

Le 17 avril, le prince reçut du roi de Castille une lettre très encourageante : Henri IV promettait de ne prendre aucun parti définitif sans en avertir le prince; il l'engageait à *recouvrer la Navarre*, et à ne jamais consentir à une entrevue avec son père [2]. Les députés de Catalogne conseillèrent au prince de se montrer très prudent dans sa réponse, et de s'en rapporter à eux pour ses affaires de Navarre [3] : il n'est pas probable que le prince ait profité de cet avis. Deux messagers du roi de Castille arrivèrent, le 6 mai, à Barcelone [4], et exposèrent deux jours après, au conseil des Cent jurats, tout un plan d'alliance entre Henri IV, le prince de Viane et les Catalans contre le roi d'Aragon, pour l'obliger à abandonner la Navarre [5]. Henri IV promettait de pousser avec la dernière vigueur les opérations contre la Navarre, et offrait une entrevue au prince sur les frontières d'Aragon. D. Carlos eût bien voulu l'accepter, mais il n'osa quitter Barcelone contre la volonté des députés; il envoya son secrétaire, Mossen Jayme de Mirabella [6], au roi de Castille, et Pedro de Roncal au général de l'armée castillane, sur les frontières navarraises [7]. Le 27 mai, il fit un nouveau pas en avant : il écrivit au roi de Portugal pour l'avertir qu'il ne songeait plus à épouser l'infante Catherine. Ce mariage ne lui semblait pas décidé par Dieu, et il s'excusait sur « la disposition des temps et l'état des affaires [8] ». Le 17

---

1. *Arch. d'Arag.*, pr. de V., t. VI, f° 56. — 2. *Doc. ined. de Arag.*, t. XVI, p. 254. — 3. *Id.*, p. 325, 349. — 4. *Id.*, t. XXVI, p. 44. — 5. Henri IV se prétend obligé à intervenir par un article du contrat de mariage de Jean II, où l'on voit que le roi de Castille s'engage, sous peine d'excommunication, à soutenir envers et contre tous les droits du Primogénit de Navarre. *Doc. ined. de Arag.*, t. XXVI, p. 76-78; *Id.*, t. XVI, p. 411. — 6 *Arch. d'Arag.*, pr. de V., t. VI, f°⁵ 57, 61. — 7. *Arch. d'Arag.*, pr. de V, t. VII, f° 38. — 8. « E despues, succehida la liberacio, havemos seydo sollicitados por el Illustrissimo rey de Castilla, nuestro primo, acerca del matrimonio de la inclita su hermana, en el qual, causant al disposicio del tiempo, e de los negocios, e ahun la necessidat; visto que por Dios assin es ordenado, e faze por nos, havemos entendido en aquel, e convenido, por loqual cessa la causa del vuestro, el qual Dios sabe nos

juin, le traité paraissait sur le point de se conclure. D. Carlos autorisait ses ambassadeurs en Castille « à traiter, agiter, si-
« gner, accepter, concéder, conclure et confirmer toutes ligues,
« amitiés, confédérations, compositions, pactes, alliances, con-
« cordes et conventions temporaires ou perpétuelles, pour le
« présent et pour l'avenir ». En cas d'invasion de la Castille par les troupes de Jean II, D. Carlos s'engageait à secourir le roi de Castille avec toutes ses forces disponibles ; sa rancune contre son père s'exhalait en termes d'une singulière amertume. « Il n'y a pas, disait-il, de crime plus grand à nos yeux que
« l'ingratitude, et nous avons reçu du roi de Castille d'immen-
« ses bienfaits ; nous lui devons notre salut même : nous voyons
« d'une part ses bienfaits, son amour et sa bienveillance pour
« nous, amour et bienveillance que les faits montrent d'eux-
« mêmes ; d'autre part, nous voyons le roi, notre père, s'efforcer
« de nous nuire et nous priver de notre royaume de Navarre :
« il nous a tenu deux fois dans les fers, il a attenté plusieurs
« fois à notre vie, et continue à nous dresser des embûches, si
« bien qu'il paraît avoir renoncé à son rôle de père [1]. » Entre ce père dénaturé et le roi de Castille, le prince de Viane n'hésitait pas. Il autorisait ses ambassadeurs à promettre au roi de Castille, comme de leur propre mouvement, qu'ils abandonneraient le prince s'il trahissait jamais la cause castillane [2]. Enfin le 21 juin, dans de nouvelles instructions à ses ambassadeurs, il déclarait avoir résolu d'abandonner ce père qui avait oublié toutes les lois de la nature, et de s'attacher à celui qui s'était toujours montré d'une bonté paternelle à son égard. « Ne
« l'appellerons-nous pas, en effet, notre père, ou suivrons-nous
« celui qui nous tenait naguère encore en prison, et qui avait
« décidé de nous remettre entre les mains de Martin de Peralta,

---

pluviera, si por Dios fuera ordenado ! » *Arch. d'Arag.*, pr. de V., t. VII, f° 13. La princesse de Portugal se voyant dédaignée se retira au couvent de Sainte-Claire de Coïmbre, et mourut au moment où on venait de la fiancer à Edouard IV, roi d'Angleterre. De Mayerne-Turquet, t. I, p. 922.
— 1. *Arch. d'Arag.*, pr. de V., t. VI, f° 66. — 2. *Id.*, t. VI, f° 73.

« notre ennemi mortel, pour qu'il nous ôtât la vie? car, nous
« le savons, Martin avait du poison tout prêt pour nous tuer.
« O iniquité [1]! » D. Luiz de Beaumont recevait en même
temps des ordres pour nommer des officiers beaumontais dans
toutes les places de Navarre que l'on pourrait reconquérir [2];
les ambassadeurs du prince allaient à Arevalo rendre visite, au
nom de D. Carlos, à l'infante Ysabel [3]; le bruit courait que le
roi de Castille marchait sur Tudela et était déjà maître de
Peralta; une sédition avait éclaté à Olite; jamais le roi d'Aragon n'avait paru aussi inquiet; ses ennemis croyaient sa
défaite imminente et se réjouissaient déjà de la chute de
« Pharaon » [4].

Malheureusement pour le prince de Viane, la paix fut conclue en ce moment entre Jean II et les Catalans, et le roi
d'Aragon se trouva délivré d'un gros souci. En Navarre, les
agramontais firent une résistance opiniâtre: soutenus par des
auxiliaires venus de France et d'Aragon, ils repoussèrent les
Castillans de Lerin [5], de Corella [6], de Mendigorria et de Huarto
Araquil [7]. Henri IV se retira à Madrid, et ne laissa que peu de
troupes en Navarre [8]. En Castille, les intrigues de l'amiral et
de l'archevêque de Tolède rendaient chaque jour la situation
du roi plus embarrassante, et, menacé d'être abandonné par
toute sa noblesse, s'il continuait la guerre contre le roi d'Aragon, Henri IV ouvrit l'oreille à des propositions d'accommodement.

Le prince de Viane ne pouvait envisager qu'avec terreur la
conclusion de la paix entre son père et le roi de Castille. Il

---

1. « Apellabimus ne etiam eum patrem, aut illum sequemur, qui
cum nos paulo ante secundo tenuisset in vinculis Martini de Peralta et
inimicissimi mortalis in manibus tradere statuerat, ut luce privaremur,
et quem Martinum jam scimus paratum tenuisse venenum ut nos
necaret. O iniquitatem! » *Arch. d'Arag.*, pr. de V., t. VI, f° 70; t. V, f° 64.
— 2. *Arch. d'Arag.*, pr. de V., t. VI, f° 63. — 3. *Mem. de la Acad. de la
hist.*, t. VI, p. 61. — 4. *Doc. ined. de Arag.*, t. XVII, p. 355, 459. —
5. Mariana, t. IV, 2ᵉ partie, p. 152. — 6. *Arch. de Nav.* (Indice), caj.
158, 68. — 7. *Id., ibid.*, caj. 158, 70. — 8. *Doc. ined. de Arag.*, t. XVII,
p. 373.

chercha à empêcher les Catalans d'envoyer une ambassade à Henri IV comme ils s'y étaient engagés; mais les Catalans répondirent qu'ils étaient en paix avec le roi et qu'ils exécuteraient loyalement les conventions passées avec lui [1]; ils nommèrent six ambassadeurs (14 juillet) [2]. Don Carlos voulut alors continuer à négocier, pour son compte, avec le roi de Castille, mais il était lieutenant général de Jean II, en Catalogne, et, en cette qualité, il dut appuyer les réclamations des députés de Catalogne qui demandaient à Henri IV d'évacuer la Navarre. On ne peut concevoir de situation plus embarrassante et plus fausse que celle du prince de Viane. Une curieuse lettre du 31 juillet 1461 nous permet de juger de son embarras. D. Carlos écrit à son ambassadeur en Castille, D. Martin Guérau de Cruilles, et lui explique la portée de la requête qu'il est obligé de présenter au roi Henri. Les ambassadeurs catalans prieront le roi de Castille de rappeler ses gens de Navarre et d'abandonner toutes les forteresses conquises, et le prince paraît se joindre à eux pour demander l'évacuation; mais *ce n'est qu'une clause de forme*. Le prince désire, au contraire, que le roi en use en Navarre à sa volonté, et au mieux des intérêts beaumontais; il a appris avec le plus grand déplaisir la retraite du roi, et craint beaucoup qu'une affaire si bien commencée ne vienne à échouer. Il voudrait avoir une entrevue avec Henri IV, et tel est le désarroi de ses pensées, qu'il songe peut-être à abandonner la Catalogne : il demande à Henri IV de lui envoyer, *par voie d'ambassade, ou sous prétexte de venir lui rendre visite, une personne convenable, accompagnée de cent génétaires payés pour six mois* [3]. Il est probable

---

1. *Doc. ined. de Arag.*, t. XVII, p. 307. — 2. *Id.*, t. XXVI, p. 52. Les ambassadeurs n'étaient pas encore partis le 24 juillet. *Id.*, t. XVII, p. 365. — 3. « Que los dichos embaxadores e Martin procuren e sefluerçen por toda su industria de obtener con suplicacion del dicho senyor Rey de Castilla que por via de embaxada, e so color de visitar al dicho senyor Primogenito, le embie luego, o lo antes que se podiere, alguna persona digna con cien ginetes, pagados por seys meses. » *Arch. de Arag.*, pr. de V., t. VI, f° 84 (31 juillet).

que D. Carlos songeait à s'enfuir de Catalogne, où personne ne s'intéressait à ses affaires navarraises, et désirait se rendre à la cour de Castille, où il espérait entraîner Henri IV à une nouvelle guerre contre l'Aragon, pour le recouvrement de la Navarre. C'était un projet de tous points insensé. D. Carlos eût renoncé sans compensation à la haute situation qu'il occupait en Catalogne et se fût aliéné à tout jamais les Catalans. Jean II aurait, au contraire, retrouvé contre son fils rebelle l'appui de tous ses royaumes, et aurait facilement tenu tête aux forces castillanes. D. Carlos se serait vu dépouillé de nouveau de tout droit héréditaire, et l'on doit avouer que, cette fois, l'exhérédation eût été légitime. Cependant, si fou qu'ait été ce dessein, il prouve que D. Carlos était resté profondément Navarrais, et que, moins de deux mois avant sa mort, il eût été heureux d'échanger son titre de lieutenant général en Catalogne contre le titre de roi de Navarre.

Les Navarrais doivent lui en tenir compte. Il essaya encore vers la fin du mois d'août d'engager Jean II dans une mauvaise affaire. Il fit réclamer, par les députés de Catalogne, la mise en liberté de l'infante Blanche d'Aragon, sa sœur, dépouillée comme lui de ses droits à la succession de Navarre, et que l'on disait prisonnière à Olite. Jean II le prit de très haut avec les députés. Il déclara que sa fille n'était pas tenue par lui en captivité, mais qu'elle habitait Olite de son plein gré. Il s'offrit à l'envoyer en Catalogne, et la malheureuse princesse resta en Navarre, à la merci de son père et de la comtesse de Foix [1].

Instruit des menées de Jean II en Castille, et sentant que l'alliance castillane lui échappait, D. Carlos voulut la remplacer par l'alliance française. Charles VII était mort le 22 juillet 1461 : le 18 août, le prince proposa aux députés de Catalogne d'envoyer une ambassade au nouveau roi, Louis XI, pour lui expliquer la conduite des Catalans et lui demander

---

[1]. *Arch. de Barcel.*, Cartas reales (1458-1462).

son alliance. Les députés répondirent que la conduite des Catalans n'avait pas besoin d'être expliquée [1], et le prince se décida à envoyer, en son propre nom, le magnifique Mossen Ffranci Sampso au roi de France. Les instructions du prince portent qu'il y a déjà alliance presque conclue entre lui et le roi [2]; Louis XI devra, dans le plus bref délai possible, envoyer une ambassade au roi d'Aragon, et le requérir de restituer la Navarre au prince de Viane, qui en est le légitime et naturel seigneur et propriétaire; si le roi d'Aragon refuse de restituer la Navarre, le roi de France l'avertira qu'il est prêt à se joindre au prince, à titre d'aîné de la maison de France, à laquelle le prince appartient lui-même par sa mère. Comme le comte de Foix a été la principale cause des malheurs du prince, le roi de France s'engagera à ne jamais lui pardonner, à ne jamais le recevoir en sa merci, *à le mettre au ban du royaume* [3]. D. Luiz de Beaumont recouvrera les biens qu'il possédait en Gascogne. Une ligue générale sera conclue entre le roi et le prince. Enfin l'ambassadeur verra quel accueil a fait le roi de France au double projet de mariage dont le comte d'Armagnac lui a déjà parlé : mariage du prince du Viane avec la sœur du roi [4], mariage de la princesse Blanche d'Aragon, sœur du prince, avec le comte de Genève, fils du duc de Savoie. Le prince adressa des lettres dans le même sens aux principaux seigneurs de la cour de France, au comte de Charolais, au duc de Bourbon, au sire d'Orval, au comte Jean d'Armagnac, au duc d'Orléans, au comte de la Marche et au duc de Bretagne [5]. Il pria, en même temps, le roi de Castille de recommander lui-même sa cause au roi de France.

Il fallait bien mal connaître Louis XI pour croire qu'il se lancerait dans une guerre étrangère, et se brouillerait avec un vassal aussi puissant que le comte de Foix, sans y être

---

1. *Doc. ined. de Arag.*, t. XVII, p. 401. — 2. *Arch. d'Arag.*, pr. de V., t. II, f° 14. — 3. « Es la millor part sia tolt de tota sperança de venia, com a indigne de aquella, erradicat de la tierra. » — 4. Madeleine de France. — 5. *Arch. d'Arag.*, pr. de V., t. VII, f° 63.

poussé par son intérêt immédiat; l'avenir devait montrer combien le prince de Viane se trompait. Louis XI maria sa sœur, Madeleine, au fils du comte de Foix, fit livrer la princesse Blanche au comte et à la comtesse, et secourut Jean II contre les Catalans révoltés. Cependant, si le prince manqua de perspicacité, on doit reconnaître qu'une alliance avec la France était la dernière chance qui lui restât de recouvrer la Navarre, et que son projet de mariage avec Madeleine de France n'avait rien d'impolitique, ni d'inexécutable; mais, si rapide qu'eût été sa décision, son père le gagna encore de vitesse, et conclut la paix avec la Castille avant que D. Carlos eût pu conclure son alliance avec Louis XI.

Établi à Calatayud, où il présidait les Cortès d'Aragon, Jean II retint habilement auprès de lui les ambassadeurs catalans [1], que leur grand attachement au prince lui rendait suspects, et s'entendit avec le roi de Castille par l'intermédiaire de l'archevêque de Tolède, du marquis de Villena et du comte de Paredes [2]. Le 2 septembre, le roi convoqua les ambassadeurs catalans à Calatayud, les reçut avec sévérité, et leur annonça d'un ton ferme et tranchant qu'il avait signé la paix avec le roi de Castille, au sujet des affaires de Navarre, et que le prince était libre d'adhérer au traité, s'il le voulait [3]. Le traité ne portait aucune mention des droits du prince, et portait seulement que le différend entre Jean II et D. Carlos serait définitivement jugé dans un délai de quatre mois [4].

D. Carlos fut écrasé par cette nouvelle; sa santé, déjà ébranlée, ne put résister à ce nouveau choc, il dut se mettre au lit, et un dramatique incident montre que son aversion et sa défiance pour son père commençaient à se changer en une haine terrible. Le 5 septembre, arriva à Barcelone un messager du roi, Antony Noguères, chargé d'apporter au lieutenant général la nomination de quelques officiers royaux.

---

1. *Doc. ined. de Arag.*, t. XVII, p. 402. — 2. *Id.*, t. XVII, p. 445. — 3. *Id.*, p. 447. — 4. Ferreras, *Hist. d'Esp.*, t. VII, p. 91.

Noguères était un zélé royaliste, et avait pris une part active à l'arrestation du prince. D. Carlos le fit mander par son secrétaire, Rodrigo Vidal, l'appela près de son lit, et lui dit, en le regardant avec une colère inexprimable : « Noguères, « je m'étonne de deux choses : la première est que le roi mon « seigneur ait songé à vous envoyer ici, vu que l'on ne doit « envoyer comme messagers que des personnes agréables à « celui qui les doit recevoir ; la seconde est que vous ayez « osé entreprendre de vous présenter devant mes yeux. Avez-« vous oublié que, lorsque j'étais prisonnier à Saragosse, « vous avez eu l'audace de venir pour m'interroger avec de « l'encre et du papier, et que vous avez fait tout ce que vous « avez pu pour me faire déposer sur les grandes perfidies et « trahisons que l'on me reprochait alors? Sachez donc que « je ne me rappelle jamais ces choses sans que mon âme « s'agite de telle sorte qu'on dirait qu'elle va sortir de mon « sein ; soyez certain que, si je ne voulais garder respect au « seigneur roi, mon père, qui vous a envoyé, et si je n'étais « retenu par quelques autres motifs, vous sortiriez d'ici sans « la langue avec laquelle vous m'avez interrogé, et sans la « main avec laquelle vous avez écrit. Et, pour ne pas me « tenter davantage, je vous prie et je vous ordonne de vous « retirer immédiatement de devant moi : ma vue s'altère de « voir en ma présence une personne qui m'a accusé de si « grandes perfidies ; vous ferez bien aussi de partir inconti-« nent de cette cité. » Le malheureux Noguères voulut se disculper, le prince lui coupa la parole en lui disant : « Ne pre-« nez pas la peine de répondre, vous ne feriez qu'enflammer « le charbon [1]. »

Le roi se montra très irrité de la façon dont le prince avait reçu son messager. Les ambassadeurs catalans eurent beaucoup de peine à dégager la responsabilité des députés de Catalogne, qui avaient été les premiers à déplorer la violence

---

1. *Doc. ined. de Arag.*, t. XVII, p. 473.

du prince. Jean II se plaignit encore que son fils se crût en droit de délivrer des lettres exécutoires, des ordres royaux, d'autoriser la publication des bulles apostoliques en Catalogne [1], de molester les officiers nommés par le roi [2], de bannir arbitrairement ceux qui lui déplaisaient [3]. Il ne pouvait y avoir deux rois dans le même royaume, et deux autorités comme celle du roi et celle du lieutenant général ne se comprenaient qu'à la condition que l'une demeurerait subordonnée à l'autre.

La situation du prince devenait d'autant plus critique, que sa popularité semblait décliner en Catalogne. Le pays était fort troublé : il y avait guerre ouverte entre D. Juan de Castro et Mossen Rebolledo [4]; D. Juan Dixar, l'un des partisans du prince, était menacé par le gouverneur d'Aragon [5]; des faits de brigandage se passaient dans le comté de Ribagorza [6]. Les ennemis du prince faisaient circuler la liste des personnes suspectes qu'il avait dressée et remise à la députation, et de violentes réclamations se produisaient [7]. De nouveaux députés de la Généralité avaient été élus, et semblaient moins favorables au prince que les précédents; enfin, les intrigues du roi et de la reine détachaient chaque jour quelques nobles catalans du parti du prince [8]. Sans pouvoir réel, sans crédit et sans autorité en Catalogne, sans espoir de jamais recouvrer la Navarre, ni d'épouser l'infante de Castille, désabusé et dégoûté, D. Carlos ne vit de remède à ses maux que dans la vie religieuse, et voulut se faire moine. C'était en effet le seul parti qui convînt à un homme aussi mal armé qu'il était pour la lutte politique, mais l'abbé du Poblet le dissuada d'en venir à cette extrémité [9]; il savait sans doute que les jours du prince étaient déjà comptés.

---

[1]. *Doc. ined. de Arag.*, t. XVII, p. 465. — [2]. *Id.*, p. 19. — [3]. *Id.*, p. 27. — [4]. *Id.*, p. 395. — [5]. *Id.*, p. 396. — [6]. *Id.*, p. 413. — [7]. *Id.*, p. 426. — [8]. Quintana, *Esp. celeb.*, t. I, p. 182. — [9]. Queralt, *Vida del principe*, ch. XV.

Maladie et mort du prince de Viane.

La mort du prince de Viane a été attribuée à un crime par la plupart des historiens espagnols. La princesse Blanche croyait que son frère avait été empoisonné [1]. La Piscina croit aussi à l'empoisonnement et accuse formellement Jeanne Enriquez [2]. Favyn accepte cette version, et y trouve l'occasion d'une belle citation latine : *Lurida terribiles miscent aconita novercæ* [3]. Mayerne-Turquet ajoute qu'en punition du crime, Jeanne Enriquez fut atteinte d'un cancer au sein quelque temps après la mort du prince [4]. Prescott ne se prononce pas, mais dit que l'hypothèse de l'empoisonnement, quoique dénuée de preuves positives, ne paraît nullement invraisemblable, si l'on considère le caractère des personnages accusés de ce crime [5].

Si on laisse de côté les faits purement légendaires, on ne trouvera que des présomptions à la charge de Jean II et de Jeanne Enriquez. Jean II avait eu la pensée de se défaire de son fils et ne s'en était pas caché aux députés catalans [6]. Dans une lettre de menace écrite, en 1468, à la princesse Leonor, devenue rebelle à son tour, le roi lui fait entendre qu'elle pourrait bien finir comme le prince de Viane. « Et, comme le seigneur roi ne voulut pas consentir à ces exigences déraisonnables, comme la princesse le sait bien, l'esprit de révolte fit tomber le prince de Viane dans les erreurs où il tomba et *le fit finir comme il finit;* et, de même, la princesse, sa sœur (dont Dieu ait l'âme), suivant le même chemin que son frère, *perdit aussi la succession du royaume* [7]. » Ces textes ne prouvent rien : Jean II ne tua pas son fils, mais le rendit au contraire à la liberté, et il ne paraît faire allusion, dans la lettre de 1468, qu'à l'exhérédation du prince et de sa sœur.

---

1. Moret, *Anales de Nav.*, t. IV, p. 592. — 2. La Piscina, l. VI, ch. I. — 3. Favyn, *Hist. de Nav.*, p. 583. — 4. De Mayerne-Turquet, t. I, p. 925. — 5. Prescott, *Hist. de Ferd. et d'Ysab.*, t. I, p. 128. — 6. *Doc. ined. de Arag.*, t. XIV, p. 124. — 7. Yang., *Antiq.*, t. III, p. 180.

D. Carlos était mort dépouillé, déshérité de la Navarre, comme la princesse Blanche.

Les charges relevées contre la reine ne paraissent pas plus sérieuses. Il est difficile d'admettre qu'un poison, administré avant le 10 mars, laisse la victime debout pendant six mois, et ne la tue que le 23 septembre. Le prince, qui était d'un caractère très soupçonneux, et qui n'était entouré, dans les derniers mois de son existence, que d'ennemis de la reine, n'eut pas un seul instant l'idée qu'il mourait empoisonné. Tous les symptômes de sa maladie présentent un caractère très naturel. Son corps se conserva très longtemps intact, après sa mort, et l'autopsie ne révéla aucun fait extraordinaire. La reine fut atteinte d'un cancer au sein, peu après la mort du prince, mais il n'y a aucun rapport à établir entre ces deux faits; la reine Ysabel mourut d'un cancer de la matrice et jamais personne n'a songé à l'accuser pour cela d'un crime quelconque. Jeanne Enriquez s'écria, dit-on, dans ses souffrances : « O Ferdinand! que tu coûtes cher à ta mère. » Ce n'est point encore là une preuve; superstitieuse, comme tous les gens de son époque et de son pays, la reine put voir dans le mal qui la consumait une punition de la haine qu'elle avait eue pour son beau-fils; mais une mère peut détester l'enfant d'un premier lit, et se faire un crime de ce sentiment, sans avoir poussé la haine jusqu'à l'assassinat. On raconte que dans les derniers jours de sa vie, la reine manda son mari auprès d'elle, lui confessa son crime et que Jean II sortit de sa chambre épouvanté, et refusa de la voir jusqu'à sa mort. Il est difficile d'admettre l'authenticité de ce fait : personne n'a pu savoir ce qui se passa entre le roi et la reine, dans cette dernière entrevue; par la conduite qu'on lui attribue, Jean II eût prêté une force terrible aux bruits qui couraient sur la mort de son fils. Il faut voir dans ces légendes un écho des soupçons qui tourmentaient les amis du prince. Sa maladie et sa mort s'expliquent naturellement, et sans qu'il soit besoin d'accuser personne de sa perte.

Le prince de Viane avait mené en Navarre, pendant les trente-cinq premières années de sa vie, une existence très régulière; il vivait dans le pays le plus sain de l'Espagne, sa table était peu recherchée, ses mœurs très simples. En 1456, il subit une épreuve des plus dangereuses. Fatigué par les soucis de la guerre civile, il se réfugie à Naples, auprès de son oncle, Alphonse V; il vit désormais sous un climat chaud et fiévreux, au milieu d'une cour dépravée, dont il partage évidemment les plaisirs; ce changement de vie ne put manquer d'avoir une sérieuse influence sur son tempérament. Dès le temps de son séjour en Sicile (1458-59) on voit qu'il a perdu de ses forces, il voyage en litière d'une ville à l'autre [1]. S'il revient prématurément en Espagne, au mois de mars 1460 [2], c'est que l'air de Majorque ne lui convient pas. Dans le courant de l'automne 1460, il se trouve si las que tout travail lui devient impossible [3]. Dès les premiers jours de sa captivité, les députés catalans le trouvent pâle et amaigri [4]. Il arrive malade à Morella, le 14 février 1461 [5]; dans son voyage de Morella à Barcelone, il s'arrête plusieurs fois pour se reposer [6]. Au mois de juin 1461, il est indisposé pendant quelques jours [7]. Au mois de juillet, D. Juan de Beaumont revient de Jativa à Barcelone, il trouve le prince abattu, il s'efforce de le distraire, de le faire manger, boire et se promener; tous ses soins sont inutiles. D. Carlos est déjà gravement atteint, ses préoccupations croissantes empêchent toute amélioration de son état, et il est pris de la fièvre au commencement de septembre [8]. Il ressort de tous ces faits que le prince était déjà malade depuis de longs mois lorsqu'il s'alita, et que sa santé avait commencé à décliner bien avant son arrestation à Lérida.

---

1. *Arch. d'Arag.*, pr. de V., t. III, f° 18. — 2. *Doc. ined. de Arag.*, t. XXVI, p. 24. — 3. *Arch. d'Arag.*, pr. de V., t. VI, f° 5. — 4. *Doc. ined. d'Arag.*, t. XIV, p. 99. — 5. *Id.*, t. XV, p. 124. — 6. *Id.*, t. XV, p. 399. — 7. *Arch. d'Arag.*, pr. de V., t. VI, f° 62. — 8. Queralt, *Vida del principe*, ch. xv.

Pendant la plus grande partie du mois de septembre, la maladie du prince ne parut présenter aucun symptôme alarmant, mais le 21 la fièvre s'aggrava, et les députés de Catalogne crurent devoir avertir le roi [1]. Ils décidèrent en même temps que des prières publiques seraient dites dans toutes les églises, que quarante enfants iraient en pèlerinage au Montserrat, et que 100 enfants, pieds nus, iraient prier à Santa Madrona [2]. Neuf personnes, nommées par la Généralité, devaient veiller continuellement sur la santé du prince; un crédit de mille florins d'or lui était ouvert pour subvenir aux dépenses extraordinaires de sa maladie [3]. Le 22 septembre, les conseillers de Barcelone et le conseil ordinaire des 22 nommèrent quatre députés pour se rendre auprès du prince de Viane et veiller sur lui et sur les médecins qui l'entouraient [4]. Le prince s'affaiblissait de plus en plus.

Dans la nuit du 22 au 23 septembre, entre minuit et une heure du matin, on entendit le prince dire à haute voix : « *Mon procès va commencer* [5]. » Les médecins ne croyaient pas sa fin prochaine, mais, lui, se sentait mourir et demanda la communion : « Lo corpus! lo corpus! lo corpus! » dit-il par trois fois. Le viatique lui fut apporté, à deux heures du matin, par un prêtre de la cathédrale. Il fit retirer les bagues qu'il avait aux doigts, pria ses amis, les députés et les conseillers de Barcelone, de lui pardonner les fautes qu'il avait pu commettre, et mourut vers trois heures du matin [6]. Son corps fut ouvert pour être embaumé, et l'on trouva les poumons entièrement pourris. D. Carlos était mort phtisique; la maladie le minait depuis longtemps, et avait pris dans le dernier mois de sa vie un développement très rapide, sous l'influence des échecs répétés que le prince avait essuyés dans sa politique.

---

1. *Doc. ined. de Arag.*, t. XVIII, p. 35. — 2. Queralt, ch. xv. — 3. *Doc. ined. de Arag.*, t. XVIII, p. 18. — 4. *Id.*, t. XXVI, p. 91. — 5. « Mi proceso se va a publicar! » — 6. *Doc. ined. de Arag.*, t. XXVI, p. 91, 92, 57; XVIII, p. 38. *Bib. nat. Mss. esp.*, 225, f° K. L. Queralt, *Vida del principe*, l. II, ch. I.

La mort du prince de Viane prit les proportions d'un deuil national; les autorités catalanes lui firent de splendides funérailles, le peuple catalan canonisa son héros.

Dès le jour de sa mort le cadavre du prince fut exposé dans sa chambre du palais, sur le *lit de repos* [1] où il était mort. On l'avait embaumé et revêtu d'une chemise fine, d'un habit de damas cramoisi et d'une robe de velours noir; il était chaussé de souliers noirs et coiffé d'une barrette violette; les frères de la Merci chantaient l'office des Morts dans la chambre, convertie en chapelle ardente, et disaient la messe à onze autels à la fois. Deux fois par jour, le clergé des églises venait en procession au palais avec la croix paroissiale [2]. Le 27 septembre, le corps fut déshabillé; il ne portait aucune trace extérieure de corruption. On le coucha dans une bière de bois qu'enveloppait un cercueil extérieur, recouvert d'un beau velours cramoisi, et l'exposition du cadavre recommença; les derniers habits du prince furent coupés en morceaux et distribués à ses amis; D. Juan de Beaumont retint seulement la robe de velours noir qu'il voulait faire transporter à Pampelune. L'affluence fut telle qu'il fallut établir une clôture autour du lit funèbre, avec une porte d'entrée et une autre de sortie: la foule enthousiaste s'arrachait les morceaux des draps de satin cramoisi qui recouvraient le lit et le cercueil. Le prince commençait à faire des miracles, le « bienheureux D. Charles d'Aragon » guérissait les paralytiques, rendait la vue aux aveugles et la parole aux muets, redressait les enfants contrefaits, guérissait les cancers, etc. [3]. Les préparatifs des funérailles ne furent achevés que le 5 octobre. Les conseillers de Barcelone avaient recherché tous les précédents, et avaient pris pour modèle les funérailles faites à Martin, roi de Sicile et primogénit d'Aragon: les conseillers et quatorze bourgeois avaient été habillés de deuil aux frais de la ville,

---

1. Lo *llit de repos. Doc. ined. de Arag.*, t. XXVI, p. 92. — 2. *Id.*, p. 95, 96. — 3. *Doc. ined. de Arag.*, t. XXVI, p. 58.

on avait commandé 150 cierges de cire noircie, aux armes du Primogénit, et un drap mortuaire en brocart d'or impérial, orné de seize écussons aux armes de Barcelone et du Primogénit [1]. Tous les comtes, barons, chevaliers, nobles hommes, notables bourgeois et marchands furent convoqués, comme s'il s'était agi d'un appel des Cortès [2]. Le lundi 5 octobre, le corps du prince fut transporté solennellement à la cathédrale. Dix-huit ou vingt brandonniers ouvraient la marche portant de grands lustres de 50 cierges chacun [3], en tout 850 cierges; puis venaient les 14 croix des paroisses et des ordres religieux, les chapelains des paroisses, les FF. de la Merci, les Augustins, les Carmes, les FF. Prêcheurs, les Minimes, les chanoines, et l'évêque de Vich. Une foule d'hommes, de femmes et d'enfants, miraculeusement guéris par l'intercession du prince, suivaient le clergé, pieds nus, ou vêtus d'une simple chemise, et louant Dieu dévotement. Le cercueil du prince était porté par les trois premiers conseillers de Barcelone, des gentilshommes et d'honorables bourgeois; derrière lui venaient le fils naturel du prince et de Doña Brianda de Vaca, D. Phelipe de Navarre, entouré des officiers et des amis de son père, au nombre de 480, tous pleurant et sanglotant piteusement. Plus de quinze mille personnes remplissaient les rues et les places par lesquelles le cortège devait passer [4]. L'absoute fut dite à l'église de Sainte-Marie de la Mer, voisine du palais, et le corps déposé à la cathédrale, au pied des escaliers qui donnent accès au chœur, de chaque côté de la crypte de Sainte-Eulalie. La cérémonie s'acheva au milieu d'une émotion indescriptible; il y eut des miracles dans l'église même [5]. Le lendemain, 6 octobre, un grand service de Requiem fut célébré à la cathédrale pour le repos de l'âme du prince;

---

1. *Doc. ined. de Arag.*, t. XXVI, p. 99. — 2. *Id.*, p. 100. — 3. Barcelone donnait 100 cierges; Lérida, 100; l'évêque de Barcelone, 100; l'évêque de Vich, 100; l'évêque d'Oscha, 100; D. Juan de Beaumont, 100; D. Johan Dixar, 50; Mossen Bernat Capila, 50; Mossen Bernat Fivaller, 50; les exécuteurs testamentaires du prince, 100. — 4. *Doc. ined. de Arag.*, t. XXVI, p. 58, 61. — 5. *Doc. ined. de Arag.*, t. XVIII, p. 86.

maître François Queralt, de l'ordre des FF. Prêcheurs et ancien confesseur du prince, prononça son oraison funèbre [1]. Au bout de quelques mois, le corps fut transporté au monastère du Poblet, et inhumé dans le chœur, du côté de l'évangile, dans un sarcophage de bois, couvert d'un drap noir orné d'une croix d'or aux armes du prince [2].

Les Catalans pleurèrent le prince comme un saint; le poète Johan Sagassot composa sur la détention et la libération du prince deux petits poèmes pleins d'enthousiasme; Guillem Gilbert chanta sa mort dans une jolie ballade (*obra encadenada solta*), qui ne manque ni d'émotion, ni de naturel [3]. Le peuple recueillit avidement, propagea et embellit les légendes qui se formaient sur la mort du prince. On racontait qu'à peine mort, il avait pris une figure angélique [4]; on voyait son ombre errer la nuit dans les rues de Barcelone [5], et le nombre de ses miracles augmentait tous les jours. Dès le 3 octobre, les députés envoyèrent à Rome deux prélats pour informer le pape et les cardinaux des prodiges opérés par l'intercession du prince [6]. Ces miracles continuèrent lorsque le corps eut été transféré au monastère du Poblet [7]. En 1515, l'archevêque de Tarragone reçut du pape l'ordre de faire une enquête sur la vie et les miracles du prince de Viane [8]. Le 3 novembre 1542, le cardinal D. Miguel de Silva, légat a latere, en Catalogne, permit d'exposer les reliques du prince à la vénération des fidèles, en attendant que le pape eût prononcé [9]. Le prince reçut ainsi, pendant tout le XVIIe siècle, un véritable culte public, comme l'atteste cette inscription gravée sur le mur de la sacristie du monastère du Poblet:

---

1. *Doc. ined. de Arag.*, t. XXVI, p. 61, 108. — 2. Latassa, *Bib. antiq.*, t. II, p. 223; Queralt, *Vida del principe*, l. II, ch. II. — 3. *Bib. Nat.*, Mss. esp., 225. Ces trois pièces ont été publiées par Codina, à la suite de ses *Guerras de Navarra*. — 4. *Doc. ined. de Arag.*, t. XVIII, p. 57. — 5. Prescott, *Ferd. et Ysab.*, t. I, p. 132. — 6. *Doc. ined. de Arag.*, t. XVIII, p. 82. — 7. *Bib. nat.* de Madrid, Cartas de D. Ferrando de Bolea y Galloz. — 8. Yang., *Compendio*, p. 302. — 9. Queralt, *Vida del principe*, l. II, ch. III.

Ego morbo correptis medicina existo,
Ego sanitatis fons perennis,
Ego dæmonum effugatio,
Ego his qui ad me confugiunt custos refugii,
Quia tantum curo quantum tango [1].

Nul doute que le prince de Viane n'eût été régulièrement canonisé, si quelque personnage considérable se fût occupé de cette question; mais son culte ne fut qu'une sorte de popularité posthume dans ce pays de Catalogne, qui s'était jadis armé pour sa défense. De grands événements bouleversèrent le pays; le souvenir de D. Carlos s'effaça peu à peu, et, à partir du xviiie siècle, son tombeau ne reçut plus que de rares visiteurs [2]; mais l'oubli mit deux siècles et demi à se faire sur son nom.

En dehors de la Catalogne, la mort du prince produisit un effet bien différent suivant le pays où la nouvelle fût portée. Jean II montra un grand chagrin, mais déclara aussitôt son fils, D. Fernando, primogénit d'Aragon et de Sicile et lieutenant général en Catalogne (26 septembre) [3]. La reine Jeanne Enriquez se rendit à Barcelone avec l'infant, et vint rendre hommage au prince défunt; elle alla, avec les dames de sa suite, prier devant le sarcophage, fit une croix dessus et le baisa [4]. Mais il est à croire que Jean II et Jeanne Enriquez se consolèrent aisément. Louis XI adressa aux députés de Catalogne une lettre de condoléances, et parut heureux de compter un saint parmi ses parents [5]. Henri IV, qui avait cependant

---

1. Queralt, l. II, ch. iv. — 2. Le prince faisait encore des miracles en 1701. Queralt, l. II, ch. ix. — 3. *Arch. de Barcel.*, Cartas reales (1458-62). — 4. Quintana, *Esp. celeb.*, t. I, p. 187. — 5. « Duquel décès avons esté et sommes tres courrociez, et desplaisans, tant pour le lignaige dont il nous attenoit, comme pour la bonne, grande et france amour qui estoit entre nous et luy, ainsi que povez assez savoir. Semblablement avons esté advertiz des grands et louables miracles que nostredit cousin par la grâce de Dieu a faits encontre plusieurs personnes depuis son décez, et tellement que desja par plusieurs lieux en peut estre memoire, dont nous, et tous ses autres parents, sommes bien tenus et obligés en louer

abandonné le prince dans les derniers mois de sa vie, le regretta sincèrement, et ce fut à lui que les Catalans s'adressèrent tout d'abord quand ils durent reprendre les armes contre Jean II. En Navarre, la mort du prince de Viane fut pour tous les Beaumontais un nouveau motif de haine contre Jean II; les Agramontais s'en réjouirent et la comtesse de Foix se crut enfin assurée de régner.

La mort de D. Carlos ne semblait pas devoir entraîner de graves conséquences politiques. Il ne laissait pas d'héritier légitime, et ses droits mouraient avec lui. Ses amis l'avaient en vain pressé de légitimer par un mariage *in extremis* l'enfant qu'il avait eu de Doña Brianda, il s'y était refusé; peut-être n'eut-il pas assez de confiance dans la fidélité de sa maîtresse [1]; peut-être eut-il peur de laisser à son fils, alors âgé de quelques années seulement, une trop lourde et trop dangereuse succession. Son testament n'est pour ainsi dire pas un acte politique. Il lègue à ses enfants naturels, Anne, Philippe et Jean, les 366 000 florins d'or qu'il tient de sa mère, la reine Blanche; ne voulant pas paraître oublier son père, il lui lègue *mille florins*, et lui recommande ses enfants, sa sœur, ses serviteurs et ses amis; ce sera pour le roi une affaire de conscience. La Navarre appartient au prince par droit légitime : l'héritière du royaume sera l'illustrissime princesse Blanche, infante d'Aragon et de Sicile [2]. Le prince affirme ainsi une dernière fois son droit; mais il sait que cette protestation demeurera sans valeur. Il semble donc que la mort du prince soit une solution de toutes les difficultés pendantes : Jeanne Enriquez rentre en Catalogne; D. Fernando devient primogénit d'Aragon; Doña Leonor est princesse héritière de Navarre. Tout est rentré dans l'ordre, du moins dans l'ordre tel que l'entend Jean II. A ceux qui croyaient qu'il en serait

---

et grandement mercier notre créateur, ce que avons fait, et ferons de nostre part, au mieulx de nostre pouvoir. » *Arch. de Barcel.*, Cartas reales (1458-62). — **1.** Yang., *Compendio*, p. 301. — **2.** *Doc. ined. de Arag.*, t. XXVI, p. 111-121.

ainsi, les faits opposèrent un éclatant démenti; il se trouva que la mort de D. Carlos laissait un vide, que ce maladroit politique, qui n'avait pas su se créer d'alliés, trouva du moins des vengeurs, et l'on vit, aux guerres qui s'engagèrent alors, que ce rêveur avait, de son vivant, représenté au moins deux grandes choses. D. Carlos, pour la Navarre, c'était l'indépendance; D. Carlos, pour la Catalogne, c'était l'autonomie, et, si incomplètement qu'il eût rempli son rôle à Pampelune et à Barcelone, les peuples n'en gardèrent pas moins fidèlement son souvenir, et prirent les armes contre ses ennemis le lendemain de sa mort, parce qu'il leur sembla avoir perdu avec lui leur indépendance et leur liberté.

CHAPITRE V

LE PRINCE DE VIANE ÉCRIVAIN

La bibliothèque du prince de Viane. — Sa *Chronique de Navarre*. — Ses écrits divers. — Popularité du prince dans l'Espagne contemporaine.

La bibliothèque du prince de Viane.

D. Carlos d'Aragon n'a pas été seulement le dernier souverain national de la Navarre et le représentant de l'indépendance catalane, il a compté parmi les princes les plus lettrés de son temps. Son érudition a excité l'admiration naïve de ses contemporains. Il a laissé des écrits qui méritent encore aujourd'hui quelque attention.

Le xve siècle touche aux temps modernes par son histoire diplomatique, le progrès des institutions monarchiques, les grandes découvertes géographiques, la curiosité ardente qui s'empare de toutes les intelligences ; mais il tient au moyen âge, et au pire, par toute son histoire militaire ; c'est un siècle de crise, où l'esprit brutal et formaliste du passé lutte contre le large esprit novateur qui sera celui de la Renaissance. Parmi les princes, les uns demeurent fidèles aux anciennes traditions, les autres se laissent plus ou moins entraîner par les tendances nouvelles. Les premiers nous donnent les héros terribles, Jean de Berry, Charles de Bourgogne, Richard III ; ce ne sont plus des barons chrétiens, ce sont des diables en fourrure d'hommes. A côté d'eux, les princes politiques, qui se servent de la science sans la désirer pour eux-mêmes : Charles VII, Louis XI, Jean II d'Aragon, Ferdinand le Catholique. Enfin, les princes savants, artistes ou lettrés, qui comprennent la science, l'aiment et mettent leur honneur à l'acquérir : Henri de Portugal, René d'Anjou, Alphonse d'Aragon, Charles de Viane.

La science de D. Carlos n'est pas encore dégagée de tout appareil scolastique : il apprend bien des choses inutiles, il cultive plutôt sa mémoire qu'il ne fortifie son jugement ; il n'a ni critique, ni méthode rigoureuse ; cependant, il n'est pas dépourvu de toute originalité ; il tire quelques idées de son propre fonds : ce n'est pas un simple copiste, ni un simple compilateur.

Pour connaître l'état de son esprit et voir où le porte le cours ordinaire de ses réflexions, le mieux est de parcourir sa bibliothèque dont le catalogue a été dressé par ses exécuteurs testamentaires [1].

D. Carlos possédait en propre une centaine de volumes, qui furent estimés après sa mort 1455 livres 6 sous 6 deniers, soit environ 7897 fr. 60 de notre monnaie actuelle. Presque tous ces livres traitent de théologie ou d'histoire, ou sont des œuvres purement littéraires. On peut déterminer pour 84 d'entre eux la langue dans laquelle ils avaient été composés : 52 sont écrits en latin, 24 en français, 4 en catalan, 2 en grec, 1 en italien, 1 en castillan. La bibliothèque du prince était sans doute restée en grande partie en Navarre, et il n'avait emporté dans ses voyages que ses livres de prédilection.

La bibliothèque théologique présente pour nous peu d'intérêt ; mais il n'en est pas de même des collections historiques ou littéraires formées par le prince de Viane.

---

[1]. Ce catalogue a été publié dans la *Revue de l'École des Chartes* par M. Raymond, archiviste des Basses-Pyrénées, d'après une pièce des archives de Pau. Le catalogue et l'estimation figurent encore au tome XXVI de la Collection des Documents inédits d'Aragon. Nous le reproduisons d'après ces deux éditions, mais en disposant la liste par ordre de matières. (Appendice, P. 15.)

En littérature, il paraît avoir préféré les prosateurs anciens aux poètes, on ne trouve parmi ses livres ni un Homère ni un Virgile; mais il a des Discours de Démosthène, les Éthiques d'Aristote, les Lettres de Phalaris et de Cratès, des Discours et des Épîtres de Cicéron, le *de Finibus* et le *de Officiis*, les lettres de Sénèque, Quintilien, Nonius Marcellus et un livre de Boèce. Les Fables d'Esope et les Tragédies de Sénèque sont tout ce que le prince possède en fait de poésie antique; sa bibliothèque scientifique se borne à l'Histoire naturelle de Pline, en deux volumes, et à un traité anonyme sur les propriétés des choses. La littérature du moyen âge est mieux représentée : c'est évidemment aux romans français ou provençaux que Charles de Viane empruntait ses formes poétiques, et les idées qu'il faisait passer dans ses propres compositions. Le caractère éminemment français du petit-fils de Charles le Noble se trahit par le titre de ses livres les plus chers : le Roman de la Rose, Ogier le Danois, le Saint Graal, Giron, les Moralités des philosophes. D'autres ouvrages, probablement écrits en catalan ou en provençal, racontaient les travaux d'Hercule, l'histoire de Troie et de Thèbes, les aventures de Tristan aux Lions. A ces livres de « gai sçavoir » s'ajoutaient des œuvres morales et philosophiques qui plaisaient à l'esprit contemplatif et mystique du prince : des sermons, « hun notable libre qui tracte de vicis et de vertuts »; un livre français intitulé *l'Image du monde*. Les poètes italiens des derniers siècles avaient aimé ces sortes de sujets, et le prince de Viane lisait Dante, le *de Vita tirannica* de Léonard d'Arezzo, le *de Secreto Conflictu curarum* de Pétrarque.

La bibliothèque historique du prince comprenait une collection assez considérable d'historiens anciens, et quelques ouvrages curieux sur l'histoire de son temps. Il est très probable qu'il ne savait pas le grec, mais il avait commencé à l'étudier, car on trouve un alphabet grec au nombre de ses livres; il avait pu prendre une idée générale des annales helléniques dans un commentaire latin sur l'histoire grecque, dans les discours de Démosthène et dans Plutarque, dont il possédait des traductions latines. L'histoire romaine lui était mieux connue. Le catalogue mentionne un Épitome de Tite Live, une traduction française de la seconde Décade, le livre XI de la troisième [1] et deux autres fragments sur la seconde guerre punique et sur la guerre de Macédoine. Il lisait les Commentaires de César, les Histoires et les Annales de Tacite, les biographies de Plutarque et de Quinte-Curce, les études archéologiques de Valère Maxime, les abrégés de Justin et de Lampride. D. Carlos connaissait l'histoire ecclésiastique par les compilations d'Eusèbe et de Paul Orose, par l'Histoire tripartite, la chronologie de Mathieu Palmer, une chronique des papes. D. Carlos possédait encore un recueil de chroniques françaises, mais l'histoire d'Espagne ne comptait que quatre ouvrages dans sa collection : une généalogie des rois de Navarre, un livre qui porte le titre bizarre d'*Analogia regni Navarre*, une histoire latine de la reine Blanche, sans doute la mère du prince, et le poème l'*Alphonséide* consacré à la gloire d'Alphonse le Magnanime, roi d'Aragon. Sans doute D. Carlos ne voyait guère dans ces auteurs que des modèles de style ou des leçons de morale ; mais il puisa dans leur lecture un goût très vif pour les choses du passé, et pour les histoires merveilleuses que l'on racontait sur les hommes d'autrefois. Sans être un Tite-Live, il voulut, lui aussi, élever un monument à la gloire de sa patrie navarraise, et composa la première histoire générale de ce pays.

---

1. La division de l'ouvrage de Tite-Live en décades paraît avoir été l'œuvre des copistes du moyen âge. On ne possède plus aujourd'hui que les livres I à X et XXI à LXV. Si les décades dont il est question ici comprenaient dix livres chacune, comme dans l'édition italienne de Nardi (Venise, in-f°, 1590), il faudrait admettre que le prince de Viane possédait les livres XI à XX, aujourd'hui perdus. Mais comme le catalogue mentionne le livre XI de la 3ᵉ décade, qui n'en compte régulièrement que dix, il est évident qu'il s'agit d'une division différente, et l'on ne peut savoir à quelle partie des œuvres de Tite-Live correspondent les fragments cités.

La Chronique des rois de Navarre.

La *Chronique des rois de Navarre* est l'ouvrage le plus important du prince de Viane. Il la composa pendant sa première captivité (1452-53), et y mit la dernière main en 1454, après son retour à Pampelune.

Il a pris soin de nous indiquer lui-même, au début de son ouvrage, à quelles sources il a puisé ses renseignements. « Pour
« nous, dit-il, nous avons pris grand plaisir à raconter les glo-
« rieux exploits que les seigneurs rois de Navarre ont accom-
« plis de tout temps, grâce à leur immense courage. Nous
« avons lu et écrit, et nous avons commencé et fini le présent
« ouvrage; mais il nous paraît nécessaire de faire connaître
« notre façon de procéder pour mieux marquer notre but. Et
« d'abord pour mettre tout en ordre convenable, et nous
« mieux informer des histoires dont nous voulons traiter, il
« nous a plu d'examiner les anciens livres d'histoire pour
« appuyer notre ouvrage sur ce qu'ils ont dit de vrai. A notre
« avis, il faut commencer par parler des populations (primi-
« tives) de l'Espagne, pour découvrir les plus anciennes ori-
« gines de ce royaume de Navarre, dont nous voulons traiter,
« ainsi que des rois qui ont régné sur lui. Il nous a donc fallu
« parler un peu de la Genèse qui raconte comment les fils de
« Noé s'en vinrent en trois pays, savoir : Sem en Asie, Cham
« en Afrique et Japhet en Europe, où, selon les antiques chro-
« niques d'Espagne et les histoires de Thèbes et de Troie,
« nous voyons qu'il fonda quelques établissements, que nous
« mentionnerons en leur lieu, ainsi que les établissements que
« fonda Tubal-Caïn, cinquième fils de Japhet, comme le racon-
« tent lesdites chroniques, l'historien Paul Orose, Eusèbe,
« l'auteur de l'Histoire tripartite, et Isidore le Grand. Puis nous
« dirons quelles nations dominèrent en leur temps jusqu'à
« la venue des Albanais, qui fondèrent certains établissements
« en ce royaume, comme le disent les chroniques d'Espagne,

« écrites par Isidore le Grand, archevêque de Séville, par saint
« Alphonse, archevêque de Tolède, et saint Sulpice, arche-
« vêque de Compostelle, et par D. Lucas, évêque de Tui, et
« par Isidore le Petit; comme aussi, par D. Fr. Garcia de
« Eugui, évêque de Bayonne et confesseur du roi Charles, notre
« aïeul (dont Dieu est l'âme), dans une compilation qu'il avait
« faite. Pour traiter des rois de Navarre, *pays dont je suis l'hé-*
« *ritier, et où j'espère régner*, et pour savoir quels ils furent,
« nous avons trouvé en ce royaume assez peu de renseigne-
« ments, ce qui n'a pas été sans nous causer une grande con-
« fusion. Nous avons eu recours aux chroniques de Castille,
« d'Aragon et de France, nous avons fouillé les antiques
« archives de notre royaume, et de notre Chambre des Comptes,
« et, avec toutes ces chroniques et écritures, nous avons com-
« posé ce qui suit, aussi bien que notre esprit peu subtil l'a
« su choisir et noter; et, si nous écrivons l'année où nous
« achevons notre ouvrage, c'est pour que l'on puisse plus
« aisément retrouver la vérité en considérant l'antiquité des
« autres époques [1]. »

Ce passage prouve que le prince de Viane ne manquait pas absolument de méthode, et s'était sérieusement préoccupé de réunir les matériaux de son histoire; s'il n'a pas toujours fait la part de la vérité et de l'erreur dans les livres qu'il a consultés, la faute en est à son temps et à l'éducation générale que l'on recevait à cette époque. Personne ne songeait à contester l'autorité historique de la Bible : l'ethnographie biblique était acceptée comme article de foi, et nous ne saurions nous en étonner, puisque certains savants de nos jours soutiennent encore la valeur scientifique du Pentateuque. Il n'est pas plus déraisonnable de croire que l'Espagne fut peuplée par Tubal-Caïn, cinquième fils de Japhet, que de prétendre concilier les données bibliques sur le déluge avec les principes de la géologie. Eusèbe et Paul Orose ne sont pas des guides beau-

---

[1]. *Cron. del principe*, ed. Yanguas, p. 2-4.

coup plus sûrs que la Genèse, mais on sait quel cas le moyen âge a fait de ses écrivains. Tous les auteurs de chroniques universelles les ont copiés sans avoir eu un seul instant la pensée de discuter leur témoignage. Le prince de Viane a du moins eu le mérite de passer rapidement sur ces fables au lieu de s'y complaire comme son continuateur, Diego Ramirez d'Avalos de la Piscina, qui consacre la moitié de son premier livre à l'histoire des dynasties fabuleuses de l'Espagne. Les chroniques espagnoles et françaises, consultées par D. Carlos, sont déjà des sources beaucoup plus sérieuses. La Chronique abrégée d'Isidore de Séville et surtout son Histoire des Wisigoths empruntent une grande valeur à la haute situation de l'auteur en Espagne et à ses relations avec les rois Récarède, Witteric, Gundemar, Sisebuth, Récarède II, Swintila et Sisenand [1]. Alphonse ou Ildephonse, disciple d'Isidore de Séville, et archevêque de Tolède (658-668), a écrit un livre *de Scriptoribus ecclesiasticis* où l'on trouve les biographies de plusieurs hommes illustres et entre autres celle de son maître [2].

Isidore de Béja (Isidorus Pacensis) a poussé sa chronique jusqu'en 754 [3]; il parle souvent en témoin oculaire; son ouvrage, écrit dans un latin détestable, et peu consulté pour cette raison, est une des sources les plus importantes de l'histoire espagnole au viii° siècle. Les Annales de Compostelle rédigées au xii° siècle sur l'ordre de l'archevêque de Saint-Jacques et attribuées, par le prince de Viane, à saint Sulpice, racontent l'histoire de la reine Doña Urraca et de ses démêlés avec son mari, Alphonse le Batailleur; elles sont entachées de partialité, mais contemporaines des événements. Le *Chronicon mundi* de D. Lucas, évêque de Tuy (vers 1250), fut entrepris à la prière de Bérengère, reine de Castille, et mère de Ferdi-

---

1. Cf. *Sancti Isidori Hispalensis Opera*, Philippi Secundi catholici regis jussu, e vetustis exemplaribus emendata, nunc denuo diligentissime correcta atque aucta. Matriti, 1778. — 2. J. A. Fabricius, *Bib. Ecclesiastica.* Lorenzana, *Sanctorum Patrum Ecclesia Toletanæ quæ extant opera.* Matriti, 1782. — 3. *Epitome Imperatorum et Arabum ephemeridis, una cum Hispaniæ chronico.*

nand III; il est assez singulier que le prince de Viane cite, parmi ses sources, cette importante chronique du XIIIᵉ siècle, et ne fasse pas mention des ouvrages de Rodrigue Ximenès, archevêque de Tolède [1], qui était né à Rada, en Navarre, et avait été secrétaire de Sancho el Fuerte. La chronique de Lucas de Tuy est un document des plus intéressants, et l'auteur, qui avait visité Rome, Constantinople et Jérusalem, était un des prélats les plus érudits de l'Espagne du XIIIᵉ siècle.

En dehors de ces ouvrages, le prince déclare s'être servi des chroniques de Castille, de France et d'Aragon. Des chroniques de France sont portées au catalogue de sa bibliothèque sous le titre assez vague de *Cronica regum Franciæ in Gallica lingua;* il s'agit peut-être d'une copie des Grandes Chroniques de France : les longues relations des rois de Navarre avec la cour de France expliqueraient la présence de cette histoire dans la bibliothèque du prince de Viane. Sous le nom de chroniques de Castille, il faut voir sans doute une allusion à la chronique générale d'Espagne, composée sur l'ordre d'Alphonse X, et aux ouvrages de ses différents continuateurs : Fernando Sanchez de Tovar, Juan Nuñez de Villasan, Pedro Lopez de Ayala, qui conduisent l'histoire de Castille jusqu'au règne de Henri III. L'histoire d'Aragon était sans doute connue du prince de Viane par les œuvres de Jayme le Conquérant et de Pierre IV, rois historiens comme D. Carlos l'était lui-même. Il est à regretter que la compilation de F. Garcia de Eugui, évêque de Bayonne, n'ait pas encore trouvé d'éditeur. C'est un court résumé chronologique de l'histoire navarraise; il en existe encore des manuscrits, remplis de fautes par les copistes [2].

Si complète qu'elle pût sembler au prince de Viane, cette bibliographie était en réalité très insuffisante. Les auteurs de ces chroniques étaient pour la plupart fort ignorants, et tous

---

1. *Rerum in Hispania Gestarum Chronicon et Historia Arabum.* —
2. Yang., *Dicc.*, t. I, p. 470; Garibay, *Compendio historial*, l. XXI, ch. 1ᵉʳ; Bib. Nat. de Paris, coll. Duchesne.

étaient d'une profonde crédulité; l'histoire prend chez eux, dans ses périodes les mieux connues, un aspect étrange et tout légendaire. La chronologie est loin d'être rigoureuse, les faits les plus controuvés sont racontés avec la même conviction que les événements les moins discutables, la géographie est mal connue, les mœurs des peuples étrangers n'ont pas été étudiées, leurs institutions sont défigurées. A chaque instant perce le goût des auteurs pour le merveilleux et le surnaturel : ils voient le miracle partout. Une bonne partie de ces défauts a naturellement passé dans l'œuvre du prince : il est naïf, crédule et superstitieux; il raconte complaisamment les légendes déjà racontées par ses devanciers, et il répète leurs erreurs sans en avoir le moindre soupçon; on voit à chaque page qu'il compose une histoire légendaire et morale, où les rois de Navarre viennent successivement offrir au lecteur le modèle de toutes les vertus : quelque chose comme un *de Viris illustribus regni Navarræ*. Cependant il est en progrès sur un grand nombre de ses devanciers; la préoccupation morale n'est pas la seule qui l'anime, il voudrait encore être exact et complet : il demande des renseignements au Fuero, aux annales des monastères, aux pièces des archives de Navarre; *il copie des pièces curieuses*, et les choisit bien; sa méthode générale est mauvaise, mais il a l'idée d'une méthode meilleure; il comprend les difficultés de l'histoire, il se plaint de manquer de documents; il est confus de voir qu'aucun Navarrais ne s'est encore occupé des annales de son pays, et il craint lui-même d'avoir entrepris une tâche au-dessus de ses forces. Il n'a pas assez de génie pour abandonner la routine, et concevoir l'histoire d'une façon purement rationnelle, mais il est assez intelligent pour comprendre combien sont insuffisants les procédés de ceux qui l'ont précédé; en un mot, il ne sera encore qu'un chroniqueur, mais il aura quelques idées dignes d'un véritable historien.

La *Chronique des rois de Navarre* se divise en trois livres.

Le livre premier présente un résumé rapide des origines de

la Navarre, et un aperçu de l'histoire des premiers rois. Le prince ne fait que nommer les différents peuples qui passaient pour avoir soumis l'Espagne avant les Romains, et arrive, dès la seconde page de son récit, à l'établissement du christianisme en Navarre avec saint Cernin et saint Firmin, dont la légende est racontée par lui avec grands détails : il en tire cette conséquence que les Navarrais sont les plus anciens chrétiens de l'Espagne. Le chapitre II de ce premier livre raconte l'histoire des Goths et leur établissement en Espagne ; cette partie est remplie d'erreurs : le prince voit dans le basque la langue des Alains, il fait de Théodose un roi des Goths, il donne à D. Rodrigue quarante-quatre ans de règne, lui fait conquérir l'Afrique, et fait du comte Julien un gouverneur de l'Afrique ; il le confond peut-être avec le comte Boniface, qui avait, trois siècles plus tôt, appelé les Vandales ; il donne, d'après le Fuero général de Navarre, les noms des vallées pyrénéennes qui échappèrent à la domination des Sarrasins. Les chapitres III et IV sont entièrement étrangers au sujet, et contiennent la liste des papes, des empereurs d'Orient et des rois de France antérieurs à Charlemagne. Au chapitre V commence véritablement l'histoire de Navarre : les montagnards d'Aragon et de Navarre restent indépendants dans la montagne, repoussent les attaques des Mores, et résistent à Charlemagne, auquel le prince fait faire quatre expéditions en Espagne. Il ne paraît pas avoir connu les listes de Leyre, dont s'est servi La Piscina ; il raconte, d'après le Fuero général, l'établissement de la royauté en Navarre, et ne fait commencer la liste des rois qu'à Iñigo Arista ; il reporte à cette date toute la partie du Fuero relative aux devoirs du roi, et semble croire que la rédaction du Fuero a précédé l'établissement de la monarchie. A partir du chapitre VII, le prince expose successivement les règnes d'Iñigo Arista, Garcia Iñiguez, Sancho Abarca, Garcie le Trembleur, Sanche le Grand, Garcia de Nagera, et Sanche III. Le récit conserve son allure légendaire : le prince donne des armoiries aux premiers rois de Navarre, il développe complaisamment l'histoire de Sancho Abarca arraché vivant du sein de sa mère, blessée à mort dans une rencontre avec les Sarrasins; il raconte avec de grands détails comment les trois fils de Sanche le Grand accusèrent leur mère d'adultère, et comment Sanche III fut tué par un de ses barons dont il avait terni l'honneur. Les dates données sont souvent fausses, et ne concordent même pas entre elles; un manuscrit rapporte la mort de Garcia Iñiguez à l'année 926, un autre à l'année 943, un autre à l'année 966. La chronologie du prince de Viane n'a été admise ni par D. Moret, ni par l'Académie de l'histoire : la complète concordance des listes royales données par le prince, D. Moret et l'Académie, ne commence qu'avec Garcie le Trembleur, père de Sancho Abarca. Le style du prince de Viane a presque partout, dans cette partie, toute la sécheresse des anciens chroniqueurs, et, parfois aussi, toute leur naïveté. Iñigo Arista a remporté un grand nombre de victoires sur les Mores, mais, comme il n'en est pas parlé dans les écrits qu'il a lus, D. Carlos n'en dira rien non plus. Il avoue que la chronique de Navarre n'est pas d'une authenticité inattaquable ; il la cite cependant, parce qu'il ne veut rien négliger de ce qui peut illustrer la Navarre. Malgré toutes ces critiques, on doit signaler dans ces premiers chapitres quelques points intéressants. Le testament d'Iñigo Arista repose certainement sur un texte fort ancien, et fournit des renseignements curieux pour l'histoire des mœurs navarraises. La donation de Garcia Iñiguez au couvent de San Juan de la Peña est évidemment empruntée aux annales du monastère, et présente tous les caractères d'un document d'archives. Le partage des États de Sanche le Grand entre ses trois fils est correctement indiqué, et les rapports qui existèrent entre le roi Garcia de Navarre et son frère naturel Ramire, roi d'Aragon, sont marqués dans la chronique du prince d'une façon beaucoup plus conforme à l'histoire que dans les mémoires de San Juan de la Peña.

Dans son second livre, D. Carlos étudie les règnes des rois

aragonais, Sancho Ramirez, Pierre I*er* et Alphonse le Batailleur, qui occupèrent le trône de Navarre de 1076 à 1134 ; le prince termine cette partie de son ouvrage par les règnes de D. Garcia le Restaurateur, Sanche le Sage et Sanche le Fort, derniers rois de l'antique dynastie de Navarre. Il regarde les princes aragonais comme des usurpateurs ; il attache une grande importance à l'ordre légitime de succession au trône, et cette préoccupation se comprend d'autant mieux chez lui qu'il se sentait menacé d'être dépouillé par son père.

Les sources étaient, pour cette période, plus abondantes et plus sûres que pour la précédente ; aussi les erreurs chronologiques sont-elles moins importantes et plus rares ; il n'y a ni lacune, ni transposition à signaler dans la liste des rois. Le récit prend également plus d'ampleur : le siège de Huesca par Sancho Ramirez, la bataille livrée sous les murs de la ville aux troupes de l'émir de Saragosse, la guerre de D. Garcia le Restaurateur et de Ramire le Moine, roi d'Aragon, la bataille de las Navas de Tolosa sont autant de morceaux épiques qui rappellent, par leur vivacité et leur couleur, certaines pages du romancero : quelques réflexions personnelles, naïves et pittoresques, rompent parfois la monotonie du récit. Si le prince ne renonce pas encore complètement à la légende, il lui fait une part de moins en moins grande ; il raconte qu'un chevalier chrétien fut transporté d'Antioche à Huesca par saint Georges ; il rapporte, sans discussion, quelques-uns des passages les plus douteux de la chronique du Cid ; mais il emprunte aux archives du royaume et des villes, et aux traditions locales un certain nombre de faits importants ; il cite un passage de la charte de Sancho Ramirez qui rétablit à Pampelune le siège épiscopal transféré à S. Salvador de Leyre, à l'époque des grandes invasions sarrasines ; il appuie sur une bulle d'Urbain II le droit qu'avaient les rois de nommer aux bénéfices vacants dans leur royaume ; il rappelle que Sanche le Sage est l'auteur d'une réforme du Fuero ; il expose en détail les conditions de l'accord intervenu entre les habitants du bourg de Saint-Cernin, et de la Poblacion de San Nicolas à Pampelune sous le règne de Sanche le Fort. Il prend un intérêt tout particulier à expliquer les relations qui pouvaient dès lors exister entre la Navarre et la France ; il nomme un comte du Perche, comme le vainqueur de Tudela ; il dit que le bourg de Saint-Cernin fut repeuplé par Alphonse le Batailleur à l'aide de colons français venus de Cahors. On ne peut lui reprocher qu'une erreur vraiment considérable : ne connaissant pas les termes de l'accord intervenu entre Sanche le Fort et le roi de Castille, après l'occupation de l'Alava et du Guipuzcoa par les Castillans, il cite à ce propos un traité conclu plusieurs années avant la conquête castillane, et qui ne peut donner aucun renseignement sur ce point capital de l'histoire de Navarre.

Le livre III contient l'histoire des dynasties françaises de Navarre, et présente de très grandes inégalités de développement. La guerre civile qui suivit en Navarre la mort de Henri le Large (1272) est racontée en détail, et forme une des parties les plus clairement exposées de tout l'ouvrage ; il est à remarquer que le prince est beaucoup plus favorable aux Français que ne le sera La Piscina, et qu'il ne parle pas du sac de la Navarreria, ni des déprédations commises à Pampelune par les soldats du connétable de France (1276). Le règne de Charles le Mauvais est longuement exposé, quoique le prince déclare n'en avoir pas trouvé une seule histoire suivie. La chronologie est observée, et les principales phases de ce long règne ont été bien comprises ; mais il n'est rien dit du rôle joué en France par le roi de Navarre, pendant la captivité du roi Jean. Les événements de Castille sont à peu près passés sous silence, et Pierre le Cruel n'est point nommé. L'histoire intérieure de la Navarre sous Charles le Mauvais est traitée plus largement et ne manque pas d'intérêt ; cette partie de l'ouvrage abonde en traits de mœurs et en détails caractéristiques. La guerre civile de 1272 et le règne de Charles le Mauvais remplissent les dix chapitres les plus longs du livre III, qui en compte vingt-trois en tout ; les treize autres chapitres offrent un intérêt beaucoup moindre ; on y peut toutefois remarquer que les princes de la maison de Champagne ne paraissent pas avoir laissé en Navarre de souvenirs très populaires, tandis que le prince exalte la gloire des princes d'Évreux, ses ancêtres directs. La légitimité de la succession à la couronne est une des questions qui sont traitées avec le plus de détails ; le prince a copié les lettres où les Cortès de Navarre demandent à Philippe le Bel d'envoyer dans le royaume Louis le Hutin, son fils aîné. Le texte du serment prêté aux Cortès par Philippe d'Évreux est rapporté tout entier. Le prince écrit en homme qui a sans doute une haute idée de la prérogative royale, mais qui respecte en même temps les libertés de son pays ; en cela encore il est bien Navarrais.

D. Carlos s'arrête brusquement au règne de Charles le Noble. Il n'a pas écrit l'histoire de son grand-père ; il s'est contenté de rapporter sommairement les négociations engagées par le roi de Navarre avec le roi de France pour en obtenir la rétrocession de ses domaines. On eût aimé voir le prince s'étendre davantage sur ce règne important, qu'il eût pu décrire d'après le témoignage des contemporains, et avec une abondance de documents qui ne lui eût rien laissé à désirer ; il a préféré rester dans son rôle de chroniqueur, et, ne trouvant pas de guerres à raconter au cours de ce long règne pacifique, il l'a traité en quelques pages, sans comprendre peut-être quel genre d'intérêt on y aurait trouvé.

D'ailleurs D. Carlos a pu craindre de parler d'événements aussi rapprochés. Sa première captivité l'avait fort aigri, et il est facile de juger, par quelques détails, qu'il nourrissait, dès cette époque, un grand ressentiment contre son père. Il consacre quelques lignes d'éloges à sa mère, Doña Blanca ; il rappelle le mariage de la princesse avec le roi Martin de Sicile ; il ne nomme même pas D. Juan d'Aragon, son propre père. Il semble regretter la mort des fils de Charles le Noble, qui, vivants, l'auraient exclu du trône, et il ajoute tristement : « Le

« lecteur peut penser combien ces princes manquèrent au
« royaume. » Il termine brusquement son ouvrage par le
procès-verbal du couronnement de Charles le Noble; il se
plaît à décrire cette pompeuse cérémonie, et il trouve, à
peindre cette gloire et cette splendeur, un charme tout rempli
d'espérance : lui aussi sera élevé sur le pavois par les riches
hommes et les bourgeois des bonnes villes, lui aussi entendra
crier autour de lui : Real! Real! Real! pour le noble roi
D. Carlos! Avec toute l'apparente sécheresse d'un compilateur, il termine son histoire comme il l'a conçue et comme il
eût voulu l'exécuter, en rêveur et en artiste.

La chronique du prince de Viane n'est pas l'œuvre d'un
écrivain habile, ni d'un observateur profond; telle qu'elle est,
cependant, elle mérite une place honorable parmi les chroniques espagnoles du xve siècle; elle donne la mesure de ce
qu'un homme instruit et bien renseigné connaissait de l'histoire navarraise en 1454.

L'œuvre de D. Carlos est restée inédite pendant près de
quatre siècles, comme tant d'autres livres espagnols qui attendent encore des éditeurs. En 1833, D. José Yanguas y
Miranda, secrétaire de la Députation provinciale de Navarre,
entreprit de publier ce curieux monument de l'histoire navarraise. Yanguas s'est servi de quatre manuscrits [1]. Le premier
est une copie moderne donnée en 1799 par D. Lorenzo del
Prestamero à D. Juan Antonio Fernandez, archiviste de
l'ordre de Saint-Jacques; cette copie a été exécutée sur un
manuscrit plus ancien écrit en 1597, par le docteur Pedro
Puerto de Hernani, professeur de « décret » à l'université
d'Oñate. Le second manuscrit est une copie de celui que possède l'Académie royale de l'histoire; il a été exécuté en 1832
par D. Miguel Salva, et corrigé par D. Manuel Abella sur un
manuscrit du xve siècle appartenant à la bibliothèque de l'Esco-

---

[1]. Il en cite un bien plus grand nombre : 5 à la Bib. Nat. de
Madrid, 1 à l'Escorial, 2 à la Bib. de l'Acad. de l'histoire, 1 à l'Acad.
espagnole. Yang., *Chron. del principe*, p. XLI.

rial. Le troisième est aussi une copie moderne; il est conservé aux archives de la Navarre. Le quatrième date de la fin du xvie siècle et fait partie de la bibliothèque du comte d'Osuna. Toutes ces copies proviennent évidemment d'une même source, mais présentent entre elles des différences assez notables; elles sont toutes remplies de fautes dues à la négligence et à l'ignorance des copistes. Le texte du prince de Viane n'a pas été scientifiquement établi. Yanguas connaissait bien l'histoire navarraise, ayant lui-même composé un abrégé des annales de Navarre du P. Moret; il a cherché à rapprocher autant que possible le texte du prince de la vérité historique, et il a composé, à l'aide des variantes, la version la plus conforme à l'histoire, sans indiquer les leçons des autres manuscrits; ce procédé commode ne saurait être accepté, la liste des manuscrits consultés est trop courte, les copies sur lesquelles Yanguas a travaillé sont trop modernes, et le texte donné par lui ne peut être regardé comme un texte définitif. Ce reproche n'est pas le seul qu'on soit en droit d'adresser à son travail. Il semble ignorer complètement l'histoire et la géographie de la France; les notes sont rares et assez mal choisies; il ne prend pas le soin de rétablir la chronologie souvent mauvaise; il ne fait aucun rapprochement entre le texte de son auteur et les passages des différents auteurs espagnols dont il s'est servi. Il y a fort loin de l'édition de Yanguas à une édition savante, et la tâche qu'il n'a pas su remplir serait cependant de nature à tenter un érudit; nos sociétés historiques françaises ont publié avec fruit des œuvres moins originales et moins intéressantes.

Écrits divers du prince de Viane.

La *Chronique de Navarre* est l'œuvre principale de D. Carlos, mais il a composé d'autres ouvrages de moindre importance qui servirent aussi à établir sa réputation de prince lettré.

Lorsque D. Carlos arriva en Italie, Léonard d'Arezzo venait de terminer sa traduction latine des *Éthiques* d'Aristote, et un moine castillan, Fray Diego de Belmonte, les avait traduites à son tour en langue espagnole; mais cette traduction était sans grâce et pleine de contresens [1]. D. Carlos entreprit d'en faire une nouvelle, et tous les auteurs s'accordent à dire qu'il s'acquitta de ce travail avec un rare bonheur. « Il « montra dans cette traduction, dit Garibay, une telle clarté « d'esprit qu'il redressa même des erreurs commises par Léo- « nard d'Arezzo; de plus, il divisa les livres en chapitres, et « les chapitres en conclusions, ce que n'avaient fait ni Léonard « d'Arezzo, ni Aristote; et il écrivit certains passages avec des « mots mieux choisis que ses devanciers ne l'avaient fait en « grec et en latin [2]. » Ce singulier éloge serait peu apprécié aujourd'hui, et le traducteur ne se donnerait pas pour but de corriger son modèle; cependant, si étrange que puisse paraître cette idée, elle est certainement conforme à l'opinion générale des hommes d'alors. Dédiée au roi de Naples, Alphonse le Magnanime, la traduction des *Éthiques* fut considérée pendant longtemps comme un chef-d'œuvre; la reine Isabelle en avait un *exemplaire imprimé* dans sa bibliothèque [3], et l'Allemand George Coci en donna une nouvelle édition in-folio à Saragosse en 1509 [4].

D. Carlos ne voulut pas se contenter d'une simple traduction des *Éthiques* d'Aristote; il lui sembla que la morale chrétienne complétait sur plus d'un point les idées du grand philosophe grec, et il crut que les Morales d'Aristote, remaniées et remises en harmonie avec les théories orthodoxes, pourraient former un livre de morale d'une lecture aussi facile que profitable. C'était l'idée d'un homme de la Renaissance, qui

---

[1]. Acad. de la Hist., *Memorias,* t. VI, p. 475. — [2]. Garibay, t. III, p. 404. De Mayerne-Turquet, *Hist. d'Esp.,* t. I, p. 899. — [3]. Un libro pequeño, escrito de molde, en papel, en romance ques Hetica de Aristotilis, con las cubiertas coloradas, y cerraduras de laton. Acad. de la Hist., *Memorias,* t. VI, p. 474. — [4]. Menendez, *Tipographia española,* p. 193. Madrid, 1796.

croyait l'union possible entre la civilisation antique et la foi du moyen âge, c'était de l'éclectisme avant Érasme. D. Carlos ne se sentait pas de force à mener à bien une semblable entreprise ; il résolut de s'adresser aux lettrés de l'Espagne entière, et leur envoya une sorte de circulaire pour les inviter à se mettre à l'œuvre. Son secrétaire et ami, D. Fernando de Bolea, reprit cette idée après le décès de son maître, et demanda aux rois d'Aragon, de Castille et de Portugal de s'intéresser à cette entreprise. La lettre du prince et celles de Fernando de Bolea sont conservées à la bibliothèque de Madrid, dans un beau manuscrit en parchemin de la fin du xve siècle. Le contenu en a été publié en 1863 par D. Manuel de Bofarull y Sartorio dans le tome XXVI des documents inédits des archives d'Aragon ; la lettre circulaire du prince avait été déjà publiée par Yanguas dans son Dictionnaire des antiquités de Navarre.

En dehors de ces ouvrages, on peut citer un certain nombre de traités et de morceaux divers demeurés inédits. Garibay a eu entre les mains l'exemplaire de la chronique du prince écrit en 1597 par le docteur Pedro Puerto. A la suite de la chronique se trouvait un traité des miracles du fameux sanctuaire de San Miguel de Excelsis, sur le mont Aralar. Garibay[1] et Latassa[2] attribuent ce traité au prince de Viane.

En 1796, Juan Garriz, receveur de l'hôpital général de Saragosse, possédait un livre du contrôle de la maison du seigneur prince contenant toute la dépense de son entretien[3]. Ce livre de comptes devait rappeler de fort près les sept registres de la chancellerie privée du prince de Viane, qui sont encore aujourd'hui conservés aux archives d'Aragon ; on y retrouve quelques documents d'un caractère personnel au milieu d'innombrables quittances et de nombreuses pièces politiques.

---

1. Garibay, l. XXVIII, ch. XVI et XXIX. — 2. *Bib. antig.*, t. I, p. 226. — 3. Andres, *Museo Aragones* ; Latassa, *Bib. antig.*, t. II, p. 228.

Latassa cite encore différentes lettres sur des sujets de littérature, principalement à des savants italiens; Zurita avait pu en avoir connaissance [1].

Tous les écrivains qui se sont occupés du prince de Viane s'accordent à le représenter comme un poète gracieux et fécond. Mariana parle de « quelques vers espagnols très « beaux, et de quelques chansons délicates et ingénieuses, de « sa façon, qu'il avait coutume de chanter en s'accompagnant « sur la guitare [2] ». Malheureusement les vers du prince ne se trouvent cités nulle part, on n'en trouve aucune trace, ni dans les archives de Navarre ni dans celles d'Aragon. Un *libre de cobles* est mentionné dans le catalogue de la bibliothèque du prince; il devait contenir un certain nombre de ses poésies, il a disparu ou s'est égaré. Il existe à la bibliothèque colombienne de Séville un manuscrit qui renferme les comptes de l'hôtel du prince; les marges en sont, paraît-il, couvertes d'annotations, et il ne serait pas impossible que l'on y trouvât quelques compositions versifiées [3]; mais en admettant même qu'il y eût des vers sur le manuscrit en question, et qu'ils fussent du prince de Viane, on n'aurait là que des pièces fugitives écrites à la hâte, et probablement dénuées de toute valeur littéraire.

Les poésies d'Ausias March, ami intime de D. Carlos, sont des œuvres subtiles, d'une forme très châtiée et d'un art consommé. Jamais l'idiome catalan, un peu dur, et trop riche en monosyllabes, n'a été écrit avec plus de douceur et d'harmonie. L'amour considéré dans son origine et son essence, l'amour immatériel, et pour ainsi dire imaginaire, est la grande source d'inspiration. Comme Pétrarque, Ausias March a une amante mystique, mais sa passion est plus théorique et plus abstraite encore : Teresa n'est guère qu'un nom, et ce nom n'apparaît qu'une fois dans les *cants d'amor;* l'amour

---

1. Latassa, *Bib. antiq.*, t. II, p. 227; Zurita, 4ᵉ part., l. XVII, ch. XXIV, fº 97, col. 3 et 4. — 2. Mariana, t. IV, 1ʳᵉ part., p. 353. — 3. Nous devons ce renseignement à l'obligeance du R. P. Fidel Fita y Colomé.

tel que veut le peindre le poète, n'a que faire de la réalité et n'a même plus besoin d'objet. Des *cants de mort*, des *cants morals* et un *cant espiritual*, achèvent de marquer le caractère idéal et mystique de son œuvre [1].

C'est dans ce monde poétique que le prince de Viane a vécu, c'était aussi sans doute des *cants d'amor* et des *cants morals* qu'il avait composés, mais il fallait un véritable génie pour prêter quelque vie à des abstractions et à des fantômes, et cette vie, on peut douter que D. Carlos ait su la prêter à ses créations. Le *Cançoner d'obres enamorades* de la Bibliothèque nationale renferme un grand nombre de poésies catalanes du XVᵉ siècle ; la plupart se recommandent par une facture habile, une versification précieuse, un style d'une extraordinaire recherche ; presque toutes sont vides, et de ce recueil de *gaie science* se dégage un profond ennui ; les vers du prince de Viane mériteraient peut-être une place dans le *Cançoner d'obres enamorades;* elles présenteraient mêmes mérites et mêmes défauts. Les qualités moyennes et la curiosité érudite qui ont suffi à D. Carlos pour faire un bon chroniqueur, ne suffisaient pas à en faire un véritable poète.

Popularité du prince de Viane dans l'Espagne contemporaine.

La Navarre et la Catalogne ont cessé d'être indépendantes ; la Catalogne a perdu ses privilèges depuis 1715, la Navarre a vu restreindre ses fueros par les lois de 1849 et de 1876, et ces deux pays ne forment plus officiellement que des départements espagnols ; mais la masse des habitants ne s'est pas encore résignée à ce nouvel ordre de choses : un parti puissant cherche à conserver le culte des anciennes libertés et des vieilles traditions, et combat désespérément les efforts du gouvernement central. Les fueristes sont Navarrais ou Cata-

---

1. *Obras* de Ausias March. Barcelona, 1884, in-8º.

lans avant d'être Espagnols; les plus exaltés assurent qu'ils sont prêts à se séparer du reste de la nation si leurs privilèges sacrés ne sont pas maintenus. Les nécessités politiques, les raisons d'État, l'intérêt de la patrie commune, rien ne les touche; ils savent qu'ils ne sont pas et ne seront jamais la majorité; ils s'en font gloire; ils s'honorent d'être les *Vendéens de l'Espagne*. Quand on leur objecte que quelques centaines de mille hommes ne peuvent faire la loi à seize millions, ils répondent avec une obstination furieuse qu'une guerre d'extermination aura seule raison de leur résistance.

Dans un pays semblable les choses du passé n'attirent pas seulement l'attention des érudits ou des archéologues; l'histoire devient un arsenal pour les polémistes; les faits les plus anciens sont invoqués par les politiques du jour à l'appui de leurs théories, et les hommes d'autrefois passionnent les esprits comme s'ils étaient morts d'hier, parce que les fueristes ne veulent regarder qu'en arrière, parce qu'ils mettent leur honneur à ne pas changer, parce qu'ils ont pour le mouvement la même horreur que les nations jeunes ont pour l'immobilité.

Le souvenir des héros nationaux est donc resté bien plus vivant dans le pays des fueros que partout ailleurs, et la mémoire du prince de Viane est beaucoup moins oubliée en Navarre et en Catalogne que celle de Charles VIII en France. Les bourgeois de Pampelune connaissent les traits principaux de sa vie; ils savent combien il était savant et combien il fut malheureux; ils détestent Jean II, l'usurpateur aragonais, ils en font le meurtrier de sa fille et de son fils. A Olite, les paysans ont entendu parler du prince; ils connaissent au moins son nom; ils montrent dans le palais la place de son oratoire, et l'endroit où il gardait ses liens. Barcelone est une ville trop affairée et trop moderne pour que le peuple ait gardé le souvenir de faits si anciens, mais tout Barcelonais instruit sait la terrible histoire du soulèvement de 1461; il se rappelle que la révolte se fit au nom de Charles de Viane, et que, pendant deux siècles, la Catalogne honora comme un saint son héros bien-aimé; sans la grande guerre française, qui a ruiné le Montserrat et le Poblet, le souvenir du prince serait plus vivant encore.

L'art contemporain s'est aussi inspiré de notre personnage. Un tableau du musée de Madrid, dû au pinceau de M. Sala y Frances, représente l'arrestation de Viane à Lerida, le 2 décembre 1460; le prince vient de remettre son épée et se traîne à genoux vers son père en implorant sa pitié; le peintre a bien rendu l'effroi et la surprise du prince, arrêté en pleines Cortès, au mépris de la sauvegarde royale; Jean II, trop vieilli, trop courbé, est cependant historique par son geste implacable, sa fureur concentrée, ses traits durs de vieillard bilieux et tyrannique. D. Juan de Beaumont assiste debout et muet à toute cette scène, haineux et sombre, mais non surpris, en homme qui avait tout prévu et qui s'attend à tout.

M. Moreno Carbonero nous représente le prince de Viane dans sa bibliothèque; Carlos, magnifiquement paré, manteau de fourrures précieuses, collier d'or, bagues ornées de pierreries, s'est renversé au fond d'une grande chaire de chêne sculpté à dossier monumental, ses pieds s'enfoncent dans un coussin de velours et sa main gauche pend sur un livre ouvert devant lui, pendant que ses yeux suivent vaguement on ne sait quelle vision; un lévrier blanc, couché sur les dalles, dort, le museau entre les pattes, tandis que son maître médite, à demi endormi lui-même. Ce tableau, reproduit par la photographie à centaines d'exemplaires, se voit à toutes les vitrines de la rue Ferdinand VII à Barcelone; on le retrouve à Gracia, dans les faubourgs de la ville. Plus d'un détail est expressif et bien rendu; cette attitude fatiguée convient bien au héros incomplet et persécuté, au prince qui a plus vécu par la pensée que par l'action, à l'héritier de six royaumes qui n'a jamais régné; mais c'est une image incomplète, c'est le D. Carlos des derniers jours, c'est lui, moins la grâce, moins l'affabilité qui le faisaient populaire, moins le grain d'idéal qui l'a fait saint aux yeux de tout un peuple.

Les littérateurs navarrais ont compris tout ce que la vie du prince de Viane renferme d'éléments dramatiques : un Pamplonais, D. Arturio Campion, l'a pris pour héros d'un roman historique [1] ; le comte de Guendulain l'a célébré en vers charmants, qui comptent parmi les meilleures productions de la littérature navarraise contemporaine. Don Carlos, fait prisonnier après la journée d'Aybar, reçoit la visite de Doña Brianda de Vaca qui vient le consoler et lui apporter sa nourriture, car elle craint que son amant ne soit empoisonné. La forme est archaïque, le style rappelle les chants populaires du xve siècle, le pastiche se trahit à peine par quelques expressions trop recherchées ; l'œuvre est saine, elle est simple, elle enchante l'oreille par l'harmonieuse sonorité des syllabes, elle plait par la grâce des détails, elle touche par sa sincérité, et, quoique peu conforme à l'histoire, elle témoigne de l'attrait profond et sympathique qu'exerce toujours sur l'âme d'un fuériste espagnol le personnage doux et triste dont on a vu l'histoire, et qui est resté aussi célèbre par ses malheurs et ses disgrâces que son frère Ferdinand par sa fortune et ses victoires.

[1]. *La Vision de D. Carlos,* por D. Arturio Campion. *Revista Euskara,* año quinto, n°s 49 et 50.

CONCLUSION

La vie de D. Carlos d'Aragon, prince de Viane, présente une série d'événements dramatiques qui prêtent à son histoire quelques-uns des caractères d'un roman d'aventures ; les coups de théâtre y sont fréquents ; la catastrophe y est soudaine, inattendue et terrible. Il semble qu'il soit difficile de tirer quelque conclusion générale de cet ensemble de faits détachés, et sans lien apparent.

D. Carlos naît en 1421. Les dix-neuf premières années de sa vie ne sont marquées par aucun fait extraordinaire. Il reçoit sous les yeux de sa mère l'éducation laborieuse et sage qui convient à l'héritier présomptif d'un petit État. A la mort de la reine Blanche, il devient en droit le véritable souverain de la Navarre ; cependant son père continue à régner. Il proteste contre cette usurpation, et accepte le titre de lieutenant général dans son propre royaume ; il est roi de par le droit naturel qu'il tire de sa naissance, de par le Fuero, de par le consentement de la meilleure et de la plus saine moitié de ses sujets, et il se résigne à ne jouir en Navarre que d'un titre précaire, à n'y exercer qu'une autorité déléguée. Cette situation fausse était impossible à soutenir, le conflit entre le roi et le prince devait éclater malgré eux, au premier jour ; cependant la lieutenance du prince dure plus de neuf ans ; un miracle quotidien maintient la paix pendant tout ce temps, et la crise inévitable se produit au moment où tout danger paraît écarté, où l'on croirait les habitudes prises de part et d'autre, où le *modus vivendi*, accepté depuis tant d'années, semble devoir se perpétuer jusqu'à la résolution naturelle du problème par la mort de D. Juan. Au moment où le conflit s'accuse, les deux princes ont encore recours aux compromis où ils se sont complu jusqu'alors : le prince n'ose tirer l'épée, le roi tergiverse, tous deux négocient. Deux ans se passent en allées et venues; chacun menace et promet, s'indigne et s'apaise, s'insurge et désarme tour à tour. Le jour où le différend s'arrange, à l'instant où les plénipotentiaires des deux partis signent le traité définitif, la bataille s'engage à Aybar, malgré le prince et malgré le roi, entre agramontais et beaumontais. Jean II triomphe, et retient son fils prisonnier pendant vingt-et-un mois. Mais il est maître du souverain sans l'être du royaume; il relâche son prisonnier, sans même avoir pu lui demander de garanties sérieuses. La guerre aurait dû recommencer trois jours après la libération du prince; elle ne recommence que trois ans plus tard. Le prince devait en donner le signal; c'est Jean II qui la déclare, en déshéritant son fils au profit du comte de Foix. On s'attend à ce que la lutte soit acharnée et décisive; dès le premier échec D. Carlos se dérobe, et quitte la Navarre pour chercher un refuge à Naples. Dès lors, si héroïque que soit la résistance navarraise, l'intérêt se déplace, et se reporte tout entier à la cour d'Alphonse V. La sagesse du roi d'Aragon promet un dénouement pacifique et prochain; le Magnanime se sent attiré vers D. Carlos, son neveu et son héritier, par la sympathie la plus vive; il se fait l'arbitre de la querelle, il décidera entre le père et le fils, il va prononcer, quand sa mort remet tout en question. C'est le moment où Naples et la Sicile réclament D. Carlos pour roi. Sa loyauté, son sens intime du droit le défendent contre la double tentation; il refuse et vient se remettre au pouvoir de son père, qui l'interne à Majorque. Un acte d'indépendance ramène le prince au milieu des Catalans; tout un grand peuple embrasse sa cause; il paraît toucher au succès; D. Juan le fait arrêter en pleines Cortès. Une des révolutions les mieux justifiées, une des insurrections les plus légales qui se soient jamais produites arrache encore D. Carlos aux mains de ses ennemis, mais sa destinée n'en paraît pas plus enviable. Lieutenant général en Catalogne, il est bien plutôt l'hôte qu'il n'est le maître de Barcelone; son père n'a point désarmé; mille ennemis l'entourent; mille obstacles le séparent de la Navarre, vers laquelle l'attire l'invincible sentiment de son droit. Il s'agite, il se débat au milieu des dangers qui le menacent; rien ne permet de présager ce que l'avenir lui réserve; il disparaît tout à coup, usé depuis de longues années par l'inquiétude, abattu en quelques jours par la maladie, et sa mort est en Navarre et en Catalogne le signal d'une guerre plus terrible que toutes celles qui avaient éclaté pendant sa vie.

Telle est l'histoire du prince de Viane avec ses contradictions apparentes, et ses perpétuelles surprises. Elle a cependant une profonde et saisissante unité, et c'est dans le caractère même des peuples de l'Espagne du Nord qu'il faut la chercher.

Le Castillan domine l'Espagne depuis quatre siècles, et croit volontiers qu'en lui s'incarne le véritable génie espagnol. Ses prétentions sont en partie justifiées : nul peuple n'a de lui-même une idée plus noble; nul n'a poussé aussi loin l'enthousiasme religieux, le dévouement à son prince ou à sa patrie, l'amour des aventures et des conquêtes. Mais la raison compte pour peu de chose aux yeux du Castillan, épris d'idéal et d'impossible, et sa grandeur est souvent voisine de la folie. Moins prompt, moins brillant et plus opiniâtre, l'Espagnol du Nord se distingue de son rival par un sens très vif de la réalité, et par un attachement inviolable à la loi écrite, aux formules traditionnelles de son droit. L'esprit castillan s'est depuis quatre-vingts ans ouvert aux idées modernes; l'Espagnol du Nord semble, au contraire, avoir reculé, et la différence s'accuse chaque jour davantage entre l'Espagne castillane et l'Espagne du Nord, entre le pays qui accepte les doctrines révolutionnaires, et la terre des Fueros où l'on se refuse à tout changement.

La Navarre occupe le premier rang parmi les pays fuéristes. Son histoire se confond d'abord avec celle des petites tribus euskariennes luttant dans les Pyrénées contre la domination romaine, wisigothique ou sarrasine. Dès cette époque la Navarre est un pays de Fuero, c'est-à-dire un petit pays fermé, qui s'administre et se juge lui-même, où ne pénètrent ni l'édit d'Adrien, ni le bréviaire d'Alaric, ni le Koran, où la loi civile est la marque et la garantie de l'indépendance nationale; clan de sauvages, si l'on veut, mais aussi tribu d'hommes fiers et indomptables qui connaissent leurs droits et savent les défendre. Vers la fin du IX° siècle, la situation de la Navarre se régularise, et la tradition populaire, plus logique que l'histoire, place à la même époque l'établissement de la royauté et la rédaction du Fuero, tant ces deux éléments de la constitution nationale paraissent indissolublement liés l'un à l'autre. Au début du XIII° siècle, la Navarre perd tout à fait le caractère d'État euskarien, lorsque la Castille s'empare des Vascongades; mais le Fuero reste intact au milieu de ce grand changement. La Navarre subit deux cents ans de domination étrangère, sans que sa constitution soit réellement altérée. Les rois français sont populaires en proportion de leur respect pour la loi nationale; le meilleur est celui qui rédige le Fuero et qui l'applique; le plus mauvais est celui qui le réforme ou le transgresse. Dès ce moment apparaît en Navarre l'idée caractéristique des peuples fuéristes : *l'immutabilité de la loi*. Le Fuero est parfait en lui-même; on n'en doit rien retrancher; il n'y faut rien ajouter; les mœurs pourront en modifier l'application, lui ôter même sur certains points toute autorité, mais son texte ne doit être l'objet d'aucune retouche; on n'amende pas plus le Fuero qu'on ne corrige l'Évangile. Cette manière de voir peut être étroite et incompatible avec le progrès, mais il faut se rappeler que l'interprétation de la loi y introduit bientôt l'arbitraire, et que les codes périssent souvent étouffés sous la jurisprudence. La lettre tue et l'esprit sauve, mais le respect de la lettre est aussi la meilleure garantie que l'esprit sera respecté.

Pour n'avoir pas compris ce sentiment, les rois de Navarre de la maison de Champagne furent peu aimés de leurs sujets, et les tentatives qu'ils firent pour fortifier leur autorité ne furent couronnées d'aucun succès. A la mort de Henri le Gros, une partie de la Navarre se révolta contre sa fille; ce fut une révolte fuériste. Philippe le Bel céda encore à un mouvement fuériste lorsqu'il envoya Louis le Hutin en Navarre; il en fut de même de Philippe de Valois lorsqu'il abandonna la couronne de Navarre à Philippe d'Évreux. Philippe d'Évreux ne fut pas accepté sans conditions par les Navarrais, et, s'ils applaudirent à la rédaction du Fuero général, ils refusèrent de voter les changements que le roi voulait y apporter. Charles le Mauvais prononça un grand nombre de condamnations illégales, décima la noblesse, créa la Chambre des Comptes et la Corte Mayor, leva l'*alcabala* et les *cuarteles;* il fut haï de ses sujets, autant à cause de ses innovations que de sa tyrannie. Charles le Noble perçut des impôts modérés, renonça aux grandes guerres en France, rappela les fidalgos bannis par son père, et gouverna légalement; il n'en fallut pas davantage pour le rendre populaire.

Cette inviolable fidélité au Fuero, la Navarre l'a gardée depuis le xve siècle, à travers toutes les révolutions qui l'ont agitée, et elle a reçu la juste récompense des efforts et des sacrifices qu'elle a faits pour la défense de sa loi nationale, car elle en jouit encore aujourd'hui. Elle a été la première en date parmi les nations fuéristes; elle reste la dernière en possession de son Fuero.

Fuéristes aussi, et presque au même titre, sont l'Aragon et la Catalogne.

L'Aragon n'a d'abord été qu'un démembrement de la

Navarre. Il a eu avec elle communauté d'origine, et communauté de dynastie. Le Fuero de Sobrarbe a peut-être été rédigé avant tous les autres, et la constitution aragonaise a donné à la liberté individuelle des garanties plus fortes que toute autre législation. Où retrouve-t-on une magistrature analogue à celle du grand juge d'Aragon, et des privilèges semblables à la *jurisfirma* et à la *manifestacion?*

Les institutions de la Catalogne sont profondément empreintes de l'esprit républicain. La nation catalane est une véritable fédération de cités souveraines; dans les grandes villes, les pouvoirs municipaux sont aussi fortement organisés que dans les villes libres d'Allemagne et d'Italie. Les Cortès fonctionnent régulièrement, comme en Aragon et en Navarre, la Généralité de Catalogne contrôle les actes du gouvernement royal dans l'intervalle des sessions, le tribunal des Proviseurs surveille les agents du roi et les rappelle sévèrement au respect de la loi. Barcelone a une école de jurisconsultes. Les constitutions catalanes et les usages de Barcelone sont appliqués avec la même rigueur et dans le même esprit formaliste que les Fueros d'Aragon et de Navarre.

Enfin Valence, le Roussillon et le royaume de Majorque doivent être considérés comme des dépendances naturelles de la Catalogne; ils participent à sa vie politique; ils sont membres comme elle de la *nation catalane*, et forment avec elle un tout indivisible placé sous la protection et la sauvegarde des rois d'Aragon.

L'ensemble de ces pays constitue ce que nous appelons l'Espagne fuériste.

D. Carlos, souverain légitime de la Navarre à la mort de sa mère, Doña Blanca (1441), était regardé dès cette époque comme l'héritier présomptif de la couronne d'Aragon; son oncle, Alphonse V, n'avait pas d'enfants de sa femme, la reine Doña Maria, et il était à penser qu'il n'en aurait jamais, car une haine capitale divisait les deux époux; D. Alphonse avait quitté l'Espagne sans esprit de retour, et Doña Maria vivait à

Barcelone comme gouvernante de Catalogne. D. Carlos paraissait donc destiné à recueillir un jour l'héritage d'Aragon, et à devenir roi de l'Espagne fuériste.

On peut affirmer que son éducation l'avait préparé à ce grand rôle, et que ses qualités personnelles lui eussent permis de le remplir avec honneur, au grand profit des peuples qu'il aurait gouvernés.

D. Carlos possédait au plus haut degré l'idée maîtresse du fuériste, l'idée d'un droit inviolable, inaliénable, imprescriptible, supérieur à toute atteinte et à toute contestation. Cette conception théorique et absolue du droit peut nous sembler étrange, car le droit ne s'affirme plus aujourd'hui avec une pareille assurance; mais c'est ainsi que les fuéristes l'ont compris, et il n'y a vraiment pas d'autre manière de le comprendre. D. Carlos considérait la couronne de Navarre comme l'héritage de sa mère et comme sa propriété particulière; il consentit quelquefois à ne pas user de son droit; il ne le laissa jamais discuter, et le proclama de la façon la plus formelle dans tous les actes qu'il signa pendant vingt ans. Il s'intitula toujours prince de Viane, primogenit héritier et seigneur propriétaire du royaume. S'il ne prit jamais le titre de roi de Navarre, et même s'il blâma ses conseillers les plus fidèles de le lui avoir décerné, c'est qu'il fut toujours arrêté par un sentiment de respect filial, qui prête à son caractère une singulière beauté morale, et qui prouve une fois de plus son profond respect de la loi. Décidé dès la première heure à ne pas désobéir à D. Juan, il ne perd pas une occasion d'affirmer à la fois son droit à la couronne, et sa soumission aux volontés de son père. On peut trouver cette politique dangereuse et inhabile; le prince y resta fidèle toute sa vie, et ne tint pas sans dignité un rôle aussi difficile et aussi délicat. Il apparut ainsi pendant vingt ans comme la personnification du droit méconnu, parfois enchaîné, et toujours vivant.

D. Carlos ne s'est pour ainsi dire jamais départi de son attitude expectante et passive. Deux fois seulement il a eu recours aux armes, et dans ces deux circonstances la responsabilité de la guerre retombe tout entière sur les chefs militants de son parti. Ces deux prises d'armes ont toujours été pour lui un véritable sujet de remords. Certes, il ferait meilleure figure parmi les princes encore si guerriers du xve siècle s'il eût conquis son royaume à la pointe de l'épée, et s'il eût mené contre l'usurpateur une longue et sanglante guerre comme celle que Jean II mena en Castille contre le connétable de Luna. Mais D. Carlos ne pouvait pas être guerrier, puisqu'il aurait eu son père pour ennemi. A l'homme qui a de son droit l'idée juste et profonde qu'il en avait, la violence est inutile; on n'a que faire de défendre ce qui est par nature inattaquable; le succès ne doit s'attendre que du temps, et la bonne cause triomphe par sa seule vertu. D. Carlos a été et ne devait être qu'un prince pacifique. En cela encore, il s'est montré le légitime et digne représentant de ces nations fuéristes organisées pour la paix, et qui ne connaissent que les guerres défensives. Cette guerre même était interdite au prince; lui reprocher de ne l'avoir pas faite serait commettre un véritable contresens historique.

Épris de son droit, D. Carlos n'était pas moins respectueux du droit d'autrui. Son gouvernement en Navarre montre en lui un observateur scrupuleux de la loi, un gardien fidèle des libertés nationales. Il réunit régulièrement les Cortès, il ne lève d'autres impôts que ceux qui ont été consentis par les députés des États; il ne nomme pas d'étrangers aux charges du royaume; s'il touche aux privilèges de quelque ville ou de quelque association, c'est pour les étendre, et non pour les restreindre; lorsque ses ennemis dressent contre lui leur acte d'accusation, ils ne trouvent à lui reprocher que d'agir en souverain, et là encore le bon droit était de son côté. La Navarre doit au prince de Viane dix ans de paix, d'ordre et de prospérité. En Catalogne, D. Carlos semble moins soucieux de la légalité. Il lui arrive quelquefois de présenter des observations qui ne sont point écoutées; ses demandes sont parfois repoussées assez sèchement par la Généralité. Mais il est étranger au pays; il ne connaît pas la loi catalane aussi bien qu'il connaît la loi navarraise; il est en terrain inconnu. D'ailleurs s'il lui arrive de s'égarer, il est le premier à reconnaître son erreur, et ne résiste jamais lorsque ses guides le remettent dans le droit chemin; il écoute patiemment leurs remontrances; il ne s'en plaint pas; il comprend que les Catalans aient à cœur de maintenir leurs privilèges, même lorsqu'ils sont contraires à sa prérogative. Il reste jusqu'à sa mort le sage et prudent prince qu'il a été toute sa vie, et meurt pleuré de la Catalogne entière. Les partisans de la monarchie absolue, les admirateurs du pouvoir personnel, les théoriciens du « bon plaisir » peuvent trouver le rôle constitutionnel du prince de Viane bien pâle et bien effacé; les fuéristes ne sont pas de cet avis, et l'histoire d'Espagne pendant les quatre derniers siècles n'est pas faite pour leur donner tort.

Par sa haute idée du droit, par son amour pour la paix, par son respect de la légalité, le prince de Viane mérite d'être considéré comme le dernier prince de l'Espagne fuériste.

D. Carlos est mort, âgé de quarante ans, le 23 septembre 1461, avant d'avoir réuni sur sa tête les couronnes de Navarre et d'Aragon. Sa mort prématurée a ôté à l'Espagne du Nord toute chance de maintenir son indépendance. Mais s'il avait survécu, le grand État navarro-aragonais eût compris toute l'Espagne fuériste; et ce fait pouvait avoir les plus importantes conséquences.

Borné au nord par les Pyrénées, au sud par les montagnes qui bordent le plateau castillan, l'État navarro-aragonais aurait eu avec la vallée de l'Èbre une voie naturelle qui l'eût traversé du N.-O. au S.-E. et aurait assuré les communications entre ses diverses parties. Saragosse eût été admirablement située pour devenir la capitale politique de tout le pays. Le territoire des divers royaumes eût mesuré près de 200 000 kil. carrés, et eût présenté les ressources suffisantes pour nourrir une nombreuse population. La Navarre et l'Aragon auraient fourni les grains et le bétail, la Catalogne et Valence les vins, les fruits, l'huile et la soie. L'activité industrielle et commerciale des Catalans aurait été encouragée par les possessions maritimes des rois d'Aragon, les Baléares, la Sardaigne et la Sicile. Dès le jour de son établissement, l'État navarro-aragonais aurait eu des traditions : Alphonse le Batailleur avait été roi d'Aragon et de Navarre; depuis deux siècles, l'Aragon vivait uni à la Catalogne et au royaume de Valence. Chacun des petits peuples eût ainsi conservé sa législation particulière et ses Fueros; mais il y aurait eu place à Saragosse pour les Cortès générales des six royaumes et de la principauté catalane. L'État navarro-aragonais n'aurait été centralisé que fort tard, et sa constitution fédérale lui aurait rendu pendant longtemps impossible toute guerre de conquête. Mais la conquête n'enrichit pas toujours. La Castille a donné naissance aux « conquistadores » et leurs exploits ont causé sa ruine. L'Espagne fuériste eût été une sorte de république paisible et laborieuse, agricole et commerçante, dont la prospérité et la sage organisation eussent fait envie à bien des États plus considérables et plus puissants en apparence. Ajoutons que les lois locales et l'esprit libéral de la population eussent opposé un obstacle très fort à l'établissement de l'Inquisition.

L'idée de l'indépendance de l'Espagne fuériste a survécu au prince de Viane, qui en a été le dernier représentant. La Catalogne a soutenu après sa mort une lutte de dix ans pour conserver sa liberté. L'État aragonais a failli se reconstituer en 1505, lors de la venue de Philippe le Beau en Castille. Ferdinand le Catholique est rentré dans son royaume, il a eu un fils de la reine Germaine de Foix, et si le jeune prince avait vécu, il relevait la maison d'Aragon, à côté de la maison d'Autriche maîtresse de la Castille. Si Ferdinand a plus tard incorporé la Navarre à la Castille et non à l'Aragon, c'est que l'idée de l'unité espagnole a fini par prévaloir dans son esprit sur les intérêts aragonais, et qu'il n'a pas voulu augmenter la force de résistance des pays fuéristes de l'Espagne en leur annexant le plus fuériste de tous, la Navarre. Le règne de Philippe II a vu encore se produire une menace de séparation de la part de l'Aragon. En 1640, la Catalogne s'insurgea contre la tyrannie de Philippe IV, et se donna à la France. Le 30 décembre 1641, M. de Brézé, représentant le roi de France Louis XIII, prêta serment aux Fueros de Catalogne. Au xviiie siècle, le roi français, Philippe V, entreprit à son tour contre les libertés catalanes et aragonaises; l'Aragon et la Catalogne appelèrent en Espagne l'archiduc Charles d'Autriche, qui promettait d'être un roi fuériste. La guerre de la succession d'Espagne faillit se terminer par une résurrection de l'État navarro-aragonais. Louis XIV offrit par deux fois aux alliés de se contenter pour Philippe V de la Navarre et des pays aragonais. Les victoires de Vendôme et la prise de Barcelone, en 1714, rétablirent l'unité espagnole; mais pendant la guerre de l'Indépendance (1808-1814), Napoléon songeait encore à tirer parti des idées séparatistes de l'Espagne du Nord pour étendre jusqu'à l'Ebre la frontière française. Depuis quatre-vingts ans, la Navarre et la Catalogne ont pris part à toutes les insurrections carlistes, et il se fait toujours à Pampelune et à Barcelone une active propagande fuériste. Après quatre cents ans de vie commune avec la Castille, les fuéristes ne sont pas encore ralliés à la politique castillane, et les prétendants exploitent habilement, dans l'intérêt de leur parti, les souvenirs de l'ancienne liberté. En ce sens, et comme princes disposés à respecter les Fueros, Charles V, Charles VI et Charles VII de Bourbon sont les successeurs légitimes du prince de Viane, et leur histoire prouve combien est encore énergique et vivante l'idée que représentait au xve siècle D. Carlos d'Aragon.

Est-ce à dire que les entreprises des fuéristes modernes doivent réussir un jour? Devons-nous assister au rétablissement de la confédération navarro-aragonaise? Beaucoup de Navarrais et de Catalans l'espèrent, mais leurs espérances paraissent définitivement condamnées par les exigences de la politique moderne. Les guerres de la Révolution ont donné lieu en Europe à un grand mouvement de concentration des peuples, et ce n'est pas au moment où l'unité allemande et l'unité italienne viennent de s'accomplir, que l'Espagne va se morceler pour ne plus être, elle aussi, qu'une « expression géographique ». La belle conception fuériste est incompatible avec l'existence d'un État fortement constitué, et capable de compter pour quelque chose dans le conseil de l'Europe. On ne peut comprendre aujourd'hui qu'un État accorde à une de ses provinces une représentation particulière, la levée et la répartition de ses impôts, la nomination de ses fonctionnaires, le droit de paix et de guerre, et tous les attributs de la souveraineté. Les princes qui promettent de respecter les Fueros sont des candidats au trône, qui ne pourraient tenir comme rois ce qu'ils promettent comme prétendants. Malgré la justice de son principe, malgré ses glorieuses traditions, malgré l'enthousiasme qu'elle inspire encore, la politique fuériste est vouée à l'insuccès; elle mourra, comme le prince de Viane, avant d'avoir vu la victoire, et l'Espagne demandera à d'autres principes le gouvernement qui lui rendra son rang en Europe, et sa place parmi les grandes nations.

Est-ce juste, dans le sens fuériste du mot? — Assurément non. Mais cette transformation est inévitable; elle s'accomplira fatalement : *Lo que ha de ser no puede faltar!*

APPENDICE

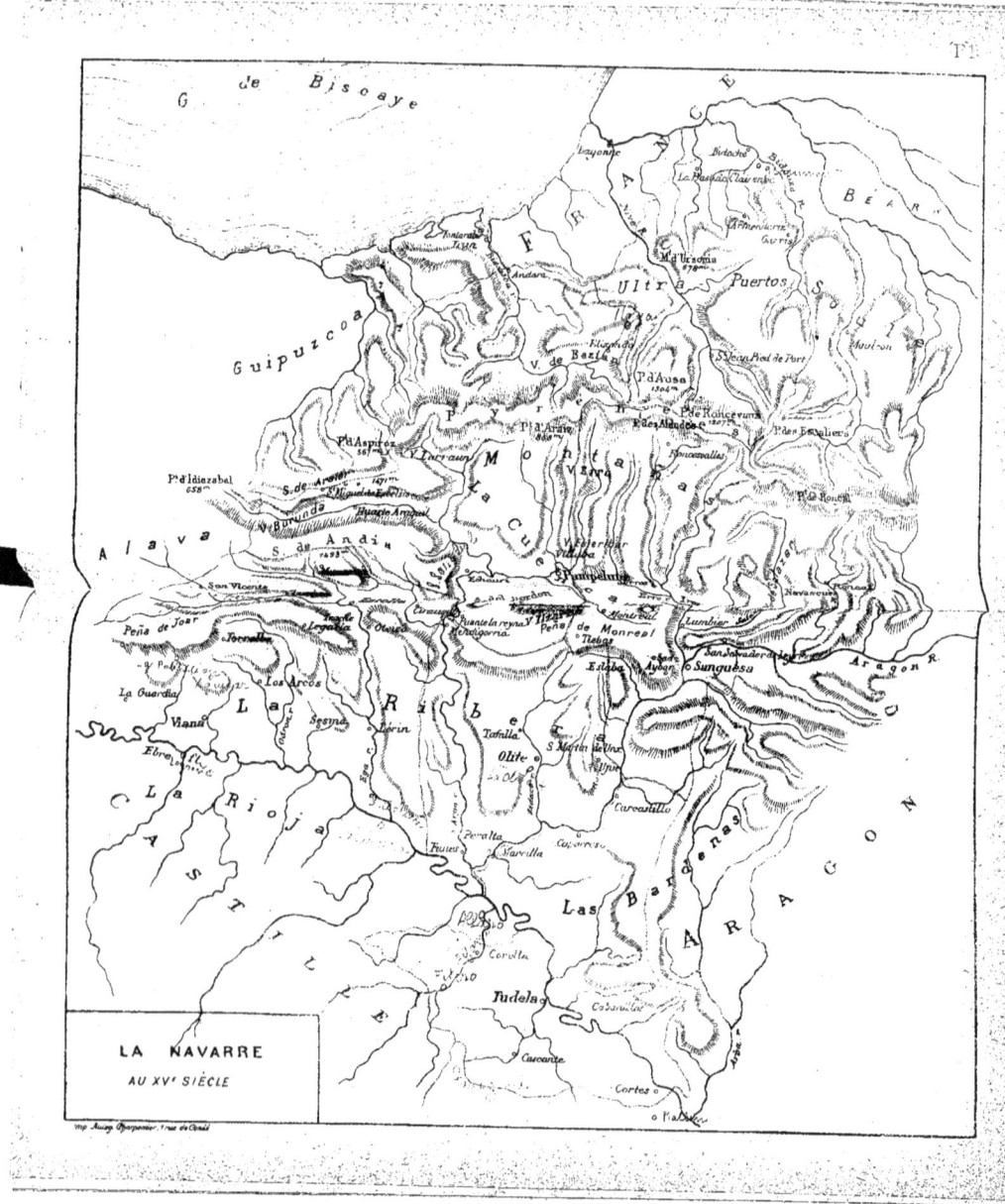

APPENDICE

II

Population de la Navarre au XVᵉ siècle.

RENSEIGNEMENTS SUR LA POPULATION D'UN CERTAIN NOMBRE DE LOCALITÉS

NOMS DES LOCALITÉS	ANNÉES	POPULATION	SOURCES	POPULATION EN 1848
Tudela..........	1366	5,630 h.	Arch. de Nav., lib. de fuegos.	8,995
Viana...........	»	1,325	»	4,050
S.-Martin-de-Unx....	»	320	»	
Roncesvalles.....	»	395	»	86
Aybar...........	1380	175	Caj. 42, 3.	1,397
Ayechu..........	1388	Tombée de 545 à 50.	Caj. 57, 110.	
Genevilla.......	1418	Tombée de 500 à 150.	Caj. 117, 2.	392
Olabe...........	1420	15	Caj. 118, 79.	
Oteiza..........	1422	150	Caj. 121, 36.	475
Monteagudo.....	»	Tombée de 250 à 40.	Caj. 122, 14.	
Caparroso.......	»	300 + 280 = 580 avant la peste de 1422.	Caj. 122, 14.	1,779
Aranguren.......	»	Tombée de 400 à 15.	Caj. 122, 46.	
Labraga.........	1425	25	Caj. 124, 1.	
Marcalaïn.......	1431	Tombée de 60 à 10.	Caj. 131, 45.	
Irujo...........	1431	Tombée de 60 à 20.	Caj. 131, 21.	
Cascante........	1436	Tombée de 1,500 à 240.	Pap. suelt. leg. 7, carp. 24.	6,423
	1471	Tombée de 750 à 325.	Caj. 164, 15.	
Artajona........	1439	Tombée de 1,005 à 300.	Caj. 143, 52.	2,361
	1495	500	Guerra, leg. 1, carp. 27.	
Ablitas.........	1440	Tombée de 150 à 50.	Caj. 144, 22.	2,264
Miraglo.........	1446	Tombée de 135 à 75.	Caj. 154, 11.	1,489
Villatuerta.....	1450	Tombée de 240 à 115.	Caj. 158, 15.	428
Monreal.........	»	750		459

NOMS DES LOCALITÉS	ANNÉES	POPULATION	SOURCES	POPULATION EN 1848
Valtierra	1453	Tombée de 350 à 150.	Caj. 162, 16.	1,386
Orba	1468	Tombée de 765 à 455.	Cuentas, 1.516.	
Arguedas	1471	Tombée de 450 à 325.	Caj. 162, 16.	1,586
Mendabia	1495	425	Guerra, leg. I, carp. 27.	1,999
Sesma	1495	550	Guerra, leg. I, carp. 27.	336
Sada	»	200	»	535
Eslava	»	150	»	504
Dicastillo	»	300	»	1,255
Cirauqui	»	275	»	1,978
Carcar	»	265	»	1,728
Azanza	»	75	»	
Arroniz	»	420	»	1,535
Allo	»	405	»	1,519
Andosilla	»	385	»	1,647
		16,785		45,706

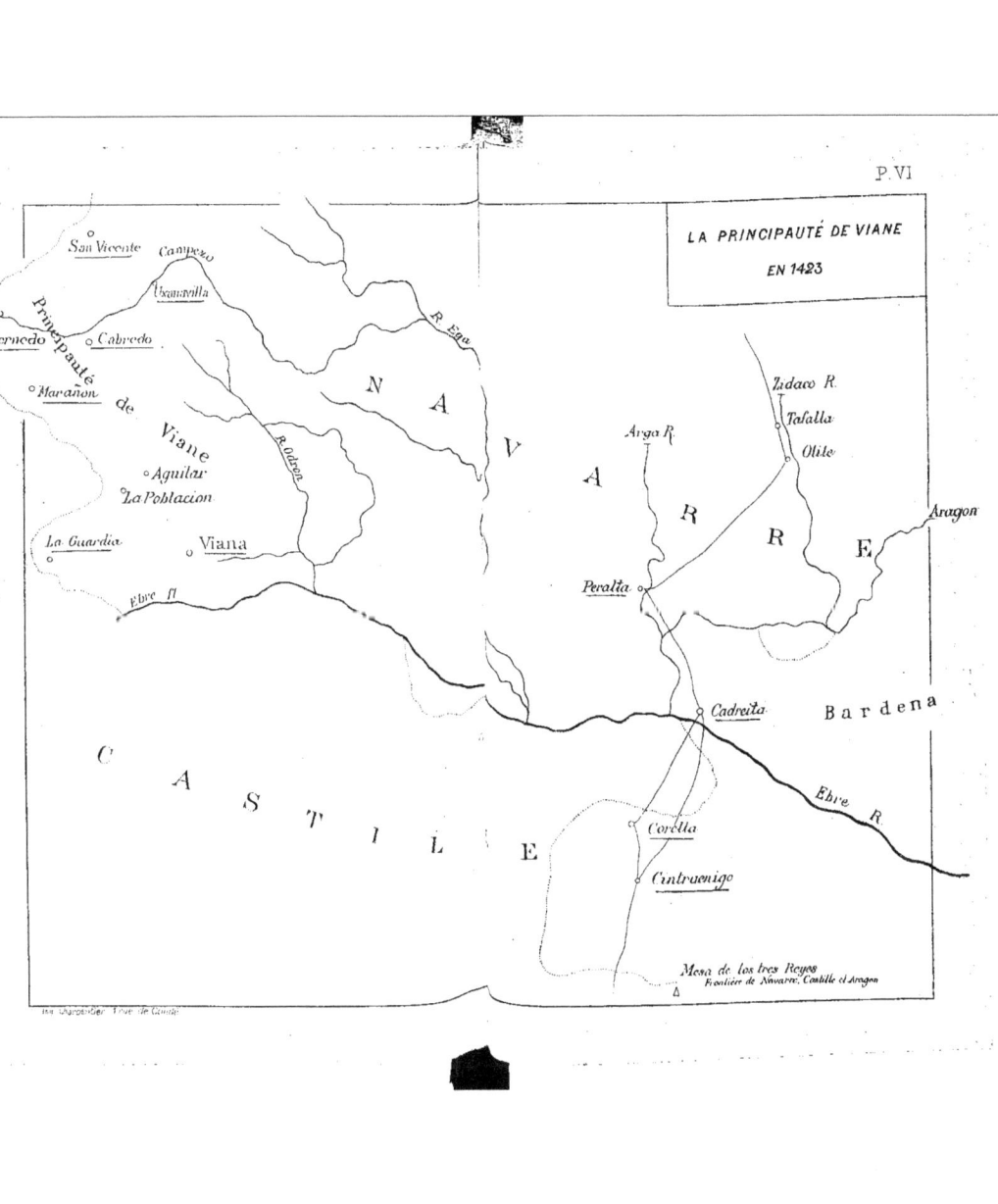

APPENDICE

III
Population de la Navarre au XVe siècle.

PLAINTES SUR LA MISÈRE DES VILLES

VILLES	DATES	SOURCES	
Zuazu	1420	Caj. 123, 38.	La pecha est réduite de 95 cahices à 40.
Mongelos	1435	Yang., *Antig.*, t. II, p. 409.	« Mongelos es quemado, y muertas las gentes ».
Pampelune	1436	Caj. 139, 40.	La ville est très diminuée, sa part des cuarteles est réduite à 700 livres.
Burgui	1443	Caj. 150, 45.	Remise de 20 cahices sur 50, à cause de la mortalité et de l'émigration qui ont décimé la population.
Unzué	1443	»	Remise de 15 ffl. sur 43, parce que les habitants sont fort diminués et écrasés de taxes.
Lesaca	1445 (?)	Caj. 151, 46.	Remise d'impôts pour 30 ans à la ville ravagée par les Castillans.
Lacarra	1445	Caj. 151, 50.	Remise de cuarteles pour 4 ans en considération de la grande diminution des habitants.
Burunda (Val de)	1445	Caj. 151, 53.	Remise d'impôts pour émigration et misère des habitants.
Rada	1446	Caj. 151, 62.	Remise de 13 livres sur 28 par cuartel, pour cause de grande diminution des habitants.
Iribarren (la Casa)	1447	Caj. 154, 37.	Per Arnaut, seigneur de la Casa d'Iribarren, est exempt de tous impôts à cause de sa grande misère, et des taxes énormes qu'on lui a fait payer pendant sa minorité. Il avait abandonné sa maison, et errait à l'aventure sans oser revenir chez lui.
Cascante	1447	Caj. 154, 41.	Remise d'impôts pour cause de misère et de diminution de population « por haber venido en tanta diminucion que casi esta en total despoblacion de gentes ».
Cintruenigo	1447	»	Même faveur pour les mêmes motifs.
Corella	1448	Caj. 154, 52.	Remise d'impôts pour 14 ans « por que estaba despoblada segun el patio y circuito que tenia ».
Cadreita	1449	Caj. 155, 7.	Remise d'impôts pour 10 ans. Les habitants « estaban muy disminuidos por las pestilencias y por la larga turbacion y trabajo de guerra ».
Tuluebras	1445	Caj. 151, 35.	« Estaba totalmente despoblada. »

IV

Population de la Navarre au XVᵉ siècle.

DESPOBLADOS

NOMS	DATES	SOURCES	
Santa Olalla.......	1406	Yang., *Dic.*, supp. 340.	
Lagardeta	1412	*Id..* t. II, p. 183.	Réduite à un feu à cette date.
Villanueva de Peña Ien	1413-1447	Caj. 103, 24. Cuentas, t. 473.	2 chefs de famille en 1413, despoblada en 1447.
Zubiurreta.........	1416	Yang., *Dic.*, t. III, p. 537.	Réunie à Puente la Reyna.
Leiza..............	1423	Caj. 122, 53.	
Lodias	1424	Caj. 123, 42.	
Lor	1434	Yang., *Dic.*, t. II, p. 269.	
Arraiz............	1435	Caj. 137, 7 et 157, 45.	Dépeuplé en 1435. Repeuplé en 1456, payait la pecha eyurdea.
Ondaz.............	1436	Caj. 139, 2.	
Aquirriain et Irega.	1444	Caj. 151, 6.	Lugares despoblados, vendus 4000 florins par D. Philippe de Navarre.
Eulza..............	1445	Caj. 151, 44.	Vendue 900 florins en 1452, caj. 156, 46.
Echango...........	1445	Caj. 151, 56.	
Urrobi.............	1448	Caj. 154, 50.	Donné à cens perpétuel aux gens du lieu de Saragueta pour 36 ss.
Saracoiz...........	1448	Caj. 154, 58.	Donné par le prince de Viane à la confrérie chargée de l'entretien de l'hôpital de Puente la Reyna.
Adurraga..........	1448	Caj. 154, 59.	
Araciel............	1448	Yang., *Dic.*, I, p. 43.	
Azut	1400-1413	*Id.*, p. 79.	Existait encore en 1413, auj. dépeuplé.
Egunzun	1400-1413	*Id.*, supp., p. 122.	
Erandazu	1400-1480	*Id.*, supp., p. 124.	
Osabain	1449	Caj. 155, 5.	
Granada...........	»	Yang., *Dic.*, II, p. 14.	Palacio, monte y lugar despoblado.
Lacar	1450	*Id.*, p. 157.	
Repodas (Urraul b).	1453	Yang., *Dic.*, III, p. 274.	
Murillo............	1459	Yang. *Dic.*, II, p. 439.	
Murugarren........	1460	*Id.*, II, p. 445.	4 maisons seulement dont 2 brûlées.
Uriberriguchia.....	1462	Caj. 159, 1.	

NOMS	DATES	SOURCES	
Baïgorri (cté de Lerin).	1468	Caj. 160, 38.	
Gardalaïn.........	1471	Yang., *Dic.*,II,p. 5, caj. 162,18.	Donné en compensation d'une rente de 15 livres.
Sarluz............	1484	Yang., III, 322.	Réuni à Sarasa.
Oriz.............	1483	Cuentas, t. 512.	L'impôt ne se recouvre plus « porque todos las labradores son muertos et ausentados ».
Sartagudas........	1495	Yang., III, 324.	Despoblado.
Agos.............	1497	T. I, p. 11.	
Burguillo.........	1498	Caj. 166, 46.	

V
Monnaies navarraises au XVᵉ siècle.

1429	Valeur du marc d'argent.	22 ll. 10 ss.	Yang., *Dic.* Vᵒ MONEDAS.
1432		15 ll.	"
1481		28 ll. ou 32 ll. monnayées.	Caj. 164, 21.
1428	Gros..................	5 dd. 12 ggr.	Caj. 157, 5.
1438		2 ss.	Caj. 141, 32.
1481		16 cornados.	Caj. 164, 21.
1481	Demi-gros............	8 cornados.	*Id.*
1481	Cornados............	15 ggr. d'argent fin.	*Id.*
1428		2 dd.	Caj. 127, 5.
1428	Medios cornados.......	1 d.	*Id.*
1429	Blancas...............	2 ss. carlins.	Caj. 128, 41.
1431		9 dd.	Caj. 131, 46.
1428	Dineros carlines.......	1 d.	Caj. 127, 5.
1432		5 dd.	Caj. 132, 1.
1430	Dineros prietos........	3 cornados 1/2.	Caj. 129, 50.
1481		8 ggr. argent fin.	Caj. 164, 21.
1454	Maravédis............	1/57,6 de livre.	Caj. 156, 33.
1426	Florin d'Aragon........	28 ss.	Yang., sup., p. 206.
1438		36 ss. = ou 34 reales vellon.	Caj. 141, 32.
	Florin de Florence.....	Egal au ducat.	*Mem. de la Acad. de la hist.*, t. VI, p. 537.

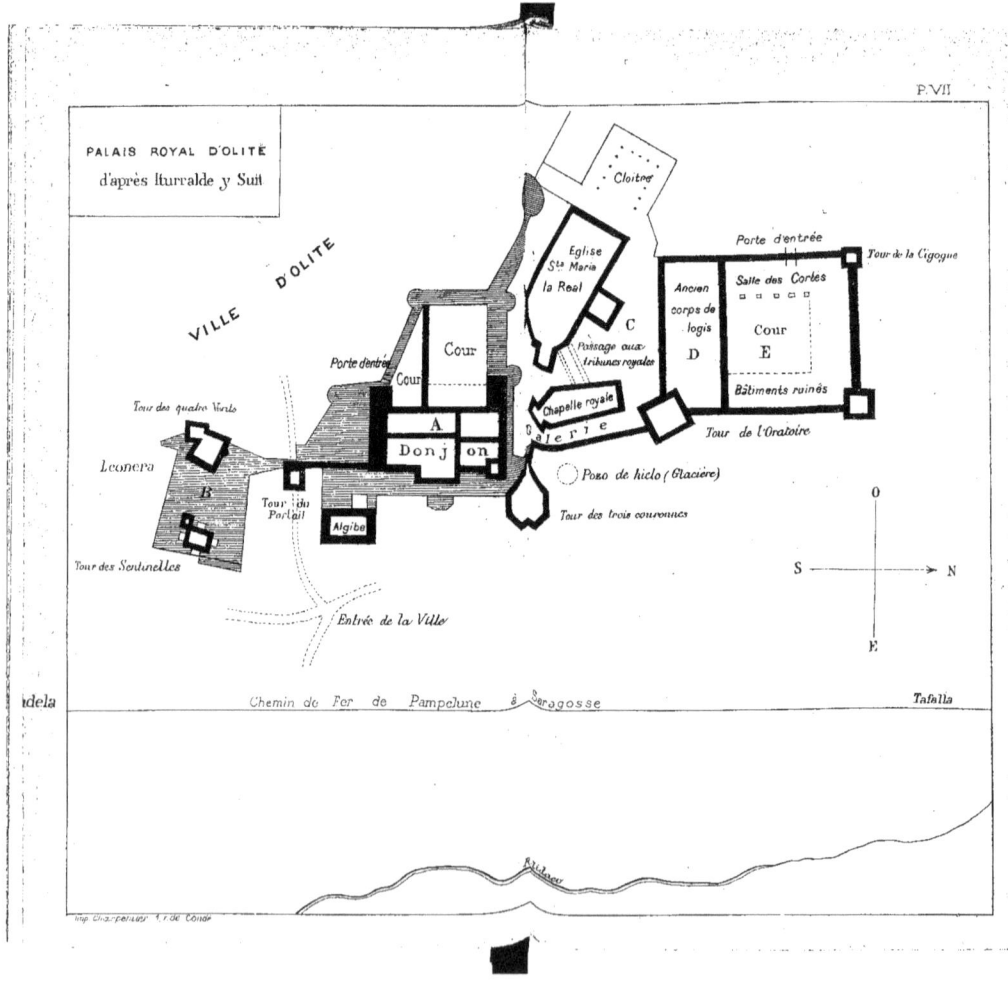

VIII

Cuarteles votés au roi et au prince par les Cortès de Navarre.

(1441-1451.)

1441	Mai.	Pampelune.	6 cuarteles au roi et au prince.	*Arch. de Nav.*, caj. 149, 6 et 27.
1442	Février.	Tudela.....	1 c. sans remises, et 4 cuarteles 1/2 avec remises.	*Id.*, caj. 149, 34.
1443	Janvier.	Sanguesa..	3 cuarteles 1/2.	*Id.*, caj. 150, 28.
	Octobre.	Pampelune.	1 c. sans remises. 1 c. avec remises.	*Id.*, caj. 150, 49.
1444	Janvier.	Tafalla.....	4 c. avec remises au prince.	*Id.*, caj. 151 et 153, 3.
	Avril.	Olit........	4 c. avec remises et 1 sans remises.	*Id.*, caj. 151, 5.
	Mai.	Sanguesa..	2 c. 1/2.	*Id.*, caj. 148, 30.
	Juillet-août.	Pampelune.	3 c. dont 2 sans remises.	*Id.*, caj. 148,; 30 148, 29; 151, 10, 11 et 15.
	Décembre.	Olite.......	6 c. au roi.	*Id.*, caj. 151, 25 et 26.
Décompte général des cuarteles de l'année 1444.				Caj. 148, 33.
	Janvier.	Tafalla.....	2 c.	
	Id.	Sanguesa..	3 c. 1/2.	
		Olit........	5 c.	
	Juillet.		3 c.	
D'après un autre compte, les c. de 1444 et de 1445 montent à 14 c.				Caj. 151, 35.
1445	Février.		3 c.	Caj. 151, 35.
	Décembre.	Sanguesa..	6 c. au roi et 6 au prince.	Caj. 154, 13, 1, 2 et 8.
1446?	Novembre.	Falces.....	6 c. au prince.	Caj. 154, 20.
1447	Septembre.	Olite	5 c. au roi.	Caj. 190, 46 et 154, 37.
1448	Mars.	Tafalla.....	4 c. au prince.	Caj. 154, 52.
	Septembre.	Olite	4 c. au prince.	Caj. 154, 60.
1449	Mai.		1 ou 2 c. au prince.	Caj. 155, 14.
			5 cuarteles, 2 sans remises et 3 avec remises.	Caj. 169, 30.
1450		Estella.....	8 c. au prince.	Caj. 153, 31.
	Avril.	Olite	27,000 florins au roi.	Caj. 155, 42.
1451			12 c. au roi.	Caj. 169, 30.
			4 c. au prince.	Caj. 153, 37.

IX

Itinéraire de Jean II en 1450.

1er janvier.	Olite............	*Arch. de Nav.* (indice), caj. 155, 20.
28 janvier.	Tafalla...........	*Id.*, caj. 155, 22.
30 janvier.	Olite............	*Id.*
22 février.	Tafalla...........	*Id.*, caj. 155, 25.
2 mars.	Olite............	*Id.*, caj. 155, 26.
21 avril.	Tudela...........	*Id.*, caj. 155, 36.
24 avril.	*Saragosse*........	*Id.*, caj. 155, 36.
4 mai.	Tudela...........	*Id.*, caj. 155, 37.
5 mai.	Cortes...........	*Id.*
20 mai.	*Saragosse*........	*Id.*
19 juillet.	Pampelune........	*Id.*, caj. 155, 39.
22 juillet.	Tudela...........	*Id.*
28 juillet.	Pampelune........	*Id.*
31 juillet.	Pampelune........	*Id.*
14 août.	Asiain...........	*Id.*, caj. 155, 41.
15 août.	Olite............	*Id.*
18 août.	Asiain...........	*Id.*
20 août.	Pampelune........	*Id.*, caj. 155, 42.
21 août.	Echarri Arranaz...	*Id.*, caj. 155, 43.
24 août.	Estella...........	*Id.*, caj. 155, 43.
1er septembre.	San Vicente.......	*Id.*, caj. 155, 44.
9 septembre.	Pampelune........	*Id.*
5 octobre.	Estella...........	*Id.*, caj. 155, 52 (mois d'oct. et nov.).
2 decembre.	Viana............	*Id.*, caj. 156, 15.
31 décembre.	Olite............	*Id.*

X

Officiers de la maison du roi cités dans les quittances de la Chambre des Comptes en 1444.

Mossen Pierres de Peralta, grand maître de l'hôtel du roi.
Pedro de Cuellar, dépensier du roi, caj. 151, 16.
Un alguazil du roi, caj. 151, 17.
Les 10 pages du roi, caj. 151, 17.
L'échanson du roi, caj. 151, 20.
Le camarero du roi, caj. 151, 23.
L'azemilero mayor du roi, caj. 151, 28.
Le chapelain du roi, caj. 151, 28.
Un contador du roi, caj. 152, 2.
Un arbalétrier du roi, caj. 152, 2.
Un chantre du roi, caj. 152, 2.
Juan Ybañez de Tafalla, escribano de la camara del rey, caj. 152, 6.
Miguel Garcia de Barasoain, secrétaire, 152, 6.
Albaro de Leon, repostero du roi, 152, 5.

Officiers de la maison du roi cités dans les quittances de la Chambre des Comptes en 1450.

Miguel Ferrandiz, huissier du roi, caj. 152, 20.
Sebastien Periz, alguazil du roi, *id.*
Lope de Ortega, domestique du roi, *id.*
Johan de Duasit, garde du roi, *id.*
Johan Martinez de Tafalla, garde du roi, *id.*
Juan de Hualde, alguazil du roi, *id.*
Garcia Guria de Olite, garde du roi, *id.*
Pierres de Peralta, grand maître de l'hôtel, *id.*
Garcia Gordillo, garde du roi, *id.*
Martin de Lezcano, secrétaire du roi, *id.*
Gonzalvo de Robledo, repostero du roi, *id.*
Gonzalvo de Castañeda, garde du roi, *id.*
Martin de Oliz, garde du roi, caj. 152, 21.
Fernando de Ledesma, gouverneur de l'infant Ferdinand, fils naturel du roi, *id.*
Alfonso de Cordova, domestique du roi, *id.*
Juan Beltran de Ripa, écuyer d'honneur du roi, *id.*
Alfonso d'Arevalo, garde du roi, *id.*
Alvaro de Montoia, garde du roi, *id.*
Juan Ponze, garde du roi, *id.*
Yñigo de Errera, garde du roi, *id.*
Fernando de Sabedra, garde du roi, *id.*
Martin Ximeniz de Leon, cambradineros du roi, caj. 152, 22.
Guillen de Urresua, ministrer, *id.*
Albaro de Cordoba, cavallerizo, *id.*
Pedro de Cuellar, dépensier, *id.*
Juan de Villalpando, maître de la salle du roi, *id.*
Alfonso Pujalte, huissier du roi, *id.*
Juan Destamado, domestique du roi, *id.*
Francisco de Cuellar, domestique du roi, *id.*
Pedro Guzman, domestique du roi, *id.*
Sancho de Munarriz, secrétaire du roi, caj. 152, 23.
Juan de Pozo Antiguo, gouverneur de D. Juan, fils du roi, *id.*
Juan Blasquez de Robredo, secrétaire du roi, *id.*
Juan de Guete, domestique du roi, *id.*
Fernando de Madrigal, domestique du roi, *id.*
Ortucho de Lezama, repostero de zera, *id.*
Juan de Arana, chapelain de la chapelle du roi, caj. 152, 24.
Alvaro de Leon, cirier du roi, *id.*
Lope de Rebolledo, alguazil du roi, *id.*

Guillen Dursua, jongleur du roi, *id.*
Sancho Dechalecu, jongleur du roi, *id.*
Luiz de Medina, page du roi, *id.*
Garcia Coronado, page du roi, *id.*
Fernando de Montalbo, page du roi, *id.*
Pedro Malgarejo, camarero mayor, *id.*
Juan de Monreal, repostero de camas, *id.*
Diego de Londoino, maitre de salle du roi, caj. 151, 25.
Diego de Burgui, official de la copa, *id.*
Martin Lopiz, alentero de cocina, caj. 151, 26.
Juan de Bivero, *muet* du roi, *id.*
Garcia Gonzalbiz, grand maréchal des logis du roi, *id.*
Cosin, escalador, *id.*
Juan d'Asiain, repostero de camas du roi, *id.*
Juan d'Oreina, valet de chambre de la grande chambre du roi, *id.*
Juan de Medina, garçon de la chapelle du roi, *id.*
Perez d'Iturmendi, clerc de la chapelle du roi, *id.*
Juan Arnaz, chantre de la chapelle du roi, *id.*

Luiz de Mujarres, domestique du roi, *id.*
Juan de Londoino, domestique du roi, *id.*
Juan de Villatuerta, azemilero du roi, caj. 151, 27.
Martin Ricxa, tailleur du roi, *id.*
Juan Causit, chapelain de la chapelle du roi, *id.*
Ferrando Dastorga, copero du roi, caj. 151, 28.
Pedro de Bargas, domestique du roi, caj. 151, 28.
Miguel Ximeniz de Lerin, cambradineros du roi, caj. 151, 29.
Juan de Baños, arbalétrier à cheval du roi, caj. 151, 30.
Pedro de Contreras, Rodrigo de Durazo, officiers du roi, caj. 155, 28.
Pere Torrella, oficial del cuchillo, caj. 155, 28.
Rodrigo, surveillant de la dépense, *id.*
Juan de Contrera, repostero de plata, *id.*
Pedro de Leon, homme de la chambre aux draps du roi, caj. 155, 26.
Juan d'Antellon, alguazil du roi, caj. 155, 27.
Rodrigo de Medina, garde du roi, *id.*
Ferrando de Ratia, garde du roi, *id.*

LES PARTIS EN NAVARRE (1451-1456)

Villes et vallées beaumontaises (Parti du Prince de Viane)
Villes et vallées agramontaises (Parti du Roi)

D'après les documents de la Chambre des Comptes

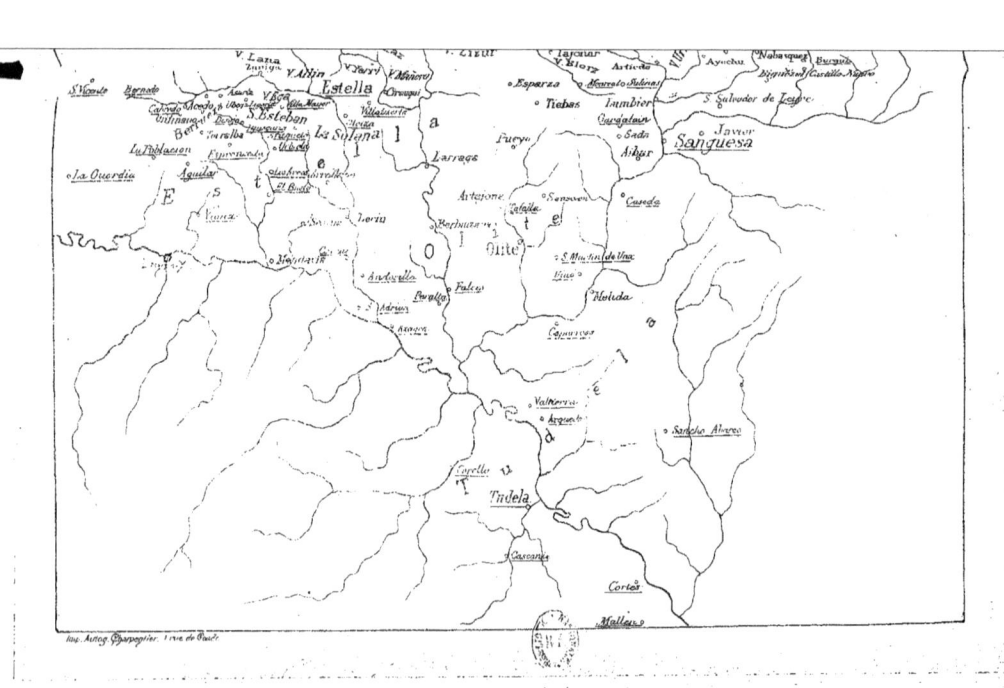

XII

Nominations d'officiers faites en Sicile par le prince de Viane.

(1458-1459.)

1458	10 octobre.	Pierre de Sada, vice-chancelier.....	*Arch. de Arag.*, pr. de V., t. III, f° 36.	
	17 —	Pedro de Santangel, conseiller privé.	*Id.*, t. III, f° 39.	
	5 novemb.	Juan Carafa, chanoine de Majorque, chapelain et conseiller privé.....	—	41
	—	Pierre Coste, premier chapelain et sous-aumônier....................	—	58
	décemb.	Martin de Mur, gardien des livres..	—	66
1459	15 janvier.	Juan Pedros, bibliothécaire........	—	84
	20 —	Grégoire de Gravina, chambrier et écuyer de la Chambre...........	—	75
	22 —	X..., écuyer de paneterie..........	—	76
	26 —	X..., chambellan..................	—	78
		X..., écuyer cavalcadour..........	»	»
	4 février.	Ferrando de Bolea, majordome.....	T. VII, f° 107	
	5 —	Yrach Sacas (juif), médecin.......	—	83
	7 —	Nicolas de Turturetis, chancelier en Sicile...........................	—	80
	6 mars.	X... et X..., « ministres de cavalls », écuyers.......................	—	113
		Antonio de Torralba, sobre azemilero (surintendant des bêtes de somme).......................	—	114
		Ximeno de San Marçal, écuyer tranchant...........................	»	»
		Juan de Pardo, arbalétrier.........	T. VII, f° 115	
		Raymond Faget, fauconnier........	—	116
		Philippe Albert, chambellan........	»	»
	avril.	André Spanyol, surintendant des chevaux, des harnais et des armes...	T. III, f° 123	
		X..., chef des ateliers.............	»	»
		Guillaume de Nicosie, chapelain....	T. III, f° 124	
		Valentin Claver, grand armurier...	—	126
		Christophe Grita, peintre..........	—	127
	6 avril.	Charles de Miraballis, chambellan..	—	128
	10 —	Pedro de Navarra, contrôleur des biens de la future princesse de Viane.........................	—	128
		X..., alguazil....................	—	129
		X..., écuyer cavalcadour..........	»	»
		X..., majordome.................	T. III, f° 130	
		X..., médecin....................	—	130
		X..., chambellan.................	—	131
		X..., chapelain...................	—	171

	X..., prévôt	Arch. de Arag., pr. de V., t. III, f° 172.	
	X..., majordome	Id., t. III, f° 173	
	X..., peintre	—	179
	X..., apothicaire	—	180
	X..., bouteiller	—	181
mai.	X..., alguazil	—	182
	X..., conseiller des comptes	—	183
	X..., chapelain	—	184
	Jehan de Villaviciosa, huissier de la chambre des armes	—	186
16 juillet.	X..., chapelain	—	58
12 —	Jacques Crepin, apothicaire	—	59
	Barthélemy Cabrera, apothicaire	—	61
	X..., grand écuyer	—	62

XII bis.

Emprunts contractés par le prince de Viane du 6 septembre 1459 au 26 mars 1460.

1459	6 septemb.	500 florins à Juan Beltran, marchand de Majorque............	*Arch. de Arg.*, pr. de V., t. IV, f° 19.
	12 —	400 florins à Francesch Burgues, procureur royal à Majorque. Le prince promet de les restituer en février 1460................	*Id.*, t. IV, f° 19
	13 —	200 florins à Paul Pardo, bourgeois de Majorque. Promesse de remboursement en février 1460.....	— —
	17 —	600 florins à Arnaut de Mors, orateur du prince, docteur en décret, protonotaire apostolique et chanoine de Majorque. Promesse de remboursement en février 1460.	— 20
	29 octobre.	140 florins à Ludovic Pardo, bourgeois de Majorque. Promesse de remboursement en février 1460.	— 22
	31 —	300 livres à Pierre Pardo, chevalier. Promesse de remboursement en février 1460...............	— 22
	15 novemb.	80 livres à Bernard Spia. Promesse de remboursement en décembre 1459......................	— 22
	28 —	180 livres à Juan Foncuber'a. Promesse de remboursement en janvier 1460..................	— 24
	3 décemb.	100 livres à un chanoine de Majorque. Promesse de remboursement en janvier 1460...........	— 25
1460	23 février.	200 florins à Thomas Thomas, chevalier, bourgeois de Majorque. Promesse de remboursement au mois d'août 1460............	T. VI, f° 91
	8 mars.	100 livres à Paul Sureda, chevalier de Majorque...............	— 92
	22 —	682 livres à François Prats, drapier. Promesse de remboursement en juillet 1460.................	— 92
	23 —	136 livres, 17 sous, 6 deniers à Antoine de Ver, marchand de Majorque. Promesse de rembourser en juin................	— 93
	26 —	25 florins à Nicolau Meroles, de l'ordre des Frères prêcheurs. Promesse de remboursement en juin.	— 94

XIII

Emprunts contractés par le prince de Viane pendant son séjour à Barcelone.

1460	16 avril	à Francesch Lobet.	400 florins.	Arch.deArag., pr.deV.,t.VI, f° 96.
	19 —	à Matheu Capella.	300 —	Id., f° 97
	21 —	à Martin de Candellaria.	100 livres.	— 95
	23 —	à Juan Beringer Capella.	300 florins.	— 96
		à Philippe de Cavalleria.	200 livres.	— 97
	25 —	à Ludovic Setany.	300 florins.	— 96
	29 —	à Brandan Amat.	100 livres.	— 98
	30 —	à François de Santmenat.	300 florins.	— 98
	5 mai	à Bernat Junyet.	100 —	— 99
	8 —	à Bernat Capilla.	300 —	— 99
		à X...	300 —	— 100
	10 —	à Bernat Champel.	200 —	— 100
	20 —	à François Alegre.	200 —	— 101
		à X...	100 —	— 101
	11 juin	à l'archev. de Saragosse.	100 —	
	août,	à Berger Dolms.	300 livres.	— 108
		à Philippe Albert.	300 —	— 108
	21 —	à Juan de Leon.	140 florins.	— 110
	26 —	à Jacques Roma.	100 —	— 113
	27 —	à Arnaut Metge.	100 —	— 113
	29 —	à Juan Ferrer.	200 livres.	— 114
	1er septemb.	à Guillaume Raymond de So y Castro.	500 florins.	— 114
	2 —	à Arnaut Maçana.	300 livres.	— 114
	6 —	à Pierre F.	200 florins.	— 115
	8 —	à Miguel Piquer.	200 livres.	
	9 —	à Barthelemi Ninbo.	121 —	
	10 —	à Ferrer Beltran.	150 florins.	
		à Guillaume Raymond Monegal.	50 —	— 116
		à Miguel Fayol	200 livres.	
	15	à Pierre Falcon.	100 florins.	— 117
		à Juan de Salt.	600 —	
		à Juan de Gualbres.	300 —	
		à Arnaut Sonolleda.	500 —	
	16 —	Reçu sur les douanes de Barcelone, en vertu d'une décision de la Généralité de Catalogne.	500 florins.	— 120
		Lettres de change pour.	1000 — et 100 livres.	— 121 — 121
	17 —	à Pierre Scela.	100 —	— 119
		à Pierre Boquet.	100 —.	— 119
	18 —	à Raymond Bertrand.	100 —	
		à Jacques de Guialtru.	200 —	
		à Jean Raymond Ferrer.	200 —	
		à Perin Gem.	100 —	— 120
	21 octobre	à Barthélemy Sollent.	130 —	— 123
		à Pierre Vincent.	100 florins.	— 123
	novemb.	à Antoine Ferrer.	100 —	— 124
		Total............	7,340 florins et 3,051 liv.[1].	

1. Ou 8,945 florins et 30 sous (le florin compté à 38 sous).

APPENDICE 451

XIV

Nominations d'officiers par le prince de Viane pendant son premier séjour à Barcelone.

1460	20 avril.	Jacques Pol, repostero.	*Arch. de Arag.*, pr. de V., t. VI, f° 114.
	25 —	François Galceran de Pinos, camerlingue.	*Id.*, t. VI, f° 114
	8 mai.	Gonzalve Cedrelles, chapelain.	— 128
	9 —	Stephen Ginestero, capitaine des arbalétriers.	— 128
	15 mai.	Gaspard Dormos, majordome.	— 118
	20 —	Antonio, coadjuteur de chapelle.	— 117
		Arnau Guillem de Cervello, majordome.	— 118
	22 —	Pierre Cavaller, chirurgien.	— 119
	25 —	Martin de Liedena, secrétaire.	— 121
	29 —	Artaud, conseillé privé.	— 119
	1er juin.	Juan de la Cerda, grand fauconnier.	— 120
	17 —	Louis de Sant Angel, scriba portionis de la future princesse de Viane.	— 127
	25 —	Michel de Salou, conseiller.	— 128
		Fr. Juan de Santa Martha, doyen de la chapelle.	— 129
	15 septemb.	Martin de Barasoayn, sous-fauconnier.	— 120

XV

Catalogue et estimation de la Bibliothèque du prince de Viane.

I. — Théologie.

		Livres.	Sous.	Deniers.
Latin.	Biblia (secunda pars Bibliæ).........	30	»	»
—	Salterium.........................			
Français.	Lo testament vell en frances........	15	»	»
—	Lo testament novell en frances.....	15	»	»
—	Les cinch libres de Moyses en hun volum en frances................	11	»	»
Grec.	Los evangelis en grech.............	10	»	»
	Los evangelis e epistoles...........	à la reliure.		
Latin.	Lactancius	30	»	»
—	Exameron Beati Ambrosii..........	16	»	»
—	Joannes Grisostomus super Joannem et Rabanus : De naturis rerum....	50	»	»
—	Super primum Sententiarum.......	6	»	»
—	Bonaventura. Super quarto sententiarum. Era de Frare Merola e fonch li restituit por los marmessors, ço es per lo conseller e mossen Martorell, per don Johan de Cardona.	»	»	»
—	Magister sententiarum..............	8	»	»
—	Prima pars Beati Thomæ...........	10	»	»
—	Prima secundæ Beati Thomæ.......	9	5	»
—	Secunda secundæ Beati Thomæ.....	20	»	»
—	Ultima Beati Thomæ................	10	»	»
—	Glosa Salterii cum aliis tractatibus secundum sanctum Thomam......	20	»	»
—	Sent Thomas sobre les Ethiques....	»	»	»
—	De divino amore...................	10	»	»
Français.	Hun altre libre en frances, scrit en pregami es intitulat : De la amor de Deu.........................	2	4	»
Latin.	Flos Sanctorum....................	à la reliure.		
	Hum libre en paper de diverses materies de philosophia.............	1	10	»
	La Pressia (comprat per setenta florins).........................	50	à la reliure.	

II. — Littérature ancienne.

Latin.	Comentarium rerum Græcarum.....	8	»	»
Français.	Isop. (Esope?) en frances...........	3	»	»
	Total..........	384 ll.	19 ss.	0 dd.

APPENDICE

		Livres.	Sous.	Deniers.
	Report..........	384 ll.	19 ss.	0 dd.
Latin.	Orationes Demosthenis............	10	»	»
	Dos Orations (?) una ab cubertes blaves, e altra ab verdes de ceti..	2	»	»
Latin.	Ethicorum.....................	20	»	»
—	Guido Didonis, super Eticha......	16	10	»
	Los Probleumes de Aristotil.......	à la reliure.		
	Hun libre de philosophia de Aristotil en pregami, en metro.......	1	10	»
Castillan.	Les Ethiques (per ell transladades)..	130	»	»
Latin.	Josephus. De Bello Judaico........	30	»	»
—	Plutarcus.....................	20	»	»
—	Epistolæ Phallaridis et Cratis......	26	»	»
—	Tullius. De officiis................	8	»	»
—	— De finibus bonorum et malorum..................	4	»	»
—	— Epistolæ familiares.........	30	»	»
—	— Orationes	60	»	»
—	Comentariorum Cesaris............	25	»	»
—	Epitome Titi Livii................	10	»	»
Français.	Secunda decade de Tito Livio en frances.	à la reliure.		
—	Lo XI libre de la terça deca de Titus Livius........................	»	»	»
Latin.	Deca de secundo bello punico......	60	»	»
—	Deca de bello Macedonico.........	45	»	»
Français.	Epistolæ Senecæ en frances (los epistoles de Seneca en paper, no acabades)........................	1	13	»
Latin.	Tragedias Senecæ.................	15	»	»
—	Cornelius Tacitus................	30	»	»
—	Lo Plini de natural istoria (2 vol.)..	»	»	»
—	De proprietatibus rerum...........	50	»	»
Français.	Valerius Maximus en frances......	35	»	»
Latin.	De vita et moribus Alexandri Magni, cum Quinto Curcio..............	47	»	»
—	Vita Alexandri, Sillæ et Anibalis....	5	»	»
—	Laertius.......................	30	»	»
—	Quintilianus	33	»	»
—	De viris illustribus...............	5	»	»
—	Justinus.......................	35	»	»
—	Nonius Marcellus................	12	»	»
—	Elius Lampridius................	15	»	»
Français.	Un libre de Boece en frances......	3	»	»
Latin.	De bello Gothorum...............	5	10	»

III. — LITTÉRATURE ROMANE.

Français.	Del Sent-Greal en frances..........	20	»	»
—	De Giron en frances..............	9	»	»
	Total..........	1,234 ll.	2 ss.	0 dd.

454 APPENDICE

		Livres.	Sous.	Deniers.
	Report........	1,234 ll.	2 ss.	0 dd.
Français.	Un libre intitulat Giron en frances..	5	»	»
	Tristany de Leonis................	20	»	»
	Un libre de Sermons.............	»	»	»
Français.	Les morals dels philosofs en frances.	»	»	»
	Istories thebanes et troyanes.......	12	»	»
Français.	Hun libre en frances, scrit en pergami e comença. Cest livre parole de la science e del regiment del. Rey nomenat vulgo Egidio.......	5	»	»
—	Hun altre libre en frances, scrit en pregami e comença Cy comence hun notable libre qui tracta de vicis e virtuts..................	8	»	»
—	Hun altre libre en frances, scrit en pergamins, intitulat lo libre de trésor.........................	4	»	»
Catalan (?)	Hun altre libre scrit en pergami, e comença Acè comença lo Romans de Vernius.....................	2	10	»
	Les cent balades, descuernades, en paper........................	»	11	»
	Los treballs Dercules, en paper, cuberts de pergami...............	»	11	6
Catalan.	Hun libre de cobles en paper.......	»	11	»
—	Hun libre en paper de cobles......	»	11	»
Français.	Lo Romans de la Rosa, en pergami.	8	»	»
—	Hun libre en frances Ogier le Danois.	1	»	»
—	Hun libre en frances que comença : Libre de Claressia (alias clericia) intitulat. Imago mundi..........	1	10	»
Latin.	Leonardi Aretini. De vita tirannica.	2	»	»
—	Francisci Petrarchæ. De secreto conflictu curarum.................	5	»	»
Italien.	Dant.........................	7	»	»

IV. — HISTOIRE.

Latin.	Eusebius. De temporibus..........	20	»	»
—	Paulo Oroso.....................	30	»	»
Français.	La Tripartita historia, en frances...	20	»	»
Latin (?)	Lo papaliste o coronica sumorum pontificum....................	5	4	»
Français.	Cronica regum Francie in gallica lingua........................	15	»	»
	La canonica (ou coronica) vella en paper.........................	»	11	»
	Total..........	1,408 ll.	12 ss.	6 dd.

APPENDICE

		Livres.	Sous.	Deniers.
	Report.........	1,408 ll.	12 ss.	6 dd.
Latin.	Matheus Palmerii. De temporibus...	12	»	»
	Les Genealogies usque ad Karolum regem Navarræ en hun rotol de pregami.....................	2	»	»
	Analogia regni Navarræ (alias histories de Spanya)...............	15	»	»
Latin (?)	Gesta reginæ Blanchæ............	3	»	»
—	Alfonseydos....................	5	10	»

V. — DIVERS.

Français.	Hun libre en frances de pedres precioses.....................	2	»	»
—	Hun lapidari en frances...........	1	»	»
—	Hun altre de cavalleria...........	1	»	»
Catalan.	Summari de leys.................	8	»	»
Latin.	Tractatus legum................	»	»	»
Grec.	Hun alfabet en grech.............	3	»	»
	Hun livre de comptes, deus libres de comptes de deu e deig..........	»	11	»
	Molts querns el libres desquernats, imperfets, en paper que no valen res..........................	»	11	»
	Total..........	1,461 ll.	13 ss.	6 dd.

FIN

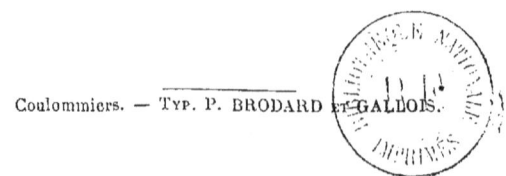

Coulommiers. — TYP. P. BRODARD ET GALLOIS.

www.ingramcontent.com/pod-product-compliance
Lightning Source LLC
Chambersburg PA
CBHW071718230426
43670CB00008B/1046